"十三五"国家重点图书出版规划

— 大学之道 —

The Emergence of
the American University

美国现代大学的崛起

[美]劳伦斯·维赛 著
栾鸾 译 孙传钊 审校

北京大学出版社
PEKING UNIVERSITY PRESS

著作权合同登记号　图字:01-2015-4756
图书在版编目(CIP)数据

美国现代大学的崛起/(美)劳伦斯·维赛著;栾鸾译. —北京:北京大学出版社,2018.10
(大学之道)
ISBN 978-7-301-29862-6

Ⅰ.①美… Ⅱ.①劳…②栾… Ⅲ.①高等教育—研究—美国—现代 Ⅳ.①G649.712

中国版本图书馆 CIP 数据核字(2018)第 202775 号

The Emergence of the American University
Licensed by The University of Chicago Press, Chicago, Illinois, U.S.A.
ⓒ 1965, 1993 by The University of Chicago. All rights reserved.

书　　　名	美国现代大学的崛起 MEIGUO XIANDAI DAXUE DE JUEQI
著作责任者	[美]劳伦斯·维赛著　栾　鸾　译　孙传钊　审校
丛书策划	周雁翎
丛书主持	周志刚　张亚如
责任编辑	刘　军
标准书号	ISBN 978-7-301-29862-6
出版发行	北京大学出版社
地　　　址	北京市海淀区成府路 205 号　100871
网　　　址	http://www.pup.cn
电子信箱	zyl@pup.pku.edu.cn　　新浪微博:@北京大学出版社
电　　　话	邮购部 010-62752015　发行部 010-62750672 编辑部 010-62767346
印　刷　者	北京中科印刷有限公司
经　销　者	新华书店 965 毫米×1300 毫米　16 开本　30.25 印张　440 千字 2018 年 10 月第 1 版　2018 年 10 月第 1 次印刷
定　　　价	118.00 元（精装版）

未经许可，不得以任何方式复制或抄袭本书之部分或全部内容。
版权所有，侵权必究
举报电话：010-62752024　电子信箱：fd@pup.pku.edu.cn
图书如有印装质量问题，请与出版部联系，电话：010-62756370

序　言

　　美国大学形成时期最突出之处，就在于促进大学发展的人们所表现出的思想的多样性。他们的故事激动人心之处即在于此。19世纪下半叶，学术界人士锋芒毕露，各执己见，尽管官方最终达成了共识，他们也绝不轻易放弃自己的观点。相反，他们营造出一个竞技场，其中充满了不断的争论、与根深蒂固的观点的激烈斗争，甚至充满了党同伐异和尖锐的人身攻击。绅士式的忠诚可能缓和了争论的激烈程度，却未能使争论者完全屈服。虽然到了19世纪末期，人们仍然在谈论以特定结构为特点的"大学"，即使是统一化的强大趋势也无法抹杀学者们观点上的深刻差异，正是这些差异产生了学术流派。

　　美国学者，作为一个单一、标准的概念，在人们试图研究他们时就消失了。不幸的是，人们过于忽视美国内战之后几十年间学术争论的深度。一方面，将美国大学史分解成单个大学的编年史总是模糊了更为广泛的问题，然而，正是这些问题使得学者们卓尔不群。虽然无可否认，像康奈尔、哈佛和哥伦比亚都有其独特的忠诚和传统，但是，这些大学之间的联系与导致学术紧张的更基本的原因几乎没有共同点。当人们把这几所大学看作是由"一个"机构而不是由一系列独立的企业构成的,当人们发现这些大学的代言人演讲的对象是全国的学者而非各自特定的群体,其差异就会呈现出全新的面貌。另一方面,对美国高等教育的一般态度总是走向另一极端。为了让人们容易理解,这些编年史运用涵盖很广的分析单位,从而没有余地探讨其他问题,例如,教职员工兴趣的多样化。虽然更透彻的地方性研究和对高等教育的发展更完善的总结,提供了关于美国学术组织的不可或缺的宝贵信息,但是这两者都有其局限性,因为它们都忽视了中等规模——规模上介于单个学院和全国"教职员"之间——的群体。

19世纪下半叶两个最重要的学术冲突在于两个议题:新大学的基本目的和学院的领导层对学院控制的类型和程度。从内战时期到1890年期间,前一个议题占据主要地位。在这前半期,人们在学术上的倾向主要取决于他们的教育体系。讨论的中心是界定大学的性质和功能,多为抽象的概念。然后,随着学院采取严厉的行政政策,各个派系出现,从19世纪90年代开始,争论的重点转向对学院管理的关注。决定美国高等教育基本方向的斗争首先是竞争学术目标,继而针对学院的管理问题。其他类型的冲突也不应该被忽略,其中一些在随后的分析中会占据相当显著的地位。但是其他冲突涉及类似团体之间的竞争,谁输谁赢并无不同。

因此,本书分为上、下两编。上编逐一讨论1865年后几十年间的主要学术思想体系,这些体系在此期间相互竞争,以求能占据美国高等教育的主导地位。描述这些思想体系时,还穿插着对于个别领军人物的简单分析,这些领军人物或多或少与某种思想体系有所关联。下编主要涉及1890年后的发展状况,描述了逐步形成的学院结构、新一代的学院管理者及其对于各具气质的教授的影响。本书也简单讨论了一些特别的领军人物，以说明上述主题。

正如本书上、下编所描述的，美国大学的发展过程基本分成两个时期，要求使用不同的分析方法：前者要求理性的历史的方法，后者则要求非正式的结构—功能分析法。不幸的是，这些方法一方面受到人性的偏见所累，另一方面也受到社会科学的偏见所累——在解释一系列特定事件时，它们通常是互相抵触而非相辅相成的。学术保守派，包括很多历史学家，强调能够最大限度地表现人类高贵一面的正式的观念，而社会学家则看重那些影响学院的非自觉行为。人类无法一直进行抽象思维，因此，我们必须承认这两种方法的有效性。人类思维的全部——内心深处的冲动以及出于礼貌而表现出来的一面——都渴望得到认同。因此，大学就应该理解为吸引情感的磁场，而不仅仅是主观意识的产物。

本书致力于探讨各种有思想的人与其所处学院之间的联系，试图说明新式大学的官员理想中的大学，通过比较，至少是部分比较的方法，评价大学最终的形态。本书不关注19世纪后半叶的学术成果，而关注对其学术机构的思索。我要再次声明，拙著并不像人们普遍认为的那样是一部学院管理史，虽然在某种程度上，本书是关于学院管理的观念史。本书以学术界为核心，而不是以那个年代最热门、最著名的教授级人物为核心，除非他们对于学术界问题表现出兴趣。这就是这一研究在范围上的粗略界定。其他一些重要的相关问题也超出了这一研究范畴。本研究既不能详细描述单个学院的发展，也不能研讨学术原则。如果要一视同仁地对待这些学术原则，其中大部分都可以写成与拙著同样厚度的论著。此外，我也不得不在很大程度上省略迷人、独特的大学生活。在本书下编的某一章节中简单讨论了学生的行为，但也仅仅是为了说明学生的价值观对于学院整体的影响。最后，本书无法探讨关于大学的非学术观点(大学高级管理人员的观点也属于此类)。这仅仅是对某个学院的全职参与者的研究,虽然也包含了这些参与者对于大众情绪的反应,但是无法追究其渊源。

  从另一个角度看,美国大学和美国社会之间的关系是我关注的真正重点。这种关系具有最深刻的矛盾,似乎是令人极度困惑的。大学是一项非凡的成就。有些人甚至推测,在当前这个高度强调技能的时代,大学很快就会像三百年前的教堂一样,成为美国的标志性机构。另一方面,自从19世纪下半叶以来,较好的大学校园一直保持了其作为庇护所的特性:在本质问题上,脱离于世俗,经常成为人们质疑的对象。在美国大学的发展过程中,产生了对其功能的两种相反但同样精准的定义,在本书中,我就是尝试说明这一发展过程。

目　录

导论　学术改革的兴起 / 1

上编　高等教育的不同观念：1865—1910

第一章　智力训练和宗教虔诚 / 19
　　　　智力天赋心理学 / 20
　　　　关于上帝和人的传统观点 / 23
　　　　作为训练基地的学院 / 31
　　　　对精神特许的虚伪的反对 / 39
　　　　失败 / 50

第二章　实用 / 57
　　　　目标、学院和系部 / 57
　　　　"真实生活"的概念 / 61
　　　　宽宏、崇高的改革精神 / 69
　　　　对实用的两种见解：康奈尔和哈佛 / 83
　　　　地区性差异扩大 / 101

　　　　　作为价值标准的"社会效率" / 117
　　　　　实用主义的高潮 / 122

第三章　研究 / 125
　　　　　纯科学 / 126
　　　　　德国大学的魅力 / 130
　　　　　研究的倾向 / 138
　　　　　科学信仰的类别 / 154
　　　　　促进制度化的研究 / 164
　　　　　正在发展的科学主义的标准 / 180

第四章　自由文化 / 187
　　　　　持不同意见的少数人 / 187
　　　　　"文化"的定义 / 191
　　　　　寻求全面发展的人 / 206
　　　　　宗教、灵感和知识 / 212
　　　　　文化和美国社会 / 222
　　　　　才华横溢的语言：教室里的人文学科 / 232
　　　　　自由文化和学术领导权 / 246

重新评估的时期：1908—1910 / 266

下编　结构的代价：1890—1910

第五章　新大学的模式 / 277
　　　　　19世纪90年代初的学术繁荣 / 278
　　　　　本科生的思想 / 283
　　　　　学生和教师之间的鸿沟 / 311

管理的兴起 / 320
职业、管辖领域和学术帝国：荣誉之争 / 335
凝聚力的来源 / 350
具体化的迹象 / 356

第六章　融合协调的趋势 / 360
理念的逐渐融合 / 360
教育机构的商业模式 / 364
新时代的学术标准 / 374
"新"管理者的多样化 / 379

第七章　不协调的问题 / 401
学术自由：希望和僵局 / 404
对天才和创造性怪癖行为的反应 / 440
理想主义者的哀叹 / 457

结语：作为美国机构的大学 / 463

导论　学术改革的兴起

对于1870年的人来说,1870年前后可以看作"美国教育史的新纪元"。耶鲁大学的校长诺亚·伯特(Noah Porter)以怀疑论者的眼光见证了飞速发生的一系列事件,他在1871年对美国高等教育做出以下评论:

> 这一课题从来没有吸引如此多的人进行如此热切的思考。在刚刚过去的几年中,它(高等教育)激发了有史以来最为积极的争论,引起最多样化或是自信的批评,经历了最多的试验。引导公众观点的人们的思想是如此易变,对于旧的方法和学习或真或假的缺陷的批评是如此尖锐,要求进行彻底的根本变革的决心是如此强烈,以至于人们经常评论说,学院和大学教育不仅仅是被改革所改变,而且是被革命所震撼。

在描述内战之后几十年间促成美国大学的这场运动时,并非人人都同意伯特所使用的"革命"一词。学术改革者一再坚持,他们信奉渐进的变化,追求"进步"与"保守"的平衡。到世纪之交,虽然大学的入学人数似乎急剧增加,给人前所未有的扩张的印象,但是从

1900 到 1910 的十年间,美国适龄人群进入大学的比例仅仅从 4.01%上升到 4.84%。这些数据相对于同期的商业销售量是太微不足道了。

然而也存在这一事实:与 1860 年的学院相比,1900 年的大学已经是面目全非了。无论从何种指标来看,美国高等教育的根本性质都改变了。学术方面,大学的目标正在孕育,而 19 世纪中期的学术管理者们对于这些目标仅仅有所警觉。与大学的复杂性相比,过去的学院就像是中小学。这一过渡时期也形成了非常看重自身地位的专职人员,取代了原先绅士化的业余人群。1865 年之后的几十年间,美国生活中历史悠久的部分也在很多层面上发生了明显的变化。尽管这一变化有着明显的连续因素,但是与学术改革新生并且快速生效的影响力相比,1865 年的学院就显得陈旧过时了。

当时存在诸多新的条件。如果给它们分类,其中最重要的就是亲欧派对现状的不满、可利用的国家财富以及对于学院影响力下降的及时警觉。大学首先是西欧的杰出创造。由于欧式文化活动的对外传播,大学最终在世界其他地方,例如美国和日本,建立起来。这一事实是 19 世纪末期美国高等教育转型的基础。美国形成了学术领导群体,他们渴望得到像在欧洲一样的平等地位,但是同时又强调要与外国标准保持一定的独立性。这一领导群体渴望形成"本国性"的进步,但是每当改进中需要明确定义,他们还是将目光转向大西洋的东岸。随着 19 世纪的推进,在美国教育界的少数人中,阻碍人们接受欧洲学术形式的道德、宗教、政治方面的顾忌逐渐减弱。这一领导群体从传统的福音式虔诚中独立出来,抛弃了杰克逊式的粗俗,开始接受欧洲科学和教育的发展,以对抗社会上明显的流于粗俗的趋势。同时,才能无用武之地,要求无处宣泄,使得这些受过教育的人愤愤不平,心怀不满。他们在欧洲看见了自己所想要的一切。要满足这些人的社会理想主义、个人野心以及面对欧洲最大的成就方面不甘落后的美国式自负,在欧洲大陆新兴的神圣的大学是唯一的途径。

从这一角度来看,1865年之后的几十年间,大学在美国落地生根就不足为奇了。但是如果没有更具体的支持,这样的抱负很可能一事无成。首先要坦率承认一个事实:不久前才得到充足的资金。美国学院教育领域早期的革新之所以失败,很大程度上就是因为没有资金支持。美国的学院和大学长期依赖公共或私人的慈善捐款。在内战之后的年代,如果没有康奈尔、霍普金斯、洛克菲勒家族,如果没有密歇根、威斯康星的纳税人,大学是不可能发展起来的。

再次重申,财富是学术变革的必要前提,但是并非充分原因。同样的钱可以买到教室,也可以用来购买城堡。要把这些钱用于学术改革,就必须有更进一步的动机。教育必须得到有钱人——至少是一部分有钱人——的重视。人们很容易夸大19世纪中叶美国人对教育的热情,尤其是在社会高层中。那个时期的实用主义者通常蔑视"无用"的书本。人们经常忽略一个事实:1890年前的两位主要学术捐赠者——伊兹拉·康奈尔(Ezra Cornell)和约翰·霍普金斯(Johns Hopkins)——都是贵格教徒,其动机是高度的博爱精神,这一年之后,对于高等教育的捐助才流行起来。然而学院仍然是值得尊敬的象征,大学作为学院的进一步发展,有望对高等教育加以改进,使之更贴近实用主义者和有钱人的共同思维模式。学术改革于是就带来一种希望:既能挽救古老的神学思想,又要将其改变成更符合新的世俗需要的机构。教育逐渐成为物质成功的同义词,这一过程开始虽然缓慢,后来就越来越快,最终引起了人们的关注,而这些人的经济支持对于教育的扩大发展是必不可少的。美国大学在1890年前的发展主要依赖国家财富中的涓涓细流,但是这一涓涓细流足够带来巨大的收获。

如果不是当时存在的学院面临困境,不论是财富还是想要追赶欧洲成就的愿望都不可能在美国高等教育中引发改革。事实上,已经拥有两百多年历史的美国学院,当时正陷入更加严峻的困境。自从杰克逊时代起,虽然美国人口不断增加,学院的入学人数却保持不变。1865年之后的几年,这些令人沮丧的数据在学术界引起越来越多的关注。19世纪70年代,全国的人口增加了23%,但是20所"最古老的主要学院"的入学人数只增加了3.5%。1885年,美国全体议员中约四分之一是学院毕业生,而十年前这一比例是38%。密歇根大学的查尔斯·坎德尔·亚当斯(Charles Kendall Adams)宣称:"长期以来被认为完成学业必需的培训已经日益失去人民的欢心了。"

另一方面,也可以说,这些不利的数据只代表着虚假的警报。全国人口的增加主要是因为欧洲移民,而欧洲移民即使到了适学年龄,也是没有资格进入学院的。同理,19世纪80年代,美国适龄人口上学的比例也有所下降。这一因素当然不能解释所有现象。1890年之后,移民的数量更多了,但是学院的入学人数开始稳步增加。在很大程度上,美国高等教育停滞不前反映了信教人群偏好的变化。

在此之前,提供古典培训课程的学院仍然是确保人们取得令人尊敬的社会地位的途径。现在,很多年轻人,例如,学院毕业生的弟弟们,一度相信,只要努力经商或是从业,就能获得令人满意的回报。(19世纪末,具有学院学位的律师和医生人数下降了。)大城市的兴起也改变了人们对于职业的期望。人们能够想象的最杰出的职业不再是小镇的医生、律师、牧师。对于原本满足于成为乡村牧师的人,从商的可能性使他们蠢蠢欲动。这样,学院就失去了潜在

导论　学术改革的兴起

的学生。正如威廉姆斯的教授T. H. 萨福德(T. H. Safford)于1888年所说:"城市生活的吸引抑制了很多孩子追求学问的热情,他们看到学长们面临着多种多样的职业选择,于是更愿意选择商业课程而非古典课程。"佛蒙特(Vermont)大学的管理者也赞同这一观点,1871年,他们指出,由于"铁路和电报将我们与大城市紧密联系起来",导致商业精神兴起,这是三十年来入学人数下降的最主要原因。学院如果不改变,它们在城市化、"物质化"的社会中的影响力必定越来越弱。

　　19世纪中叶,学院在非统计领域表现出的影响力减弱可能才是最关键的。19世纪50、60年代的证据反复说明一个事实:美国学院毕业生无形的荣誉正在逐渐衰落。1863年,马萨诸塞州的农村孩子G. 斯坦利·霍尔(G. Stanley Hall),被威廉姆斯学院录取,他试图向自己的乡下伙伴隐瞒这件事,"但是他们还是知道了,并且无情地嘲笑我",他回忆道。这一事件反映出,在一个动荡不安的社会,受教育者的社会地位也是不确定的。杰克逊时代之前,尤其是在新英格兰,学院被看作是代表了社会上占主导地位的因素。美国的文学学士构成了"教育界的贵族"。圈内人士可以很轻松地谈论古典培训"固有的体面"。但是与全国相比,他们只是少数派,而且也不像以前那么受人尊敬了。至于学院教授,他像东部的贵族一样受人尊重,但是却位于这一阶层的最底层。他缺乏律师或者牧师这样显著的职业地位具有的怡然自得。他也许要等待很多年才能等到一个空缺,然后他有可能得到这个空缺,但是不是因为人们承认他的学术才能,而是因为偶尔的社交联系(或者对于宗教的忠诚)。直到1870年,威廉·格雷厄姆·萨姆纳(William Graham Sumner)抱怨说:"耶鲁没有所谓的学术职业。也没有为那些受到感召从事这份工作,并且愿意继续这份工作的人开设课程。"一旦得到一份任命,教授往往需要另辟财源来弥补微薄的薪水。他的职责也非常单调：聆听学生用古代语言进行背诵并且打分，或者就是数学。哈佛的校长艾略特（Eliot）在1869年的就职演讲中说道："很难为大学找到称职的教授。美国杰出人才中只有极少数才被这一职业吸引。工资太低，工作单调乏味，又不像其他学术职业那样能够得到逐步提升。"名门望族通常鄙视教授。这个时期的教授拿着微薄的薪水，承担着单调乏味的工作，只能附骥于日渐没落的新英格兰传统。

1865年，最著名的学院的院长中，很多是老人，其中十之八九是神职人员。威廉姆斯学院的院长马克·霍普金斯（Mark Hopkins）于1836年就职，一直到1872年才离任。西奥多·德怀特·伍尔赛（Theodore Dwight Woolsey）于1823年首次执教耶鲁，一直到1871年才退休。威廉·A. 斯特恩斯（William A. Stearns）在19世纪20年代曾是哈佛一位非常虔诚的学生，他担任阿姆赫斯特（Amherst）的院长直至1876年。这些人对于19世纪60年代末的挑战表现得很谨慎。马克·霍普金斯很坦率地反对学术扩张。他在1872年宣称："在书本和物质的积累、大量的教师能给予学生的好处方面，存在一种错误的印象。"霍普金斯的一位追随者评价说："他不急于用新书来替换旧书。"认识阿姆赫斯特的院长斯特恩斯的人说，他在教育、政治和神学问题上都是温和的保守派。在哲学上斯特恩斯倾向于苏格兰的常识而反对"德国的浓雾"。他担心，在课程中增加太多的文学和思想内容会把阿姆赫斯特变成"泛神论的摇篮"。他要传授给学生的是"对长者的尊敬，对父母、神圣机构、智慧和善良的敬畏"。作为教师，斯特恩斯与学生保持着距离，被认为既缺乏热情，也缺乏感染力。

在所有学院中，耶鲁和哈佛是最卓越的，这两所学院的院长比大多数院长更机敏。但是人们也很容易夸大他们对变革的热情。

耶鲁学院的伍尔赛(Woolsey)曾在德国研究古典语言学。但是回国后,他强调玄学的教学,因此,他只介绍苏格兰和英格兰的哲学家,而不提及康德和黑格尔。在伍尔赛执掌耶鲁的漫长时期,纽黑文的科学、历史和经济学都倒退了。伍尔赛的教书风格也可以归为"令人生畏、难以亲近"。哈佛的院长托马斯·希尔(Thomas Hill)是自学成才的。这一事实使他与社会格格不入(曾有人指责他在公共场合脱下鞋子,取出里面的小石子),也许正因如此,他对教育革新比较开明。希尔喜欢构想包含人类所有知识的宏伟而抽象的教学方案。但是他也明确表示对思维培训"应该严格监控和引导",以便哈佛的年轻人可以"体味简单而精纯的快乐"。他主张,学院必须更谨慎地使自主教育免受就业主义的影响。虽然希尔渴望改革,但是却没有支持改革的性格力量,因此总是不温不火。他于1868年因病辞职。

1865年美国大多数学院的领导者就是这样。他们要么反对改革,要么对改革模棱两可,心不在焉。所以,美国重建运动(Reconstruction)前夕,在对美国状况加以评估时,人们经常忽略学院的存在也就不足为奇了。学院的管理者们大多接受了费舍尔·艾姆斯(Fisher Ames)和约翰·昆西·亚当斯(John Quincy Adams)的理论。对他们而言,内战也许解决了一系列重要而麻烦的政治问题,对于社会、宗教和求学的基本原理的既定信仰,内战并没有创造改变的环境。在一个动荡不安、文化水平不高的国家,这些院长和教职员工只是很小的一部分,他们也并不都希望引起公众的关注。他们将学院支持下降的原因归咎为一些暂时的特殊情况,或者是区域性问题,如:战争的干扰,同类学院的竞争,财政困难,中学的衰落,党派之争以及更高的入学标准。这些人能够提出的唯一对策就是坚持,或许在细节上做出一些让步,希望他们的学院能够生存下去。这些人已经疲惫不堪，人们怀疑，比起几年之后在耶鲁和普林斯顿等学院接替他们的年轻的保守主义者，他们缺乏战斗精神。

　　旧的学院秩序的复杂性以及人们对它的维护不是以上几句话就能说清楚的。整个19世纪80年代，这种秩序吸引了精明能干的党派的关注，这些人对于他们周围学术变革的反应不在本书范围之内，却值得研究。"智力训练"指的是通过强化对希腊语、拉丁语和数学的掌握来提升年轻人的能力，在此旗帜之下，旧时的学院试图提供为期四年的学制，以达到宗教上的虔诚和道德上的强大。哈佛是一位一体论者，他经受了亨利·亚当斯书中所描述的消沉期，算不上是旧秩序的典型代表，他的黄金时代更容易得到人们的认可。对于那些有野心的乡下孩子，旧时的学院的确能够满足他们，虽然这些满足很少直接来自于学院的课程。内战之前，几乎没有人会嘲笑宗教复兴的喜悦。但是同时也存在另一个事实：自从1828年的耶鲁报告对学术的传统做法进行抨击并要求得到明确答复之后，旧的学制就开始明显衰落。18世纪的美国学院曾经是兴旺一时的机构，到了19世纪初，尽管当权的管理者假装满不在乎，这种繁荣开始显得虚假了。

　　1865年，学院的老院长们尽力维持着平静的表象，但是几所学院暗自孕育着未来的领袖，他们具有完全不同但是更生机勃勃的潜力。战前进行学院改革的努力遗留下了历史学家所谓的"抱负和实验主义的传统"，而这些年轻人，虽然还处在学术界的边缘地带，直接或间接地继承了这一传统。从1816年之后，间或有美国人到德国留学，而到了19世纪50年代，人们对于欧洲大学的兴趣日渐浓厚，德国毫无疑义地成为世界的焦点。亨利·P.塔潘（Henry P. Tappan）于1852年就任密歇根大学校长时过早地宣称德国的学院可以作为美国高等教育的"自由化"典范。（他过早地采取了行动，被一名顺从的牧师取代了。)战前的其他变革,例如四十年代弗朗西斯·魏兰德(Francis Wayland)在布朗大学采取的措施,虽然没有直接效仿国外的大学,但是尝试了灵活的更加分系别的课程。几所学院一度尝试提供研究工作。哈佛和耶鲁还小心翼翼地单独成立了"科学学院",与其他实验不同的是,这些措施扎根下来,并且随之孕育了未来年代学术改革派的几位领袖人物。

19世纪50、60年代出现了新兴的不满现状的团体,他们就是美国未来的学术领袖。大量社会财富出现,意识到学院入学人数停滞或是下降,这两者引发的震撼使部分改革者突然上台掌权,这是他们在1865年绝对预计不到的。改革者能够迅速获得影响力,说明了发生变化的几个事实。首先,它表明,学术界即使是在低谷期,也仍在美国具有显著地位,仍然能够吸引一批潜在的领袖为其改进出谋划策。其次,这也显示,现有学院的管理者,虽然三分之一以上都是神职人员,但有时候也宁可冒险试验而不是坚持过去那些前途无望的方法。既然人们都认为这些旧方法就意味着宗教的虔诚,而创新则意味着引发动荡的学术影响,这些在选择新校长问题上有着决定权的管理者显然就倾向于考虑教育问题而非宗教问题。最后,一旦任何一个受人尊敬的学院朝着新方向前进,其他学院就会在强大的压力下有样学样。这些改变如果有任何意义的话,那就是肯定能吸引更多的学生。由于任何原因——包括宗教传统主义——而落后的学院,都不得不面临招不到学生的威胁。

这样的恐惧通常会激发变革。但是从很多方面都能看到对学术紧迫性更为积极的态度。19世纪80年代被人们记住更多的是因为在这个年代人们接受了达尔文主义,而非因为在这个年代对学院的担忧日益加深。知识,尤其是在自然科学领域,开始快速发展。陈旧的课程再也无法假装涵盖了所有重要的事实,甚至无法充分探讨当时的人们相信可以轻易从事实中总结的"原理"。欧洲对既定的思维模式提出了振奋人心的挑战。要维护学术令人尊敬的地位，就要求有新的学术形式。

到了19世纪60年代，美国主要学术改革的支持者和反对者对改革的态度都不甚明朗。人们在讨论中已经经常使用"大学"这个词，也确实有很多小的学院，尤其是依赖公共捐款的学院，已经在校名中使用这个词，但是这个词并没有明确的定义。对于1860年的观察者来说，这一名词只不过意味着"规模较大的教育机构，能够提供各种学问的高等教育"。当时哈佛的校长查尔斯·C.费尔顿（Charles C. Felton）似乎认为，大学就是拥有更大的图书馆的扩张的国立学院。

1865至1890年间，这一原始的、未经过深思熟虑的"大学"概念延伸出了三种更加具体的观点。这三种观点各有其核心，即：实用型公共服务的目标、纯粹德国模式的抽象研究的目的，以及传播高雅品位的努力。（本书首先要研究的是第四种学术领袖，他们仍然对大学持否定态度。）在本书的上编，我们将关注参与了这三种战后学术纲领的人群。但在开始，认识到关于"大学"共同梦想的内在力量是很重要的，进入20世纪后，这种力量将在某种程度上再次吸引特殊教育哲学的追随者。正如美国历史中其他的原动力一样，对于"大学"尚未成熟的简单冲动并没有因为缺乏明确性就失去影响力。1865年以前，梦想美国的大学能够具有和欧洲一样的地位一直是模糊却越来越坚定的愿望。到了20世纪，对于大学的描述（除了一些著名的例外）再次倾向使用模糊的概念。只在大学真正形成的一代人中，才流传着大学清晰、明确的定义。仅仅在本书所描绘的年代中，也仅限于本书所描述的某些主要人物，美国大学才产生了称得上连贯的学术历史。在此之前，"学院"的历史是与美国宗教的历史紧密相连的。在此之后,大学又消失在独立的学科中,对学院的整体思考又流于空洞的口号。

1865年之后关于学术改革的三个具体概念——即上述关于服务、研究和文化的概念——都不是19世纪中叶美国的原创。实用服务的目标与应用科学联系紧密,不像其他两个那样具有浓厚的欧洲色彩,有时被认为是美国对教育理论真正的贡献(其实功利主义的热情至少可以追溯到弗朗西斯·培根)。高等教育必须与职业技能教育相一致,这一观点在美国的起源可以追溯到本杰明·富兰克林和托马斯·杰弗逊,但是这两位与欧洲启蒙运动关系密切,更像是国际性人物。国内战争之后的另外两种改革的理想更明显是从国外借鉴而来的。对于研究的热情来自德国,尽管其来源的复杂性值得探讨。文化也许是三者当中最欧化的观念,主要来源于英国的观点,同时也借鉴了日耳曼德国、文艺复兴和古典文明的内容。

我们没有理由宣称19世纪末期对于美国大学的几种观点的美国原创性,因为这种独立性很容易被夸大。这一时期的美国学者是无法摆脱欧洲影响的。美国大学在其形成时期一个最明显然而尚未得到人们承认的作用就是,它把思想从西方文明的中心引入到了迫切需要这些思想的国度。危险在于,欧洲的思想,包括关于大学的思想,一旦在广袤的美洲大陆应用,就很快失去了影响力。还需注意,美国在学术方面的模仿总是有所选择的。19世纪60或70年代上台的重要大学的领导者很少愿意一成不变地照搬德国的大学。确实,这些领导者会一再吹嘘他们的观点是多么美国化,即便如此也不能掩盖他们对于欧洲发展的持续关注。

同时,新一代美国学术改革者在国内必须面对焦虑不安、教育水平低下的民众。美国公众对于外国的、抽象的、深奥的理论没有兴趣。然而如果要增加入学人数,就必须启发民智。赢得公众对于具有异国风味的事业的好感,肯定是件艰苦卓绝的工作,尤其是在内战结束到1890年期间。在这个时期,工业家们喜欢尖刻地抨击高等教育的无用。1889年,一位银行家因为宣称绝不在办公室雇佣学院毕业生而引起人们的注意。同年,安德鲁·卡内基(Andrew Carnegie)简洁的评论更广为人所知:

> 学院的学生们对遥远的过去发生的野蛮、微不足道的战争一知半解,或者就是试图掌握已经死去的语言,就商业事务而言,这种知识根本就不适应这个星球,未来的工业家应该热切地投身实践这所学校,以获得未来成功所需的知识……现存的学院教育对于在这一领域的成功是致命的阻碍。

即使是在社会不太富裕的社会阶层中也能看到这种对于学术界所代表的书生气和教养的不信任:在小学课本中,在农场主及其代言人中,以及劳工组织对此话题的偶尔宣言中。充满活力、行动主义的生活与高等学业似乎是不可调和的。正如威廉·P.阿特金森(William P. Atkinson)所说:"对于年轻学者的普遍印象是,他应该是一个苍白的、戴眼镜的年轻人,非常瘦,有点多愁善感,有点憔悴。父母们把弱小的孩子送进学院;按照自然规律,这些据说前途无量的年轻人大部分会在年轻时夭折。"

大学的新目标在很长时期内并没有给公众留下印象,而当这些目标真的清楚了,学者和普通民众的差距不是消失而是扩大了。朋友和亲戚仍然用物质方面的荣耀来评判学生。在很多社区,年轻人上大学的决定被认为是"可疑的试验"。他的父母、邻居通常会问(通常是带着怀疑的态度):"比起待在家里、早点结婚,进学院难道会给他带来更多的财富、更高的社会地位或者更大的名气吗?"农村地区长期存在着对学院的绝对恐惧。1892年,加利福尼亚的一份报纸报道说:该州的人们相信,把年轻人送到伯克利的州立大学会使他的灵魂堕落,因为在那里他会处于无神论甚至是邪恶的氛围中,这种信仰的流传范围之广足以让人心生警惕。南方,"草叉本"蒂尔曼("Pitchfork Ben" Tillman)在1891年的州长竞选中允诺,要撤销南加利福尼亚大学。美国的大学就是在这样敌对的环境中艰难起步的。

有迹象表明,教育促进者可以通过明智的辩论和策略转移大众的敌对态度。这些策略,加上有利的政治环境,已于1862年促使了《莫里尔法案》(Morrill Act)通过。根据这一法案的条款,如果州政府支持开设了农业和机械教学的学院,联邦政府也将予以援助。这些学院只是具有高于商业学校的可能,但是怀着更高目标的学术改革者从它们诞生之初就确保了对它们的控制,并使这些学院按照他们的意愿发展。正在形成的赠地学院需要经济后盾,于是在州议会上经常出现争取支持的微妙程序。高等教育获得州政府的支持是一个缓慢渐进而又一波三折的过程,经常遭遇挫败。早期,高等教育取得胜利更多的是因为某些特殊的动机,而不是民众的同情。莫里尔法案是一个基本的因素——州政府什么都不用做就可以有所收获,又何乐不为呢?州立大学的校友们逐渐成为很多州议会中强大的少数派,这些代表更在乎对学院的忠诚而非选民的意愿,在考虑拨款问题时总会将天平倾斜一点。最后,一旦相邻的州采取了积极行动,州自豪感也促使他们不甘落后。虽然有这些有利的趋势,议会还是经常干扰甚至阻碍州立学院的运作(例如,1877年密歇根州就削减了教职员工的工资)。到1900年,只有少数州成立了能与私立大学相媲美的优秀公立大学。

未来的学术改革者还要应付一群怀疑的公众,这些人形成了明显的高压团体。这些人当中著名的有:不同宗教的支持者、各种信仰的政治党派,以及东部沿海地区之外像格兰治(Grange)这样的农业社会。宗教领袖憎恨大学主张的将教育从宗教中分离的趋势。他们可能采取立法途径来阻碍大学的成立,因为大学既能培育外国式思维,又把从宗派设立的学院中的学生吸引了过去。同时,政客们发现,只要在演讲中反对学术,就能赢得选票。格兰治人为了自身的利益,要求教授农业而非文学,他们的活动产生了影响,成功地干预了几所州立大学的运行。所有地方的报纸无时无刻不在幸灾乐祸地强调学术的罪行,这些罪行有的确实存在,有的纯属想象。在公共平台上没有发言权,就像1876年在约翰·霍普金斯大学一样,可能对公共关系造成几个月或几年的破坏。1868年,纽约的州长如此惧怕对新康奈尔大学的敌对态度,以至于取消了原定的出席开学典礼的安排。

美国大学运动的早期,直到1890年,学术改革的努力在很大程度上没有考虑公众的态度,当然没有得到公众的欢迎。例如,有人评论说,约翰·霍普金斯大学的成立"既不是人们想要的,也不是人们关注的,因此,它就必须先创造出需求,然后再满足这种需求"。1880年,在伯克利,乔西亚·罗伊斯(Josiah Royce)在写作中宣称:"公众很少谈论我们,他们了解的恐怕就更少。"学术界的渴望和公众的渴望似乎很少一致。即便是提倡高等教育要致力于实用公众服务的人也经常坦白说,他们与公众——或者说是那些主动表明自己观点的群体——真正所想的并不一致。"人民"更不需要专注于抽象研究的高等教育。他们也不关心学者所想要的深层意义上的文化。人民的思维模式与初期的大学之间存在巨大的差异,而双方对于"民主"越来越多的讨论总是在模糊这一差距而非消除它。

对于新大学的内部发展,公共关系方面的困难预示着两种大相径庭的结果。第一,这样的问题总会导致学术领袖不断努力以争取

导论　学术改革的兴起

倔强的客户。他们辩解说，对于新学院的成功，民众在数量和金融上的支持是不可或缺的，因此，这些人尽可能地迎合非学术的偏见。他们在周边地区巡回演讲，说着奉承话，结交有影响力的人物，在危难时节像政客一样到处活动。他们创建了大学，借鉴了欧洲做法同时又加以变化，同时又使大学得以普及。这群学术执行者对于公众观点的敏感带有明显的战争痕迹。他们知道公众观点的影响，害怕它的力量，因此对它表现出近乎谄媚的顺从。但是，第二，学术事务与公众观点相背离的事实，也将那些愿意与社会其他因素相隔离的人吸引到大学里来。这后一类学者通常是教授而非校长，他乐于见到高等教育的卓尔不群。他希望建立一个不受欢迎的大学。虽然他也希望赢得一批学生的忠诚，但是他认为，这些学生要满足他规定的标准，而不是与学生协商后制定的标准。对于信奉这种大学的人来说，学术界必须设定自己的条件。

　　随着大学的发展，一段时间内，被大学所吸引的这两类人之间的对立只是在关于学术目标的争辩中才偶尔表现出来。只要公众对大学的接纳尚不明朗，大学应该在多大程度上迎合公众就仍然是一个抽象的问题。当第一批学生出现时，不论是康奈尔还是约翰·霍普金斯，都没有人想将他们拒之门外。但是，获得支持的难度，19世纪中叶学术生活与"真实"生活明显的差异，引发了两种相反的期望，这两种期望在1890年之后反映在大学内部的紧张局势上。一方面，出现了渴望得到公众赞同的需要，另一方面，也出现了把大学作为避难所的希望。

　　在寻求大学明确目标的人看来，高等教育最好在1865年后的二十多年里保持相对不受欢迎的地位。在这段时期，年轻的大学享有暂时的（或者部分的）行动自由。没有庞大数量的学生，它可以在较少约束的情况下进行试验。既然其领导人还没有意识到公众愿意接受什么，欧洲的思想就得以贯彻而遭遇较少的阻碍。事实上，正是公众对于大学难得的普遍的冷漠才使得关于大学的多种抽象概念在 1865 年之后得以蓬勃发展。在这个顺利的时代，还没有出现以后必然会有的学生人数的压力，大学甚至可以依据这些特别的概念来筹建或是组织。校长们和教授们可以彼此展开辩论，讨论大学的主要目的，并且觉得自己所说的确实受到重视。人们可以希望一些根深蒂固的信仰能够在学院的结构中实现。这样，人们对学习过程的定义就确定了他们的学术派别。对于教授们——以及对于那些还没有完全意识到自己的职责是以公关为核心的校长们——这是一个前所未有的理想的时代。

上 编

高等教育的不同观念：1865—1910

> 那些尽力想预测后代评论的人赋予19世纪很多称号。它被称为潮流的时代、钢铁的时代、报纸的时代、社团的时代。不论20世纪更为冷静的判断最终会给予它什么名称，我确定，那将是基于我们这个世纪的内在特点而非外在特点，基于本世纪生活中流传的基本观念，而非其发展过程中显眼的偶发性事件。
>
> ——阿瑟·T.哈德利，耶鲁大学校长（1899）
>
> 在真正的大学，学生们应该感受到，在思想的学术门徒中，自己只不过是刚入门者。
>
> ——乔西亚·罗伊斯（1891）

第一章　智力训练和宗教虔诚

　　1865 年,并非所有的美国教育者都希望进行积极的变革。若要研究具有改革思想的人所形成的教派的基本情况,我们有必要先了解一下同一时期的那些坚持现存学院模式的人。与后文的问题相比,这种了解同样重要,它有助于点明改革者的思想中有何新颖之处,因为新出现的每种观点与 19 世纪中叶的学术思想都有着这样或那样明显的连贯性。同时,分析旧时学院所代表的东西也能阐明大学的建设者们蕴藏在夸夸其谈中的反叛精神。

　　当然,传统式的教育思想并不是到了 1865 年之后就忽然消失了。一个时期内逐渐消亡的力量和新兴力量同样值得仔细研究。高等教育的传统哲学的口号是老生常谈的"智力训练",内战结束前,这种哲学就受到长期猛烈的攻击,内战之后十年,它会受到更频繁的阻挠。然而在 1879 年,G. 斯坦利·霍尔注意到,美国当时拥有的三百多所大学中,除了 20 所之外,其他的管理者都是智力训练的信奉者。① 正如我们即将见到的,很多规模较小的学院甚至到 19 世纪 90 年代仍然坚持类似的传统观念。对智力训练的忠诚实际上还

---

① G. S. Hall, "Philosophy in the United States." *Popular Science Monthly*, I (1879), Supplement, p.57.

顽固地维持着自己的地位，只是这种忠诚很快就被称为反动了。对捍卫智力训练的记述，不仅介绍了学术改革者们，也是内战之后整个美国高等教育不可或缺的部分。

对智力训练的信仰是相互关联的心理学、神学和道德信念体系的一部分。旧时的学院最终被其批评者指责为"在智力训练的名义下提供或多或少是含糊空泛的知识"。② 在某种意义上我们可以说，恰恰相反，训练的观念涉及一系列具体的主张，改革者们提出的替代措施反而不够精确。

智力天赋心理学

智力训练的信奉者在考虑大学目标时，首先想到人类灵魂的问题。灵魂既不是由有形的物质组成的，也不仅仅是思想的一部分。(然而，实际使用中"思想"和"灵魂"两个名词有时可以相互替换。③)灵魂是一种激活思想和身体的"生命力量"。科学既不能测量灵魂，也无法用归纳法发现其特性。但是当时的心理学是道德哲学的分支，正如19世纪60年代的一位学术心理学家坦言，"因此对于科学更为糟糕"。④ 关于人的构成存在一个谜题，但是可以说是容易解决的谜——它会导致宗教信仰。

灵魂虽然没有实体，但其内部可以细分，每一个部分被称为一种"天赋"。这种意义上的"天赋"指的是特别的才能或者是潜在的

---

② Nathaniel Butler, *The College Ideal and American Life* (Portland, Me., 1896), p.13.

③ 对于思想、灵魂和身体的关系，普林斯顿的 James MaCosh 说："思想与脑脊髓物质有着密切关系。"不从身体角度考虑，是"很难获得"必要的能力来分析智力现象的。但是"智力活动不是大脑物质活动的产物。运用智力也许需要某些器官，但这些器官并不受智力控制。思想对身体的依赖并不能说明不存在灵魂这种东西"。摘自 J. F. Duffield 的《麦考士的智力科学和心理学课堂笔记》，ca. 1876 (Princeton MSS)。不无讽刺的是，麦考士的儿子安德鲁成了一位著名的脑外科医生。

④ Noah Porter, *The Human Intellect* (New York, 1886), p.35. 1868年首次出版。

能力。灵魂心理学家们对于这些天赋的分类并不完全意见一致,但是在这些名词单子里占据了显著地位的有:意志、感情和智力。⑤ 任何地方的健康人的灵魂都拥有这些特质。耶鲁大学的诺亚·伯特说:"它们在刚出生几天的婴儿身上也许没有全部体现,但是如果这个婴儿活下来,其正常发展没有受到干扰,它们是肯定会呈现的。"⑥

然而,不能认为天赋肯定会沿着既定的道路自然成熟。在某种意义上它们是潜在的,要使它们能够呈现出来,需要正确的环境。这就是正式的教育的主要作用:对智力和道德天赋进行训练。1868年,詹姆斯·麦考士(James MaCosh)在担任普林斯顿大学校长的就职演讲中宣布:"我确实认为大学的最高目标是教育,即发掘和提高上帝所赐予的天赋。毫无疑问,我们的造物主希望世界上的所有事物最后都是完美的,但是他在造物的时候并没有将它们创造得完美,而是留下了发展进步的余地。作为他的工作伙伴来完成这一未竟的工作,正是他创造出的有智慧的生物的任务。"⑦这些天赋综合起来,就成为一个成功人士神圣的秘诀。如果其中之一或几个因素未能正常发展,就会产生怪异的结果。尤其重要的是,智力不应该以牺牲其他能力为代价而获得不公平的超常发展。智力部分地被看作是记忆能力,但是更被看作是一种积极的能力,例如,进行演绎推理的能力。

大学规定的四年制课程的真正目的就是智力和道德训练。这样的课程应该具有难度(就像任何苛刻的跑道一样),应该由天赋心

---

⑤ 更多更详细的名单,参见 James McCosh, *The New Departure in College Education* (New York, 1885), p. 8。智力训练对19世纪美国教育者的意义的简单介绍,参见 W. B. Kolesnik, *Mental Discipline in Modern Education* (Madison, 1958), esp. pp. 10—29, 89—112。

⑥ Porter, *The Human Intellect*, p. 45.

⑦ James McCosh, *American Universities—What They Should Be* (San Francisco, 1869), p. 7.

理学的专业人士设计。19世纪中叶,传统教育者们中间爆发了一场争论:学院的唯一目的仅仅是训练智力和道德能力,还是知识的积累(思想的完善)也应该占有一席之地。耶鲁大学的诺亚·伯特在遇到这种分歧时通常采用更为保守的做法。他断言:"显然,学院课程是要传授学习和思考的能力,而不是教授专门的知识或是专门学科。"⑧这意味着课程不可避免地要求努力钻研抽象的科目。威廉·F. 艾伦(William F. Allen)——他后来在威斯康星成为斐德列克·杰克逊·特纳(Frederick Jackson Turner)的导师——宣称:"学生如果养成习惯,绝不放弃任何一个难题——例如一个罕见的希腊语动词——直到分析过它的每个词素,了解其词源的每个要点,那么他就养成了思维习惯,使他能同样精确地弄清楚法律的微妙之处。"⑨

可以断言,直到1884年,学院"只是一套智力体操,仅此而已"。⑩ 如果学生在毕业后就忘记了学过的所有希腊语,难道对于化学知识不也是一样吗?这些学者接受了传统基督教狂热的道德理念,对于贯彻这一理念深感自豪。"如果你想锻炼身体,就对身体的器官进行训练;如果你想使自己的智力水平提高,就让它从事使其得到最大限度发挥的学习。学会一门学科之后,再学第二门、第三门,就这样在智力征服和胜利的长征中不断地征服,获取一个又一个胜利。"⑪对于这些教育者而言,相对于展示经过磨砺后锋芒毕露的智力天赋,在发展这些天赋过程中所要求的对意志力的运用更为令人自豪。

---

⑧ Noah Porter, *The American Colleges and the American Public* (2d ed.,; New York, 1878), p.36.

⑨ W. F. Allen, *Essays and Monographs* (Boston, 1890), p.141.

⑩ T. J. Backus, "The Philosophy of the College Curriculum," U. N. Y., *Report*, 1884, p.239.

⑪ C. B. Hulbert, *The Distinctive Idea in Education* (New York, 1890), p.11. 赫尔伯特是明德学院的校长(佛蒙特)。

另一群持智力训练观的教育者选择了较为温和的课程。1868年,詹姆斯·麦考士在普林斯顿大学表明他主张较为温和的标准:

> 有些人说,只要能够磨砺天赋使其能够运用,那么不论学到什么知识,例如,写作拉丁语诗歌,不论在将来的生活中是否有用,不论磨砺思想的石头是多么坚硬,都无关紧要,这未免失之偏颇……当思想第一次而且满怀希望地努力时,智力发展的规律却使其对严苛的学习感到厌倦,难道你们看不到让思想厌倦、厌恶有多么大的风险吗?确实,锻炼思想就像锻炼身体一样,有其自身的回报,但是当周围存在有趣或者是有益的事物时,这两者都很容易被取代……我认为尽管学习的真正目的是提升天赋,但是本身没有用处或者将来没有好处的科目是绝对无法促进天赋的。⑫

但是,如果承认知识是学院教育的目标,即使只是次要目标,那么,学院应该提供什么样的知识呢?在这个问题上,像麦考士一样,试图缓和纯智力训练严酷性的人们无意之中打开了潘多拉的盒子。正是这种逐渐增长的要求局部地重新审视课程内容的愿望预示了训练观在教育中的最终没落。

关于上帝和人的传统观点

在19世纪的美国,教育和神学的传统观点总是相辅相成的。⑬正如学院的院长们所理解的,传统的基督教义意味着淡化了的加尔文主义。人除了拥有教育应该发展的天赋之外,还应该经历信仰的

---

⑫ McCosh, *American Universities*, pp. 9—11.

⑬ 有一次例外,一位传统的基督教徒要求对大学课程进行彻底修改。参见 G. F. Magoum[爱荷华学院(后来的格林内尔学院)校长], "Relative Claims of Our Western Colleges", *Congregational Quarterly*, XV (1873), esp. p. 70.

转变。考虑到开始出现的挑战,传统观点认为,接受圣经的权威性,包括其对于奇迹的描述,就显得更为重要。⑭ 这种基督教信仰有时表现为对福音狂热的信仰,有时表现为默默的自鸣得意。但是在全国各地,学院领导们对于宇宙性质的基本概念都来源于这种信仰。1876年,诺亚·伯特坚定地宣称:"基督教是一种超自然宗教。基督拥有天上地下最高的权威,自然的进化,人类历史事件,包括科学、文学、文化和艺术的发展,都是为了维护基督王国的利益。"他认为,接受这些见解的教育家和否定这些见解的教育家之间没有任何共同之处,这两种人讨论教育原则是不会有结果的。⑮ 在这一点上,他和普林斯顿大学的麦考士校长意见一致:"宗教应该在内心燃烧,在教师的脸上闪耀;它应该在我们的礼拜会上具有鲜活的力量,使得学生居住的房间具有神圣的气氛。在这些地方,对于宗教的重要思想,绝对不能出现任何不确定的声音。"⑯

根据这样的标准,世俗的知识不可避免地显得无关紧要。"我们在那里(天堂)所处的状况与现在完全不同,我们在这里所谓的知识到那里就会'消失无踪'了。"⑰然而这些世俗的知识也反映了基本的事实。宇宙是有序的,也是由神控制的。知识导致对规律的理解,而尽管有奇迹的干扰,规律使得创造成为某种光荣。⑱ 只要学院能够武装思想并磨砺思想,它就能够尊严体面、坚定不移地继续下去。

---

⑭ 在课堂笔记中,伯特认为"奇迹是可能的。每个有神论者都必须相信"。上帝"能中断、阻止、延缓,这并不奇怪"。但是只有在"有价值的时候"才能相信奇迹。Porter's "Notes on Philosophical Lectures" (Yale MSS).

⑮ Noah Porter, *Two Sermons* (New Haven, 18756), p. 25.

⑯ McCosh, *American Universities*, p. 42.

⑰ W. D. Wilson (康奈尔大学教授),"Modern Agnosticism Considered in Reference to Its Philosophical Basis," U. N. Y., *Report*, 1882, p. 422.

⑱ 伯特攻击无神论,因为他相信无神论断定整个宇宙是无序的。任何秩序,甚至个人生活的秩序,都承认上帝的存在。Porter's baccalaureate sermon, 1882, p. 12 (Yale MSS). 不信仰基督教,就只有两种情况:1. 无目标的绝望;2. 自私的耽于享乐。Baccalaureate sermon, 188, p. 22 (Yale MSS).

基督徒的这种自信导致了偏执。麦考士公开反对"既不能吸引年轻人或老年人的视线,也不能吸引他们心灵的带有中性色彩的宗教"。他质问他的反对者:是否愿意"拥有一所新教徒和天主教徒混杂、半基督教半无神论的学院"?[19] 于是,1866年爱默生到镇上来演讲的时候,威廉姆斯学院的教职员工几乎没有人去旁听,诺亚·伯特提出了很多精妙的主张,以确保每所大学由一个宗教教派掌控[20],这些也都不足为奇了。

起源于19世纪末期的苏格兰常识现实主义的正统哲学观进一步支持了训练心理学。詹姆斯·麦考士成为美国常识哲学观最后的主要捍卫者之一。常识观认为,经验主义和唯心主义都是正确的。它忽视对于思想和感觉本质的复杂的争论,宣称外部世界和人的思想显然都是由人这个主体感知到的。根据这一态度,普林斯顿的教授查尔斯·W.希尔兹(Charles W. Shields)就可以宣称黑格尔和孔德都只说出了一半真理。这两位思想家在他们所认可的问题上都是正确的,但是对于他们所否认的问题则都错了。经验主义最终演变为实证主义,这无情地导致宗教信仰的丧失。然而希尔兹接着说,绝对的唯心主义只会导致神秘的泛神论——另一个异教徒的极端。这两种敌对的观点相互权衡,很容易便产生了标准的基督教。[21]

1865年后,常识观得到了修订,通常是偏向于唯心主义。这时候,一些学院的院长不再把康德和黑格尔看作是对传统观点的威

---

[19] McCosh, *American Universities*, p.42; *The college Courant*, VIV (1874), 260. 罗马的天主教教育者也使用同样的语气坚持说,大学应该灌输基督教义。参见 J. J. Keane, "The Relation of Our Colleges and Universities to the Advancement of Civilization," International Congress of Education, *Proceedings*, 1893, pp.161—164 (此后称 I. C. E., *Proc.*).

[20] Hall, *Life*, p.163; Porter, *The American Colleges and the American public*, pp.233—235.

[21] C. W. Shields, "The Present State of Philosophy," New Englander, XXVII (1868), esp. pp.227—229, 235; James McCosh, "The Scottish Philosophy, as Contrasted with the German," *Princeton Review*, [4th ser., X] (1882), 331—332.

胁,而是看作至少是部分同盟者。㉒ 但是麦考士似乎觉得任何事物都可以加重天平上经验主义的砝码。与较早的苏格兰哲学家不同,麦考士相信大脑的直觉知识具有某种"积极的"特性。他喜欢坚持说,这种知识是通过"归纳"得出的,尽管大脑的一部分在没有感觉协调的情况下"观察"了大脑的另一部分。他宣称:"通过这种观察,才发现了超出观察之上的普遍的永恒的原理。"麦考士对于自己的思想与苏格兰前辈完全一致感到非常自豪,但是他喜欢认为自己是在创造独特的哲学体系。出于同样的心态,他曾经否认自己是加尔文教徒。㉓

常识观在本质上是静态的,因此很容易受到19世纪各种以历史为导向的动态哲学的攻击。㉔ 但是对于教育家而言,它至少有一个明显的优势,即它对于令人头疼的自然科学的态度。在面临高涨的对实验的要求时,苏格兰二元论者可以相当坚定地宣布:安分守己的科学也是不错的。㉕ 这样一来,毕业致辞就有了极好的语言技巧。用几段文字真诚地赞扬一下归纳法,在结尾的高潮部分点明归纳法还不够。也许正因如此,再加上其他原因,苏格兰哲学持续的历史与智力训练的学术倡导者一样长久。

内战之后的几年里,传统的学院教育者似乎花费了更多的时间进行说教,而不是讨论神学、心理学或哲学。关于智力训练和常识唯心主义的正式争论被置于次要地位,只是在特殊场合才拿出来炫耀一下,校长日常的说教就是在宗教背景下反复灌输道德品质。他

㉒ 见 H. W. Schneider, *A History of American Philosophy* (New York, 1946), pp. 241—242.

㉓ McCosh, "The Scottish Philosophy," *Princeton Review*, 4th ser., X (1882), 329; W. M. Sloane (ed.), *The Life of James McCosh* (New York, 1896), pp. 112—123, 17—74; James McCosh, *Twenty Years of Princeton College* (New York, 1888), p. 29.

㉔ S. E. Ahlstrom, "The Scottish Philosophy and American Theology," *Church History*, XXIV (1955), 269.

㉕ 例如,可见 McCosh, *American Universities*, pp. 8—9。

第一章 智力训练和宗教虔诚

们说:"每个伟大的老师,从苏格拉底到霍普金斯,其最大的目标就是培养品质。"㉖

相信智力训练的教育者经常把"男子气概"这个词与他们对于品质的概念联系起来。男子气概意味着不软弱。麦考士在普林斯顿的继任者弗朗西斯·L.巴顿(Francis L. Patton)坚决主张:"一个人是基督徒绝不意味着他就要丧失男子气概。"学院的院长"应该首先是一个有男子气概的人"。男子气概意味着力量:通过勤奋地与希腊语法搏斗而获得的力量。这种力量将在行动中表现出来。这样,达特茅斯学院的院长巴特利(President Bartlett of Dartmouth)就能在其就职演说中断言:"当飘移不定的智力天赋感觉到了意志的操纵,当年青一代从被动的接受转变为积极的获取,那么真正的人的纪元就来临了。"㉗一些学者极力主张毫不掩饰的粗犷的大男子主义。这种呼声在米德尔伯里学院(Middlebury College)的院长赫尔伯特(Hulbert)那里达到了顶峰:"我们需要的是男人——不是雄性、穿着长裤的动物——而是腰间悬着剑,有荣誉感的骑士;他们也许是学者或是专家,只要在学问和专业知识背后还有足够的男子气概支持他们,他们就能为公众服务。我重申,我们要的是男子汉——具有独立深邃的思想、合理的目标和行动能力的男子汉。"㉘但是另一种更常见的说法还兼顾了积极的行动和自制的美德。在经历了古代句法的艰苦学习之后,具有男子气概的毕业生应该具有"精神的驯良与威严兼而有之"的气质。应该避免那种"磨砺了才智却钝化了道德感性,使一个人成为具有快速的理解力和杰出的思维能力,

---

㉖ J. W. Strong(卡立顿学院校长), "The Relation of the Christian College," N. E. A., *Proc.*, 1887, p. 153.

㉗ F. L. Patton, *Religion in College* (Princeton, 1889), p. 6(他维护校际运动会); S. C. Bartlett, "The Chief Elements of a Manly Culture," *Anniversary Addresses* (Boston, 1894), p. 8.

㉘ Hulbert, *The Distinctive Idea in Education*, pp. 18—19.

但是冷漠自私、缺乏情感和良心的道德上的侏儒"的教育。㉙ 有时候智力训练的倡导者，由于惧怕"冷漠"，也会坦率地承认温柔的人类情感的优点："从个性和生活中完全抹杀情趣，那么生活也就没有意义了……理智的伙伴关系和同情毕竟是浅薄的。生活的伟大之处就在于情趣。"㉚但是这些话又从另一个方面偏离了正途。

　　内战之后，有些传统教育者开始意识到他们角色奇怪的复杂性——作为学院领导人，他们害怕本应是他们擅长的才智。信奉智力训练的人对于才智的感情确实是摇摆不定的。一方面，这样的教育者谴责大众的"知识惰性"，他们添置廉价小说，任何时候要求他们提供技术训练，他们就会辩解说"即使是现在，在这个实用的年代，多几个理论家、书虫、书呆子，也不会对我们的国家有什么坏处"。㉛ 但是另一方面，知识也会破坏牢固的道德和宗教。卫斯理学院(Wesleyan)的一位教授深受这些问题的困扰，以至于质疑："考虑到学生在学习和思考之初的怀疑论倾向和很多文学、科学人士无宗教甚至是无神论的状况，智力文化和训练在其本质上究竟是激发宗教的真理，还是培养实用的虔诚？"㉜在整个大学期间削弱教室的作用也许能缓解这一问题。耶鲁的伯特说，社会生活比知识内容更有意义。这样，虽然每天有三个小时用于磨砺智力天赋，但人们可以放心地看到，在剩余时间里，抵消的力量也在发挥作用。但是这种解决办法承认，培养男子气概不在正式教育的职责之内。

　　为了解决这一问题，这个时期的一些美国教育者求助于文学修

㉙ Strong, "The Relation of the Christian College," N. E. A., *Proc.*, 1887, p. 153.
㉚ President Dodge of Madison University (New York), in U. N. Y., *Report*, 1886, p. 241.
㉛ Hulbert, *The Distinctive Idea in Education*, p. 34; Tayler Lewis, "Classical Study," in *Proceedings at the Inauguration, Together with the Annual Report of the President of Union College, 1871—1872* (Albany, 1872), p. 57.
㉜ [C. S. ?] Harrington, "Our Colleges," *Methodist Quarterly Review*, LXI (1879), 627.

养,这一概念不需借助于课程之外的影响就有望调和道德训练和才智训练。然而,对于智力训练的大多数信奉者来说,文化能够拯救学术这种论调仍然不可信。㉝ 诺亚·伯特猛烈地抨击似乎经常拒绝传统基督教义的"文学波西米亚人"。在他眼里,文化具有"外表高雅、内在轻浮"的特性,已经成了"一种错误的、偶像崇拜式的宗教……这种宗教检验衡量生活的目标,社会的进步和所有个人及社会的成就,但其使用的标准却是挑剔而有限的,既不符合人类更杰出的能力,也不符合上帝更严苛的审判"。㉞ 必须保持文化的从属地位,只有在严格的限制下才能允许文化进入课程。

当要求持训练观的教育者们列举他们用于讨论社会问题的教材时,他们都会自认为公允地回答"《圣经》"。㉟ 这种回答并不一定意味着他们对这些问题漠不关心。诺亚·伯特抨击无神论的原因之一就是他相信无神论否定了社会进步的所有希望。㊱ 然而在具体问题上,这些人又总是踟蹰不前,不论问题大小都是如此。男女合校和对贫困生的奖学金都受到怀疑,在这些圈子里,民主本身通常被看作有害的。一位大学校长主张:"在共和国里,政府机关经过频繁的变化,很自然地具有下降到较低水平的趋势。"另一位附和道:"公众任性而虚假的智慧思潮比海洋的水流更加变幻多端,不可

㉝ 例如,见 J. M. Sturtevant, "The Antagonism of Religion and Culture," *New Englander*, XXXI (1872), esp. p. 203. 另见 J. H. Raleigh, *Matthew Arnold and American Culture* (Berkeley, 1961), pp. 72—74。

㉞ Porter, *The American Colleges and the American Public*, p. 394; Noah Porter, *The Christian College* (Boston, 1880), pp. 20—21. 伯特对于"文学和批评"的进一步讨论,可见:Porter, Two Sermons, pp. 20—21, 27, 32, 他抨击伏尔泰和卢梭,认为文学和科学一样,都是神学的敌人。

㉟ Daniel Fulcomer, "Instruction in Sociology in Institutions of Learning," U. S. Com. Ed., *Report*, 1894—1895, II, 1213.

㊱ Porter's baccalaureate sermon, 1882, p. 17 (Yale MSS)。

理喻。"㊲

随后产生了一种观点,认为公众无权干涉学院的管理。在这个问题上,正如在很多其他问题上一样,伯特的发言是最引人注意的。1871年,他在耶鲁大学的就职演讲中说:

> (高等教育)绝对不受公众意见的支配,因为公众的意见是肤浅的,甚至是错误的——它却被称为高等教育的修正者和控制者。尤其是在教育问题上,它不应该迎合大众的偏见,也不应该利用大众的情绪。如果存在一所圣殿,为那些有坚实基础的信念提供避难所,使它们得到尊崇,那就是致力于高等教育的场所。㊳

伯特在其他地方勉强地承认"公众的信任"对于学院的生存是必不可少的。他总结道:"然而,对于有待决定的很多问题,即使不是大多数问题,公众是没有能力做出直接判断的。"㊴智力训练的信奉者们,尤其是大西洋沿岸的信奉者们,认同大学学位具有贵族内涵。他们并不畏惧"知识阶级"这个词。他们承认"学问是后天学会的,绅士派头也是"。㊵然而这些声明的语气更像联邦党人而不是杰斐逊派。大学的高年级学生得到的忠告是:"真正的文化是贵族式的,你自然而然会成为自己学术宗派的维护者。"大学应该促进"良

㊲ Caleb Mills, *New Departures in Collegiate Control and Culture* (New York, 1880), pp. 30, 38; Hamlin, The American College, p. 15;另见:*American Educational Monthly*, III (186), 464—466.

㊳ Porter, "Inaugural Address," in *Addresses at the Inauguration of ... Porter*, p. 39;另见 pp. 28—29。

㊴ Porter, *The American Colleges and the American Public*, p. 243.

㊵ Patton, *Religion in College*, p. 5; Edward Hitchcock, "Address to President Seelye," in *The Relations of Learning and Religion* (Springfiled, Mass., 1877), p. 7.

好的社会秩序"。㊶

　　任何宣之于口的变化,无论是政治的还是哲学的,都会削弱对宗教的虔诚——因而虔诚对其自身也产生了怀疑。这些学术领导者相信基督教是真实的,他们将教育结构与捍卫宗教联系起来,因而别无选择,只能抵制对基督教和教育结构的侵犯。这是传统学院代言人的总体看法,但是在日常工作中,管理不安分学生之类的世俗问题经常分散他们的注意力。在后文中,"训练"这个词具有更为现实的含义。

作为训练基地的学院

　　19世纪中叶,美国的大学处于家长式的专制统治下。虽然(或者应该说因为)校长仍在教学第一线,他们实行了"几乎是家长式的"管理。㊷ 确实,有很多人主要是因为他们严厉的独裁主义倾向而被人们记住的。就像在东方的帝国一样,这些学院的家长也可以明确地分成三类:严厉的、威严而和蔼的、软弱的。㊸

　　家长式管理的目的当然就是道德和宗教。正如诺亚·伯特宣称的:"使学生在小事情上都能表现出一丝不苟的忠诚,正是贯彻福

　　㊶ Noah Porter, "The Ideal Scholar," *New Englander and Yale Review*, XLV (1886), 538; Patton, *Religion in College*, p.16; J. M. Barker, *Colleges in America* (Cleveland, 1894), p.259. 同时需要注意拒绝社会契约理论的倾向,参见:I. W. Andrews (俄亥俄的玛里埃塔学院校长), "The Study of Political Science in College," N. E. A., *Proc.*, 1881, pp.181—182, Stow Persons, *Free Religion* (Boston, 1963), pp.115—116。

　　㊷ A. F. West, "The American College," in N. M. Butler (ed.), *Monographs on Education in the United States* (St. Louis, 1904), I, 221; 可比较文献有:C. H. Patton 和 W. T. Field, *Eight O'Clock Chapel: A Study of New England College Life in the Eighties* (Boston, 1927), pp.40—41.

　　㊸ 第三种情况即是 Thomas Le Duc, *Piety and Intellectual at Amherst College, 1865—1912* (New York, 1946) 书中的主题。

音最重要的准则之一。"㊹学院训练的标志就是精心编纂了一系列规章制度。(这里,美国人对于宪法形式的喜爱也渗透到了权力主义的家长式作风中。)浏览一下1865年后十年间的大学校规就能发现,其中对于如何管理学生有极其详细的说明。在哈佛,列出这些规定用小号字打印也需要八页纸。周日没有特别许可,学生不得离开学院,学生也不得在校园内成群结队地闲逛。在大多数学院,学生的房间(即使不在校园内)随时可能受到教职员的检查。哥伦比亚大学的管理者在其手册中用了整整两页来描述每天的礼拜活动中得体的行为举止。哥伦比亚还详细解释了影响深远的"叛逆"行为,简直可以与战争时期通过的国家法令相媲美。㊺ 耶鲁有段时间强迫其学生进行效忠宣誓(即,对耶鲁管理者效忠)。耶鲁也公开将安息日渎神、质疑《圣经》的真实性和挥霍浪费宣布为违规行为。㊻ 普林斯顿的校长巴顿(Patton)明确否认学生享有一般罪犯都拥有的"公民权":

> 当有传闻(即谣言)指责某人对大学施加令人堕落的影响时,我不希望世俗法律的准则妨碍大学的纯粹性……不要对我说一个人在被判定有罪前都是无辜的,也不要说对犯罪的规定

㊹ Porter, "Inaugural Address," in *Addresses at the Inaugural of . . . Porter*, p.50.

㊺ "学院将以下行为宣布为大过,即:积极参与创建任何妨碍礼拜活动,反抗学院当局,或阻止学院法令执行的组织;在为创建或设计此类组织而举行的任何集会中担任主席、秘书或其他职务;加入任何因执行此类集会的任何命令或指令以达到其非法目的而受到指控的委员会;辱骂校长或任何教职员。" Columbia College, *Statutes of Columbia College and Its Associated Schools* (New York, 1866), p.33. 耶鲁也有同样的规定。*The Laws of Yale College, in New Haven, Connecticut, for the Undergraduate Students of the Academical Department, Enacted by the President and Fellows* (New Haven, 1868), p.14.

㊻ "如果任何学生敢于公开质疑《圣经》神圣的权威性,或是努力宣扬这种怀疑,并且在受到警告之后仍然坚持这一行为,他将被学院开除。" Ibid., p.13;比较[L. H. Bagg], *Four Years at Yale, by a Graduate of '69* (New Haven, 1871), pp.569—574。由此可见,这一时期的耶鲁大学是不会接受犹太教徒或不可知论者的。

也适用于大学。这个时期，一个人在被证明无辜前，就应该认为他有罪；这个时期，应该由他自己为自己辩护，而不是由我们来判定他有罪。㊼

对学生生活的管理在1885年由普林斯顿的教职员发挥到了极致，当时，他们决定："如果学生还像以前一样到市里洗衣服，那么现在就要在学院管理者的监督下进行。"㊽

持训练观的教育者在捍卫这些监控时进行了一分为二的解释。一方面，他们说，考虑到学院的学生在根本上还不成熟，所有这些规则都是合理的。诺亚·伯特虽然愿意承认大学生不再是小孩子了，但是认为他们"不论在性格或是在信仰上都还不是男子汉"。㊾（他说这些话的时候，大学毕业生的年龄已经有了明显提高。）㊿另一方面，训练的倡导者又极力主张，成年生活——全部人生——都或明确或含蓄地受到这些规则的监控。在法律机构和商业公司，乃至全国都存在类似的对于行为的约束，在学院中强制执行仅仅是实际一点。学生们被迫勤奋学习，从而能培养起对勤奋工作的热爱。在更崇高的意义上，上帝时刻监视着人类，有效地对其"评审"，那么，为什么他的牧师们不能充当他的代理人，将类似的程序强加于年轻人呢？(51) 对于那些把任意的自由和享受自由的隐私权看作社会的优点

㊼ Patton, Religion in College, pp. 12—13.

㊽ College of New Jersey, "Faculty Minutes," May 8, 1885 (Princeton MSS; 此后简称为 C. N. J., "Faculty Minutes"). 可以想象，学生借口说去洗衣店，实际上是做一些不太体面的事，也许只是在街上闲逛。

㊾ Porter, *The Christian College*, p. 11.

㊿ 按照后来的标准衡量，19世纪中叶的大学生确实都很年轻。1865年后这一现象发生了变化，学生年龄很快就与20世纪中叶的学生年龄相当（甚至还要大一点）。见 G. P. Schmidt, *The Old-Time College President* (New York, 1930), pp. 78—79。

(51) Porter, *The American Colleges and the American Public*, p. 143.

的人来说,这是不可想象的。反之,个人公之于众的生活被认为是最重要的。不成熟的人必须得到修正,以通过永无止境的检测。

学院训练主义者实质上是想要一个能控制的环境,以制造道德和宗教上的正直。严格的控制引起了一定的心理问题。教职员的备忘录的字里行间透露了其他管理层所熟知的一个现象:时常要求被管理者汇报其过失,由此获得下属的恭顺。对于汇报者,通常会减轻或免除对其的惩罚,而顽固的思想独立者可能会被留校察看或是被开除。[52] 可以认为这种与大多数非学术美国人的自由精神背道而驰的苛刻的管理风格有其非同寻常的原因:宗教领袖偏激的观念及试图长期控制一群不安分的年轻人的危机感。

然而,尽管如此,实际操作并不像理论所说的那么严格。在耶鲁,诺亚·伯特很少干涉学生的出版物,因为他觉得可以信任其内容。他愿意承认,过去对学生严密的监控已经证明是错误的,在学生犯了错误的时候——在他自己最为人诟病的教室里——他也表现得很宽容。詹姆斯·麦考士也声明:"我讨厌秘密监视学生、晚上从窗户偷窥、通过钥匙孔窃听的行为。"[53] 教职员得到正式的告诫,要严格监视自己管理的年轻人,但是事实上,他们大多数时间花费在处理与训练有关的事宜上。[54] 然而,至少在耶鲁,学生还是设法获得了相当的自由。每个学生宿舍住着两位导师,但他们仅是在"非常

---

[52] 见 C. N. J., "Faculty Minutes," Dec. 1, 1875, Oct. 4, 1878, and Sept. 14, 1881.

[53] McCosh, The New Departure in College Education, p.19.

[54] 训练问题占据了教职员会议的大多数时间。这样,普林斯顿的所有教职员要花整整六个晚上,坐成一排,倾听对打了一晚牌或是喝酒的学生的指控,并决定给他们的惩罚。C. N. J., "Faculty Minutes," Mar. 11 to 18, 1870.

吵闹"的时候才出面制止。一个在校生吹牛说:"不论白天或黑夜,住在那里的人任何时间都可以自由进出,还不需要特别机灵……他的房间就是他的城堡。"冗长的管理手册中的很多条款不仅被学生忽视,教职员也同样忽视。在宗教方面,1970年代耶鲁的教职员所施加的影响也"非常小"。[55]

实际上教职员只是间歇地对学生进行压制,其原因不难理解。虽然少数教授真的喜欢家长式的角色,大多数人发现这种家长式的职责不仅耗费时间,履行起来也非常痛苦。的确可以说,虽然存在形式上的僵化和对于汇报的狂热,比起几十年后采用辅导顾问和在主任办公室进行"心灵交流"作为惩罚学生错误行为的手段,家长式管理在19世纪中叶并不那么有效。就家长制而言,学院证明其是一所经常敞开门的训练基地。

智力训练的信奉者首先坚持,智力训练就是强调传统学科的四年制课程,包括:希腊语、拉丁语、数学,以及一点道德哲学。[56] 与之相反,所有学术改革者的基本要求就是课程的转变。虔诚的维护者和批判者之间的争论在这条战线上全面相遇。辩论开始于内战之前,一直延续到1884—1885年达到顶点,此时,正统观点势力做出最后一次努力,想遏制变革的浪潮。

强迫学习古典科目——最典型的就是希腊语——成为全部预

---

[55] Bagg, *Four Years at Yale*, pp. 296—297; E. M. Noyes to H. P. Wright, ca. 1900 (Yale MSS).

[56] 传统大学课程的概括,参见 Storr, *The Beginnings of Graduate Education*, pp. 1—6, 及 G. W. Pierson, *Yale College: An Educatioal History, 1871—1921* (New Haven, 1952), pp. 70—72.

设课程的象征。人们提出多种理由来捍卫古代语言。[57] 自然，最重视的是它们在训练智力天赋方面的作用。但人们捍卫语法则是因为语法被看作是知识固有的重要内容。甚至有人说单词包含了人类生活的意义。然而，不论是作为训练还是作为知识，古典语言相对于具有威胁性的现代语言都不具备绝对的优势。要对抗现代主义者的抨击，就不得不声明学习语言的过程中能揭示古代历史和文学的内在价值。

无论这些教育者对作为文学的古典语言有着何种敬意，美国学院在实际教授这些课程时完全不具备文化精神。尽管授课的过程不为人所知，但是1865年几乎每间教室的授课方法都是"口头问答"（recitation）。这种口头问答不是20世纪意义上的小组讨论，它与苏格拉底式的对话精神是完全背道而驰的。它是一种口头测试，一学年每周举行五次，每次大约一个小时，其目的是考察每个学生是否记住了前一天布置的语法功课。让我们到18世纪60年代末耶鲁的一间教室去看看：

> 在拉丁语或希腊语的口头问答中，要求一个（学生）朗读或是快速阅读一篇短文，另一个翻译，第三个学生就其句法关系回答一些问题，诸如此类；或者所有项目都由同一个人完成。只要求朗诵者回答向他提出的问题，但是不能向其导师提问，也不能反驳其主张。如果他有任何要求，或是要进行争论，必

---

[57] 对古典语言最完全的一次辩护可见 Porter, *The American Colleges and the American Public*, pp. 39—91；他对预设课程整体的辩护可见 *ibid*., pp. 92—118。另有三位捍卫者因其强硬的语气值得关注：J. N. Waddel, *Inaugural Address, on the Nature and Advantages of the Course of Study in Institutions of the Higher Learning* (Natchez, Miss., [1866]), pp. 8—16; Arnold Green, *Greek and What Next?* (Providence, 1884); G. W. Dean, "Classical Education," *College Courant*, XIV (1874), 109—112, 122—124。这一问题的讨论，可见 Le Duc, *Piety and Intellect*, pp. 62—77。

> 须在下课后非正式地进行。当学生翻译错了或是回答错了,有时候导师会立即予以纠正,但是更多的时候他不表态,如果错得很离谱,他会让另一个学生重复同样的内容。在朗读课文之后,导师也许会翻译,评论,指出所犯的错误,等等。一天的"进步"(课程)总是下一个学生的"评论",第二次总是要求朗诵得更完美——这一评论不局限于语言,而是同样适用于课程的所有学习。(58)

在一些较好的学院,诸如政治经济、自然历史、自然哲学和政治科学等领域根本没有设立教授职位。"社会科学"的学术讲座于1885年始现于欧伯林大学。虽然规定的课程中包含有修辞学和演讲术,但是只有哈佛提供纯文学的教授职位,而现代文学和艺术的学习实际上不为人所知。一直到1873年,哈佛的景象都无法激发参观者的想象力:"教授们都是很博学的人,但是反应迟钝,他们管理课堂的方式过于陈腐。"(59)查尔斯·弗朗西斯·亚当斯(Charles Francis Adams)对其在智力训练名义下的哈佛就读生涯的抨击尤为强烈,他坚持说哈佛完全没有提供对其是很重要的某种体育锻炼。(60)诺亚·伯特一些哀怨的私人信件也能揭示这一点:早在1851年,他就热切地请求得到许可,希望能够在课堂上进行真正的教学,而不是把所有时间都耗费在听学生朗读上;他想离开耶鲁(1857年);在其生命即将结束时,他向一位密友倾诉了对于教师单调的日常工作的沮丧。(61) 智力训练的信奉者,包括公开场合下的诺亚·伯特,觉得

(58) Bagg, *Four Years at Yale*, pp. 552—553.

(59) J. M. Greenwood, "School Reminiscences," *Educational Review*, XXI (1901), 363.

(60) C. F. Adams, Jr., *Charles Francis Adams, 1835—1915: An Autobiography* (Boston, 1916), pp. 33—34.

(61) Noah Porter to [T. D. Wolsey], Sept. 17, [1851], and to Francis Lieber, June 1, 1857 (Yale MSS); Porter to Woolsey, July 12, 1888 (WF).

有责任坚决维护的就是这样一种岌岌可危的秩序。

关于预设课程的争论中,核心问题是大学学习与学生以后生活之间的联系。并不是说训练型管理的倡导者相信学习应该与之无关。伯特确实曾经说过:“外面喧嚣混乱的生活越是催促,它给予学院大门的压力越大,那些与生活无关的研究就越需要得到关注。”(62)然而他和他的学术同伴更多时候相信,所有的大学生都应该经历相同的基本训练;大学应该教会学生一系列根本的、适合将来所有情况的反应能力,而不是教会特别技能。(63) 传统观念没有否认职业在人类生活中的中心地位。1870 年,罗彻斯特坚定的校长马丁·B. 安德森(Martin B. Anderson of Rochester)宣称:“生活就是要工作,年轻就要为工作做准备。”在为古典语言辩护时,伯特极力主张大学的目标之一是要提高学生“在开票处或是销售处”的积极的能力,从而使他能够在“商业能力”方面超过其未上大学的对手。这些人认为,“受过教育的隐士”是“对大学教育的蔑视”,是“病态的结果”。(64)

同时,我们也不能忘记这些教育者的身份。作为教士,他们继承了悠久、高尚的传统。如果说这种传统一方面教会了他们尊重各种各样有用的职业,那么另一方面,也使他们对于自己特殊的社会地位感到自豪。长期以来,至少在某种程度上,美国的大学一直充当牧师的实践训练学校。要求学习古典语言的崇高理由只是后来慢慢出现的。耐人寻味的是,詹姆斯·麦考士仍然乐于把职业需要

---

(62) Porter, “Inaugural Address,” in *Addresses at the Inauguration of... Porter*, p.45.

(63) 关于这种主张,可见 Lewis, “Classical Study,” in *Proceedings at... Union College, 1871—1872*, esp. pp.56—57。

(64) M. B. Anderson, *Papers and Addresses* (Philadelphia, 1895), I, 59; Porter, *The American Colleges and the American Public*, p.72; L. H. Bugbee [阿勒格尼学院(Allegheny College)的校长], “The Hindrances to a College Education,” *New Englander Journal of Education*, XI (1880), 68.

(与神职有关)作为学习希腊语的原因。(65) 所有这些不同的主张的共同之处在于牧师,而非教育理论。事实上,传统大学的校长不愿意承认的是,牧师仅仅是一种职业,而工程师是另外一种。预设的课程直接与前者的需要有关,仅仅对于后者及其类似的世俗职业,智力训练的普遍理论才真的有用武之地。

最后,在反对课程改革时,这些教育者还采取了更为实际的方法。他们说,大学生几乎总是不成熟的。如果给予自由,难道他们不会轻率地,或者是根据导师的受欢迎程度(和宽松)来选择学习吗?(66) "他们的品位尚未定型或反复无常,而且带有偏见;如果他们意志坚定,就会经常要求矫正。与学生的想象相距得最远的学习也许正是他最需要的"。(67) 此外,选修体系会破坏大学必需的、根本的一致性——共同对抗同一个导师而滋生的同学之间的社会纽带。智力上,它可能造成偏颇的、心胸不够宽广的人。(68) 这些最后的理由值得特别关注,因为智力训练消亡后很久,它们仍将存在。

对精神特许的虚伪的反对

在观念层面上,学术改革的威胁通常采用"科学"的形式。传统教育者并不反对广义的科学——关于特定科目的系统化的信息。但是他们反对把它作为声称能够解释整个宇宙的哲学。他们越来越将科学的本质等同于此类声明。虔诚的教育者们的思想是经由

(65) McCosh, *The New Departure in College Education*, p. 18.

(66) 这种反对在查尔斯·W. 艾略特的继任人,哈佛大学的执行校长安德鲁·F. 皮博迪(Andrew F. Peabody)手上得以发展。*Annual Report*, 1868—1869, pp. 7—8.

(67) Porter, *The American Colleges and the American Public*, p. 103.

(68) 诺亚全面阐述了这些主张,*ibid.*, pp. 105, 165—197; 同时可参见 Noah Porter, "The Class System," N. E. A., *Proc.*, 1877, pp. 95—105。

推理演绎磨砺出来的,因此习惯于用极端的逻辑选择看待问题。(他们辩解道,因为如果我们能够驳斥最棘手的质疑,当然就可以应付其间的任何问题。(69))因此,虽然美国学院教职员中也有极少数的科学实证主义者,大学的校长还是把科学看作无神论唯物主义的象征。(70)

1865年后的二十年中,传统的教育者虽然在不同程度上与达尔文主义达成妥协,但他们仍然对此不满。(71) 麦考士认为生物进化仅适用于物质,而不适用于精神和灵魂。诺亚·伯特认为,大多数物种都是由特定的创世行为创造出来的,并试图贬低物种在地球历史晚期的变化能力。其他的训练型教育者也同样不愿意接受达尔文主义。弗朗西斯·L.巴顿称进化论是"未经证实的猜想",是"反对上帝的工具"。(72)

在这一特定的意义上,科学受到不同程度的怀疑。它传递的信息是这些人不喜欢的,而过去"自然哲学"这一称呼曾经很轻松地压制了这一信息。不加掩饰的科学看起来很粗俗,它似乎玷污了人类在宇宙中的地位。人们认为它的科目内容过于简单,不具有挑战

---

(69) 见F. L. Patton, "Baccalaureate Sermon Preached before the Class of 1894 of Princeton College, on Sunday, June Tenth, 1894," in *A Report of the Exercises at the Opening of Alexander Commencement Hall* (n. p., [1894]), p.23。

(70) 参见McCosh, *American Universities*, p.24。当然,这种"科学"思考在18世纪70年代的美国并不真的存在,但是传统学者认为它的力量和影响远远大于其实际。

(71) 美国大学和学院对达尔文主义的接受程度,参见Richard Hofstadter和W. P. Metzger, *The Development of Academic Freedom in the United States*(New York 1955), pp.320—366。

(72) 参见James McCosh, *Development: What It Can Do and What It Cannot Do* (New York, 1883), esp. pp.12, 25, 48; Noah Porter, *Evolution* (New York, 1886), pp.4—8。关于这一话题的全面讨论,见:W. T. James, "The Philosophy of Noah Porter" (Ph. D. diss., Columbia University, 1952), pp.144—177; F. L. Patton, *Christian Theology and Current Thought* (n. p., [1883?]), p.28.巴顿要求基督教的捍卫者不要承认"这些(科学)猜测与《启示录》是可以和平共处的。这只是体面的撤退。要么战斗要么后退。真正的做法是放弃,或者抵抗到底"。*Ibid.*, p.25.

性,因而不值得在课堂上占据重要地位。在理论上,人们也许很不情愿地给科学一定的领域,就像宗教在理解宇宙方面有其领域一样。在实践上,科学却因为逾越了卑微的从属地位而受到非难。1879年,纽约一位教授说:“科学精神在其特定的领域内是积极肯定的,但是一旦它逾越了这一领域的界限去探讨精神层面的问题,它就变成消极的、矛盾的,甚至是渎神的和嘲讽的。因此,科学和宗教一样,应该认识到自己特定的领域,承认这一领域的界限,在到达界限时止步。”(73)在科学和宗教能否永远共存的问题上,传统教育者犹豫不决。风平浪静时,伯特和麦考士是很乐观的。但是巴顿要求在“彻底的自然主义和彻底的超自然主义”之间做出明确选择。《新约》“不是事实就是虚构的”。例如,历史学讲师绝不能“在谈到基督教为自身做出的声明时,不采纳某种观点”。(74) 其他保守的教育者在这些立场之间摇摆不定,不能确定他们到底是保守的调解者还是坚定的抵抗者。

内战之后虔诚的大学领导人是自觉的专制主义者。伯特于1880年说道:“首先我要假定,基督教义就像历史一样真实,其性质是超自然的,对于个人以及对于整个人类,它都是最重要的。”(75)麦考士捍卫数学在课程中的地位,因为数学证明:

确实有推理原则这种东西,它存在于事物的天性中,能够

(73) W. D. Wilson, “Ancient and Modern Estimates of the Physical Sciences,” U. N. Y., *Report*, 1879, p. 509. (斜体字部分)但是,巴顿轻视科学是因为它超出了自己的领域:既然科学家“只是处理事实,那么他在做生意方面就和下象棋、玩字谜一样,一窍不通……(只不过)他偶尔能发现自然中一些无关紧要的小事……他只是自然王国的一个统计员,真理图书馆的分类员,写写标题,读读书评”。Patton, The Letter and the Spirit (n. p., [1890]), p. 7.

(74) 见 Noah Porter, “What We Mean by Christian Philosophy,” *Christian Thought*, I (1883), esp. p. 44. 及 Patton, “Baccalaureate Sermon ... 1894,” in *A Report of the Exercises*..., pp. 19—20, 21, 32, 34 et passim。

(75) Porter, The Christian College, p. 8.

由直觉所感知……这是非常重要的信念,应该深刻于年轻人的头脑中,尤其在人们试着从经验中推知所有事实时,经验总是有限的,绝对不能——就像河水不可能高过其源头——建立通用的、必要的命题。如果能在数学中见到推理演绎的事实,理性就更乐意承认存在着永恒不变的原则,它们是道德和宗教的基础,向我们保证,法律和上帝的公正是永恒的。(76)

知识、道德、政治和经济都展现了一系列相互关联的事实。因此,"文明"就有了固定而且逐渐增加的含义。"过去"的定义应该包括以下内容:

首先,人类在以前获得并传递到现在的积极的永恒的知识……此外还要增加一些同样重要的口头相传或是有记录的原则,这些原则与人类的责任和命运相关,包含伦理学和神学;与人类的政治和社会关系相关,构成法律和政治科学;与生活的礼节和乐趣相关,包含我们所谓的文化。其中还包括世人不愿令之消亡的文学作品。这一切都是过去的产物,是过去累积起来的,无论其性质如何,用什么方式保存传承下来,除了野蛮或战乱,都不能使其被遗忘或是摧毁。(77)

大学要履行的功能就是设立标准以维护所有这些真理。必须积极地消除"错误"。有人说:"领袖人物的错误的观念和冲动有巨大的破坏力。无知能带来很多不幸和灾难,糟糕的统治思想却能造成无可估量的伤害。"(78)在伯特看来,"思考和推想的历史"几乎就是

(76) McCosh, *American Universities*, p. 20; cf. the implicit absolutism in his notion of "fictitious" studies in *Twenty Years of Princeton*, p. 17.

(77) Porter, "Inaugural Address," in *Addresses at the Inauguration of . . . Porter*, p. 29.

(78) T. N. Haskell, *Collegiate Education in Colorado* (n. p., [1874]), p. 5.

"困惑和错误的历史",麦考士拒绝承认历史是一门严肃的学术科目。伯特不否认思考习惯和模式会有一定程度的变化。"虽然对于所有世代,某些真理和原则是保持不变的,但是在理解应用这些真理和原则方面每个时代都有自己的方法,在接受正确、驳斥错误方面有自己的困难,在文字表达上有自己的形式。"[79]但是他拒绝承认历史原因是道德观念产生的根源,这符合他最深的信仰[在这一点上,他和大卫·休谟(David Hume)不谋而合]。

看待人和自然的对立方法在各个领域都占据了主导地位。内战之后,传统的教育者被迫越来越多地进行防守型思考。至少有时候,他们开始觉得质疑要比相信容易——换而言之,他们艰苦地奋斗也仅能保住现有的地位。[80] 19 世纪 80 年代初期,伯特在描述这个年代时,不得不说"其理性生活的每根纤维都因为怀疑和不确定而颤抖"。[81]

当一个人确信自己和同伴知道绝对的真理,而这种真理在大多数人心目中的影响力是在逐渐减弱而并非增强时,他能做出的反应就颇为有限了。但是也存在几种可能性:固执己见、惊慌失措,或是为了获得力量而做出自我欺骗的妥协。虔诚的教育者的抵抗主要是在 1865 至 1885 年间,这二十年中,上述所有症状都出现过。然而,占据主导地位的态度是在顽固中夹杂着一定的让步。考虑到有关信仰的强烈程度,顽固是完全可以理解的。让步的感觉也许只存

---

[79] Porter, "Inaugural Address," in *Addresses at the Inauguration of ... Porter*, pp. 30, 37; McCosh, *The New Departure in College Education*, p. 11.

[80] "毋庸置疑,在这个怀疑的年代,从没有思想和世俗的人脑中清除旧的信仰比起巩固加深这些信仰更为容易。于是,在某种意义上,怀疑论者,甚至无神论者,在接受了年轻人经历过的道德和宗教训练之后,都具有了优势。" T. D. Woolsey, "Address of Induction," in *Addresses at the Inauguration of ... Porter*, p. 15.

[81] Porter's baccalaureate sermon, 1883 (Yale MSS).

在于那些相信身后荣耀的群体中。1882年出现的下述哀叹很好地表达了这种混合的情绪：

> 对于其某些方面的怀疑从未像现在这样明显地出现在有文化的人群中,这一事实无法掩饰。抱怨我们所生活的时代是没有用的。我们的任务是捍卫我们所相信的真理,捍卫它是因为我们知道它的价值和影响力……接受我们所见的时代并尽我们所能使其更好,这是我们的智慧和职责所在。[82]

这种思想直接针对后代所谓的"学术自由"——虽然有时候有点优柔寡断,但在捍卫基本信仰上总是不屈不挠的。

这一时期的大学校长主要根据教师的道德品质对其进行评价——而反过来,道德品质又取决于宗教信仰。学问虽然没有被完全忽视,但并不是主要的考虑因素。"大学里最有效的道德影响力就是教师个人品质散发出的影响力……有了杰出的学术能力和成就,高贵的品质就能成为榜样,产生激励作用。"[83]全国虔诚的教育者都重复着类似的话。

1871年伯特在耶鲁的就职演讲极好地阐明了他们在自由教学和基督教义的关系上所采取的保守立场。这次演讲中,训练制度的主要捍卫者直面了学问带来的新问题。他说,现在的教师如果"没有准备好修订自己的观点,在必要时改变观点",就"不配教师之称号"。他所谓的"进步和进取精神应该"给每个校园"带来朝气蓬勃、充满希望的气息";"教师的眼睛应该满怀希望热切地向前看,迎接每个新的发现,欢迎每个新的真理,用新的实验、发明和思想作出更

---

[82] Porter's baccalaureate sermon, 1882, p.29 (Yale MSS). 在31页,他继续警告人们要注意保守圈子里的"恐慌"。

[83] Porter, "Inaugural Address," in *Addresses at the Inauguration of . . . Porter*, pp.50—51; cf. G. S. Merriam (ed.), *Noah Porter* (New York, 1893), p.136.

多的贡献。不论这些研究给我们珍视的信仰和观念带来什么影响,其精神都应该是自由的"。

但是伯特立刻就补充道:"最自由的探究者绝不轻率,也不自负。对于真理最勇敢的信心是由顺从、公正、敬畏来衡量的。"学院教授的内容确定了学院在公众心目中的形象,决定了其影响力。这种影响力"不是基督的就是反基督的,正如其教师的品质和教学方法给人的印象不是好的就是坏的一样"。这样,耶鲁的选择显而易见:

> 我们希望在这所大学里有更多的基督精神,而不是相反。我们并不是要用宗教取代学术活动,这是对基督教至高无上地位无知且狭隘的扭曲,对基督教本身是一种侮辱。我们也不想过于强化教派和教派精神……但是我们要求所有科学应该更明确地联系物质世界和精神世界处处呈现的思想和美德;要求在理性上证明无神论唯物主义的科学贫瘠性,并从心里排斥它;要求清楚阐明历史宿命论的不足之处;也要求充分说明渎神的轻浮的文学具有卑贱的倾向。我们要求,在改革思想、行动、文学和生活领域时,要明确、坚定、虔诚地承认基督和基督精神的地位和影响。[84]

随着国外学说渐具威胁性,传统教育者在演讲中开始减少大度的包容性,而增加了强硬的虔诚。恐惧使他们变得更加偏执。1891年,爱荷华的一位教育者主张,宗教绝不能"卑躬屈膝地、充满歉意地"进入大学。相反,"教学的要旨、暗示和联系"都必须充斥着宗教;宗教必须掌控管理制度的"真正氛围";"教室里……毕业典礼

---

[84] Porter, "Inaugural Address," in *Addresses at the Inauguration of … Porter*, pp. 41, 52—53.

的讲台上……绝不应该出现反对基督的声音。思想自由和言论自由不能放任到允许这种情况出现,对基督教创始人的普遍尊敬和对享有的特权或获得的利益的感恩也不能容忍这种情况。大学建立的基本原则不能从内部受到攻击”。(85) 对于处在这种情绪中的人而言,中立和实际的背叛是同样有罪的。如果所有方面都“同样公正、不分彼此”地展示出来,学生就会学会“把冷漠当作成熟和睿智”。甚至有人说,连这种冷漠都是不可能的。“每个大学都有某种信仰。如果排除了基督教,就会采纳唯物主义”。(86) 因此,自由的含义不是允许反抗,而仅仅是作为中世纪天主教会的对立面而出现的。一位公理会的大学校长在威斯康星声称:“灵魂获得自由的途径”

> 不是脱离所有法则,不是宣布其独立于所有外部权威,也不是抛弃世世代代所累积的人类的成果,仿佛它们一文不值,而是要完全领悟其本质的法则,并能根据法则自由运用其能力,要心甘情愿地臣服于其道德统治者——上帝合法的权威,要心怀感激地接受智者们的工作成果并将其作为自己思考的依据。(87)

大多数“老”式的教职员愿意在这些条件下接受职位,认识到这一点很重要。在1870年代的哥伦比亚大学,“学术自由的问题甚至没有出现”。1879年,G.斯坦利·霍尔评论说,在美国大学教哲学的

(85) G. F. Magoun, “The Making of a Christian College,” *Education*, XI (1891), 335—336.

(86) W. G. Ballantine, “The American College,” in *Addresses on the Occasion of the Inauguration of William G. Ballantine as President of Oberlin College, July 1, 1891* (n. p., [1891?]), p. 18; Hamlin, *The American College*, p. 5.

(87) A. L. Chapin, “Beloit College,” *New Englander*, XXXI (1872), 340.

很多人觉得“不需要更大更自由的学术氛围”。造成这一状况的另一因素是，对于学科的忠诚，或者说对于公民自由这一抽象概念的忠诚还没有形成，不足以抵消对单个大学的忠诚。教职员的“近亲繁殖”被看作是美德，因为这样可以确保新上任的人在恰当的氛围中成熟起来。在这样的学术背景下，谋求教职的很多人不得不袒露自己的宗教信仰以获取信任。(88)

诺亚·伯特的就职演说表明，传统的教育者感到有必要在某种程度上承认学术的公平性。然而，伯特坦白地说，其教职员可以拥有多种观点，但是只能表现在对真理的兴趣上。他说，教室里可以讲述无神论，但是必须由信仰神的教师来讲述；学生在某段时间可以有信仰危机，但是必须在年长者的监控之下，以帮助他们最后走上正途。[同样，我可以用赫伯特·斯宾塞(Herbert Spencer)的作品当教材，因为我主要是为了反驳他，但是不能让威廉·格雷厄姆·萨姆纳使用，因为他真的相信。]在一次与学术改革者的辩论中，伯特同意教育中不应该传授教义。但是他立刻坚持说：“基督神学、基督历史和基督伦理学仍然‘有效’并且将永恒存在，这样说当然不算武断，出于这一信仰，我们把自由教学的大学奉献给基督和教会。”(89)

这就是信徒们采取的强硬立场。但是就像对学生的监控一样，理论总是比实际要严格。最警觉的校长是詹姆斯·麦考士，他小心谨慎地测试申请教职的人，考察他们在宗教上的可靠性。[这并不是说他们不能是达尔文主义者——1878 年，亚历山大·温切尔(Alexander Winchell)因为这些原因被范德比尔特大学(Vanderbilt)解聘的著名事件只是一个例外。但是这确实意味着要接受三位一体论

(88) R. T. Ely, *Ground under Our Feet* (New York, 1938), p. 124; Hall, "Philosophy in the United States," *Popular Science Monthly*, I (1879), Supplement, p. 58.

(89) Porter, *The American Colleges and the American Public*, pp. 229—230.

和耶稣受难说。]麦考士写给一直在德国读书的校友的信也许能充分说明他的努力。麦考士实际上向这个人提供教书的职位,但他补充了以下警告:"你要知道,这里的管理者和朋友都决心保持大学的宗教性质。离开我们后你有丰富的经历……对于一个意志坚定的人,这些经历只会坚定他的信仰。弄明白你是如何坚持下来的,对我将大有好处。"(90)虽然麦考士不要求求职者隶属某一特别的教派,但是一个信奉路易斯·阿加西(Louis Agassiz)的异教神学(有点类似德国的唯心主义)的求职者没有获得普林斯顿的教学职位。(91) 19世纪70、80年代,在其他地方,像罗彻斯特、卫斯理、阿姆赫斯特、布朗及欧伯林等校要求教职员的宗教信仰合格也是众所周知的事实。大多数州立大学在"敏感"领域也是如此。话虽如此,这些措施并不能提供有效的障碍。在聘用时也许要审查一个人的观点,但此后的实际工作中和日常情况下,很少有人干涉他。(92) 同时,要求更宽容的学术氛围的呼声越来越高,智力训练的捍卫者能完全控制的重要学术机构太少,无法对抗这一趋势。

虔诚的院士们努力延缓学术革命的第一个手段是力求控制教职员的构成,第二个手段是设立与大学本身关系不太紧密的"科学学院"。这样的学院就像是继子一样,只给予勉强敷用的经费,故意忽视其存在,然而可以很方便地用它的存在来"证明",科学在教育体系里仍有一席之地,虽然处于小心的隔离状态,因此,没必要修订大学的课程。这些具体的抵抗措施之外还伴随着猛烈的文字攻击:

---

(90) James McCosh to W. B. Scott, Dec. 15, 1879 (JMcC). 当时正考虑聘请斯科特教地质学。

(91) D. S. Jordan, *The Days of a Man* (new York, 1922), I, 150.

(92) G. P. Schmidt, "Colleges Ferment," *American Historical Review*, LIX (1953), 36—37. 关于科学的阿姆赫斯特的教学情况,参见 Le Duc, *Piety and Intellect*, pp. 78—88。

新兴的州立大学可能会因为"无神论"而被抨击;同样,高等教育中所有的德国式影响都会受到猛烈攻击。(德国既是哲学上唯心主义异端的发源地,也是研究中归纳精神的发源地,因此很多虔诚的教育者认为它应该受到双重指控。)

不论这些努力多么热切,很明显,它们都不能阻止逐渐高涨的教育和学术变革。这就导致一个问题:训练观的捍卫者有没有其他更有效的方法来维持自己的地位呢?回想起来,传统主义者似乎从未进行有力的抵抗。1879 年,丹尼尔·科伊特·吉尔曼(Daniel Coit Gilman)在回顾过去十年时很乐观地宣称:"很多信教的人都不认为研究自然和自然规律会导致无宗教信仰。"[93]难道警钟敲得还不够响吗?答案不在于他们的宣言,因为宣言已经很激进了,而在于语言和行动之间的差距。保守的教育者不能指望采取极端措施,将自然科学彻底从课程中清除。例如,麦考士非常坚持的一点就是学生可以学习科学,但是必须同时学习一门哲学课程作为弥补,以此中和科学的学术影响。实际上,正是竞争院校的压力迫使这些教育者违背自己的意愿增加科学课程。[为了对抗纽黑文(New Haven)的谢菲尔德学院(Sheffield)和剑桥(Cambridge)的劳伦斯学院(Lawrence),麦考士不得不于1873 年在普林斯顿设立了科学学院。]如果最后这一条是真的,那么,这些人已经明白了作为管理者对于学院的应尽职责,这种责任感使他们不能出于自身的恐惧而采取极端措施。同样重要的是,美国的环境不允许强制实行这种情况下必需的控制。正如麦考士所说:"我们不能阻止学生阅读赫伯特、达尔文、

---

[93] D. C. Gilman, "American Education, 1869—1879," *American Social Science Association*, *Journal of Social Science*, *Containing the Transactions of the American Association*, 1879, p. 22.

赫胥黎和廷德尔(Tyndall)的作品。"[94]将大学与周围世界相隔离的努力是不会成功的,大学校长们认识到这一点,并对此心照不宣,只是越来越多地在口头上强调对学生的监视。在很多方面,19世纪中叶的大学无法保持其完整性,很好地说明了忠于意识形态在美国环境下的命运。

结果证明,传统学者在对抗新观念时受到了双重打击。他们能采取的两种态度——顽抗或是妥协——都没有带来预期的好处,反而给他们带来不利的评价。他们口头上的顽固使他们被看作"老古板",在进步的圈子中更受人轻视。同时,他们在行动上没能采取毫不留情的措施,在某种程度上导致了他们精心设计的课程在19世纪80年代中叶崩溃。除了在南部的某些乡村,(19世纪意义上的)宗教不可能与世隔绝来自我防护,因此它在学术竞赛中失败了。

失　　败

在理论上,美国有多少所大学,智力训练就有多少保存的机会。事实上,每个地方维护训练制度的努力程度各不相同,令人惊讶。耶鲁本身就是个很复杂的例子。耶鲁早在1861年授出了美国的第一个博士学位,一直到十年后伯特被选为校长,它才坚定地转向保守主义。然后,在伯特的领导下,耶鲁采取了冷淡的态度,甚至拒绝与像哈佛那样经过改革的学院商谈。(哈佛的新校长艾略特公开说:"耶鲁教职员的行为举止就像警惕的刺猬一样。其他大学刚开

(94) C. N > J., "Pres. Report," Jume 22, 1876, p. [2].

始很惊讶,现在他们只是一笑置之。")⑨⑤当新约翰·霍普金斯大学的管理者向伯特咨询意见时,他和普林斯顿的麦考士一样,甚至拒不回信。⑨⑥但是伯特的强硬中也夹杂着软弱。他"缺乏热情,缺乏魄力",对耶鲁放任不管,甚至对极度的松懈也能容忍。他口头上坚定地捍卫智力训练,但在行动上过于宽大,甚至不能在自己的学生中维持良好的秩序,对考试作弊视而不见,故意设计简单的考试!⑨⑦ 1884年,伯特忽然态度强硬地反对选修课,教师们知道他的耐心有限,对他进行了长达三个小时的劝说,最后成功了。⑨⑧ 于是,智力训练天空中最明亮的星星黯淡了。

普林斯顿的情况虽然不同,结果却是一样的。苏格兰人詹姆斯·麦考士因为滥发脾气,失去了在美国教育圈的影响力。参加公开会议时,他只要觉得自己受到了侮辱,就会气愤地离开。据说他"在普林斯顿经常猛拍桌子,直到反对的人闭口不言"。⑨⑨ 与伯特相比,麦考士采取了更多的进步措施。他扩充了教职员,设立了一些选修课,真的努力提高普林斯顿生活的学术氛围。⑩⑩ 1885年,与伯特不同,他宣布转变观念,必须将普林斯顿转型为真正的大学。⑩① 然而

---

⑨⑤ C. W. Eliot to D. C > Gilman, Mar. 9, 1880 (DCG).

⑨⑥ H. D. Hawkins, "Three Universities Presidents Testify," *American Quarterly*, XI (1959), 101.

⑨⑦ Merriam, *Porter*, pp. 64—82, 112(引文); Timothy Dwight, *Memories of Yale Life and Men, 1845—1899* (New York, 1903), pp. 343, 350; Pierson, *Yale*, p. 60.

⑨⑧ 见 *ibid*,. pp. 73—82。

⑨⑨ A. D. White to J. B. Angell, May 30, 1874 (JBA). Barrett Wendell's journal, Jan. 2, 1889, 引用于 M. A. Dewolfe Howe, *Barrett Wendell and His Letters* (Boston, 1924), p. 93; C. W. Eliot to McCosh, Nov. 10, 1886 (CWE); "A Statement by Dr. McCosh," printed, 1 p. (CWE).

⑩⑩ T. J. Wertenbaker, Princeton, 1746—1896 (Princeton, 1946), pp. 294, 303—304.

⑩① 伯特痛斥将耶鲁改名为"大学"的想法(他称其为"唯物主义倾向的产物"),见 Merriam, *Porter*, p. 149。关于麦考士在这个问题上的立场,可见 James McCosh, "What an American University Should Be," *Education* VI (1885), 35; McCosh, Twenty Years of Princeton, p. 35。

与此同时,他的铁腕使普林斯顿在实践上比耶鲁更为严格。1888年他退休时,仍然拒不考虑对课程做出根本改变。[102] 他的继任者,神学家弗朗西斯·L.巴顿,作为19世纪90年代美国一所重要大学的校长是不可思议的。巴顿虽然比麦考士年轻三十多岁,说起话来却像是比他老几个世纪。他宣称:"在阐释《圣经》方面,加尔文派已经得出了最终结论。如果加尔文派是正确的,阿米尼乌斯派就是错误的。如果浸礼会教友是正确的,主张婴儿受洗者就是错误的。这些立场……是相互矛盾的,我们只能选择其中之一……信奉加尔文主义,我们相信,如果基督教世界要有公认的信条,那就是加尔文信条,这是奥古斯丁的信仰,也是保罗的信仰。"[103] 但是有趣的是,麦考士拒不让步的课程问题,恰恰是在巴顿手上崩溃的。他在口头上很反动,坚持说大学应该感激"她所得到的",同样应该感激"她所摆脱的",并且鼓吹"对我们来说,宽敞的美国大学要比软弱的德国大学好上千倍"。[104] 但是这个世纪尚未结束,他就向反教权的校友屈服了——他允许最后两年的课程全部为选修课,之后不久,他发表演讲,支持职业培训。[105] 到1902年伍罗德·威尔逊(Woodrow Wilson)成为校长时,智力训练已经从普林斯顿彻底排除了,以至于促使他上台的革命可以看作是保守主义的革命。

伯特、巴顿等人的软弱和麦考士等人的脾气是他们不能控制的

---

[102] C. N. J., "Pres. Report," Feb. 9, 1888, p.1; cf. McCosh, *Life*, pp.199, 203.

[103] Patton, *Christian Theology and Current Thought*, pp.61—62.

[104] F. L. Patton, "Region and the University" (1896), p.3 (Princeton MSS); F. L. Patton, *Speech ... at the Annual Dinner of the Princeton Club of New York, March 15, 1888* (New York, 1888), p.5.

[105] Wertenbaker, Princeton, pp.344, 377; F. L. Patton to A. Joline, Feb. 17, 1899 (Princeton MSS)。巴顿新的进步论调可见 F. L. Patton, "Address," *Columbia University Quarterly*, IV (1902), Installation Suppl., p.40。同时参见 W. S. Myers (ed.), *Woodrow Wilson: Some Princeton Memories* (Princeton, 1946), pp.62—63。

个人品质。其他学院虽然进行了更聪明更自觉的努力,采用了不寻常的手段来维持训练制度,它还是消亡了。朱利叶斯·H. 西理(Julius H. Seelye)在1877年之后任阿姆赫斯特的校长,他试图使用极富弹性的方法来保留早期的虔诚精神。他废除了对学生家长似的监控,开创了学生自治。他试行了选修课体系,使得阿姆赫斯特在这方面可以与哈佛的自由精神相媲美。他甚至极力主张一批聪明的在校生放弃当牧师的计划,转而追求学术成就,他相信这样做可以确保高等教育始终具有基督精神。但是西理也失败了。这些方法很快就走到了尽头——学问拒绝受到束缚,即使束缚的范围扩大了。西理引导一些年轻人放弃了牧师生活,但他们只是从事世俗的学术职业,阿姆赫斯特的风气发生了微妙的变化,正如托马斯·雷·达可(Thomas Le Duc)所说,西理一直没有完全认识到这一点。[106]

另一位很有手段的校长是浸信会罗彻斯特大学的马丁·H. 安德森(Martin H. Anderson)。安德森是一位苏格兰—爱尔兰混血儿,他当工人挣钱完成了学业,因此,他相信,人格的绝对力量可以克服所有困难。为了保持旧时的大学,他实行了日常的礼堂演讲,并试图将其变成与学生的心灵碰撞。安德森采用了一种"简洁、朝气蓬勃、口语化"的风格,并大量举例,以避免传统的说教。谈话的内容从欧洲政治到个人宗教信仰,几乎无所不包["刺杀詹姆士·费斯克(James Fisk)表明,流氓行为终究是要失败的"],正如一位倾听者所说,安德森"用其雄辩,坦率地讽刺了所有平庸的事物,真心同情所有纯洁勇敢的行为"。[107]和西理的实验一样,这些谈话即使成功,也因为努

---

[106] 见 Patton and Field, *Eight O'Clock Chapel*, pp.44—46; Le Duc, *Piety and Intellect*, pp. 60—61, 136。

[107] A. C. Kendrick, *Martin B. Anderson, LL. D.* (Philadelphia1895), pp.124, 208—211; J. H. Gilmore in U. S. Com. Ed., *Report*, 1872, pp. xlvii—xlviii。

力显得时尚和现实而放弃了太多原来的主旨。这样的手段并不能使训练和宗教虔诚重新成为大学的核心目标，相反，它们预示了更实际的新生代将采用的方法，例如宽宏文化和"实用"唯心主义的倡导人，耶鲁大学的威廉·莱昂·菲尔普斯（William Lyon Phelps）和鲍登学院的威廉·德维特·海德（William DeWitt Hyde of Bowdoin）；坚持消极僵硬的政策最终也没有更好的效果，保罗·查德伯恩（Paul Chadbourne）在威廉姆斯学院的悲惨命运似乎证明了这一点。[108] 即使是在具有福音热情和关注社会传统的欧伯林大学，内战之后担任校长的詹姆斯·H.费尔查德（James H. Fairchild）虽然非常精明，也不过是将状况的根本变化稍稍推迟了而已。[109]

这些各不相同的例子至少说明了一点：有些变化是不能用占据保守位置的人的个性或是手段来解释的。所有维护训练传统的努力都失败了，有时候令个人感到尴尬，通常其过程都带有一定的自我欺骗。西部和南部一些宗教性较弱的大学里，训练精神一直到19世纪80年代甚至更晚时候都仍然盛行。但是到了世纪之交，大多数规模较小的大学都已经或是正在转向某种形式的宽宏文化。[110] 1901年，E. L.桑戴克（E. L. Thorndike）率先公开反驳了智力磨砺理论。到1908年，智力训练作为一种概念，其消亡已经是公认的。当年，一位专业教育者写道："除了在外行人和'外行'教师心目中，正式的训练原理已经成为过去了。教育者和心理学家不再谈论'学习的训练

---

[108] A. L. Perry, *Williamstown and Williams College* (n. p., 1899), pp. 668, 680—681; Bliss Perry, *And Gladly Teach* (Boston, 1935), pp.45—46, 51. 关于保守势力是如何在新英格兰主要大学抗拒改革的详细讨论，见 G. E. Peterson, *The New England College in the Age of the University* (Amherst, Mass., 1964), pp.52—148。

[109] 见 A. T. Swing, *James Harris Fairchild, or Sixty-Eight Years with a Christian College* (New York, 1907)。19世纪90年代的欧伯林因争论而四分五裂，详情可见 J. A. Craig to W. R. Harper, Apr. 5 and 11, 1892 (WRH); H. C. King to J. B. Angell, May 11, 1895 (JBA)。

[110] 第四章将讨论一些更前卫的小大学的特点。

影响'或是'训练智力'。过去十年的争论和研究已经使这些词曾经的意义变得过时了。"⑪

但是智力训练并未就此彻底消失。几十年后还可以很容易地发现以前信仰的片断。宗教虔诚有时候明显得以保存,只是不再有训练理论的支持,例如在南方,19世纪80年代的"美国自制大学"(创立于田纳西州的哈里曼)倡导了原教旨主义的学术传统,并在半个世纪后导致了鲍勃·琼斯大学(Bob Jones University)的创立。⑫19世纪中叶的传统教育理论留下了一笔永恒的遗产,这一点并不那么令人惊讶。基本职责即将改变的形形色色的教育者口中时而会出现过去的习惯用语。大众化的演讲仍然使用一些词语,让人想起灵魂心理学,例如"失去对天赋的控制"。智力训练的信仰给随后美国学术圈子的三种改革都留下了更为重要的影响。公众服务观点继承了其强烈的道德观,研究观点继承了勤奋工作的光荣,它对于宽宏文化的影响是最深的,不仅有道德上的家长式作风,还有赋予语言和文学成就的荣耀。

回顾历史很容易发现,19世纪美国大学的训练制度必然会消失。作为一种概念,智力训练有着内在的弱点,而在面临学术竞争时,这些弱点被突显了。智力训练存在的时期也许就是思维方式空

---

⑪ W. C. Ruediger, "The Indirect Improvement of Mental Function thru [sic] Ideals," *Educational Review*, XXXVI (1908), 364. 同时可见 Patterson Wardlaw, "Is Mental Training a Myth?" *ibid.*, XXXV (1908), 22—32。同时代的虚构版可见 Jack London, *Martin Eden* (New York, 1909), pp. 114—214。关于实验心理学和智力训练,可见 Kolesnik, *Mental Discipline in Modern Education*, esp. pp. 31—35; Kolesnik 低估了1901年前智力训练过时的程度,至少在学术圈子里是如此。

⑫ 南部新兴的学术基要主义,见 H. A. Scomp, "A New Departure in Higher Education," *Education*, XIX (1899), 625; H. L. Smith, "A Plea for Some Old Ideas," *Southern Educational Association*, *Journal of Proceedings and Addresses*, 1905, p. 156; E. M. Poteat [弗尔曼大学校长(Furman College)], "The Denominational College," *ibid.*, 1908, pp. 275—276。

前丰富的时期。当时年轻的、受过教育的美国人中最为时尚的是来自欧洲的新鲜观念,美国很快就显示出了地域孤立性。美国在校生不是需要捷径,就是需要刺激,而训练的课程两者都不能提供。偏爱老式教育的学生和教师越来越少,面对这种情况,学校要抗拒改革,是毫无希望的。训练观的最终消亡反映了美国思想的一个重要转变。老式大学的理论基础是清楚明确的,但是与城市化的世俗文明关系不大。智力训练的崩溃是从17世纪以来清教主义一系列衰退的最后一项标志。19世纪最后十五年左右,一向崇尚温和信仰的美国社会朝这一方面大大迈进一步。[113] 与精确的宗教传统的又一个联系断裂了。又一个活动领域被城市化、世俗化,在这一过程中,只有教堂本身或多或少没有受到影响。

但是,古老的大学理念的崩溃对于美国大学的命运有着更为复杂的意义。改革后的高等教育对所有抽象概念缺乏耐心。是要更多地迎合公众?还是根据不同的年轻教授从欧洲带回来的新奇但是不受欢迎的观念来形成自己的风格?这还有待观察。这些观点之间也并非完全一致。学术世界的一切似乎都是不确定的。发展有很多可能性。智力训练的消亡留下了一个空缺,各种党派相互竞争,都想填补这个空缺。

---

[113] 第六章开头将继续讨论这一点。

第二章　实　　用

讨论内战之后学术改革的几种竞争性方案之前,一方面要看看这些方案之间的关系和正在发生变化的学院,另一方面也要看看新成立的学术系部(department)。

目标、学院和系部

19世纪早期,谈到一个学院的全体职员时——校长、教职员、管理者——可以说他们具有相同的见解。后来,在谈到某个校园时,如耶鲁或是普林斯顿,还是可以说他们倾向于某一个教育观念。观点不同的人可能会被聘请来教授新的科目,但是他们或多或少像是被宽容接纳的闯入者。内战之后学术改革的第一阶段,这种一致性在新的环境下仍然存在。1868年安德鲁·D.怀特(Andrew D. White)创办康奈尔大学时,他的第一批教职员,不管教授什么课程,都必须尊重教育实验的基本价值。在开创时期,整个计划仍然是大胆而冒险的,它需要一批特殊的古典主义者,一批特别的学者自愿在伊萨卡南部孤独的山顶上为其服务。在这个意义上,一段时期内整个学院具有单一的见解,奉行一个教育观念。① 每次出现新的改革的概念,与某种忠诚的联系就会暂时复活——1876 年之后十多年里约翰·霍普金斯大学的研究者们是这样,20 世纪大学里倡导实行文理通识教育(liberal arts)的人也是如此。

但是一旦新的教育观念得以牢固确立,学院统一的气氛很快就消散了。在大多数大学,每门学科都被认为和其他学科一样"好"。理论上,农学教授和希腊语教授一样值得尊敬,因此,他们有权要求同时主管两者的校长平等地对待他们的目标。这种情况最终造成了宽容——每个人都不会干涉别人,除非出现特别的涉及管辖权的争吵。大学同时尝试几条不同的路线,成为各不相同的观念的集合,这些观念通常互不干涉,一般不相互交流,偶尔就"安全"的问题闲聊几句。

甚至在 1865 至 1890 年期间,在这些方面谈论"一所"学院(哈佛,密歇根,或哥伦比亚)也越来越没有意义了。个别管理部门基于自己的教育信念,有时候还有惊人的特别"论调",因此这一时期的重大发展通常被恰如其分地描述为个人的尝试。然而这种"论调"很少能扩散到整个校园,1890 年之后尤为如此。例如,说在芝加哥大学占据主导地位的是对实用性的热情,或是对抽象研究的热情,甚至是对两者相结合的热情,都是没有意义的,因为人文学教授会站出来反对。几乎所有地方都是如此——重点学院中只有耶鲁、普林斯顿、克拉克例外,也许还有约翰·霍普金斯。一般的大学里既存在对研究的兴奋,也有对文化的献身,还有对职业实用的坚持——这一切都同时存在。(当然,毋庸赘述,还有很多人不能明确划分到这三类中的任何一类。)因此必须牢记,几乎每个主要大学都

---

① 哈佛从来就没有这种情况,至少在艾略特管辖的开放时代没有。

是成分多样的地方,无法将其等同于任何一种学术理念。多年来,随着新大学越来越完善,将大学划归于某一种特别的学术观点或目标在很大程度上仅限于其行政领导,因为在教职员层面,任何大学都可能存在任何观点。对校园主要"氛围"的讨论仍然存在,例如在康奈尔或威斯康星,这种成见很重要,因为很多人仍然相信,但是现实情况已经复杂多了。

这种复杂性还有另一个完整的方面,这是19世纪80和90年代形成的个别学术系部带来的。如果本章将要谈论的几种学术观点不完全符合单个学院的情况,那么它们与这些系部没有直接联系。很多学术原则麾下都有一批教育观点相冲突的教授。确切地说,很多系部开始清晰地拥护某一种更为广泛的学术观念:搞自然科学的拥护研究,搞高雅艺术的拥护文化。但是在这些问题上,有些最重要的系部内部反而变成了战场。这样一来,哲学(当时包括心理学)就分裂为黑格尔唯心主义和献身科学研究的人。英语系也分裂为文化和文献学研究。19世纪90年代的社会学还在逐渐脱离经济学,却在界定它与社会功利和经验主义研究的关系上陷入了无穷的麻烦。经济学分裂为两派,一派信奉古典理论,他们的演绎法通常源自智力训练,另一派信奉实用、研究或实用与研究相结合。有时候一方似乎在系部内部战斗中获得了完全胜利,但是几年之后就受到新的挑战。历史起初偏向文学、文化,后来转向强调研究,然后又受到来自詹姆斯·哈维·鲁宾逊(James Harvey Robinson)及其他人的功利主义的挑战。在哲学方面,生理心理学(代表科学研究的趋势)刚刚在与唯心主义的战斗中取得重大胜利,新的实用主义派别(即实用主义者)就出现了,使20世纪的第一个十年成为三方混战的十年。

这些只是新学院内部极其复杂的情况的几个例子而已。正是因为审视大学的时候出现这样一幅画面,所以要明确这一时期的

美国现代大学的崛起
The Emergence of the American University

"一个"学术思想是没有希望的,甚至在单个系部也不可能。相反,我们会看到一个多种联系的拼凑物,既有制度方面的,也有学术方面的。可以推测,美国其他职业的内部分歧很少能像在学术界这样重要或复杂。

1865年之前很久,美国就出现了以更实用的培训名义对现存教育秩序的批评。早在本杰明·富兰克林时代,就有很多雄辩的美国人强烈要求新型的高等教育,这种教育能够直接为青年从事各种职业做准备,包括技术领域。然而在内战之前,这种观点的代言人通常是学术界之外的人士而非学术界人士。甚至在谢菲尔德科学学院,他们的影响力也只是局部的,而在1860年前成立的州立大学,掌权的通常是信奉智力训练和传统课程神圣性的教育者。[2]

1865年后的十年,美国高等教育模式的所有可见变化几乎都表现出向实用型改革要求的让步。[3] 在这一时期,很多重要的具有实用主义思想的领导人首次取得了令人尊敬的学术地位,在著名的州立大学以及哈佛、康奈尔这样依靠私人捐赠的大学都是如此。可以认为这些实用训练的倡导者来自两种截然不同的出身,初期尤其如此。很多人,尤其是东海岸的人,具有显赫的背景,他们企图与外界要求改革的呼声达成妥协。其他人,通常是中西部的人,更真实地

---

[2] Nevins, *The State Universities and Democracy*, pp.2—22. 文章回顾了19世纪美国逐渐增长的对实用主义的需求。

[3] 在最初的犹豫之后,我用了"实用"和"实用主义"来描述这一运动。信奉这一观点的人通常认为他们的目标主要是"实用性"、"有用性"或"服务"。"服务"也许是一个很准确的词,本章中我也经常使用,但是作为一个概括性的描述,它涵盖范围太宽,又太窄:太宽,是因为它使得很多提高技术职业地位的要求变得堂而皇之;太窄,是因为,正如我们最终能看到的,尽管自由文化的倡导者在课程的问题上是持对立观点的,他们也经常谈到"服务"。另一方面,"实用性"也许夸大了这些绅士般的改革者脚踏实地的品质。因此,我折中使用了"实用",虽然必须意识到美国的这场运动并未直接从约翰·斯图尔特·密尔(John Stuart Mill)获得灵感。

反映出非学术呼吁者尖锐的抨击以及更卑微的处境。一般来说,人们很容易过于强调第二群人在内战之后几年里发挥的作用。这一时期,对耕作一无所知的农业教授比其真正出身草根的对手出现的频率更高。最初的学术革命,如果真的如此,与其说它是自下而上的武装入侵,倒不如说是主动的接纳。

实用主义倡导者很快就面临来自其他类型学术改革者的竞争,他们在新大学的体系中构建了两个明显的避难所。首先,他们经常成为行政领导人。对于管理者,有用性是一个很宽泛的概念,可以包括各种不断出现的互不相干的研究,而且,在新兴的充满活力的州立大学,校长与议会和其他有影响力的非学术集团关系密切,他的特殊地位又进一步强调了公众服务。第二,在教职员方面,新应用科学的教授和大多数社会科学家都相信实用主义是非常重要的。正如在哲学中所见到的,这种观点的迹象最终在人文学科中留下了细微却重要的影响。所有这些学者聚合起来的力量——尤其是他们在学院内部获得的权力方面——确保这种要求绝不会缺乏足够的关注。

"真实生活"的概念

提倡实用公众服务的教育者首先假定,校园之外盛行的行为模式比校园内的行为模式更为"真实"。1898年西部大学的一位校长说,受过教育的人应该密切接触"人类生活的乐趣,而不仅仅是精神的或是审美的"。教育不应该培养出"一个神圣的,把接触物质利益看作不洁的阶级"。④ 斯坦福的校长戴维·斯塔·乔丹(David Starr Jordan)宣称,整个大学运动"都是朝向现实和实用性"。学者和普通人之间不应该存在隔膜,评判知识应该根据"其协调生活中的势力的能力"。无用的学习,如谜语,被认为是有趣却无关紧要的。1890年纽约大学的一位教授说:"大学时代不再被看作是与生活脱节的一段时期。学院不再是与世隔绝的地方,而是成了一座工厂。"⑤

这些改革者推崇的真实指的是每天工作的人们。他们高度评价"行动和现实的世界",或者如威廉·詹姆斯(William James)所称,"生活战斗的一面……男人女人努力工作、生活、死亡的世界"。⑥有时候产生的概念明确属于达尔文主义,有时候这种形象更接近"积极的商人"。⑦ 但是更多时候,其含义仍然是含糊不清的:"今天生气勃勃的生活对于学院的要求不仅仅是学习和文化。它不在乎沉迷于无用知识的书呆子。它需要真正的人,认真实际的人,他们了解真实生活的问题并且能够应付这些问题。"这位作者补充说,学习必须支持"适合真实生活的东西,而不仅是智力的训练和文化"。⑧

---

④ E. A. Bryan [华盛顿州立大学(Washington States University)校长], "Some Recent Changes in the Theory of Higher Education," *Association of American Agricultural College and Experiment Stations*, *Proceedings of the Annual Convention*, 1898, p. 90.

⑤ D. S. Jordan, *The Voice of the Scholar* (San Francisco, 1903), p. 46; J. F. Coar, "The Study of Modern Languages and Literatures." *Educational Review*, XXV (1903), 39—40; F. H. Stoddard, "Inductive Work in College Classes," *College Association of the Middle States and Maryland*, *Proceedings of the Annual Convention*, 1890, p. 78 (此后引用为 C. A. M. S. M., *Proc.*).

⑥ H. W. Rolfe, "The Autobiography of a College Professor," *World's Work*, XIII (1907), 8779; William James, "The Proposed Shortening of the College Course," *Harvard Monthly*, XI (1891), 133.

⑦ S. N. Patten, "University Training for Business Men," *Educational Review*, XXIX (1905), 227.

⑧ F. W. Kelsey, "The Study of Latin in Collegiate Education," *Education*, III (1883), 270. 凯尔赛是密歇根大学的拉丁语学家,后来观点倒退,强调智力训练,到1910年成了一位顽固的保守派分子。

第二章 实用

毫无疑问,1874年哈佛的校长查尔斯·W.艾略特(Charles W. Eliot)在使用"真实生活"一词时,指的是其广泛的市民性。⑨

"现实"经常被描述成两种特别的情况:它越来越民主,它偶尔也充斥着野心,与之相比,传统的学院显得非常不切实际。至少早在1869年,信奉有用性的教育者是以称许的态度使用"民主"这个词的⑩,虽然它直到19世纪90年代才成为这种言论的常用词汇。随着民主观念的发展并应用于高等教育,它就具有至少半打不同的意义,其中有些还可能互相矛盾。列出这些含义就指明了学术实用主义者最著名的信仰。

首先,"民主"指所有领域的学习都是平等的,不管是新奇的还是技术性的。1868年伊兹拉·康奈尔宣布他要创建一所"任何人能学习任何学科"的学院之后⑪,这个问题就成了改革者的主要召集口号。第二,"民主"也许意味着同时进入大学的学生享有平等的待遇和条件。这种"民主"试图消除在校生之间的社会和学术歧视。在中西部,学术差别比社会差别更令人反感。在威斯康星,学生相对于其他人的学业名次是不会公开的,这是为了使人们相信,凭C等成绩取得的学位和凭A等成绩取得的学位是一样"好"的。基于这些原因,ΦBK联谊会(美国大学优秀生协会)在密歇根被禁止了很多年,斯坦福和密歇根都尝试了完全抛弃用字母分等级的做法。

"民主"这个词的其他几种含义都明显超出了学术机构内部结

---

⑨ C. W. Eliot to W. C. Sawyer, May 14, 1874 (CWE).

⑩ 在1869年的就职演讲中,艾略特说哈佛具有"强烈的民主性"。Morison, *Harvard, 1869—1929*, p. lxx. 密歇根的校长安吉尔说:"这样一所伟大的大学是所有学院中最民主的,因为最应该得到州政府的支持。"Angell, *Selected Addresses*, p.31. 19世纪70、80年代,很多教育者在演讲中使用"共和"一词,不久之后就换用了"民主"。然而,周围的思维模式并没有发生很大变化。

⑪ Ezra Cornell, "Address," in Cornell University, *Register, 1869—1870*, p.17. 几年前他私下就说过这些话。A. D. White, *Autobiography* (New York, 1904), I, 300.

构的范围。例如,这个词有时候被用于指放宽大学的入学条件。取消学费、接纳中等或是非常规的预科班学生[12]、接纳两种性别和各个民族的学生、不再要求必须学习古典语言,都能够降低大学的入学门槛。这些政策的提出与美国社会整体憎恶阶级和阶层的态度密切相关。伊利诺伊大学校长安德鲁·S. 德瑞伯(Andrew S. Draper of the University of Illinois)于 1907 年宣布:"大学要想兴旺,就必须抛弃孤傲的态度,致力于普通的公众服务。他们绝对不能把人们排除在外,而必须帮助所有应得的人进入大学。"[13]在德瑞伯看来,无论贫富都应该得到照顾。然而这种想象中的中立反过来也有某种陈旧的含义。无阶级的教育能够避免国内不满情绪的激化,起到安全阀的作用,因而受到重视。基于同样原因,人们赞成在大学课程中包括技术训练。对技术训练的偏见被认为是看不起诚实的手工劳动的不合时宜的傲慢。[14]

把大学描绘成个人成功的原动力的时候,也会使用"民主"这个词。大学之外,对个人成功的强调正威胁着学术机构整体的声望。为了将这种动力引入学术的轨道,有些大学的校长主张,谋生应该在 21 岁之后,具备了技术技巧才开始。大学强调实用能力,表明它与这个时代的非学术观念达成了重大妥协。

此外,"民主"还指在全社会广泛传播知识的愿望。这一含义假定,学问,包括技术领域的学问,是从大学流传到学校之外和社会下

---

[12] 于是 1900 年在斯坦福,大学入学科目中增加了高中的机械制图和工艺课。O. L. Elliott, *Stanford University: The First Twenty-Five Years* (Stanford University, Calif., 1937), p.502.

[13] A. S. Draper, "The American Type of University," *Science*, XXVI (1907), 37, 40.

[14] 参见 J. H. Baker(科罗拉多大学校长),"The State University and the People," in *State Universities: Some Recent Expressions of Opinion* (Boulder, Colo., 1896), p. 18; C. M. Woodward(圣路易斯华盛顿大学的工程学教授),"The Change of Front in Education," *Science*, XIV (1901),479.

层的。这种概念为重视能力的杰弗逊式贵族留下了余地,能力可以是学问,也可以是技术。"滴入论"的看法盛行于1865至1910年期间。这个概念具有很强的通用性,它可以指传播科学农业方面的技术,也指教导人们了解什么是好的政府,甚至还能指传播审美标准。

最后,从19世纪90年代开始,具有公众意识的教育圈内开始出现了"民主"的众多可能的定义中最激进的一种:大学应该直接受命于非学术的市民大众。1892年,密歇根大学的一位教育学教授说,"滴入论"已经过时了。大学不应该用屈尊的态度传播文化,在美国社会不应该允许贵族的存在,即使是学术贵族。相反,普通大众应该奠定行动的基调。"人民中蕴藏着智慧——大多数人的常识。"[15] 奇怪的是,在这种观点的倡导者看来,专家和民众的意见是不大可能产生冲突的,可以认为学者是"在人民理想的指导下前进的领袖……他们(学者)知道人民的需要,在自然的进步中担任了领导"。[16] 1893年,连威斯康星大学查尔斯·坎德尔·亚当斯这样保守的管理者都会说他的学院"由人民所创,为人民所有",即使他这么说主要是为了募集资金。[17] 在进步时代,作为自然有效的民间智慧,"民主"的概念更为流行。正如文化传播的观点一样,它的可塑性又一次起了作用。几乎任何具有合理见解的人都可以说他的观点代表了"人民"的观点——也没有民意调查来驳斥他。实际上,这种观点的结果很少像理论上那么激进。美国的大多数公众并未表现出

---

[15] E. E. Brown, "The University in Its Relation to the People," N. E. A., *Proc.*, 1892, pp. 398—399, 402—405.

[16] J. H. Baker, *University Ideals* (n. p., [1897]), p.6; cf. D. S. Jordan, "Ideals of the New American University," *Forum*, XII 91891), 16.

[17] C. K. Adams, "The University and the State," in *The Addresses at the Inauguration of Charles Kendall Adams, LL. D., to the Presidency of ther University of Wisconsin, January 17, 1893* (Madison, 1893), p.48.

真正深切的不满,正因如此,加上其他原因,大学的管理者才能如此自信地要求民众的同意。

我们可以从"民主"的若干定义中挑出一个,并且说它代表了这一概念对于学术改革者的本质含义。诚然,含义的多样性说明了众多形形色色的教育者的思想的多样性。但是至少有一个因素把这些人集合起来。所有这些人,不论他们在这些定义中意见相同或是相左,都认为民主与维护高水平的个人道德有关。加利福尼亚大学校长本杰明·爱德·维勒(Benjamin Ide Wheeler)在总结民主学术的情况时,明确地说:

> 大学是一个公正的、知道学习中没有贵族、科学真理中没有贵族、人们中没有贵族的地方。能够使一个人的学业胜过另一个人的就只有追求中的献身精神和清晰的头脑。一个人能够比另一个人高贵,仅仅在于更深入地了解世界建立的永恒的真理。……一个学生比另一个学生更好,仅在于灵魂的纯洁、目的的纯粹、思想的纯净和身体的洁净。⑱

不管民主还有其他什么含义,在维勒看来,它绝对没有任何不健康的内容。

有用的大学的信奉者强调的"真实生活"的第二个重要事实就是,美国是一个充满了职业野心的地方。这种野心意味着个人成就,但是更重要的是,它还意味着通过履行个人使命为社会服务。使命这一空洞的概念被扩大了,它包括很多需要特别技巧因而需要技术培训的实用职业。科罗拉多的校长说:"学院培训的目的是发展一个人自我奋斗的能力,这样他就能根据狭窄的模式(原文如此)

---

⑱ B. I. Wheeler, "University Democracy," *University Chronicle*, XV (1901), 2.《编年史》由加利福尼亚大学在伯利克出版。

塑造自己和生活;给予他'个人进取'的能力,正如某人所说,这种能力和其他东西一样,是成功的关键。"[19]最具雄心壮志的时候,追求个人满足也许就是某个威廉·詹姆斯的高尚奋斗;在相反的极端,它可能已经呈现了与戴尔·卡内基(Dale Carnegie)相似的论调。[20] 这两者之间还存在着基于社会达尔文主义的兴趣,虽然这些改革者只有少数强调自己与这种哲学有关。

职业培训直接影响了新大学在校生的课程。现在要求在大学时代发展"所有人的所有有用的能力"。[21] 因此,必须用学科选修制代替规定的课程,由此学生可以从多种可能的科目中选择。1868年田纳西大学的校长说:"人的和谐公平发展并不意味着每个人都要接受和别人相同的教育。和谐就在每个人心里。每个人都能在其特别的天赋和机会方面获得最大可能性的社会才是教育程度最高的社会。其结果不是强迫的一致性,而是目的和潜能的无限多样性。"[22]自由选修制允许学生根据自己的意愿选择所有的科目,具有实用思想的教育者对这一体系仍然有争议,但是一些主要的选择因素——至少在经典著作、科学或现代语言的供选择课程中——是得到这些人普遍赞成的。

这意味着大学生必须被当作(有恒心且内心目的明确的)男人来对待,而不是不成熟的男孩。改革后的学院中确实存在明显的摆

---

[19] W. D. Sheldon, "The Higher Education and Practical Life," *New Englander and Yale Review*, LV (1891), 536.

[20] 见William Mathew(老芝加哥大学的教授), *Getting on in the World; or Hints on Success in Life* (Chicago1876)。这本书是为普通读者而写(卖出了7万本),其中的章节名称有"自我推销""时间经济"和"经商失败"。

[21] E. J. James, "The Economic and Social Aspects of Education," American Institute of Instruction, *Lectures, Discussions, and Proceedings* (Boston, 1891), p.241 (此后简称为 A. I. I., Proc.)。

[22] C. W. Dabney, *The Old College and the New* (n. p., [1896]), p.9.

脱家长式管理的趋势。不再建造宿舍(部分是为了节约成本);过时的纪律手册被扔到一边,有趣的是,人们相信学生在作为新生入学前就接受了足够的"纪律"。强制的礼拜仪式开始消失,尤其是在19世纪80年代之后。哈佛暂时取消了到课的规定。监控学生的旧观念从未完全消失,1900年之后甚至还卷土重来,但是那时候一种强大的趋势已经开始了。

学生可以自由地成为某个专业领域受过训练的专家。新兴的职业,例如工程师、中小学教师以及学者,构成了19世纪末美国"真实生活"的显著主题之一。各种职业学校建立起来了。这些培训的兴起反过来对本科院校有着直接影响。智力训练的信奉者有这样一种信仰(自由文化的捍卫者也是如此):应该把与职业有关的科目与获取学士学位的科目严格区别开。选修制使希望成为医生的年轻人可以以在校生的身份直接选择普通科学的预备课程。更突出的是,他们甚至可以在高年级就选择真正的医学课程。这种可能性引发了1890年之后二十年里教育界争论最激烈的问题。[23] 这一时期,学士学位很快就做出妥协,允许职业课程方面的工作。但是这种让步并不能让职业学校激进的领导者满意,他们似乎想将非职业学院的课程压缩到两年。哈佛的艾略特提出将学士课程压缩到三年,似乎能够解决这个问题。然而,职业培训侵入大学课程所引发的问题一直没有明确解决。这一事实本身就具有象征意义。"民主"在口头上可以用于任何校园的情况,但是它的含义很多,也不明确;另一方面,职业所引发的具体问题则不是好听的语言所能解决的。

---

[23] 在这一问题上的辩论,最好的例子请见 Conference on the Relation of the College to the Professional School, *Stenographic Report* (Chicago, 1903); Association of American Universities, *Journal of Proceedings and Addresses*, 1909, pp.41—49 (此后称为 A. A. U., Journal)。

第二章 实用

宽宏、崇高的改革精神

选修制有时候被看作是放任主义精神在学术上的表现。但是这种说法掩饰了教育改革者强调职业和同时代商业人士"强硬"措辞之间在语气上的本质区别。在这个词语的一般意义上,学者们更为理想化。高尚的言论也许掩盖了高等教育的实用概念。年轻的尼古拉斯·默里·巴特勒(Nicholas Murray Butler)评论说:"实用……可以有很广泛或是很狭窄的含义。有高级的实用,也有低级的实用。"[24] 创建服务型大学的人强调的可能就是广泛高级的实用。

美国学术改革的第一代领袖通常是"绅士",20世纪之交,这个词在某种意义上已经过时了。查尔斯·E.艾略特和安德鲁·D.怀特是两位最著名的具有实用主义思想的教育家。他们身世显赫,这种显赫是世俗的,与平凡的牧师传统截然不同,正是这种传统使人们忠实于旧时的学院。但是培育了怀特和艾略特的银行和商业贵族在美国社会根深蒂固,并且同样受人尊敬。因此学院转变为大学并不代表基本的社会动乱,相反,它符合内战之后的变化趋势,标志着学术领导权从一个高贵的群体过渡到另一个更为世故的群体。美国大学的创立经费也许主要来自新的财富,但是代表已有财富的人开始能够掌控局面,出于本能维护了其安全。在中西部,出身较为卑微的人取得了领导权,但是除了安阿伯(Ann Arbor)、阿利根尼山脉(Alleghenies)以西的大学在19世纪90年代之前都不出名,而到了19世纪90年代,所有这些盛名都不再具有原先的意义。

---

[24] N. M. Butler, "What Knowledge Is of Most Worth?" *Educational Review*, X (1895), 116.

就上层而言,最初引导实用主义学术改革的是对重建的必要性百般挑剔然而又非常迫切的观念。这些领袖的冲动最终为了社会的连续性而安定下来,即使他们推荐的方法似乎有些激进。民主和实用性被看作周围社会中不可抗拒的力量。如果高等教育不让步,它就没有能力形成"保护因素,这种因素一旦与正在发生的进步联合起来,适应了不可避免的运动,也许就能引导、指挥、影响它"。㉕基于这一观点,与"真实生活"共存开始成为一种战术。这并不妨碍它成为一种强烈的个人信仰。

领导层对此不置可否,在这种情况的鼓励下,贵族的查尔斯·W. 艾略特、文雅的安德鲁·D. 怀特,以及很多出身不那么高贵的人开始在创建实用大学的运动中占据次要职位。威廉·瓦茨·弗尔威尔(William Watts Folwell)出身于北纽约州富有的浸礼会农场主家庭,70年代,他试图在明尼苏达大学推行改革,但是因过于急躁而经常徒劳无功。戴维·斯塔·乔丹同样出生于北纽约州的一个小村庄,他先是印第安纳大学的校长,后来成为斯坦福的校长。怀特在康奈尔大学的继任者查尔斯·坎德尔·亚当斯,以及威斯康星大学校长查尔斯·R. 范·海斯(Charles R. Van Hise)都出身于中西部平凡的农民家庭。迟钝而直率的安德鲁·S. 德瑞伯曾做过杂货推销员和学校主管,他从来没有上过大学,19世纪90年代末,他创建了伊利诺伊大学。㉖像这些校长们一样,具有高等教育实用主义观念的教授们的出身也呈现下滑趋势:有些年龄大的通常出身于体面家庭,他们也许是基于与怀特和艾略特相同的看法才转向这一职业;

㉕ J. N. Pomeroy(纽约大学政治科学教授),"Education in Politics," U. N. Y., *Report*, 1869, p. 829. 同时可见 F. A. March, "The Scholar of To-Day," *American Presbyterian Review*, N. S., I (1869), esp. pp. 76, 79, 83, 88。

㉖ 见 H. H. Horner, *The Life and Work of Andrew Sloan Draper* ([Urbana], 1934)。

其他年轻一些的通常出身平凡,他们接受改革,认为这是与他们的学术研究密切相关的职业信仰(后一群体很快因为获得了博士学位而受到重视)。

社会出身的对比在动机和观念上也反映出来,虽然不总是很准确。一端是高尚文雅的,鼓吹有指导的民主。另一端则是自己奋斗成功的德瑞伯,他的观点总是与学者们激烈对立,即使它是商业导向的个人主义与某种平民主义的混合。安德鲁·D.怀特追求书籍收集和文雅的转变,而德瑞伯以他所谓的"精力充沛的生活"的名义攻击"无目的的优雅"。㉗ 在这两者之间还有人倡导广泛基础的高等教育,他们态度较为温和,乘着改革的浪潮走向新的崇高的职业。一些具有实用思想的较为单纯的人很少为了娱乐而阅读,尤其是那些以科学为专业的人,另一些人则逐渐接受了优雅的绅士风格。

不管他们的倾向如何,由于决定其学术改革观点的条件不复存在,信奉实用的学者面临着越来越大的挑战。他们感觉到要求更"低级"、更彻底的实用性的压力(有时候来自捐赠者,更多的是来自政治家或是在州议会有朋友的自由撰稿人),这超出了大多数大学人的意愿。莫里尔法案已经迫使接受赠地的学院开设农业和技工技术。有时候有人主张大学应该将重点转移到这些技术、工业贸易甚至是诸如铁匠和木匠等职业的教学上。㉘ 给大学生开设手工劳动的想法是内战之前首次提出的,作为某种时尚偶尔被提起。

实用性的这种"草根"说法对高等教育而言事实上是完全不切实际的目标。正如1874年缆车的发明人所指出的,如果学术机构真

㉗ Draper, "The American Type of University," *Science*, XXVI (1907), 34.

㉘ 见 E. D. Eddy, Jr., *Colleges for Our Land and Time* (New York, 1956), pp. 54, 88; 这些有趣的提议可见 J. R. Buchanan, "The Essential Elements of a Liberal Education," U. N. Y., *Report*, 1879, pp. 572—576。

的要取代学徒制度，那就必须大幅增加其经费。同时，在一些不太富有的接受赠地的大学，可能会要求一位教师承担从经典著作到工程学等全部科目的授课。㉙ 但是学术实用的"低级"说法作为一种影响力强大的神话，引起了很多具有改革思想的教育家的关注。这些领袖中有一些至少在口头上做出了让步。于是，伊利诺伊大学的德瑞伯赞成高等教育应该"为所有技术性职业、所有建设性产业、所有商业活动"做准备的说法。㉚ 然而，主流的反应表明，继续界定有用性的学术概念是有局限性的。华盛顿大学的开尔文·R.伍德沃德（Calvin R. Woodward）是倡导在学校进行技术培训的主要人物，他对伊兹拉·康奈尔向所有人教授所有科目的口号做出了重大修改，他宣称，大学是一个"教授所有在崇高和广泛意义上有用的知识的地方"。他警告说"我们绝不能不维护教育标准的尊严和高贵"。目标应该是培养"艺术家而不是手艺人，工程师而不是工匠，自由人而不是奴隶"。㉛ 康奈尔大学的安德鲁·D.怀特和查尔斯·坎德尔都赞成这一观念。㉜ 查尔斯·W.艾略特希望受过教育和注重实效的人之间的明显界限能自然消失。㉝

当人们开始强调全社会意义的实用，而不仅仅是职业意义时，新的大学到底应该多么"实际"这个烦人的问题就被忽视了。于是实际上很多学术领袖开始说：职业技巧，是的；但是公众服务更为紧

㉙ A. S. Hallidie to D. C. Gilman, Jan. 1, 1874 (DCG-UC); E. D. Ross, *Democracy's College* (Ames, Iowa, 1942), pp. 108—110.

㉚ A. S. Draper, *American Education* (Boston, 1909), p. 209.

㉛ C. M. Woodward, "The Change of Front in Education," *Science*, XIV (1901), 476, 478.

㉜ C. K. Adams, "The Place of Technical Instruction in Our Colleges and Universities," C. A. M. A. M., proc., 1889, p. 6; A. D. White, *Scientific and Industrial Education in the United States* (New York, 1874), pp. 10—11.

㉝ C. W. Eliot, *Educational Reform* (New York, 1898), p. 224.

迫。斯坦福大学的乔治·艾略特·霍华德（George Elliott Howard）谈到"信奉社会完美的精神实用主义"。㉞ 大学的目标是"公民培训"的说法最终成为劣币，但是在19世纪，这种论断仍然具有某种无知的力量。在19世纪60年代末，政治腐败的问题已经在困扰着亨利·亚当斯（Henry Adams）等受过教育的人。拉斐耶特学院（Lafayette College）的一位教授在1869年评论说："人们极力主张学者从政以使其净化。我们应该努力从党派政治领域找出尽可能多的治理国家和社会科学的问题，然后将它们交给学者来调查和实验。"㉟

人们希望高等教育至少可以从三个方面影响公共事务的管理。首先，大学应该将每个毕业生都变成公民美德的维护者。其次，它应该培养一批政治领袖，他们像骑士一样投身"真实生活"，清除其不良现象。最后，通过科学性的学问，能够找出理性的政治程序来取代受个人影响的政治程序。向大学要求这些有用的社会功能并不困难，事实上还太容易了。因为羞怯，劝告通常是以华丽的辞藻表达出来的，这就削弱了其效用。支持政治能动性的言论只是围绕个人道德新生这样无关痛痒的话题。高贵的概念使人们质疑，具有社会责任感的年轻人是否真的应该谋求官职。要求大学承担社会责任的演说经常只是不明确的说教，偶尔列举统计数据，证明国会中大学毕业生的人数减少了。然而在大学内部，社会服务的呼吁产生了重要的结果。半自治的政治科学"学院"于1880年创建于哥伦比亚大学，第二年在密歇根大学成立，1892年在威斯康星大学成立，康奈尔大学设立了同样性质的特别"课程"。

19世纪80年代末，对学术公共服务的口头兴趣明显变得浓烈

㉞ G. E. Howard, *The American University and the American Man* (Palo Alto, 1893), p. 22.
㉟ March, "The Scholar of To-Day," *American Presbyterian Review*, N. S., I (1869), p. 80.

了。十年后,大学里开始充斥着进步党主义的前进力,人们要求高等教育解决当时存在的商业和劳动等问题。㊱ 进入20世纪,这种呼声更加急迫,伊利诺伊大学的校长埃蒙德·J. 詹姆斯(Edmund J. James)把州立大学预想为"一个巨大的社会服务学院,使州里的青年男女准备好为州、国家、城市和城镇服务",很像西点军校为军事职位培养人才。詹姆斯说,学术机构还应该提供各种专业性建议。在这一意义上,所谓的"威斯康星观念"并不仅仅在威斯康星大学存在。㊲

新兴的社会科学的较为年轻的教授中出现了这样一群人,他们急切地接受公共服务的指令,超过了谈论这一话题的大学校长们的预期。每个人都反对腐败,这些特殊的教授相信,腐败的起源在于未经抑制的私人企业精神,至少在其垄断形式上如此。结果,他们几乎所有人都发现,在19世纪90年代保留自己的学术职位是很困难的。热心的社会改革者对大学提出的问题中有很多将在其他领域出现,而那时,人们会注意到,对社会变革的明显要求和更广泛的社会实用哲学之间存在奇特的联系。19世纪80、90年代末的学术自由问题代表了具有实用思想的教育者们之间两败俱伤的争论。以服务为导向的大学校长和教职员中的"激进派"都同意,他们所谓的"真实生活"是学者首要考虑的。这种一致性确定了在教育理念上他们属于同一党派。但是一个人要服务于社会,可以通过提供现存秩序下成功所需的培训,也可以通过鼓吹新的秩序。关键在于如何界定要为之服务的公共利益,这一问题潜伏在公共服务价值这一

㊱ 例如,可见 A. S. Draper, "American Universities and the National Life," N. E. A., *Proc.*, 1898, esp. pp.114—115; H. S. Pritchett (麻省理工学院), "The Relation of Education Men to the State," *Science*, XII (1900), 657—666。

㊲ E. J. James, "The Function of the State University," *Science*, XXII (1905), 625. 还可见 R. H. Jesse (密苏里大学校长), "The Function of the State University," N. E. A., *Proc.*, 1901, pp.606—613 (范·海斯上台前两年)。

更笼统的概念之后。同时,主要信奉抽象研究或是自由文化的教授中很少有人参与争取学术自由的斗争。原因很明显,具有实用思想的校长和较为年轻的社会科学家都与"外界"人士保持积极联系:校长们是与商人,科学家是与改革者。于是两者都能接触到社会争论。孤独的研究者、清静的哲学家和斯文的文学家——我们将在后面的章节讨论——通常没有这种兴趣,也没有这种联系。

争取学术自由的最终斗争主要发生在单个教育阵营,从这一点看,这种斗争是民权战争。在安德鲁·D. 怀特的担保下,理查德·T. 伊利(Richard T. Ely)最初在约翰·霍普金斯大学担任大学讲师,毫无疑问,1886年怀特所写到的正是伊利及其很快就变得"激进"的朋友:"你将很高兴地得知,美国年青一代的学者,大多数在德国大学接受过培训,现在开始在我们的大学里施加巨大的影响,我相信,不久之后他们将对整个政治产生有利的影响。"㊳ 很自然,"激进"的社会科学家在怀特和其他人大力提倡的半自治政治科学"学院"里找到一席之地。不难理解,他们成群地涌入明显信奉实用主义教育观的大学。㊴ 而且,社会科学家有时候发现,只要不是过于顽固,在州立大学晋升为校长是有可能的[埃蒙德·J. 詹姆斯成为伊利诺伊大学校长和 E. 本杰明·安德鲁斯(E. Benjamin Andrews)成为内布拉斯加大学(Nebraska)校长即为佐证]。

起初,正如人们预料的,学术自由的整体问题并未引起具有实

㊳ A. D. White to R. T. Ely, Sept. 20, 1881 (DCG); White to E. P. Evans, Nov. 4, 1886 (EPE)。怀特虽然是坚定的共和主义者,他支持美国经济学会的创立宣言;A. D. White to R. T. Ely, June 24, 1885 (RTE)。

㊴ 这样,在第七章将要论述的关于学术自由的论战中崭露头角的爱德华·A. 罗斯(Edward A. Ross)出现在斯坦福就完全可以理解了。罗斯和校长戴维·斯塔·乔丹都坚定地信奉"有用的"高等教育,甚至在论战的早期,他们在很多方面就相互倾慕。19世纪90年代,学术自由的问题更多地从观点的冲突转向学院与公众关系的问题,因此,对这些问题的深入讨论将在第二部分出现。

用主义思想的管理者的警惕。1871年詹姆斯·B.安吉尔(James B. Angell)就这一问题发表讲话时,他把这个问题看作宗教和道德问题,而他的言论与诺亚·伯特在同年所说的并无不同:

> 并没有过多地限制教师的学术自由。能够在这里担任教职的人在工作中不会受到束缚。在挑选教职员时,首要考虑的是要选出有能力、认真、虔诚的人,他们的智力和道德品质使他们能够培训学生从事促进基督教文明的工作。重点并不在于他们所说的口号或隶属的党派。只有这样我们才能培养出一代具有开明、公正、热爱真理的思维习惯和心灵特质的学生。[40]

甚至到了1885年,安吉尔在为密歇根大学寻找历史学家时,仍然持相同的观点:"历史学家的工作通常与伦理学非常接近,因此我不会选择悲观主义者、不可知论者,或是倾向于批评基督教的人文主义观或基督教原则的人。我也不会选择不是从基督教立场做出历史判断和解释的人。"[41]当新的经济问题开始凸显时,像安吉尔这样的人的反应是很困惑。有争议的经济学家亨利·卡特·亚当斯(Henry Carter Adams)1886年向密歇根申请职位。安吉尔直截了当、毫无掩饰地要求亚当斯公开表明他确切的经济观点。亚当斯的回信显示了一个认为自己被朋友出卖的人所感到的伤害。亚当斯回复说,这种要求"非常意外,让我很震惊"。[42] 实用主义者内部突然出现了裂痕。那时,对双方的期望都开始变得僵化。下一个十年(也是美国社会整体动荡的十年)的经历才能让人们明白,只要美国人

---

[40] Angell, *Selected Addresses*, pp.30—31.

[41] J. B. Angell to D. C. Gilman, Oct. 23, 1885 (DGC).

[42] H. C. Adams to E. R. Seligam, Nov. 9, 1886, in F. A. Walker *et al*., "The Seligman Correspondence," ed., Joseph Dorfman, *Political Science Quarterly*, LVI (1941), 270; H. C. Adams to J. B. Angell, Mar. 25, 1886, Mar. 15, 1887 (JBA).

对"什么是有用的"存在不同的看法,"有用的大学"这一纯粹的概念就不能解决问题。学术目标正好撞上了它本质性的局限之一。

社会科学家以其专家能力为社会服务。专业技能包括研究,这是一个向美国大众介绍与欧洲教育关系的过程。然而,重要的是要区别具有改革思想的社会科学家和其他以研究为导向的教授(有时候他们从事同一学科)对待科学研究的不同观点,后者将在下一章讨论。信奉有用的高等教育的人,尤其是从事经济学等领域的人,重视研究也经常进行研究,他们不像人文学者那样持嘲讽态度。但是研究对于他们只是次要目标。这种研究总是为了将来的(也是有用的)目的,而不是主要为了发现的本质性回报。当然,我们也不能进行严格的区分,相关学科的很多重要人物在整个职业生涯一直没有就动机问题明确表明态度。但是目标之间的明显区别确实存在,有时候公开,有时候隐蔽。

像密歇根大学的一位教授那样教条地拒绝纯科学确实是不寻常的,这位教授宣称:"纯粹的知识,为科学而科学,客观、专门的科学,事实上是忽视现实,但是与目的、应用科学相一致的知识,其本身就是现实。"[43]然而,著名经济学家理查德·T.伊利的话足够清楚:"使我们在世界的生存有意义的东西是无法用表格形式描述出来的,如果没有人道主义者先行出现,而后又与他们合作,从事精密科学的人的工作是无法进行的,就算进行了,也没有任何价值。"[44]在这些社会学家对自己活动随便的描述中可以发现他们努力的核心。爱德华·W.贝米斯(Edward W. Bemis)向朋友伊利描述了他最近参

---

[43] A. H. Lloyd, "Some Unscientific Reflections about Science," *Psychological Review*, VIII (1901), 175.

[44] R. T. Ely, "A Sketch of the Life and Services of Herbert Baxter Adams," in *Herbert B. Adams: Tributes of Friends* (Baltimore, 1902), p.27.

加的反对石油垄断的运动,他说他觉得这种运动比"为出版而写作"更有必要,虽然他承认这不么"科学"。亨利·卡特·亚当斯宣称,他的课堂有两个主要目的:"如人们离开大学将见到的那样描绘社会问题;引导人们意识到道德是日常事务。"爱德华·A.罗斯同样吹嘘说,他试图向学生"灌输公平、正直的概念,贸易、商业、政治和立法的兄弟关系"。㊺ 社会学家乔治·E.霍华德和阿尔比恩·W.斯莫尔(Albion W. Small)都赞成直接的社会效率而攻击纯科学,霍华德称为了知识而寻求知识的动机"很像骗子"。宾夕法尼亚大学的西蒙·派顿(Simon Patten)说,当"上百万"的人接受了新的经济观念,他才会转变观点。㊻ 具有改革思想的社会科学家通常把社会进步看作客观知识的发展,但是当需要他们选择时,道德问题仍然是他们首要考虑的。

就具有实用思想的大学校长来说,他们通常并不是技术专家,尽管他们支持新的学习的应用领域,他们中大多数在真正的探索过程中并没有太多激情。正如我们所见,安德鲁·D.怀特和查尔斯·W.艾略特在专门调查研究方面都感到不自在。戴维·斯塔·乔丹虽然是一位分类学家,但是他完全不相信"大学文化的熔炉中批量生产的博士"。㊼ 研究甚至暗示着懒惰,正如伊利诺伊大学的安德

㊺ E. W. Bemis to R. T. Ely, May 15, 1890 (RTE); H. C. Adams to J. B. Angell, Mar. 15, 1887 (JBA); E. A. Ross to Mary D Beach, Oct. 4, 1891 (EAR). 还可与 F. W. Blackmar to E. A. Ross, Jan. 22, 1896 (EAR)比较。像亨利·卡特·亚当斯这样的人赞赏调查和讨论式的方法,但是却要求学生把知识应用于"有实际利益的问题"。H. C. Adams to J. B. Angell, July 15, 1885 (JBA). 正如 Christopher Lasch 在 *The New Radicalism in America*, *1889—1963* (New York, 1965), pp. 170—177 所指出的,罗斯的教育思想非常隐晦。

㊻ Howard, *The American University and the American Man*, p. 11; A. W. Small, "Scholarship and Social Agitation," *American Journal of Sociology*, I (1896), 564; S. N. Patten to R. T. Ely, Feb. 17, 1893 (RTE) and to E. A. Ross, Nov. 24, 1892 (EAR).

㊼ Jordan, *The Voice of the Scholar*, p. 24.

鲁·S. 德瑞伯所想的，他强制实行每周13到19个小时的授课任务，使研究变为不可能。㊽ 德瑞伯的继任者，埃蒙德·J. 詹姆斯坚持说，州立大学必须“完全、清楚、明确、毫不妥协地支持职业培训，培训不是为了……学问本身，除非学问变成所有职业高级培训的必要条件，或者学者本身成为一种职业，而是为了通过某种职业有效地为社会服务，人们可以通过职业表现自己，为社会创造永恒的利益”。㊾ 内布拉斯加大学的校长詹姆斯·H. 坎菲尔德(James H. Canfield)更明确地抨击“为了学问而热爱学问的学院——他们达成目标却没有任何意义，他们沾沾自喜，因为他们和其他人不一样，尤其与实际的人不同，实际的人总是希望知道自己将要学习的东西有什么用处”。㊿

有用的高等教育的倡导者并未成为德国方法和观点的热烈拥护者，这类人很快就在美国学术圈的其他领域出现了。除了一些社会科学家，这些人可能因为民主和爱国等原因而排斥德国，德国大学最多只是指出了方法，但却不是结果。(51) “我们需要的是明确的美国式体系，一个与我们的传统、我们的历史、我们的民主共和制、我们增长的实力、特殊的文明协调一致的体系。”(52)密苏里大学(the University of Missouri)的校长理查德·H. 杰斯(Richard H. Jesse)警

㊽ A. S. Draper, "Government in American Universities," *Educational Review*, XXVIII (1904), 234—235; David Kinley to R. T. Ely, Apr. 23, 1897 (RTE).

㊾ E. J. James, "The Function of the State University," *Science*, XXII (1905), 615.

㊿ J. H. Canfield, "Ethical Culture in the College and University," N. E. A., *Proc.*, 1892, p. 111.

(51) 像理查德·T. 伊利这样具有改革思想的社会科学家更明显地受到德国学术经历的影响，但是他们是依据自己的印象接受了德国观点，这种观点与热忱的研究者是截然不同的。第三章“德国大学的魅力”中将更深入地讨论这种差异。

(52) I. I. Hopkins, "Relation of Higher Technological Schools to the Public System of Instruction," N. E. A. *Proc.*, 1887, p. 161.

告说,必须要牢记"国家天赋"的特性,"以防止我们惨痛地误入歧途"。伊利诺伊大学的德瑞伯担心,学生从欧洲大陆回来可能会带有"非美国的思想,也许还有松散的习惯"。在哈佛,爱德华·查宁(Edward Channing)曾经督促校长艾略特:"我们要考虑的问题不是哈佛的学生是否与柏林的学生具有相同的水平。我们面前的问题是:'我们怎样才能向尽可能多的孩子提供最好的教育?'"[53]正如我们将见到的,艾略特自己的观点中很少有与查宁对这一问题的表述不一致的地方。

将公共服务作为学术目标的运动,从管理者和"激进"的教职员双方的立场看来,都主要是伦理运动,而非智力运动。这些人对抽象概念颇不耐烦,与博学的冷静相比显得焦虑不安。他们热情地接受科学,只将它作为达到有用目标的合适的工具,研究者对于材料的深思仍然被看作是怪异的。他们要求行动,并且总是用绝对的、大多数公众乐于接受的语气表达出来。

无论是在日常范畴的频繁使用上,还是在他们对于广义道德的强调上,甚至在他们对于提升社会道德水平的明显关注上,实用的倡导者都更接近文化人道主义者而不是纯科学家。但是很少有实用主义者愿意承认这种身份鉴定,因为他们自觉地反对博雅教育(liberal arts)。只有他们中最有教养的——例如安德鲁·D.怀特——才在这个问题上从内心感到左右为难。最具代表性的是威斯康星大学工程学院院长的声明:"造物的物质享受早于文化而出现……肮脏或贫穷里是不会有'甜蜜和光明'的。科学农业、采矿、

---

[53] R. H. Jesse, "University Education," ibid., 1892, p.122; A. S. Draper, "The University Presidency," Atlantic Monthly, XCVII (1906), 40; Edward Channing to C. W. Eliot, Aug. 17, 1888 (CWE). 杰斯的态度也许带有暗示,1892年他在这一问题上有点摇摆不定,1900年之后反德国倾向更为明显。查宁有时候也会支持另一方。

制造和商业在将来会成为所有高等高贵生活的物质基础。"㊴当实用主义教授真的接受了"文化"这个词，他们剥夺了其传统的含义，而赋予它进化论的、可能是相对主义的新含义。康奈尔大学的杰里米亚·W. 詹克斯（Jeremiah W. Jenks）于 1890 年宣称："文化就像人性一样多种多样。"乔治·E. 霍华德盼望能基于每个新生代的需要不断修改文化的定义。当时，他希望这种定义"包括工业和机械艺术"，他也呼吁朝着这个方向进一步修改课程设置。㊵另一种观点是完全拒绝这一名词："把文化作为目标，教育体系将一事无成。社会……在考虑教育时不能忽视其作用。"㊶正是凭借这种精神，戴维·斯塔·乔丹才没有在斯坦福大学设立正式的哲学系。

利用高等教育的倡导者承担了反抗人道主义要求的任务。但是在更深入、更本质的方面，他们并没有在信仰上打破传统。他们继承了 19 世纪中叶普遍存在的道德特性。查尔斯·坎德尔·亚当斯希望其教职员是"绅士"，如他自己所说，"比起批评的能力，他更喜欢建设的能力、健康的良好判断力、开阔的见解、友善的热情和抓住事物本质的能力"。㊷此外，这些学术改革者通常还是信教的。尽管他们在神学方面总是开明的，但是几乎没有一个是激进的怀疑论者。即使他们的宗教在实质上大半与伦理学有关，在感情上仍然与过去的传统有着千丝万缕的联系。很多主要的州立大学仍然保持

㊴ J. B. Johnson, "Some Unrecognized Functions of Our State Universities," *Bulletin of the University of Wisconsin*, XXXII (1899), 157.

㊵ J. W. Jenks, "A Critique of Educational Values," *Educational Review*, III (1892), 18; G. E. Howard, "The State University in America," *Atlantic Monthly*, LXVII (1891), 341.

㊶ Bryant, "Some Recent Changes in the Theory of Higher Education," Association of American Agricultural Colleges, *Proc.*, 1898, p. 92.

㊷ C. K. Adams to D. S. Jordan, Mar. 5, 1889 (JGS); C. F. Smith, *Charles Kendall Adams: A Life-Sketch* (Madison, 1924), p. 31.

着正式的礼拜仪式，虽然规定自愿参加。㊳ 这些接受公众捐赠的学院校长喜欢坚持说他们学院的气氛"确实是基督教的"。在年轻一些的社会科学家中，同样存在宗教风格。理查德·T.伊利及其朋友的信笺信纸上印着"基督教社会学家"的字样。欧伯林的毕业生约翰·R.康芒斯(John R. Commons)宣称，该学院的宗教生活对他仍然非常有吸引力。㊴

　　致力于实用主义大学的运动虽然使美国在校生的教育性质发生了革命性的变化，但在进行中却肯定了宽容和强调伦理道德。其领导者的言辞通常是包容性的而非界限分明的。他们急于表明对公认的道德的忠诚，结果使得创造服务型大学的动力变成含义不明的浪潮而非有针对性的攻击。无可否认，这种征服对于需要公众同情的成长中的学院是有好处的。问题在于，仅仅依赖这些改革者能否在美国创立著名的学术机构。他们的见解广博，但是除了艾略特，他们并不热心。适应"真实生活"的政策排除了对于优秀的单独定义。甚至对于"真实生活"的互不相同的定义，它也不能提供判断标准。

　　相较于逻辑思维者，实干家更信奉实用。在美国，即使是在逐渐形成的学术机构中，鲁莽的积极分子也占有相当大的比例。但是，1875年之后，这些积极分子很难再冒充为新学术浪潮的代言人。相反，能吸引具有更高才智的人的，是关于真正大学的更清楚、更实质性的概念：对科学研究或是自由文化的信仰。

　　㊳ 密歇根大学的强制礼拜一直延续到1872年，自愿的礼拜延续到1895年，此后是一周两次的晚祷。强制的每日一次的礼拜在明尼苏达大学一直持续到1910年。
　　㊴ J. R. Commons to R. T. Ely, Apr. 28, 1892 (RTE).

第二章 实用

对实用的两种见解：康奈尔和哈佛

内战之后美国具有实用思想的学术改革者绝对不是完全相同的。19世纪60年代末期，改革运动刚刚成功，就分裂了。它拥有两位而非一位一流的领袖——1868年成立的康奈尔大学的校长安德鲁·D. 怀特，和1869年起在哈佛担任了四十年校长的查尔斯·W. 艾略特。由于不明原因，尽管怀特和艾略特拥有共同的朋友，例如丹尼尔·科伊特·吉尔曼，他们私人之间却没什么交往。他们都把自己看作是美国服务型大学的领路人，至少怀特公开表示了对艾略特的自负的不满。[60] 康奈尔大学和哈佛大学各自成为美国大学教育转型的两个先驱典范。[61] 其他学院具有改革思想的人向艾略特或是怀特寻求指导和灵感。

康奈尔大学尤其要求承认其领导地位，部分是基于其时间优先性。除了几个尝试性的实验之外，它是美国第一个完全在改革后的基础上建立的主要大学。它的建立开创了私人教育慈善事业的新纪元，而同时，它又是莫里尔法案第一个引人注目的显著成果。很多眼睛都盯着伊萨卡。康奈尔大学有何与众不同的特质？伊兹拉·康奈尔是一位坦率的贵格教徒，他曾宣称："我要建立一所所有

---

[60] 见 C. K. Adams to C. W. Eliot, Aug. 15, 1891 (CWE); A. D > White to D. C. Gilman, Apr. 12, 1878, July 24, 1907 (DGC); C. W. Eliot to Mrs. Wells, Jan. 14, 1875 (ADW); D. C. Gilman to A. D. White, June 4, 1891 (DCG)。

[61] 应该记住，艾略特对哈佛大学的改造是一个渐进的过程，直到19世纪80年代中叶才完全成型，而康奈尔大学是在1868年作为完全不同的一类学术机构出现的。关于早期康奈尔的最好的书籍，见 Philip Dorf, The Builder: *A Biography of Ezra Cornell* (New York, 1952); C. L. Becker, *Cornell University: Founders and the Founding* (Ithaca, 1943); W. P. Rogers, *Andrew D. White and the Modern University* (Ithaca, 1942); White, *Autobiography*; White, *My Reminiscences of Ezra Cornell* (Ithaca, 1890); 及 Morris Bishop, A History of Cornell (Ithaca, 1962)。

人都能学习所有学科的学院。"但是这一名言,无论它多么准确地表达了从旧时学院的束缚中解脱的愿望,都不能简单地按照字面意思来理解。康奈尔大学在早期所面临的中心问题是,它能在多大程度上倾向于实用思想的"低级"或草根含义。

虽然伊兹拉·康奈尔有他自己的想法(他在大学成立之后还活了六年),他完全信赖自己亲自挑选的校长。在康奈尔,对实用的准确定义主要取决于安德鲁·D.怀特。然而怀特的思想有其复杂性。怀特是一位好战的理性主义者,也是宗教自由主义者,他因为反对牧师捍卫达尔文主义而出名,但是他明显缺乏研究型科学家的特点。(约翰·霍普金斯大学成立后,他承认自己怀疑精密观察和实验的价值,他的秘书回忆说,总是要找别人来为怀特的书做"钻研工作",因为他自己完全没有揭露细节的兴趣。[62])而且,正如其他很多同时代的"自由主义者"一样,怀特坚持一种绅士般的道德准则,这种准则往往缓和了他锐利的理性。他是那种会用不耐烦的腔调质问的人:"为什么这个国家就不能有简单有力地表达出来的……伦理……的伟大的根本原则呢?这样我们就能向国家输送人才,他们能将简单的伦理原则渗入各地的公共教育。"达尔文好战的追随者相信,叔本华(Schopenhauer)是一个"肮脏"的思考者,大学生活"最

---

[62] 怀特在 1878 年 7 月 24 日写给 D. C. 吉尔曼的信里写道:"你必须注意,下一代科学家中存在贬低除了精细实验或观察之外所有东西的倾向,他们称之为'原始研究'。我不认为他们全对。事实上,我相信,他们在很多方面都是错的。巴克利第一卷的最后几章中对这一点做出了突出的评论,他谈到了这个年代实验和观察的积累结果,以及缺乏深思的人对这些结果加以分类,从混乱中找出规律的痛苦。"引用自 Fabian Franklin et al., *The Life of Daniel Coit Gilman* (New York, 1910), p.344。关于秘书的评论,见 Charles Cochran 的"Reminiscences", p.1 (Cornell, MSS)。19 世纪 80 年代,怀特对研究的态度变得有点友善,但是很缓慢,也只是暂时的。

令人讨厌”的产物就是“病态的愤世嫉俗者”。[63] 性格使然,除了在科学和宗教问题上以外,怀特放弃了勇敢的革新者姿态。他最终承认,任何领域的改革,包括教育领域,都不能逼迫得太紧。[64]

而且,与大多数其他美国的实用主义提倡者不同,怀特算得上是一位美学家。他毕业于耶鲁大学,然后成了一位历史学教授,他回忆说,即便是大学毕业几年后,他也一直对科学或是技术教育没有任何兴趣。“确实,我在大四的时候对于谢菲尔德科学学院的同学是有点鄙视的——同时也奇怪,拥有不朽灵魂的人怎么会将时间浪费在摆弄吹管和试管上。”[65]他赞扬他的朋友丹尼尔·科伊特·吉尔曼,因为吉尔曼扩大了他的视野。但是仅仅是扩大视野,而不是观念的彻底转变。当康奈尔大学创立时,他谨慎地说:“必须将科学和审美与实用联合起来,以便产生与这所机构相匹配的结果。”[66]他相信,图书馆摆放整齐的书能够产生无形的激励。他曾经劝告吉尔曼在霍普金斯建造一座专门的大楼作为风琴演奏厅,以便“平衡学院和大学中已经太多的科学和枯燥无味的课程”。他还说,他“不懈努力,以保障那些能够缓和枯燥、坚硬、‘工厂式’风格的东西。钟声、雕塑、图画、庭院设计、建筑艺术、美丽的建筑群,都有助于这一

---

[63] White to D. C. Gilman, Dec. 26, 1884 (DCG); White, Autobiography, I, 33; White to E. P. Evans, Nov. 12, 1884. Jan. 3, 1885 (EPE).

[64] 同样,到1877年,他已经后悔自己曾经好战的反奴隶制观点,并且开始认为,詹姆斯·布坎南(James Buchanan)最终还是一位英雄。见 White to C. T. Lewis, June 15, 1869 (CTL); White to E. P. Evans, Feb. 10, 1877 (EPE); 以及 A. D. White, “Evolution vs. Revolution, in Politics,” in Northup, *Orations*, esp. pp. 249—52。

[65] A. D. White to Mrs. D. C. Gilman, May 3, 1909, 引用于 Franklin, Gilman, p. 324。

[66] A. D. White, “Address,” Oct. 7, 1868, in Cornell University, *Register*, 1869—1870, p. 20.

目的。"⑥⁷摩西·科伊特·泰勒(Moses Coit Tyler)描述说,怀特过着"贵族式的"生活,他身边是油画、雕塑和六千本书籍,很多书还带有作者的亲笔签名。⑥⁸怀特是一个老于世故的人,他喜欢旅游,也喜欢有趣的谈话。一般来说,实用主义导向的大学在美国是和职业化同时成长的,但是在观念上没有人比安德鲁·D.怀特更不专业。他坚决不让学院进入他生活的核心。他讨厌校长办公室的日常琐事,在名义上还担任主管的时候,他曾连续几年远离伊萨卡。在53岁时他就永远放弃了职位而享受全日的休闲。总而言之,他不可能领导美国大学的实用和技术培训运动。

令人惊讶的是,怀特在很大程度上允许康奈尔大学以实际的方式完成其目标。他在就职演讲中勇敢地断言:"认真学习某一学科的四年与认真学习另一学科的四年是一样的。"康奈尔大学是男女同校的,也不存在种族障碍。穷人尤其受欢迎。⑥⁹怀特绝对能够用热情的语言唤起人们对技术教育发展的关注。他在讲话中赞成将"科学和工业学习"也作为课程的"真正的核心"。1884年,当时伊兹拉·康奈尔已经过世很久了,他积极主张增加药学等技术领域。⑦⁰

怀特在总结他为康奈尔大学制定的目标时,列举了三个"指导思想",分别是:宗教事务的无宗派主义,选择不同学习课程的自由,

---

⑥⁷ White to Gilman, Oct. 15, 1881, Oct. 15, 1884, July 12, 1890 (DCG). 在自传中,他解释说,他坚持这些东西是"希望能阻止大学的气氛单纯地变成科技学院的气氛。尽管我高度赞扬科学精神和技术培训,我觉得应该熟悉作为文学的最好文学,以便修正它们形成的思维"。White, *Autobiography*, I, 365.

⑥⁸ M. C. Tyler to his Wife, Aug. 4, 1867, in M. C. Tyler, *Moses Coit Tyler, 1835—1900: Selections from His Letters and Diaries*, ed. J. T. Austen (GARDEN City, N. Y., 1911), p. 36.

⑥⁹ Cornell University, *Second General Announcement* (Albany, 1868), pp. 24, 26, 28; A. D. White, *Advanced Education* (Boston, 1874), p. 489; Cornell, *Annual Report*, 1885, p. 63.

⑦⁰ White, *Scientific and Industrial Education*, p. 6; White to G. L. Burr, Nov. 17, 1884 (GLB).

以及这些课程"在地位和权利"上的平等。⑦ 但是,他最深切的希望却在于比上述思想广泛的领域,其中心思想是把大学作为政治导向的社会服务的培训基地。根据这一意向,他致力于设立特别的四年制课程,教授"历史、政治和社会科学以及普通法理学",年轻人在选择这门课程时不需要任何经典文学或数学的知识。他梦想着召集一批杰出的教师来教授这门课。有朋友曾经质疑,在美国这样一个如此怀疑专业知识的国家,这样的毕业生能否被推选为官员,怀特以几乎是渴望的乐观精神做出了回应。他说:"一开始没有人期望把大多数像我这样受过良好教育的人选进政府,但是只要我们有足够的人在外围,向人们,尤其是政界的人宣传,他们迟早是肯定会让步的。"⑫怀特幻想着这些人涌入议会,充斥着新闻机构,进入美国市县的各个部门。腐败不复存在,纯粹的美国理想蓬勃发展直至有一天占领全世界。⑬ 虽然康奈尔在他退休之后才根据这些想法设立了特别的培训,但是不久之后哥伦比亚大学和密歇根大学成立了半自治的政治科学学院,也许就是受到他的宏伟理想的影响。

公众服务不像耕作和木工那样算是一份工作,事实上,作为绅士和道德家的怀特对倡导实用教育的怀特在根本上还是有很多限制。虽然他允许把一所机器车间纳入康奈尔的教学设备以用于教学,但是他说服伊兹拉·康奈尔放弃了建立学生运作的大工厂、学

---

⑦ White, *Scientific and Industrial Education*, pp. 20—22.

⑫ White to C. K. Adams, May 17 and June 22, 1878, and Mar. 4, 1879 (引文) (ADW).

⑬ White to D. C. Gilman, Apr. 12, 1878 (DCG); A. D. White, *Education in Political Science* (Baltimore, 1879), p. 22. 奇怪的是,虽然怀特有净化美国政治的伟大希望,他却盲目地维护格兰特政权和"老板"普拉特的统治。1884 年,虽然他承认克利夫兰更出色,还是基于党派原因投了布莱恩的票。他回答吉尔曼说,如果要在忠诚于党派和市民服务改革中进行选择的话,他会选择前者。与艾略特和戴维·斯塔·乔丹这些服务导向的大学校长不同,怀特绝对不会脱离共和党。见 White to Gilman, Dec. 26, 1900 (DCG), to G. L. Burr, Aug. 25, 1884 (GLB), and to H. E. von Holst, Aug. 10, 1885 (HEvonH)。

生可以出售手工艺品以维持生计的想法。康奈尔死后,他取消了所有的学生手工劳动,而这一思想是创建者坚信的。至少在名称上,康奈尔的课程没有后来哈佛那么自由。怀特从他的朋友吉尔曼所在的谢菲尔德科学学院引入了"分组体系",在这一体系下,学生可以从一系列分组课程中选择,每组的课程强加了某种内在连贯性。(康奈尔也确实存在"选修课",几乎与哈佛同样可以完全自由选修。)正如在其他方面一样,在实施地方管制的时候,怀特不像艾略特那样犹豫不决。刚开始,康奈尔的学生要穿制服,遵循严格的作息时间,排队就餐做礼拜。学生很反感军事化管理,因此这一制度很快就崩溃了,但是怀特支持这项制度,认为它可以抑制"懒散粗心"的农家子弟过分的个人主义。[74] 康奈尔的学生与哈佛的有很大不同,起初尤其如此,也许正因如此,怀特不像艾略特那样相信人类天生具有理性。怀特对于实用性大学的解释果敢地迎合了乡村人群,它在开始时表现出刻意的、几乎是矫揉造作的风格,部分原因就在于此。

每当怀特将自己的角色与艾略特相比时,他的口气就有点怨恨。他坚持说,他们之间的差异很重要,事实上,在民主高等教育的过程中,他更有资格担任领导人。例如,艾略特并不是第一个赞成在同一所学院里同时容纳科学学生和传统学生的人,怀特(他自称如此)同样认为这种兼容是积极有益的。而且,他指责艾略特反对学生的手工劳动,却忘记了自己在这个问题上也有所保留。怀特提出这些论据是为了暗示,艾略特在把学院融入19世纪"真实生活"这一方面做得还不够。他,怀特,赞成"在全体公民的感情、需要和

---

[74] 真诚的反对者可以免除军事训练。军事体制的原意有一部分是为了结束传统学院思想模糊和其他非民主的弊端。见 White, "address," Cornell, *Register*, 1869—1870, p. 27; White, *Autobiography*, I, 387—389; White to C. W. Eliot, Mar. , 9, 1897 (CWE)。

第二章 实用

愿望的基础上建立大学教育,而不是使大学成为不同寻常的、精挑细选的机构,与十分之九的国民的思想相脱节"。另一方面,艾略特只是说一些陈词滥调。[75]

怀特的特别论据也许有点被歪曲了,他对艾略特的非难也许正是源自察觉到他们的相似之处而产生的不安。但是哈佛大学对学术实用主义的看法在某些方面确实与康奈尔明显不同。查尔斯·W.艾略特很可能是19世纪末所有大学校长中最具权威性的,他同样出身于商业贵族;和怀特一样,他也支持科学反对宗教传统。但是他们的方法在很多方面都不同。怀特经常因为急切而显得紧张,而艾略特的自重使他表现出冷淡的严肃,不会仅仅为了平衡而采取行动。相反,正如罗洛·布朗(Rollo Brown)所评论的,他走进周围的生活"就像圣·伯纳德走进赛狗场一样和蔼可亲"。[76]

艾略特生就是唯一神论者,他的思想始终以童年时代的宁静为前提。他所做的只是进一步发挥这些前提,同时将它们与他出自好奇而不断搜寻的具体数据相联系。结果就产生了一种让人放心的确定性,以及会让怀特等人感到害怕的对数据的偏爱。拉尔夫·巴顿·佩里(Ralph Barton Perry)说得很好,艾略特的"思想是陈述式的,而不是虚拟式的"。[77] 因此,在哲学家和其他专注人文学科的人看来,艾略特似乎很肤浅、严苛,缺乏深入的洞察力。[因此桑塔亚那(Santayana)认为他是悬浮在哈佛上空的"可怕的乌云",威廉·詹

---

[75] White to G. L. Burr, Dec. 18, 1885 (GLB);同时参见怀特日记中的段落,引用于 Bishop, *Cornell*, pp.257—258。在写给伯尔的信中,怀特也攻击了密歇根大学是教育改革先驱的说法,理由是密歇根大学是在康奈尔之后才开始教授农业和机械工程的。

[76] R. W. Brown, *Lonely Americans* (New York, 1929), p.30. 对艾略特的思想和个性的最好的简短讨论可见 R. B. Perry, "Charles William Eliot," *New England Quarterly*, IV (1931), 5—29。同样重要的还有 Henry James, *Charles W. Eliot, President of Harvard University, 1860—1909* (2 vols.; Boston, 1930)。

[77] R. B. Perry, "Eliot," *New Englander Quarterly*, IV (1931), 29.

姆斯从来都不喜欢他。]艾略特也不会取悦社会改革者。他是唯一神论者,却不是博爱主义者。⑱ 确实,他起初过于信奉自由主义,以至于几乎要反对免费公立小学教育。因为同样原因,他起初也不赞成州立大学。他反对宗教上的社会福音运动,不赞成工会,对贫穷漠然视之,而对于安德鲁·D.怀特如此努力提倡的"社会科学"这一新领域,他几乎一无所知。在政治上,艾略特是典型的脱离了共和党的人,最终成为伍德罗·威尔逊的支持者。像威廉·格雷厄姆·萨姆纳一样,艾略特反对帝制。[他曾经这样评论西奥多·罗斯福(Theodore Roosevelt):"我从未有过要去杀死某物的野蛮愿望,这种愿望却使他精力充沛。"]⑲但是与萨姆纳不同,艾略特对自由意志非常乐观,有着坚定的信念,这使他成为他那个世纪里真正的自由主义者。

艾略特并不认为人们的生活是由超出人类控制的因素制约的。相反,人们不停地在道义的各种可能性中做出抉择,挑选职业,在选举中投票,完成所有其他任务。于是,在理论上,人们同时受到新的证据和全人类公认的美德的影响。因此,人类是可以被教化的。由此推断,最好的教育就是要给人们大量的练习,使他们在有生之年能从不断遇到的选择中做出明智的自由选择。智力训练的信奉者把他们对学院的管理与宇宙是一个巨大的、由神注定的检验体系这种宇宙观联系起来,类似的,艾略特总是幻想一种能够深入事物核心的聪明的决策能力。他曾经质问:"自由很危险吗?是的!但是它对于人类品格的成长是必要的,这也就是我们生存的目的……

---

⑱ 在对待贫穷学生方面,艾略特确实算得上博爱主义者。
⑲ Eliot to W. S. Bigelow, June 6, 1908 (CWE).

（我们）在自由中经历考验而培养出品格。选择造就了人性的高贵。"⑧在决策方面受到教育的人越多，尤其是当他们因为能力出众而进入社会领导地位的时候，整个社会就会变得越好。同时，大学教会不同的人在自我控制下表现出各自的差异，因此，它可以作为终极世界的典范。

真正不道德的——能够从外部挑战精心构建的大学的——是暴力和不合理的优势。因此，战争、罢工、庞大的商业联盟组织，和政治腐败一样，都是危险而愚蠢的，必须予以制止。校际球赛也非常可疑，因为它似乎迎合了非理性。要避免宗教、政治或爱国主义方面的感情主义。诚然，宁静的幸福是生活的合理目标，但是只有知道自己是在根据理性做出选择，才能获得这种幸福。通过"捷径"获取幸福就违背了游戏规则。一个人最不应该的就是自私地追求幸福。为了知识而知识，或是为了艺术而艺术，对于艾略特都是不能允许的概念。比较而言，安德鲁·D.怀特的生活模式也许就过于自我放纵了。

艾略特倡导大学的选修体系，正是基于这种虚幻但是非常有吸引力的生活观。艾略特的实用思想部分源自他童年时代的商业唯一神论。当然，在某种程度上也是更为自觉的手段：贵族意识到了来自"下层"的威胁而做出的明智的改变。艾略特把教育改革看作防止社会覆灭和消亡的手段。像他同时代的英国托利党人一样，他愿意给予较低阶层某种公民权以避免革命。他在理性上是自由主义者，但是在这些方面却是保守的民主党（他喜欢称之为"民主党的绅士"）。但是艾略特在处理这些问题上远没有贵族政治家们手段

---

⑧ C. W. Eliot, "Address to New Students, October 1, 1906," *Harvard Graduates' Magazine*, XV (1906), 222.

高明。理性个人主义冷静的逻辑使他的思想蒙上了教条主义的阴影。在赫伯特·斯宾塞自信的知识世界里他怡然自得。当写到社会问题时,他依赖于大多是富有暗示性的、坚定的空想。确实,担任校长时,他能巧妙地抓住时机,他还宣布他不相信抽象理论(他实际上指的是他自己的理论以外的理论)。在学术策略上,1869年,除了选修体系外他脑海里没有"重大计划"。但是至少在公共平台或是严肃的月刊上,艾略特的思想过于坚决,以至于预示了后来实用主义传统退化为仅仅是精明的功利主义。[81]

像安德鲁·D. 怀特一样,艾略特将社会道德传统主义和对重大教育改革的科学信仰杂乱地结合起来。一方面,艾略特坚持说,"礼节"训练是哈佛作为一所大学的基本目标之一,一次开玩笑的时候他说:"我经常说,如果我只能在哈佛保留一门必修课,可以的话我会选择舞蹈。"[82]然而,在讨论理想的民主绅士的品格的时候,他同样强调说,绅士"不可能是懒惰、无能、自我放纵的人。他必须是一个工人,一个组织者,一个公正的为他人服务的劳动者"。[83]优雅的社交和辛勤的劳动在艾略特的价值体系中并存,正如怀特同时倡导吹管和药学一样。但是这两个人在这方面确实不同。作为审美家,怀特的主要焦虑来自他对实用计划的倡导。而对于头脑单纯的艾略特,问题不在于这种前后矛盾,而在于这种计划通常暗示的社会民主。当然,艾略特绝不是"低级"或草根意义上的实际主义者:哈佛

---

[81] 例证请参见 Barrett Wendell to Sir Robert White-Thomas, Nov. 9, 1909, in Howe, Wendell, pp. 202—203。艾略特将坚定与技巧型妥协融为一体,对此的描述见 Hugh Hawkins, "Charles W. Eliot, University Reform, and Religious Faith in America, 1869—1909," *Journal of American History*, LI (1964), 191—213。

[82] Eliot to C. F. Adams, Oct. 21, 1907 (CWE).

[83] Eliot, "The Character of a Gentleman," in C. W. Eliot, *Charles W. Eliot: The Man and His Beliefs*, ed. W. A. Neilson (New York, 1926), II, 542.

第二章 实用

所认为的农业培训就是请弗朗西斯·帕克曼(Francis Parkman)在单独的伯西学院(Bussey Institution)教授如何种植玫瑰花。

但是艾略特坚定地信奉职业培训。⑭ 甚至像怀特提倡药学一样,艾略特赞成创建哈佛商学院。他说:"只要是被普遍认为是有用的科学,大学怎么关注都不为过。问题在于如何引起人们足够的关注。"早在1869年,艾略特就接受了伊兹拉·康奈尔在1868年的名言,他断言:"一所真正的大学不能把人类探究的任何事物排除在其课程计划之外。大学应该用比其他地方更高的水平来教授每一门课,这是绝对必要的……在这些问题上再宽容都不过分。"⑮1891年,艾略特总结自己的教育纲领时说:"教育确实要致力于传授知识和培养品位,但是最急需的是要发展行动力。"⑯

艾略特在处理民主问题时表现出更多的技巧和保留态度。相对于他对任何平等的信仰,他对个人天赋的信仰要坚定得多,他接受的平等主要是宪法所规定的平等。他曾坦白宣称:"不能强迫富人与穷人融洽地共处,反之亦然。他们基本上有不同的生活方式,一方的日常表现会让另一方感到不安。他们没有共同的兴趣,他们在娱乐方面就和他们在更严肃的活动上一样互不相同。"⑰艾略特相信财产的分配范围要广,但是不必平均;他也相信,选举权应该有教

---

⑭ 讨论可见 A. A. U., *Journal*, 1904, pp.37,39。

⑮ Harvard, Annual Report, 1898—1899, p.21; C. W. Eliot, "The New Education," *Atlantic Monthly*, XXIII (1869), 216. 关于艾略特明确接受康奈尔的名言,见 Eliot, *Educational Reform*, p.228。Henry James, Eliot, II, 88. 然而,他规定某些科目领域是特别重要的;见 "What Is a Liberal Education?" *Century Magazine*, XXVII (1884), 203—212。

⑯ C. W. Eliot, "Educational Changes and Tendencies," Journal of Education, XXXIV (1891), 403. 有趣的是,在这次演讲中(ibid),艾略特继续用智力天赋的术语来争辩(要发展这些天赋的"能力")。这不是因为像艾略特这样的人否定了19世纪90年代关于智力训练的争论,而是因为他偶尔表达一下对这种观念的尊敬,而且是在全新的环境下。

⑰ Eliot to E. P. Wheeler, Sep.3, 1893 (CWE)。

育程度和财产的限制。⑱他表明,任何人,不论种族,只要能满足这些标准就应该有投票权,同样也应该有其他基本的民权。艾略特身处社会上层,他主张,某些"伟大"的致力于公众服务的家族的存在,与民主并不相悖,这些家族凭借自己在社区中的作用赢得相应的地位。⑲在情绪极端的时候,艾略特说,"父母资助孩子的经济能力"对于学生自己在大学的能力也是一种检验。后来为了解释这一立场,他说:"父母的经济能力是其子女潜在能力的一个重要指标,但是经济能力受到太多不会真正影响孩子前途的不利机会的制约,所以在挑选哈佛的学生时,我不会把这个指标作为最重要的一项。"⑳

艾略特领导下的哈佛是接纳黑人学生的,当时这是一项很勇敢的政策,但是艾略特在给南方那些抱有敌意的父母的信中,也不总是确定自己赞成两个种族之间过多的交流,对于学校和公共设施中普遍存在的种族隔离问题,他也没有明确的结论。㉑艾略特对犹太学生抱有成见,但是并没有想过将他们排除在大学之外或是限制他们的行动自由。他曾经毫不吹嘘却志得意满地说:"无疑,犹太人在哈佛的境况比在美国其他任何学院都要好,因此他们很可能会进哈佛。"㉒

---

⑱ Eliot to Seth Low, Feb. 1, 1892(CUA); Eliot to R. B. Moffat, Sept. 14, 1904, and to W. M. Trotter, Apr. 30, 1909 (CWE).

⑲ C. W. Eliot, *American Contributions to Civilization and Other Essays and Addresses* (New York, 1897), pp. 92—100, 136—150.

⑳ Eliot to E. W. Blatchford, Apr. 22, 1899; Eliot to C. F. Adams, June 4, 1904 (CWE). 还可见 Eliot to W. G. Hale, Nov. 29, 1904 (CWE)。

㉑ 他总是说黑人应该有投票权。此外,可见他那些吸引人有时候又互相矛盾的信件:to Bliss Perry, Oct. 20, 1900; to F. C. Bromberg, June 14 and Dec. 6, 1901; to S. A. Steel, Oct. 25, 1901; to B. G. Follansbee, Feb. 6, 1906; and to W. M. Trotter, Apr. 30 and May 5, 1909 (CWE)。在最后一封信中他总结说:"至于怎样对待四五代人之前就离开非洲或是摆脱了奴隶制的有色人种才是最恰当的,我赞成将这个问题留待百年后的人去解决。"

㉒ Eliot to G. A. Bartlett, July 22, 1901 (CWE)。

第二章 实用

艾略特真诚地欢迎穷人的孩子,来自不同社会背景的孩子。他告诉查尔斯·弗朗西斯·詹姆斯:"我希望学院能平等地向有钱的、钱少的、没钱的人开放,只要他们有头脑就行。"他曾经指责詹姆斯"比我更能容忍富人愚蠢的儿子"。[93] 哈佛的学生一旦获准入学,就有完全的自由做自己喜欢的事,在这个意义上,所有学生是受到平等对待的。教师不应该对学生有所偏袒,但是对于富裕的在校生的奢侈行为和势利本性,也不应该人为加以限制。艾略特非常讨厌家长式管理,即使是为了"好的"结果他也不愿意干涉学生的行动,除非父母和督学要求他必须介入。他取消了强迫的礼拜,暂时放弃了对到课的规定,拒绝干涉一些虐待性的俱乐部入会仪式,容忍了富有学生豪华的私人住所,这一切都基于同样的原因。至于最后一点,"黄金海岸"的存在,艾略特为自己的不作为行为辩解说:"因为某种原因,人们希望大学不会像外面的世界一样呈现出贫富之间生活模式的对立,但是它会。而且不能肯定地说这种对立的存在是不道德的或是有害的。在这一方面,正如在很多方面一样,大学是现代世界的缩影。"[94] 艾略特抨击势利的言行,他在使用这个词时并没有把自己对于更平凡品质的喜爱强加给别人。他只是宣布他的个人信念:"技工、农民和小商人的子女不仅具有'出身高贵'的人的体格特点,也具有相同的智力和精神品质。"[95]

学生应该被当作自由的个体来对待,大学训练应该与军事或工业训练相反。对查尔斯·W.艾略特来说,民主的精华就在于这一理念。就他而言,典型的哈佛人不能属于任何俱乐部——从而保持其自由。他曾经对刚入校的新生使用激将法:"你们想成为自动机呢?

---

[93] Eliot to C. F. Adams, June 9, 1904 (CWE).
[94] Harvard, *Annual Report*, 1901—1902, p.59.
[95] Eliot to L. B. R. Briggs, Mar. 13, 1901 (CWE).

还是想成为本身就受制于外力的齿轮所驱动的轮子上的齿牙？……意志是首要的动力，你们只能在自由中才能训练意志。"艾略特相信，理想的大学生应该学会"对书本、流行习俗、当前事件进行独立思考"的习惯。这些品质是可以培养的，但是绝不能强求。⑯ 为了做到自由，艾略特愿意抛弃把大学当作组织严密的社区的想法。相反，他非常独特地把大学定义为"高度独立的个体自愿合作的联盟"，并且说，这一概念"在精神上是彻底民主的"。⑰

艾略特对"民主"的看法不同于安德鲁·杰克逊时代之后他的同胞的看法。他的看法通常追溯到约翰·亚当斯和托马斯·杰弗逊那一代人。1894年艾略特写道，"'人民'是一个很模糊的词"，他否认"人民全体"拥有自发的智慧来处理经济问题。"人们也许模糊地相信这种智慧的存在，但是以这种信仰为行动准则，以至于破坏了现存的经济状况，那就太轻率了"。⑱ 终其一生，艾略特都用一种旁观者而不是完全的参与者的腔调支持"民主"。⑲ 然而在任期的最后几年，他在这些问题上的态度变得更为宽宏大量，甚至有时候很热切。确实，1896年他断言，拥有学术学位的人们"应该成为文明国家里公众观点的领导者，应该比教育程度低的阶级拥有更多的影响力和权力"。他接着说："但是，我相信，自由的学院应该依赖于比（这些人）自己能够提供的更广泛的基础。"⑩ 他还宣称："民主制就是一个让民众以种种方式学会替他人着想、履行社会功能承担社会

---

⑯ Eliot to W. W. Folwell, Mar. 19, 1870 (CWE); Eliot, "Address to New Students ... 1906," *Harvard Graduates' Magazine*, XV (1906), 223; Henry James, *Eliot*, II, 60; S. E. Morison, *Three Centuries of Harvard, 1636—1936* (Cambridge, 1936), p.344.

⑰ C. W. Eliot, "Academic Freedom," *Science*, XXVI (1907), 11.

⑱ Eliot to F. W. Coart, June7, 1894 (CWE).

⑲ 见 Henry James, *Eliot*, II, 288, 293。

⑩ Association of Colleges and Preparatory Schools in the Middle States and Maryland, *Proceedings of the Annual Convention*, 1896, p.121 (此后引用为 A. C. P. S. M., *Proc.*).

责任的培训学校……在民主国家,绝大多数人的利益将是最重要的,因为本来就该如此。"[101]中西部州立大学的校长没有人会质疑这些说法,艾略特认为必修的希腊语是"我们民主国家"的另类,他们对此也不质疑。[102] 比起康奈尔大学的"分组体系",哈佛大学的自由选修制度体现了对普通个人的智慧更广泛的信任。耶鲁大学的校长哈德利发表关于13世纪欧洲大学组织的学术论文时,艾略特显示了他在学术界的立场。该文的结论部分说艾略特曾经挺身而出,凭其一贯的胆识表示:"美国的大学无须向中世纪的大学学习,也无须向停留在中世纪的大学学习。"[103]

怀特和艾略特都强调本科教育的变化而没有提到建立日后所谓的研究生院,他们现身说法,向人们展示了实用型学术改革者的形象。他们俩对科学都很友好(艾略特曾教过化学),都希望看见本科教育中的科学教学得以大幅提高,例如增加实验室工作。[104] 但是这仍是教学技术问题——没有为了研究而重视研究。如果说怀特和艾略特独自创建了美国大学要遵循的模式,问题就在于他们是否迅速发展成为高级研究的中心。[105] 当有人请他们就即将在巴尔的摩成立的约翰·霍普金斯大学的性质给管理者一些建议的时候,怀特和艾略特都没有强调研究,而是建议说,约翰·霍普金斯应该有效

---

[101] Eliot, *American Contributions*, pp. 87, 91. 艾略特捍卫"民主"的基本论述见该书71—100页。同时见 C. W. Eliot, "American Democracy," *Harvard Graduates' Magazine*, X (1902), 505—507.

[102] Eliot to Hugo Münsterberg, Jan. 26, 1899 (HM).

[103] Jordan, *The Days of a Man*, II, 2.

[104] 见 White, *Scientific and Industrial Education*, pp. 21—22.

[105] 确实,康奈尔在19世纪70年代早期开始向毕业生提供工作,但是这种做法长期维持较小的规模和范围。

地实施他们自己的规划,创办更实际的高等教育。[106] 尽管他们都在欧洲游学,却没有人想把美国高等教育转变成德国的模式。有证据说明法国的体系给他们的印象至少和德国一样深刻,他们也经常觉察到,美国的状况是无法与欧洲相提并论的。[107]

相对来说,艾略特不太赞成科学和研究生,这一点需要解释一下。在他掌权的漫长岁月里,哈佛的研究生院超过了霍普金斯,成为美国最大最受人尊敬的研究生院之一。但事实上,这一成就并不是艾略特本来的愿望。尽管在1869年他就期望在哈佛提供研究生教育,但是直到1875年才出现第一份包含研究生课程的招生目录,在这一年,新约翰·霍普金斯大学的一些情况已经广为人知。霍普金斯的激励给了艾略特很深的印象,于是1880年吉尔曼在巴尔的摩吹嘘说:"不断有人向艾略特校长谈到JHU.(约翰·霍普金斯大学),他自己也经常提起。他现在宣布,明年教职员的主要论题就是研究生教育。"[108] 公平地说,从艾略特那方面来说,哈佛研究生院的成立更多是为了要让学院跟上时代潮流而不是基于对研究的深层热情。即使在19世纪80年代,教职员还是抱怨说,艾略特对他们的研

---

[106] Hughes Hawkins, "Three University Presidents Testify," *American Quarterly*, XI (1959), 117—119. 怀特似乎比艾略特更经常在语言上间接地暗示出新大学的研究功能。

[107] 怀特有时候确实用夸张的口气赞扬德国和德国的大学,但是见 White to H. E. von Holst, Jan. 2, 1885 (HEvonH),承认他的真实感觉要复杂得多; White to G. L. Burr, Nov. 10, 1879 (GLB),不赞成美国人在获得学士学位之前去德国进修; White to Gilman, Mar. 5, 1883 (DCG); 及 White, Autobiography, I, 34, 39, 255, 290—291。在外国对美国高等教育的影响问题上,怀特曾经很明智地发表了公平的评论,见 U. N. Y., *Report*, 1885, p.220。关于艾略特与法国和德国的关系,见 Henry James, *Eliot*, I, 116—117, 135—137; II, 141—142; Eliot to G. J. Brush, Feb. 12, 1863, July 5, 1869 (BF); Eliot to Hugo Munsterberg, Sept. 8, 1894 (HM); Eliot to W. P. Garrison, June 10, 1866 (H)。

[108] D. C. Gilman to B. L. Gildersleeve, July 21, 1880 (BLG). 还可见 A. B. Hart to Eliot, Jan. 3, 1888 (CWE)。

究很漠然。⑩ 到了 1901 年,艾略特坦白地说,最好把图书馆的很多书扔掉,而不是花钱盖更大的房子来容纳它们。⑩ 他在 1904 年写道:"大学的服务型和威望都不是由文理研究生院的成效决定的。"⑪ 虽然有着化学专业的背景,艾略特太超前于他的时代,他也有一种错误的偏好,太轻易地认同对新知识的进步追求。

但是在一个相关方面,艾略特的表现更为出色。他比怀特更强调要相信学生个体,也同样强调要信任教授。在学术自由方面,艾略特领导下的哈佛明显超过了怀特领导的康奈尔。[在雅各布·古德·舒尔曼(Jacob Gould Schurman)的领导下,康奈尔将于 90 年代中叶奋起直追。]确实,和怀特一样,艾略特也拘泥于很多道德和社会习俗。他希望教授们都是绅士(至少有一位求职者因为妻子被认为缺乏教养而遭到拒绝)。⑫ 艾略特不允许心理学家拿孩子做实验,他警告巴雷特·温德尔说,口无遮拦会耽误他升职。他的技巧是,对于有争议的激进者只授予临时讲师职位或是安排图书馆的职位,而不授予正式的教职,这样,在这些人是否值得尊敬的问题上就可以暂不表态。他认为,学术自由是一种"特权"而不是普遍

---

⑩ 例如,可见 Ephraim Emerton to Eliot, May 17, 1881,引用于 Henry James, *Eliot*, II, 22—24; C. L. Jackson to Eliot, Jan. 11, 1888 (CWE)。艾略特对狭隘的研究者的冷漠甚至有点不友善的描述,可见 C. W. Eliot, "Character of the Scientific Investigator," *Educational Review*, XXXII (1906), 157—164。

⑪ 他坚持自己的主张,明确说,大学图书馆主要是用来辅助教学而不是用于研究的。见 Harvard, *Annual Report*, 1900—1901, pp.30—31, 及 1901—1902, p.47。

⑫ Eliot to F. P. Keppel, Oct. 8, 1904 (CWE)。见 N. M. Butler, *Across the Busy Years* (New York, 1939), I, 144。

⑫ 见 Eliot, "Academic Freedom," *Science*, XXVI (1907), 6; Ephraim Emerton, "Personal Recollections of Charles William Eliot," *Harvard Graduates' Magazine*, XXXII (1924), 349—351。

权利。⑬ 其次,艾略特并非一直采取纵容的态度。但是事实上,他逐渐培养起了自由表达的氛围。起初,与詹姆斯·B. 安吉尔一样,他谨慎地认为"威严"是教授的必备资格。⑭ 但是到了1897年,桑塔亚那很新潮地公开谈论性行为,使一位学生的母亲非常生气,艾略特却坚定地支持这种直言无讳。⑮ 十年后,在范·海斯领导的威斯康星大学任教的一位好战的学术自由的倡导者私下写道:"虽然不完善,但是哈佛的学术气氛绝对比我所知道的其他学院更具鼓舞性。"⑯

康奈尔大学和哈佛在实用主义上的差异也包括学生类别上的明显不同(虽然艾略特成功地接纳了多样化的学生)和对隐私及个人自由的重视。而且,由于学生不同,选修制在一个学校导致技术科目数量剧增,而在另一个学校则拓宽了博雅教育和基础科学的范围。虽然艾略特具有充分信赖人的理性的个性,但是在某种程度上,实用主义学术改革的两大典型之间的差异源自学院和地区的不同环境。不论是在学术自由还是在大学发展的实际模式上,能够将哈佛与其他注重服务的大学区别开的主要事实是它作为大学的悠久历史和强大的实力。当然,这种实力也取决于某种波士顿传统。康奈尔太需要金钱,因此当木材巨头亨利·W. 塞奇(Henry W. Sage)想对授课内容加以限制时,他们不能不接受。除了在最初的时期,艾略特敢于忽视这种压力。当地的可靠支持十分重要。他的一个朋友评论说:"艾略特校长的口气之所以充满自信,因为他知道他

---

⑬ 他也没有聘用聪明但是性格古怪的查尔斯·S. 皮尔斯(Charles S. Peirce),尽管威廉·詹姆斯等人一再推荐。虽然在1897年一个重要的学术自由案例中他积极支持布朗大学的 E. 本杰明·安德鲁斯校长,但是在1900年更具争议性的斯坦福大学爱德华·A. 罗斯(Edward A. Ross)的案例中,他却采取了中立的立场。

⑭ Eliot's inaugural in Morison, Harvard, 1869—1929, p. lxxiv;比较 Eliot to W. L. Stone, Mar. 22, 1870 (CWE)。

⑮ Eliot to Mrs. Fabian Franklin, Oct. 5, 1897 (CWE)。

⑯ Joseph Jastrow to Hugo Musterberg, Apr. 24, 1906 (HM)。

说出了社区中领导人物的想法。在其他地方他也许还能这样无所畏惧地直言不讳，但是绝不会有这种胜利的口气。"⑪⑰新英格兰的共和党脱党分子用谦虚的口气说话已经成为时尚，公务员改革也确实不能解决城市化年代的政治和经济问题。但是人们通常忽视了，贵族改革的精神在旧日的美国学院找到了理想的目标。哈佛大学，而不是波士顿或美利坚合众国，成为这些脱党分子梦想的王国。人们再也不能说内战之后新英格兰的上流改革者们一事无成，因为哈佛就是他们最大的成就。不幸的是，哈佛的氛围在其他地方是无法复制的，甚至在剑桥也很难保持。

地区性差异扩大

一般说来，学术实用主义发展了两个派系，第一个由东部的艾略特领导，第二个在西部，是由康奈尔大学和密歇根大学激发的，虽然后者的作用稍小。两者当中，西部在数量上要重要得多。虽然艾略特的个人地位无可比拟，他的影响力很难在重点大学的实际政策上体现出来，即使在他自己的地区也是如此。东部，耶鲁和普林斯顿一直延续着较为古老的模式，当它们真的改变时，却是朝着完全不同的新方向——朝着重新定义的文科教育。约翰·霍普金斯代表的研究生教育和研究更接近德国目标，它能够影响其他大学，包括哈佛，而不是成为任何一所学院的卫星。⑱东部规模较小的学院

---

⑰ J. E. Cabot to G. H. Howison, Mar. 20, 1885（GHH）。
⑱ 哈佛将研究理念与早期的目标结合起来，这一点在1890年之后使情况更加混乱，也使哈佛在某些观察者看来仅仅是康奈尔和约翰·霍普金斯的混合体。艾略特对大学生教育有自己的看法，这种观点模糊了他在实现这些看法中起到的独立的作用。见 D. S. Jordan, "Eliot and the American University," *Science*, XXIX（1909），145，及 D. S. Jordan, "Charles William Eliot," *The Sequoia*, XIX（1909），32。

虽然最终部分采用了选修制,但是始终对哈佛的实用主义和课程上的极端混乱状态持怀疑态度。因此,艾略特的伟大很大部分在于他勇敢地将哈佛推到其自身领域里众目睽睽而又相当孤单的地位。

也需要注意,哥伦比亚可能是个例外。已经上了年纪的弗雷德里克·奥古斯塔斯·伯特·巴纳德(Frederick Augustus Porter Barnard)内战之前在南方教书,1864年担任哥伦比亚学院的院长,他转变观点,认为基本的学术改革是必要的。这种信念源自下降的招生人数,巴纳德的欧洲之行(这次旅行最主要的是让他知道现代语言在课程中的实际价值)以及艾略特的言行。[119] 在任职的不同时期,巴纳德实施了男女合校,提高了奖学金,部分采纳了选修体系,发布了"真正宽容"的入学政策,甚至接纳了前黑人奴隶。[120] 但是巴纳德通常是渐进主义者,在很多问题上仍然很保守,而且他遇到了来自思想传统的理事的顽固阻挠。毕竟并非所有对学术改革的反对都来自宗教界——哥伦比亚的理事们代表着进取心不强的世俗财富,他们也许已经在害怕变化的政策在纽约城引起的社会后果。到最后,1888年,这些人阻止了巴纳德想把哥伦比亚转变成真正大学的努力。[121] 到19世纪90年代变化发生时,哥伦比亚的变化与实用型学术纲领的联系已经很少了。艾略特在剑桥所做的不可能在大型的东

---

[119] 哥伦比亚大学的本科生招生人数从1865年的150降到1872年的116。John Fulton, *Memoirs of Frederick A. P. Barnard* (New York, 1896), pp. 364, 380—388.

[120] F. A. P. Barnard, *The Rise of a University*, ed. W. F. Russell (New York, 1937), pp. 96, 102, 116, 121, 155; Barnard to Mrs. H. E. Pellew, Nov. 16, 1881 (FAPB); F. A. P. Barnard, *The Studies Proper To Be Pursued Preparatory to Admission to College* (New York, 1866), esp. p.7; (F. A. P. Barnard), *Analysis of Some Statistics of Collegiate Education* (未发表,但是打印出来供哥伦比亚的管理者使用, 1870), esp. pp.21—22; Columbia, *Annual Report*, 1870, pp. 32—64, 79—83; F. A. P. Barnard, "Should Study in College Be Confined to a Uniform Curriculum, or Should It Be Made to Any Extent Elective?" U. N. Y. , *Report*, 1873, pp. 620—621.

[121] 关于他的渐进主义,见 Barnard to W. C. Schermerhorn, May 16, 1887 (CUA); Columbia, Annual Report, 1879, p. 53.

部城市实现,这里的社会和道德准则使人们的思想过于僵化,认为实用主义规则绝对不是第一流的。

阿勒格尼山脉以西的情况与此不同。这里的人们思想更为一致,他们都相信包容性和质量这两个目标是可以和谐存在的,并大力推广这一信念。沿着实用路线发展的西部大学经常同时追求优异的学业、无限制招生和——这一项很有趣——至少在当地的社会优越感。安德鲁·怀特之后的领导人最主要的工作主题——密歇根的詹姆斯·B.安吉尔,康奈尔和威斯康星的查尔斯·坎德尔·亚当斯,威斯康星的查尔斯·R.范·海斯以及斯坦福的戴维·斯塔·乔丹——就是努力平衡这三项要求以获取学院的成功。正如在东部一样,结果就是对民主热情施加越来越多限制的趋势,但是西部的这种趋势并未发展到太糟糕的地步,对于进步时代的范·海斯这些人来说,它是不可能被抑制的。

安吉尔和亚当斯代表了一类西部大学校长,他们对选区内增长的社会压力几乎不做抵抗。安吉尔在密歇根推广实用主义纲领,但是态度越来越温和,越来越不积极。[122] 确实,当选修体系仍然有争议的时候,他就促进了这一体系,他也赞成根据校长的证明而非通过考试接纳高中毕业生(这也是中西部争论的要点)。他抨击旧式的家长式管理,有时候强调大学作为穷学生避难所的作用。[123] 激进的时候,他会谈到以大学五年的硕士学制替代学士学制,或者取消前

---

[122] 密歇根的情况可见 J. B. Angell, *The Reminiscences of James Burrill Angell* (New York, 1912); S. W. Smith, *James Burrill Angell* (Ann Arbor, 1954); J. B. Angell, *From Vermont to Michigan: Correspondence of James Burrill Angell, 1869—1871*, ed. W. B. Shaw (Ann Arbor, 1936); J. B. Angell, "How I Was Educated," *Forum*, II (187), 450—459; Kent Sagendorph, *Michigan* (New York, 1948)。

[123] 见 University of Michigan, *President's Report*, 1874, pp.7—8, and 1885, p.10; 及安吉尔写给 C. W. 艾略特的13页的信, Apr. 15, 1878 (CWE)。

两年的专科学习。⑭ 但是与怀特或艾略特不同,安吉尔坚信,他所谓的"基督教精神"应该"影响和点缀大学生活"。⑮ 他对民主的定义比较保守,虽然他赞成广泛推广教育,但是他坚持"智力和品格应该比……单纯的数量更重要"。⑯ 他在1889年说出了一个在实用思想的学术圈内很不寻常的愿望:他想停止密歇根大学学生数量的增长。他进而承认希望更多的学生学习古典文学,以便"在众多工程师中形成优良的性格"。⑰ 不论从哪方面看,安吉尔都是个外交家,他避免对学生中财富的增长之类的"敏感"问题做出会令人尴尬的评论。在他任职的漫长期间,几个互助会的结合体(称为"保障")在密歇根大学形成了很大的影响力,几乎与耶鲁的秘密社团影响力相当。虽然这是一所州立大学,但是实际上没有人反对新的势利观念。相反,安吉尔很容易就接受了将进步与保守融为一体的乐观主义。当人们询问他对大学政策的特定方面有何看法时,他总是临时给出观念,这表明他缺乏深层的信念。⑱ 谈到美国社会的状况时,他说的最有力的话就是:"不要对我们的时代感到绝望。虽然面临贪婪和物质主义的诱惑,这一代人在内心深处仍然存在对精神真理的渴望。有思想的人的灵魂不会满足于这个物质世界所提供的东西。在更好的时候,他们必然会追求更崇高更高贵的东西。"⑲ 这种祝福使安吉尔无可争议地成为安阿伯受人爱戴的长者。但是这些话是经不起推敲的。

---

⑭ University of Michigan, *President' Report*, 1880, pp.10—11, and 1883, p.12.

⑮ Angell, *Selected Addresses*, p.29.

⑯ *Ibid.*, p.50.

⑰ University of Michigan, *President's Report*, 1880, pp.5—8; 1890, p.16; Angell to C. K. Adams, Oct. 9, 1889 (JBA).

⑱ 例如,可见他就学生住宿问题给塞斯·洛尔写的信, Nov. 23, 1892 (CUA),以及他就获取文学学士学位是否必须要学希腊语的草率态度,见 Angell to Seth Low, Oct. 7, 1891 (CUA)。

⑲ J. B. Angell, *Environment and Selfhood* (Ann Arbor, 1901), p.10.

第二章 实用

查尔斯·坎德尔·亚当斯继怀特之后成为康奈尔的校长,然后在范·海斯之前担任威斯康星的校长,在他身上我们可以见到这样一类大学领导人:他们积极向上的社会抱负始终贯穿于各种言论和政策中。这位亚当斯是 19 世纪后期众多亚当斯中最重要的管理者[130],他的前二十年是在佛蒙特一个偏僻的没落农场度过的。慢慢地,他的雄心被激发了,他开始准备进入大学。安德鲁·D. 怀特在密歇根"发现"了他。他一直是个辛勤工作的人,但是以一种神秘的方式稳步前进。尤其在早期,他给人的印象是有"一种沉重的风格,智力上明显迟钝,行动相当笨拙"。他在康奈尔的绰号是"农夫亚当斯"。本杰明·爱德·惠勒(Benjamin Ide Wheeler)回忆说:"他的思想有一点顽固,使他无法在第一次见面时用全部的热情和同情引起陌生人的兴趣。"而且"他迟钝冷漠的气质隐藏了他天性中丰富的宽厚"。[131] 作为康奈尔的校长,他在 1885 年之后显得能力不足,在重大派系斗争之后他被撤职了;另一方面,在威斯康星,他任职的时期被称为"感觉良好的时代"。他的第一任妻子是一位富有的遗孀,她资助他到欧洲留学,并且帮助他摆脱了农村出身。他的第二任妻子是康奈尔大学理事的遗孀,她非常喜欢上流社会,于是,1892 年亚当斯到达麦迪逊的时候,他身上残余的乡土气息似乎终于全部消失了。他终于"适应"了校长的角色,到达了他一直勤奋攀登却未曾幻想过

---

[130] 也可以区分一下这些亚当斯,其中只有两位有关系。小查尔斯·弗朗西斯·亚当斯(Charles Francis Adams, Jr.)是约翰·昆西·亚当斯(John Quincy Adams)的孙子,他在 1882 到 1906 年间是哈佛管理委员会的成员。他写了一些著名的文章,先是抨击,后来又捍卫古典文学,但是从来没有担任过正式的学术职务。他的兄弟亨利·亚当斯(Henry Adams)于 1870 至 1877 年在哈佛担任历史学教授。亨利·卡特·亚当斯(Henry Carter Adams)是康奈尔和密歇根的经济学教授。赫尔伯特·巴克斯特·亚当斯(Herbert Baxter Adams)是约翰·霍普金斯的历史学教授。乔治·伯顿·亚当斯(George Burton Adams)是耶鲁的历史学教授。这里讨论的查尔斯·坎德尔·亚当斯也是一位历史学家。

[131] B. I. Wheeler, 引用于 C. F. Smith, *Adams*, p.31.

的阶梯的顶端。在麦迪逊,亚当斯现在看起来很老于世故,富有经验,而且"很东部化"。他和他的妻子在"摆满了精致的家具、精美的艺术品"的家里招待客人。经过深思熟虑,他着手改建大学,使其能够吸引"国内有钱人家的子女"。他热情地为田径队喝彩,使自己受到校董们和学生的喜爱,也许不一定一直受教职员喜爱。[132]

亚当斯变化的个人环境也许象征着19世纪90年代学术实用主义常见的命运,甚至东部沿海以外也是如此。自从21岁离开家乡之后,亚当斯就认为自己属于社会的上层。他的共和主义和温顺的公理会思想很少成为这一目标的障碍。作为历史学家,亚当斯坚持认为社会或学术变革只能渐进发生。作为教育家,他强调重塑道德的必要而非提高智力的必要。[133]他满足于看到本科教育中保留了规定的科目,和安吉尔一样,他也相信大学的技术"方面"很容易得到过度发展。[134]亚当斯转到威斯康星,过着更为文雅的生活之后,他教育观念中的保守倾向更为明显。他的文章中开始出现智力训练等过时的词汇。[135] 1901年,在生命的最后时期,他私下写道:"我不希望大学被商业主义淹没。每种兴趣都应该得到鼓励。人们已经完成的功业与他们正在进行的事业一样重要。"[136]在这样的背景下,他在伊

---

[132] 见 Merle Curti and Vernon Carstensen, *The University of Wisconsin*, 1848—1925 (Madison, 1949), I, 504—505. 565—577; Ely, *Ground under Our Feet*, pp. 201—203; C. F. Smith, *Adams*, pp. 65—72, 114—124, 139—141; F. J. Turner to Woodrow Wilson, Nov. 8, 1896 (WWLC).

[133] Adams in Northup, *Orations*, pp. 168—170; C. K. Adams, "Moral Aspects of College Life," *Forum*, VIII (1890), 668; C. K. Adams, *University Ideals* (n. p., [1894]), p. 7; C. K. Adams *The Present Obligations of the scholar* (Madison, 1897), p. 24.

[134] Adams to J. B. Angell, July 6, 1881 (JBA); C. K. Adams, Cornell University: Its Significance and Scope (Ithaca, 1886), pp. 16—18.

[135] C. K. Adams, University Ideals, pp. 4—8, 10; Adams to C. F. Smith, n. d. [1901] (CKA).

[136] Adams to C. F. Smith, Mar. 22, 1901 (CKA), 引用于 C. F. Smith, Adams, p. 64。

第二章 实用

萨卡和麦迪逊所做的实用主义演讲都带有草率性。然而,正是这位查尔斯·坎德尔·亚当斯在1896年学位授予仪式上发表了一份宣言,预示了后来所谓的"威斯康星理念":

> 大学不是独立于国家之外的党派。它是国家的一部分——就像国会大厦是国家的一部分——就像头和手都是身体的一部分一样。……在严格的意义上,也不能说大学是国家的孩子。它与国家的关系比孩子和父母的关系更加亲密,更加不可分割——因为孩子拥有独立于父母的意志的个性和权利,而大学则没有独立于国家意志的个性和权利。这些事实不容否认,它们所导致的结论也无法回避。[137]

亚当斯说这话的动机是为了向议会申请经费。但是,"威斯康星理念"必然部分归功于这个职业坎坷,具有切实的传统信念的人。

范·海斯和乔丹与他们不同。他们俩都争取——在谨慎许可的最大范围内——更为激进的实用教育目标。他们俩对于优异的学业的兴趣比安吉尔和亚当斯更强。作为较为年轻的一代人,也作为自然科学家,他们都希望在制订大学政策中融合科学研究和使用训练的早期目标。[138] 威斯康星大学的基础虽然主要是在19世纪90年代建立的,但是它在范·海斯时期才作为实用主义信念和实践的

---

[137] C. K. Adams, *The University and the State* (Madison, [1896]), pp. 17—18.
[138] 范·海斯在就职演讲中说:"注重实践的人中最注重实践的是那些直面真理,始终追随真理,一心只想更深地了解他所居住的宇宙的秩序的人。"引用于 M. M. Vance, "Charles Richard Van Hise" (Ph. D. diss. University if Wisconsin, 1952), p. 175。乔丹有时候抨击"调查研究的术语"和鼓吹调查研究的德国人,但是在其他场合下,他赞扬德国大学,认为他们是榜样,在他离职之前,他甚至试图在斯坦福取消大一和大二,但是没有成功。例如,可见 D. S. Jordan, *College and the Man*, pp. 36—37; D. S. Jordan, "University-Building," *Popular Science Monthly*, LXI (1902), 332—333, 335; D. S. Jordan, "To What Extent Should the University Investigator Be Freed from Teaching?" *Science*, XXIV (1906), 129; D. S. Jordan, "Science and the Colleges," *Popular Science Monthly*, XLII (1893), 733。

复苏中心引起了全国的关注。范·海斯对"威斯康星理念"的热心并非来自他的地理学科学专业,而是源自他与斐德列克·杰克逊·特纳的友谊所激发的对社会问题的兴趣。[139] 通过特纳,他知道了具有改革思想的社会科学家的一些词汇,虽然他的观念倾向于早期的技术统治论。[140]

戴维·斯塔·乔丹曾在怀特管理的康奈尔大学学习植物学,后来和萨姆纳一样,成为社会达尔文主义者和和平主义者,他是一位比范·海斯意志更为坚定也更为复杂的知识分子。比起这些大学校长中的其他几位,乔丹在传统的道德信仰和科学实用的理性主义要求之间更加左右为难。乔丹实际上是不可知论者,他认为科学就是现实。[141] 带着这种情绪,他写道,"个性"是"变化的细胞协调"的结果,"个人感情在很大程度上只是普通人对外界刺激产生的一般反应"。[142] 然而,少数有自知之明、受过教育的人能够超越这种状况,真正获得自由意志,过着理性的生活。[143] 这些人真正值得被当作个体来对待,而大学的功能就是创造这样的人。他宣称:"打破混沌状态,他们就不再是民众,而是活着的男人和女人,是高等教育的天

---

[139] 也许最早源自19世纪70年代范·海斯在威斯康星就读时与约翰·巴斯克姆(John Bascom)的联系。见 Vance, "Van Hise," pp. 114—116; Curti and Carstensen, *Wisconsin*, II, 15—16, 18—19。

[140] 例如,见 C. R. Van Hise, "The University and the State," *American Educational Review*, XXXI (1910), 677—678; C. R. Van Hise, "Educational Tendencies in State Universities," *Educational Review*, XXXIV (1907), 505; Van Hise to his wife, Feb. 23, 1904 (CRVanH)。

[141] 例如,见 D. S. Jordan, "nature Study and Moral Culture," *Science*, IV (1896), 153。

[142] 见 Jordan, *The Days of a Man*, I, 69., and II, 145; D. S Jordan, *The Care and Culture of Men* (San Francisco, 1896), p. 169; D. S. Jordan, book of aphorisms (1892), pp. 44—45 (DSJ)。

[143] 他说,只有"受过教育的人有真正的信念……能够看到事物的真相是受过教育的人的最高特权之一"。Jordan, *College and the Man*, p.41。

第二章　实用

职。今天美国大学的理想就体现在积极的个性这个词中。"[144]乔丹是达尔文主义者,也是——在很多方面——个人主义者,他只接受机会的民主。他说:"民主越完善,人们之间就越不平等。"[145]他可以就民主的主题发表绝妙的演讲("印第安纳州的统治者,美国的统治者,是人民。不是某上帝,不是某参议员,而是你、我、布朗、琼斯、罗宾逊——所有人。")。[146]然而,在更清醒的时候,他的文章也反映了对"乌合之众"、"民众"和"下层阶级"——这些词他都用过——的不信任,这削弱了他的民主信仰。[147]在强调科学现实和个人机会的同时,他还是道德上的家长主义者,他的观点和詹姆斯·麦考士一样古板。乔丹也会说:"大学首先、最重要的应该是一所道德的学校。"学院学生的任务就是"使世界变得朝气蓬勃"。[148]所有的恶习都应该被人们憎恶畏惧。例如,抽烟也许会使人丧失男子气概。他在一篇引人注目的文章中宣称:"每种恶劣的习惯,无论大小,都会剥夺我们的行动力。我们要对抗的敌人是我们内心的敌人。没有什么胜利能比战胜内心的邪恶更让人满足。把敌人完全留给自己,我们可以了解他,与他对抗,斥责他,抵制他,如果最后我们能成功,就能给我们完全的满足。"[149]乔丹信奉个人主义和康奈尔精神,他觉得他应

---

[144] D. S. Jordan, *The Duty of the Scholar towards the Community* (Richmond, Ind., 1886), pp. 8—9; Jordan, *The Voice of the Scholar*, p. 52.

[145] D. S. Jordan, "The Actual and the Proper Liners of Distinction between College and University Work," A. A. U., *Journal*, 1904, p. 32.

[146] Jordan, *The Duty of the Scholar towards the Community*, p. 4.

[147] 见 Jordan, *The Voice of the Scholar*, pp. 1—6, 13; D. S. Jordan, *The Value of Higher Education* (Richmond, Ind., 1888), pp. 9—10; D. S. Jordan, *The Call of the Twentieth Century* (Boston, 1903), pp. 11, 13—14; Jordan, "Nature Study and Moral Culture," *Science*, IV (1896), 152; Jordan, *The Care and Culture of Men*, pp. 73—74, 117; O. L. Elliott, Stanford, p. 459。

[148] D. S. Jordan, "The Wholesome World," *Christian Register*, LXXVIII (1899), 464.

[149] 引文来自 Jordan, The Days of a Man, II, 347—348。同时可见 "Three Counts against Tobacco," in Jordan's "The Jordan Story," III, 568 (DSJ)。

该避免对学生的行动实施家长式的控制,即使是在他在道德观点上决不妥协的时候也是如此。但是在危机之际,他本能地要无情地根除邪恶。在1908年"反抗禁酒"之类的事件中,实用主义改革者的信念中基本的困境终于公开表现出来。⑮ 反抗禁酒事件是学生中新兴的中上阶层享乐主义的体现。遇到同样的情况,安吉尔不声不响地屈服了,但是乔丹大量开除学生,试图正面回击这一挑战,结果以屈辱的个人失败而告终,因为即使在这样一所年轻的大学,校友也比校长更强大。

范·海斯领导的是一所州立大学,乔丹领导的是一所私人捐赠的大学,而在早期的斯坦福,似乎一切都符合民主的多种期望。校址选在加利福尼亚州就意味着开拓——斯坦福的第一批学生包括很多实际上没有钱而艰苦奋斗的冒险家。⑮ 斯坦福特意实施了免收学费的政策。为了避免令人讨厌的学术对比,学校用字母给学生评分。校方鼓励"特别"的学生,他们强调实用性而不追求任何学位,虽然这样的学生非常少。引人注意的是,女性获得了教学职位。教学人员不能决定是否要在入学要求中取消拉丁语(对于取消希腊语则没有争议),就将这个问题交给乔丹解决。他取消了除英语以外的所有语言。学习大纲是选修体系,不是完全自由(像哈佛那样)的形式,而是有所改变,必须学习主要科目,类似于康奈尔的"分组",其目的是要达到职业的专门化。斯坦福还重视为周围的社区提供技术援助,乔丹就害虫防治这类实用课题给果农举办扩大讲座。⑮

奇怪的是,与斯坦福生活的一些特点相比,进步时代的威斯康星大学对此有着稳固既定的风格。1909年,林肯·斯蒂芬斯(Lincoln Steffens)题为"送州进学院"的文章广为传阅,由此开创了"威斯

---

⑮ 斯坦福校内禁止饮酒,这一事件的详细报道可见 O. L. Elliott, *Stanford*, pp. 389—405。
⑮ *Ibid.*, pp. 209—215; R. L. Duffus, *The Innocents at Cedro* (New York, 1944).
⑮ Jordan to J. H. Comstock, Dec. 1, 1891 (JHC).

第二章 实用

康星理念"的传奇。斯蒂芬斯说,麦迪逊的这所大学愿意"在任何地方教任何人任何知识"。他还列举了机器车间、现代奶牛场、主妇会议和其他基层实用的例子。大学被描述为整个州的活生生的参考图书馆。正如斯蒂芬斯所描写的,整个校园包围在发热的兴奋中,标志着实用主义的复苏达到了康奈尔早期之后就被人遗忘了的高度。但是这个传奇,就像大多数传奇一样,是事实与夸张的混合。"威斯康星理念"有两个具体的因素:专家进入政府,既参与技术问题也参与社会规划;第二,延伸运动,借此,州的每个地方都可以上课。[153] 威斯康星在这两方面的贡献都很大。但是大学的延伸是19世纪90年代早期就有的时尚,范·海斯只是使它重新焕发活力,并且扩展了它的范围。[154] 威斯康星的一些教授受到召唤,在州政府面前担任专家的角色。[155] 那时,专家们的这种角色还是很新鲜的,足以引起人们的关注。[156] 但是州议会对大学从未真正友善,甚至在拉福莱特(La Follette)担任州长期间也是如此。相反,它还进行调查,以判断教授们是否"浪费"了太多时间进行自己的研究。它从未批准所有的申请经费,而事实上,比起1900年之后有时令人伤感的年代,在19世纪90年代后期,查尔斯·坎德尔·亚当斯所谓的"感觉良好的时代",它的预算相对要宽松很多了。直到1910年,校董们仍然

---

[153] Curti and Carstensen, Wisconsin, II, 88. 同时可见 Lincoln Steffens, "Sending a State to College," American Magazine, LXVIII (1909), esp. pp. 350, 358, 363。

[154] L. A. Cremin, The Transformation of the school (New York, 1961), p. 166.

[155] 根据查尔斯·麦卡锡(Charles McCarthy)的计算,1910至1911年间,大约33人同时在各州和大学担任正式职务(大部分是农业专家或者在州铁路和税务部门工作);还有13个人,包括约翰·R. 康芒斯(John R. Commons)和爱德华·A. 罗斯,不担任正式职务,但是必要时要在州议会"随时候命"(这类人大多是政治科学家、经济学家或是律师)。见 Charles McCarthy, The Wisconsin Idea (New York, 1912), pp. 313—317 的表格。

[156] 这种角色的个别事例以前也出现过,如1894年,桑福德·B. 多尔(Sanford B. Dole)邀请哥伦比亚大学的政治学家约翰·W. 伯吉斯(John W. Burgess)为提议中的夏威夷共和国编写一份宪法。

坚持保守的统治,这也是学术叛乱的原因之一。范·海斯不得不请求议会的长期而非短期拨款,确实有令人同情之处。因为,如果一所大学真的全心全意把自己看作全州范围内民主的一部分,它为什么还想要这么一点点独立?范·海斯也感觉到这种讽刺,他犹豫地说:"我本人没有任何要把大学与议会或与人民分裂的想法。实际上,我所做的一切都是沿着相反的路线。大学与两者关系越紧密,我就越高兴。"⑮这些话中的防御性揭示了进步时期深陷于州政治的大学常见的不幸处境。而且,在大学内部,教授和学生中还存在一个固执的派系,他们对于把自己的努力打上实用的标签很反感。⑱

如果威斯康星有自己的麻烦,斯坦福——虽然是一所私人学院——的情况就糟糕得多。威斯康星在经历了一些不幸事件之后,成为学术自由的主要堡垒,但是斯坦福遭受了罗斯事件。⑲ 在1890年之后学术实用主义的第二次浪潮中,正如1870年左右的第一次浪潮中一样,发展得最好的学院是在已有的确定力量上发展的学院。在进步时代,这个学院就是威斯康星,一所州立大学。威斯康星无愧于其传奇,它表明,学术实用的理想在中西部仍然强大,无论是地区增长的财富还是州内的政治激情都不能削弱它的力量。

1890年形成了特殊的中西部教育精神。在地域的反叛中,实用性成为战斗口号。东部沿海被认为是代表着书本、传统和衰落的不受欢迎的"文化",相反,西部意味着行动、实践、现实主义和进步。人们认为,学院学习应该反映环境的差异。"出生于大草原的有才华的耐心的孩子"不应该"被迫到欧洲国家甚至大西洋沿岸去"。另一方面,

---

⑮　Van Hise to G. D. Jones, Apr. 24, 1905 (UWP-CRVanH).

⑱　E. E. Slosson, *Great American Universities* (New York, 1910), pp.218—219. 同时可见 J. R. 康芒斯的怀疑的评论, *Myself* (New York, 1934), pp.110—111。

⑲　斯坦福的麻烦,尤其是罗斯事件,将于第七章《学术自由:希望和困境》中讨论。

第二章 实用

不应该完全信任从柏林大学回来的"聪明"的学者——如果这样的人很"谦虚",才能聘用他们为地方服务。经常有人用毫不掩饰的夸耀口吻说出这样的话:"我们的"博士标准高于东部的标准;"我们"的校友中,国会议员的人数比哈佛的多;"我们的"学生代表了身心健康的普通人。[160] 历史学家斐德列克·杰克逊·特纳的学者生涯在某种意义上都用于地域的自我夸耀,他在中西部看到了教育民主最完整的体现。他批评大西洋沿岸的大学,说它们仍然在迎合有钱而排外的少数人。[161]

特纳最终(至少在身体上)还是会逃到哈佛。然而,中西部的很多学者总是带着怀疑和厌恶看待哈佛——有人猜测,还混合着对哈佛社会优越地位的嫉妒。艾略特在这方面没有起到好的作用,因为当他为了招聘而在中西部漫游时,他强调哈佛的出类拔萃——没有考虑当地的偏见而采用委婉的口气——将这种憎恨煽动到了新的高度。[162] 艾略特在高等教育的税收支持问题上持自由放任的观点,这使他很容易被认为在内心是保守分子,和诺亚·伯特和詹姆士·麦考士是同类人。[163] 或者,如果他个人没有遭受攻击,那也可以说,他在剑桥实际上是孤独

---

[160] 见 Rolfe, "The Autobiography of a College Professor," *World's Work*, XIII (1907), 775—776; Slosson, *Great American Universities*, pp. 71—72; J. H. Baker, *University Ideals*, p. 4; Alvin Johnson, *Pioneer's Progress* (new York, 1952), pp. 82—84; G. E. McLean (爱荷华州立大学校长),"Some Aspects of Graduate Work in State Universities," in North Central Association of Colleges and Secondary Schools, *Proceedings*, 1905, p. 86 (此后称为 N. C. A., *Proc.*); A, S, Draper, *Addresses and Papers*, 1908—1909 (Albany, [1910?]), esp. p. 63。

[161] F. J. Turner, "The Democratic Education of the Middle West," *World's Work*, VI (1903), esp. pp. 3756, 3758—3759.

[162] C. H. Haskins to J. F. Jameson, Feb. 15, 1891, in J. F. Jameson, *An Historian's World* (Philadelphia, 1956), p. 33, n. 96; 还可见 C. F. Thwing, *The American College in American Life* (New York, 1897), pp. 160—161, 164—165。

[163] C. K. Adams to A. D. White, Jan. 8, 1878 (ADW). "在所有美国人中,艾略特校长能在半小时的谈话中加入最为似是而非的错误。"*D. S. Jordan's diary*, vol. 6 (1891) (DSJ)。

的,他身边的教职员都是些老古董。⁶⁴ 当然,东部人中间也存在同样的怀疑。有人写道:"去西部的人都被吞没了。他们再也没有回来。他们牺牲了,作为奋勇守卫文明的先驱而被人铭记。他们的工作很有必要,却非常艰苦。"⁶⁵

这些对地域差异的相互描述具有足够的强烈情绪和准确性,使它们产生了实质的影响。与艾略特的领域相反,我们能看到一批故意反抗绅士派头而向西部进发的人。内布拉斯加大学的校长詹姆斯·H.甘菲德(James H. Canfield)很好地说明了这种自愿行为。甘菲德出生于俄亥俄,在布鲁克林和新英格兰长大,是主教派中一位重要牧师的儿子。甘菲德遵循家人的意愿于1868年在威廉姆斯学院获得学士学位,他渴望接触"真实生活"。他谢绝了父亲送他去国外学习三年的提议,相信"我的毕业作品最好在美国同胞中完成"。于是,口袋里装着35美元,甘菲德独自一人向爱荷华和明尼苏达进发。他在那里待了三年,从事铁路建设。那之后他才开始从事律师业,此后进而在堪萨斯大学担任历史、文学和各种社会科学的教授。管理工作对他很有吸引力,1891至1895年间,他应邀掌管内布拉斯加大学,然后管理俄亥俄州立大学直到1900年。⁶⁶ 他坚决提倡有用的高等教育,强调要解决社会问题,并且把理查德·T.伊利的书作为授课教材。他的演讲有一种热情、坦率的道德上的正直。他激奋

---

⁶⁴ E. J. James, "The Function of the State University," *Science*, XXII (1905), 622; 比较: Jordan, *College and the Men*, p. 29。

⁶⁵ Angell, *From Vermont to Michigan*, p. 158. 关于反应地域憎恨的相互交换,见 P. F. Bicknell (of Malden, Mass.), "The University Ideal," *Education*, XVIII (1897), 108—111, 及 F. P. 格拉夫(F. P. Graves)(怀俄明大学的校长)的回信, "The State University Ideal," *ibid.*, pp. 241—244。

⁶⁶ 此后他在哥伦比亚大学担任图书馆长,绕了一个大圈。他是多萝西·甘菲德·费舍尔(Dorothy Canfield Fisher)的父亲。见 J. H. Canfield to N. M. Butler, Oct. 1 [n. y.] (CUA)。

地主张学生在选择课程时优先考虑职业培训而非文化;他以民主的名义同时抨击大学生联谊会和教派学院;他特意让女性成为教职员。甘菲德身体强壮,被称为"偷牛贼和伟大的广告商",他的脸被大草原的太阳晒成了古铜色,从外表看,他和查尔斯·W. 艾略特几乎没有共同之处。[167]

于是,在说明美国大学的区别时,地域差异变得很重要——但是也要注意,东部的大学本身就是多样的。直到 1909 年后,哈佛在观点上更加接近耶鲁和普林斯顿,未来的常青藤联盟和十大联盟之间的差异才呈现出明确的意义。在此之前,东部在学术上仍然沿着很多不同的方向发展,以致地域的比较无法令人完全满意。

另一个经常做出的比较也大致如此:公立大学和私人捐赠大学之间的区别。中西部的大多数学院是得到州政府支持的,1890 年之后,有些作家开始有意识地将其统称为"州立大学"。但是,虽然存在这些事实,19 世纪州立大学和私人大学之间固有的差异很容易被人夸大。历史较久的州立学院的大多数起初都是传统学院——1862 年之后它们才勉强增加了农业教育。有些州立学院,如佛蒙特大学,长期都遵循相当传统的大学理想,而某些私人机构,尤其是康奈尔和斯坦福,则是实用主义思想的中流砥柱。虽然州立大学遭受很大压力要引入实用职业领域的教学,但是在校友的影响下以及最终为了与州立大学竞争,私人大学也很容易被迫走上同样的道路。鉴于州立大学根据莫里尔法案率先开始了农业培训,哈佛和宾夕法尼亚开设了商学院。就文科教育-实用教育这一基本问题而言,为农夫开办的技术训练和为商人开办的技术训练之间并没有多少实质

---

[167] 见 J. H. Canfield to his son, Mar. 18, 1909 (CUA); J. H. Canfiled, The College Student and His Problems (New York, 1902); 及 F. W. Blackmar to H. B. Adams, June 19, 1890 (HBA)。甘菲德与艾略特的私人关系其实很友好。

性的差别。而且,虽然在忽视宗教方面州立大学比私人学院反应更快,但是引人注目的是有官方赞助的宗教能在很多接受州捐助的大学能够坚持多久。⑱ 最后,在规模上,人们也很容易被误导。一直到1910年,美国最大的大学几乎都是私人捐赠的。⑲ 如果要总结20世纪初州立大学的特点,其中最好的也只能说在学术界占据中间和二流的地位——比大多数私立机构的规模小,也不太重视研究,但是却越来越成功地模仿了私立机构,在学生数量和强调研究方面都是如此。但是要强调一点:在实用主义学术圈里,人们相对来说不太关注"公立"和"私立"的区别。戴维·斯塔·乔丹从康奈尔转到印第安纳,又转到斯坦福,这种变化说明了这个问题在那个时候是多么无关紧要。⑳

　　虽然在1900年美国重要的大学之间的地理和结构分界线都很清晰,虽然这些分界线有些重叠(主要的州立学院都位于中部和西部),一所美国高等教育学院最好还是根据其实际的纲领和政策来

---

⑱ 见 E. E. Slosson, "American Endowed Universities," in Paul Monroe (ed.), *A Cyclopedia of Education* (New York, 1911), V, 663. 1896年州立大学全国协会成立时,并没有想到要制定明确的理想,而是要确保从政府获得实际的好处。关于这一点,见 E. E. Brown to A. S. Hallidie, Sept. 15, 1899 (BIW); R. H. Jesse to J. B. Angell, Oct. 21, 1896 (JBA)。关于宗教,见 E. D. Ross, "Religious Influences in the Development of State Colleges and Universities," *Indiana Magazine of History*, XLVI (1950), 343—362。他们曾勇敢地尝试建立州立大学共有的显著特点,但在我看来这并不能把它们与一般的实用导向的大学区别开来,关于这一点,见 Nevins, *The State Universities and Democracy*, pp. 82—85, 88。1890年前州立大学的低标准和小规模,见同书38—47页的生动描写。正如内文斯所默认的,最初的州立大学在各方面都类似于教派学院,只有两点例外:它们在某种程度上,虽然不稳定,不强调宗教,而且在某些州,它们聘请了农业和机器工程学教授(但是几乎没有学生)。换言之,州立大学和主要的私立大学一样,也要经历后来的转变过程。

⑲ 见第五章《具体化的表现》中的数据。

⑳ 似乎到了20世纪中叶,这种区别变得更为重要。不仅哈佛退回到东部海岸的标准,斯坦福也失去了它早期的民主和实用主义气息,反而表现出东部私立学院的社会色彩。而且,19世纪90年代,私人和公立学院都出现了学术自由的状况,而20世纪50年代,这种情况对公立学院的影响要大得多。

定义。如果它能够接纳大量学生,包括没有学过古典语言的学生,如果课程鼓励职业的专门化,那么正如我所说的,它就是一所实用主义学院。这种学院的大多数都位于西部,很多是接受公共援助的。因此,中西部的州立大学根据其影响力大小,开始认为这种学术传统应该完全属于它们自己。

作为价值标准的"社会效率"

很快,服务型大学就开始出现了多个互不协调的专业系部。世纪之交,很多主要大学都坚决开设了像教育学、家政学、商业管理、公共卫生学、体育和多种工程学等非传统课程。随着课程目录中出现了这些形形色色的科目,人们开始怀疑是否存在共同的标准来衡量教育的价值。考虑到民主和职业培训,新的科目是合理的,但是它们与包括经典文学在内的旧课程同时存在,而古典学者绝不愿意承认,他们存在的主要理由就是对其他少数刚起步的古典学者进行专门训练。

有些实用思想的教育家放弃了所有在大学教育中寻找单一价值标准的努力,转而接纳相对主义,但是这同一批人又觉得相对主义在社会和道德问题上不合适。于是1899年戴维·斯塔·乔丹说:"不应该让大学来决定知识的相对价值。每个人都建立自己的市场,由自己的标准控制。大学的任务是确保所有这些标准都是诚实的,所有的工作都是名副其实的。"[17]三年后,经济学家亨利·卡特·亚当斯宣称:"我不会接受高等教育任何扩展的定义。它是一个会

---

[17] Jordan, *The voice of the Scholar*, p. 58.

随着时间而变化以适应社区需求变化的名词。"⑫这些话在理论上听起来很好,但是他们很容易掩盖一个事实:课程与19世纪60年代设定的课程一样,有其肤浅性。1899年在加利福尼亚大学就读的一位学生抱怨说:"所有的学习都只是相互独立的任务,相互之间没有明确的内在联系……那里有正确的学习,欠缺的是替学生着想,有意识地将他们组织起来。"⑬

这些年里,功利主义作为哲学一个引人注意的方向而出现,但是在高等教育的价值该如何界定方面,它并没有提出任何新的具体的建议。确实,从某个角度看,功利主义只是为19世纪60年代及更早以来一直存在的实用主张提供了更为正式的表述。威廉·詹姆斯虽然就高等教育问题发表了非常明确的讲话和文章,但是在试图界定学术目的的活动中他仍然是一个追随者而非领导者。詹姆斯极力主张道德和塑造性格,其热心程度和大多数校长在同样问题上表现出的热心程度相当。在具体的课程问题上,他赞同查尔斯·W.艾略特的提议。⑭詹姆斯关于大学更深刻、更独创的思想在于对学院固定程式的批评,而这些思想似乎是源自他的个性而非他的功利主义哲学。⑮反过来,作为高等教育的思考者,约翰·杜威(John Dewey)提出的——只是过于迟缓了点——观点与具有实用思想的

---

⑫ H. C. Adams, *Higher Education and the People* (Ann Arbor, 1902), p.1.

⑬ H. A. Overstreet in H. C. Goddard et al., "The American College Course," *Educational Review*, XXVI (1903), 169—170.

⑭ 于是他支持将学士课程压缩到三年;William James, "The Proposed Shortening of the College Course," *Harvard Monthly*, XI (1891), esp., p.129. 考虑到普遍的民主趋势,他相信学院应该改变以迎合大多数人 (ibid., pp.131, 135)。1908年在教育圈人文主义广为反弹的时候,他确实主张开设人文课程,但是即使在那个时候,他也不赞成必须学习古典语言。William James, "The Social Value of the College-Bred," *McClure's Magazine*, XXX (1908), 419—420; R. B. Perry, *The Thought and Character of William James* (Boston, 1935), II, 302.

⑮ 詹姆斯学术思想的另一方面将在第七章的《对天才的回应》中讨论。

第二章　实用

思考者如艾略特等人很近似。1869 年艾略特宣称:"真正要解决的问题不是教什么内容,而是如何去教。"⑯1893 年,斯坦福的一位社会科学家乔治·E. 霍华德号召大学"进行自我调整以适应不断发展的文明的需求变化",并且极力主张新的"人文主义",他对这个词的定义是从实用型角度而非审美角度出发的。⑰ 杜威仅仅在几年之后就采纳了这些立场。杜威在世纪之交说,高等教育必须满足"公共需要"。"文化"没有任何意义,除非它能"如你所愿,在现代生活、日常生活、政治和工业化生活的情况下"奏效。⑱ 杜威认为应用型"道德科学"与农业等领域的培训是自然对等的。他号召大学要支持民主,并且,与查尔斯·W. 艾略特和戴维·斯塔·乔丹还没有太成熟的时候一样,他要求不把受传统束缚的学院看作独立的教育机构。杜威主张大学要切实地做出改变,以适应职业在人生中的主要作用——他在 1902 年说,这也是 19 世纪 70 年代最大胆的新思想之一。⑲

世纪之交的那几年,具有实用思想的大学教育家试图重新定义他们的目标,使之跟上时代,他们并不总是抓住功利主义,而是抓住了更容易利用的工具:"效率"这个口号。⑳ 1900 年之后大约有二十

---

⑯ Eliot's inaugural in Morison, *Harvard*, 1869—1929, p. lx. 近来,人们注意到杜威和艾略特之间的相似之处,见 Russell Thomas, *The Search for a Common Learning* (New York, 1926), p. 38 n. 5。

⑰ Howard, "The American University and American Man," pp. 3—4, 15. 霍华德不是一个人。1892 年,康奈尔的一位经济学家宣称:"如果不考虑教学手段和学生的个人才能,是不可能对教育的价值……进行准确评估的。……如果一个人不擅长学习书本知识,但是有做木工或驯马的才能,我觉得人们没有理由不认可他的文化。"Jenks, "A Critique of Educational Values," *Educational Review*, III (1892), 19.

⑱ John Dewey, *The Educational Situation* (Chicago, 1902), p. 83. 杜威不会轻率地抛弃传统文化,他将传统文化与这种"新"观念相结合;*ibid.*, p. 84.

⑲ Ibid., pp. 90, 99, 104.

⑳ 少数大学校长确实自觉地信奉功利主义;戴维·斯塔·乔丹甚至宣称是他发明了这一观点。Jordan, *The Days of a Man*, I, 451; II, 294—295.

年,"效率"(通常也称作"社会效率")成为大学校长讲话中出现最为频繁的词汇。

在此之前的几十年,人们只是偶尔使用这个词,而之后也将继续如此,那么它是如何突然被人们挂在嘴边,具有人为的重要性呢?弄清楚这个问题是很有意义的。根据劳伦斯·A.克莱明(Lawrence A. Cremin)的说法,这次事件的起源是查尔斯·W.艾略特在1888年对学校主管发表的一次演讲。[181] 但是直到19世纪90年代中期才首次出现了大学人士撰写的杂志文章,这些文章在谈到教育价值时,有意使用了"效率"这一口号。[182] 另一方面,弗雷德里克·W.泰勒(Frederick W. Taylor)以工业效率为名开展的运动不可能对如此早的学术言论趋势产生影响,虽然泰勒及其追随者对1911年之后学术管理的概念确实产生了短暂的影响。

"效率"也许很有吸引力,因为它暗示着科学与实践的更彻底的结合。于是威廉·詹姆斯在1899年提议把"动态科学效率"作为全国所有教育目标的共同标准。[183] 然而,在更广泛的意义上,这个名词的出现预示着即将到来的进步时代。个人主义在几十年前曾是实用主义教育思想的显著方面,现在衰退了。"效率"意味着集体努力,这一点使其作为一种目的显得大胆而超前。I. W. 霍沃斯(I. W. Howerth)1900年根据同样的观点说:"个人教育的目标就是最大限

---

[181] Cremin, *The Transformation of the School*, p. 192.

[182] 见 I. C. E., *Proc.* 1893, p. 156; U. N. Y., *Report*, 1894, p. 886; C. F. Thwing, "Drawbacks of a College Education," *Forum*, XXII (1896), 488; Bryan, "Some Recent Changes in the Theory of Higher Education," Association of American Agricultural College, *Proc.*, 1898, p. 92。

[183] William James, *Talks to Teachers on Psychology* (New York, 1899), p. 32. 见 Samuel Haber, *Efficiency and Uplift* (Chicago, 1964)。

度地发展社会效率。"⑱"效率"还意味着更紧密的组织,既指大学,也指整个国家。因此,它与19世纪90年代学术圈内逐渐突出的管理价值十分吻合。⑱

称"效率"是口号而不是理想,是很公平的,因为包含这个词的言论没有发展成共同主题或概念。芝加哥大学的乔治·E.文森特(George E. Vincent)在1902年试着给这个词下定义,他认为这个词的意思介于积极和消极之间:

> 初一想,效率这个词会让人想起忙乱的活动,或者想起强大、手段强硬的统治。人们会看到一个忙碌的人,坚定,敏捷,不断成功。脑海里会涌出大工厂、铁路、银行等画面,还有工业巨头和金融业的拿破仑。人们会幻想伟大的领袖,陆军上将,海军上将,政治家。效率这个词有一种炫耀感。它似乎只用来描述做大事的强者。但是它还有一般的含义,指适应环境、解决任何问题的能力。效率是解决问题,是恰如其分。一个充满问题的世界需要高效率的人。日常生活就是绵绵不绝的需要应付的环境和需要解决的问题……效率意味着调整的能力……(它)不仅仅是做事,还包括病人忍受的苦难和运动员精彩的表现;它描述谦卑的追随者忠诚的服务,也描述出类拔萃的领导的杰出成就。⑱

对于更年轻的学者,效率也许更多地意味着摆脱死气沉沉的传统,获得朝气蓬勃的自由。1909年,一位坚决支持机械物质主义的年轻社会科学家吹嘘说,"效率"已经取代了品格培养而成为学院教

---

⑱ I. W. Howerth, "An Ethnic View of Higher Education," *Educational Review*, XX (1900), 347.

⑱ 这些问题将在本书第二部分讨论。

⑱ G. E. Vincent, "Education and Efficiency," U. N. Y., *Report*, 1902, pp. 287—288.

育的主要目标。⑱ 但是同时，在诸如完成"需要智力和精力、需要灵巧和品位、需要勇气和良心"的任务时，其他教育家在说到效率时更为保守，也更注重道德观念。⑱ 查尔斯·W. 艾略特1904年写过一篇题为"追求效率的教育"的文革，赞成这种说法，但是这篇文章的主旨仍然没有摆脱他一贯提倡的个人主义，虽然当时个人主义已经过时了。⑱

"效率"这一概念能被这么多人——既有资深人士，也有学术上的新来人员——任意篡改，这一事实表明，实用主义群体处于理性的崩溃状态。一句口头禅已经替代了上个世纪60、70年代出现的概念。

实用主义的高潮

1865至1903年，选修体系取代了规定课程而普及，虽然很少有大学能像艾略特领导下的哈佛那样彻底地实行选修制度。到19世纪90年代，威斯康星和密歇根被认为有些保守，因为它们在大学一年级和二年级还执行必修课。原本坚持"平行—分组"的课程体系，到1896年也转向几乎是完全自由的选修课。1897年，哥伦比亚大学停止将希腊语作为必修课，仅仅在三年之后，这所学院开始接纳没有学过拉丁语的高中生。1900年左右，为没有学过经典文学的学生单独颁发学位（例如哲学学士）的做法在大多数主要大学开始消失。1901年，密歇根延长了选修体系，于是大学一年级的新生首次

---

⑱ A. B. Wolfe, "The Place of the Social Sciences in College Education," *Educational Review*, XXXVIII (1909), 84.

⑱ Jordan, *College and the Man*, pp. 37—38.

⑱ C. W. Eliot, "Education for Efficiency," *Journal of Pedagogy*, XVII (1904), 97—113.

获得了极大的自由。更具代表性的是耶鲁在同年采取的行动,在大学的后三学年给予学生完全的选择自由(前提是要有逻辑性地学习主要科目和次要科目)。1903 年,威斯康星实质上也采用了相同的做法。

这样,就在世纪交替之后,学术实用主义者中弥漫着自我庆祝的气氛。人们相信已经赢得了根本的胜利。[198] 有些领导人,包括艾略特校长,误认为他们在课程上的胜利具有更为宏伟的意义:公共服务的理想在美国大学获得了完全的胜利。1908 年,艾略特写道:"基本上美国高等教育大多数学院都充满着有用的现代民主精神。教师和学生都被为民主社会服务的愿望深深地打动了……所有学院都吹嘘它们培养出的有用的人,并把有用的爱国者看作他们理想的产物。这是学院功能最彻底的民主概念。"[199] 但事实上,对于压倒性实用主义胜利的描绘只是将复杂得多的情况过度简化了。

一方面,课程层面的改革成功似乎分散了运动的主题。日常工作激发了对新型口号的依赖性。而且,在世纪交替之后,实用作为一种观念在一定程度上与至少两种学术趋势相融合:一边是研究,另一边是所谓的纯粹的管理。这样,如果实用成功了,成功的意义也被冲淡了两倍。更重要的是,1903 年前后选修体系刚刚达到顶峰,就出现了明显的复旧。到 1910 年,很多大学恢复实行了修改过

---

[198] 见 F. W. Clarke, "The Evolution of the American University," *Forum*, XXXII (1901), 94—104;同见 U. N. Y., *Report*, 1902, p. 387。然而,仍有个别院校抵触选修课,而很多规模较小、经费比较欠缺的学院仍然主要实施预设课程。1901 年在普林斯顿,不到一半的课程是选修课,而在拉特杰斯(Rutgers)、罗彻斯特和威廉姆斯这些学院,仍然存在很多课程要求。这个时期主要大学和学院的课程选修情况,可见 A. P. Brigham, "Present Status of the Elective System in American Colleges," *Educational Review*, XIV (1897), 360—369; D. E. Philips, "The Elective System in American Colleges," *Pedagogical Seminary*, VIII (1901), 206—230。

[199] C. W. Eliot, *University Administration* (Boston, 1908), pp. 227—228。艾略特在说到服务人员的时候,慷慨地包括了艺术家、诗人和调查员。

的规定课程。这种变化反映了一种深层的不满;它标志着仍然存在的其他力量要求纠正失衡的状况。[102] 实用主义观点赢得了19世纪后期很多著名学者的忠诚。但是其他人仍然觉得有用的社会服务理想有所欠缺。他们要么认为它真实却平凡,但是不能恰当地描述学术生活的核心,要么公开抨击,说它扭曲了高等教育的真正意义。

实用主义的支持者对于"真实生活"的关注使他们不了解学术高墙内正在发生的更为机密的活动。"实际的"教育者对文静的学者不起眼的生活方式缺乏同情,也受到进步时代战斗口号的束缚,他们总是把表面的成功误认为是他们根本就没有得到过的实质性的优势。当实用作为一种理想悄悄地消散,最终只留下大型的学院结构时,他们通常也意识不到所发生的事情。

---

[102] 见 G. W. Pierson, "The Elective System and the Difficulties of College Planning, 1870—1940," *Journal of General Education*, IV (1950), 174。第四章结尾将会讨论1909年左右的倒退情况。

第三章 研　　究

"大学是一个由成熟的学者和科学家,即'教职员',组成的团体——包括碰巧作为他们工作辅助手段的任何设备和设施。"①索尔斯坦·凡勃伦(Thorstein Veblen)这样说。凡勃伦对高等教育的定义与我们截至目前遇到的都不同。它没有提到的内容才具有特别的意义。它没有提到里面的管理,确实,也没有直接肯定在校生的存在。没有提到宗教也没有提到道德。没有暗示校园之外的社会,也没有提到大学与人类整体的提升有任何直接关系。

凡勃伦的定义代表一种极端的情况。把研究看作基本目标的学者们并不总是愿意完全抛弃这些惯常的考虑因素。但是他们倾向于将这些因素的重要性降到最低,这使他们不同于其他教育哲学的信奉者。

---

① Thorstein Veblen, *The Higher Learning in America* (New York, 1957), p. 13. 凡勃伦的著作最早出版于1918年,大部分写于1910年之前。

纯 科 学

有些近代作者极力否认"纯"——或者非实用——科学研究的概念曾作为美国学术生活中的一股力量而存在。② 但是如果对纯科学家的定义是任何主要为了学习而对学习感兴趣的人,那么"纯科学家"就与19世纪后期美国大学的发展有很大关系。虽然纯科学和应用科学之间的界限一直都不明确,仍然可以在很多方面证实这种界限的存在。1894年,一位中立的观察者宣称:

> 一方面,人们要求学院的工作应该更高深,具有更高的理论和学术性,而另一方面,从实用理念和理想看来,学院的功能应该更积极、更实际。一部分人强调……要热心、有条理、独立地追求真理,不理会其应用。其他人相信实践应该与理论并重,学院应该让学生了解实际生活的实用方法。③

其他作者也观察到了同样的意见分歧。1890年哥伦比亚大学建立了纯科学学院,同时也有一批独立的应用科学教学人员。自然科学家通常看不起社会科学,但是后者经常代表着伊利圈子的实用主义倾向。同时,不太实际的社会科学家觉得理查德·T.伊利及其

---

② 这类代表性言论,见 R. S. Fletcher, "The Heroic Age of the Social Sciences," *Indiana Magazine of History*, XLV (1949), 221—232, 及 R. H. Shryock, "American Indifference to Basic Science during the Nineteenth Century," *Archives internationals d'histoire des sciences*, No. 5 (October, 1948), pp. 50—65。强烈支持这一观点的还有 J. F. H. Herbst, "Nineteenth Century German Scholarship in America" (ph. D. diss., Harvard University, 1958), esp. pp. 25—26, 该文取材于五位著名的实用主义思想的社会科学家。

③ J. M. Barker, *Colleges in America*, pp. 146—147.

第三章 研究

同伴的工作很肤浅,不能令人满意。④

为学习而学习的人通常不相信人们会赞成他们的所作所为,他们对社会的民主进步持怀疑态度。可以说,即使他对图书馆或实验室之外的社会所发生的事情表现出兴趣,也总是把这种兴趣放在思想的一个单独的角落,工作之余才会想起来。注重研究的科学家不为普通大众而写作。伊利圈内的人士会谈到将"千百万人"转向新的思维和行动方式,纯科学家则不同,他们基本上只对少数同行专家发表言论。在这个意义上,他们的研究完全是个人的经历。但是也可以说这是普遍的经历,因为它致力于探索现实新的可证明的特性。

但是,如果它既是抽象的,同时又具有强烈的个人指向性,那它就不大可能是社会的。有些注重研究的教授喜欢提到"受过教育的人的手足之情"——在这个群体内,所有有才能的人都受到平等的对待。但是作为整体,这个群体却独立于社会之外。⑤ 他们认为知识是慢慢滴落的,最终滋润下面的人民大众。与实用思想的教育家试图扩大招生相反,纯研究的倡导者认为大学已经接纳了太多的平庸者。1890年克拉克大学的年度报告说:"人数太多,研究是不会成功的。"⑥选修体系也许因为给新学科提供了教学机会而受到欢迎,但是它应该被看作一种手段,其本身并不是目的,而且有些热心的研究者在编纂预定课程时以科学而非经典文学作为核心。所有的知识领域都有同等的优点——康奈尔的名言——这在心理学家 G.

---

④ 见 Joseph Dorfman, *Thorstein Veblen and His America* (New York, 1934), p. 40。阿尔比恩·W. 斯莫尔承认:"在社会学领域,正如在所有自然科学领域一样,有些学者认为学习一旦导向任何实际使用,就会失去其本意。" A. W, Small, "The Sociologists' Point of View," *American Journal of Sociology*, III (1897), 168—169.

⑤ 同样内容见 J. M. Coulter, *Mission of Science in Education* (Ann Arbor, 1900), p. 25。

⑥ Clark University, *President's Report*, 1890, pp. 11—12.

斯坦利·霍尔(G. Stanley Hall)看来只是"荒谬的假说",他抨击那些"喋喋不休地谈论把大学带给人民的责任"的人。在约翰·W.伯吉斯(John W. Burgess)看来,为最大多数人开设的大学"根本就不是大学"。⑦ 有用大学的创建者接纳不具有学术进取心的平庸学生,很多人反对这一做法,其中包括哈佛的一位植物学家,约翰·霍普金斯的一位物理学家,还有威斯康星和约翰·霍普金斯的数学家们。⑧

既然生活在对民主理念越来越亲善的社会,这些人很自然偶尔也会尝试将他们对研究的关注与普通民众的愿望相结合。密歇根的地理学家以色列·C.拉塞尔(Israel C. Russell)说,研究是"大学的最高功能,不仅因为它鼓励最好的学生努力争取更高的学术层次,而且因为在发现有特别才能的男人和女人的过程中,它能鼓励全国的儿女迈向其智力天赋允许的最高阶段"。⑨ 但是从实用主义的立场来看,拉塞尔所说的"智力天赋"暗示着对学生的学问进行严格的评判,因而也许会显得有所歧视。当必须做出选择时,抽象研究的信奉者更喜欢安静地进行研究而非迎合大众的喜好。根据这

---

⑦ G. S. Hall, "How Far Is the Present High-School and Early College Training Adapted to the Nature and Needs of Adolescents?" *School Review*, IX (1901), 662; G. S. Hall, "Confessions of a Psychologist," *Pedagogical Seminary*, VIII (1901), 107; J. W. Burgess to N. M. Butler, June 30, 1912 (草稿), (JWB)。

⑧ W. G. Farlow, "The Popular Conception of the Scientific Man at the Present Day," American Association for the Advancement of Science, *Proceedings*, 1996, pp. 229—230 (此后称为 A. A. A. S., *Proc.*); H. A Rowland, "A Plea for Pure Science," *Popular Science Monthly*, XXIV (1883), 38; C. S. Slichter, "Recent Criticisms of American Scholarship," Wisconsin Academy of Sciences, Arts, and Letters, *Transactions*, 1902, Part I, pp. 10—11; J. J. Sylvester's address in Baltimore *Evening Bulletin*, Feb. 23, 1877. 同样内容见 G. S. Hall, "Boys Who Should Not Go to College," *Youth's Companion*, LXVII (1894), 119; H. S. Pritchett, "Shall the University Become a Business Corporation," *Atlantic Monthly*, XCVI (1905), 295—296, Veblen, *The Higher Learning in America*, pp. 171—172。

⑨ I. C. Russell, "research in State Universities," *Science*, XIX (1904), 853。

第三章 研究

一决定,他们成为美国高等教育中真正独特的"第三股力量"——既独立于旧式学院的保守拥护者,也独立于首倡了大学运动的实用主义者。

　　纯科学是主要学术科学家重点关注的对象。19世纪中叶,像阿萨·格雷(Asa Gray)和詹姆斯·德怀特(James Dwight)这样杰出的人物并没有站出来支持选修体系,而是赞成传统的政策,例如把希腊语作为必修课。⑩ 19世纪后期,受到德国的鼓舞,为科学而科学的想法变得更为突出。随着约翰·霍普金斯和克拉克大学的成立,学习抽象(理论)的事业受到了巨大刺激。19世纪80年代作为学术灵感的源泉,纯科学明显处于上升阶段。⑪(应用科学虽然也有所扩张,但是暂时缺乏所谓的奠定基调的魅力。)世纪交替之后的进步时代,各行各业都可能出现明显的利他主义动机。结果,一流的科学家开始发表无数的言论,把自己的工作与实际的社会利益结合起来。这种趋势发生在德国影响明显减弱的时候,它产生了一种信念:美国的非实用主义研究的动力自身耗尽了。⑫但是我们不能忘记,很多科学家出自个人的好奇而默默地坚持这种研究,即使在进步时代中也仍然如此,他们的传统作为一种可能性长期存在,虽然它不能找出基本理由为自己辩护。⑬

---

　　⑩ 于是,阿萨·格雷在哈佛赞成将希腊语作为必修课(CWE的问卷表)。

　　⑪ 例如,可见 T. C. Mendenhall, "the Relations of Men of Science to the General Public," A. A. A. S. *Proc.*, 1890, p.11; Rowland, "A plea for Pure Science," *Popular Science Monthly*, XXIV (1883), 30—33。

　　⑫ "15年前,人们普遍认为纯科学是高不可攀的,在教学上也必须排在应用科学之前……但是我认为,现在科学价值相等或大致相等的情况下,应该侧重于能够产生最有用的结果的问题,即使在教学上也是如此。"G. S. Hall, "The University Idea," *Pedagogical Seminary*, XV (1908), 102。

　　⑬ 我不会讨论学术好奇心这一动机是否真的存在的问题。诸如考古学和(直到最近)天文学等领域存在的简单事实让我相信这种动机确实存在,除非人们被心理学简化论所蒙蔽,这种理论同样否认实用主义动机。

美国现代大学的崛起
The Emergence of the American University

德国大学的魅力

19世纪以来,美国就存在土生土长的源自启蒙运动思想的研究传统。但是有这种兴趣的人通常都是有钱有势的人,科学研究长期只作为一种不稳定的间歇性的爱好。这些可能的研究者很难找到工作,因为大部分学院将他们拒之门外,联邦政府提供的职位又太少。如果经济困顿的人对某个领域的知识非常着迷,决定献身于追求知识,那他就必须安于贫穷。有趣的是,这样的少数人显然存在,他们的探索精神源自儿童时代与大自然或是与古典知识世界的接触。一个是阿迪森·E.维里尔(Addison E. Verril),最早的动物学家;另一个是阿萨·格雷,著名的植物学家;还有一个是哈佛在古典语文学领域的 E. A. 索夫克勒斯(E. A. Sophocles)。

19世纪中期,实验室里持续的试验成为欧洲科学成就更显著的特征,而同时,基于科学方法的哲学观念得以广泛传播。在很多人看来,这种观点与自然主义和物质主义有关,因为它总是将科学学习等同于对现实的完全理解。积极参与研究的欧洲人很少以极端的方式进行哲学探讨(应该认识到,德国学术界很少有人承认"物质主义者"),但是实验室技术与对科学的广泛要求相结合,在知识分子中激发了强大的趋势。19世纪70年代在美国大学中明显出现的就是这种经验主义探索的趋势。

年轻的美国科学家——出生于19世纪40年代或之后——的灵

第三章 研究

感有了新的具体来源：德国大学。⑭ 在 19 世纪最后 25 年，认同科学研究理念的美国学者很少有人不承认德国教育经验对他们的理智有明显影响。因此，有必要指出德国大学的实际发展与这些美国人自认为所受到的德国影响之间的某些矛盾。⑮ 19 世纪中期的德国大学并没有反映实证科学的不屈精神。相反，德国关于学术目的的讨论主要围绕三个不同的观点：第一，不考虑周围社会的直接需要而自由追逐的非实用知识的价值 [即由教学自由（Lehrfreiheit）保护的"纯"知识]；第二，科学（Wissenschaft）的价值，或普通意义上的研究和写作，与教学相反（科学并不一定意味着经验主义研究，它也可以将黑格尔哲学包含在内）；最后，在认识论方面，德国对于学术目标的表述仍然倾向于某种包容一切的唯心主义。即使是德国教职员中的自然科学家，在演讲中也不会对非经验主义理念有所不敬。

但是同时，德国大学中还有一种新的不太"正式"的趋势，始于 19 世纪 50 年代，在 1860 到 1880 年间达到高峰。这种趋势倾向于对细节进行详细研究，既指实验室工作，也指历史文献等领域。1879 年，利奥波德·冯·兰克（Leopold von Ranke）、赫尔曼·冯·赫尔姆霍茨（Hermann von Helmholtz）和威廉·冯特（Wilhelm Wundt）在莱比锡（Leipzig）大学建立了实验心理学实验室，尤其在美国人眼里，这些名字与严格缜密的方法有着醒目的联系。要强调的是，这种方

---

⑭ 对 19 世纪德国大学结构发展的绝好分析，可见 Joseph Ben-David 和 Awraham Zloczower, "Universities and Academic Systems in Modern Societies," *European Journal of Sociology*, II (1962), 48—62。这一时期德国大学状况的简单总结见于 Herbst, "Nineteenth Century German Scholarship in America," pp. 50—62。对德国大学的最好的全面性报道，还可见 Friedrich Paulsen, *The German Universities*, trans. E. D. Perry (New York, 1895)，虽然在一些重要方面伯尔森的观点不能代表德国的学者。

⑮ 我对德国学术状况的认识主要得益于与弗里茨·K. 林格（Fritz K. Ringer）之间的谈话，他是本领域即将出版的一本书的作者。更深刻的讨论可见 Hofstadter 和 Metzger, *The Development of Academic Freedom*, pp. 367—412。

法与大多数德国教授谈论学术目标的态度没有本质联系。

　　志向远大的美国人访问德国，回来时满口都是"科学研究"这个词，他们把来自德国理论要素的词与完全不同于其原产地情况的实践相结合。基本没有受到实用主义需求的影响的德国"纯"学问理念对于很多美国人就变成了"纯"科学，其具有的方法论含义是这一概念在德国所没有的。美国人似乎总是认为"研究"意味着特别科学的东西，因此他们没有领会德国人几乎都认为科学更重大的意义在于其沉思性的含意。几乎所有根本上一致的德国人持续地被崇高所召唤的精神，为也注重研究的美国人忽略，相反，只有另一群完全不同的战后先验主义者才对此感兴趣，他们与美国自由文化的学术阵营有着密切关系。因此，与大多数从事科学的德国人不同，从事科学的美国人认为科学专门化就是大学的全部目的。注重研究的美国人从崇高的德国学术理论获益很少，他们在德国实践的不同水平上为其自己的学术理论化找到了灵感。对现象，无论是对自然现象还是历史现象的严密精确调查，给予很多美国人的激励远比给予大多数德国教授的激励更为深刻。勤勉的"德国方法"，也许还默默地结合了与其说是德国式不如说是英国式的经验主义哲学（虽然在这种联系中几乎没有提到过英国），在很多美国人思想中就与国内学术改革的主要原因联系起来了。确实，我们可以说，一旦跨过了大西洋，崇高的言论和单调的实践就交换了位置。研究实践被提高成为包容一切的理想，而对教授自由的强调——在德国人口中有点大而空洞——被转变成一场更现实更有力的争取学术自由的美国运动。

　　同时，德国的大学结构有其自己的特点，吸引了观察其科学导向的美国人，因此学院结构本身助长了美国人的抱负。例如，与英国的科学不同，德国的技术明确与学术院校相联系。在模仿这些院校的过程中,美国人看到了可靠支持和个人提升的唯一希望。

在所有这些方面,不管对德国高等教育的理解是多么不充分,它都成为过分兴奋和赞美的焦点,虽然它也引起了其他另有所爱的美国人的厌恶和恐惧。一个没有得到充分区分、部分真实部分虚构的德国,成为对美国教育所有科学要求的象征。德国生理心理学似乎为了解人类思维及其过程提供了新的途径。德国历史摆脱了文学的业余身份,转变为"不容置疑"的事实。德国语言学要求严格检查文本,因此与《圣经》的"高级校勘"联系起来,对《圣经》的这种探究对于很多年轻的美国人既是震撼,也具有不可抗拒的吸引力。德国经济学的"历史学校"放弃了永恒的抽象概念,进一步促进了美国学院传统课程的没落。[16] 学科的所有这些发展与德国教授尊贵、自信、理智的形象相结合,在美国高等教育中产生了重大结果。

少数美国人,其中一些颇具影响力,在内战发生之前的五十年间曾在德国留学。但是,由于当时的德国毋庸置疑地由黑格尔的唯心主义支配,早期的美国学生更多地成为先验论者或是文学浪漫主义者,而非献身于专门研究。到了19世纪50年代,提到德国教育经历时,研究的概念才开始为人们所注意,直到19世纪70年代中期,研究的理念才在大西洋西岸对德国教育的讨论中明显占据了主要地位。19世纪70年代初,美国对于德国大学的了解还模糊得令人吃惊。[17] 第一本由美国人撰写、真正生动描绘德国大学生活的书出版于1874年。[18] 比其他任何事件更能确立永恒的研究型德国形象

---

[16] 以美国人的眼光对德国大学各种学科状况的调研,见 M. M. Curis, "The Present Condition of German Universities," *Educational Review*, II (1891), esp. p.37。

[17] 关于这一点的解释可见 Ely, *Ground under Our Feet*, pp.36—37。

[18] J. M. Hart, *German Universities* (rev. ed.; New York, 1878). 还可见对本书的评论, The Nation XIX (1874), 400—401。

的事件是 1876 年约翰·霍普金斯大学在巴尔得摩成立。霍普金斯直接象征着德国研究,它的存在触手可及,给人新奇而戏剧化的感觉,即就科学而言,德国并非遥不可及。虽然很难证实,但考虑到 19 世纪七八十年代中到德国去的美国人数增长很快,霍普金斯最重要的早期影响之一也许就是让更多的美国人到德国留学,没有霍普金斯,人数是不会如此之多的。

整个 19 世纪 70 年代,越来越多的文章——有些是国外报道的再版——开始向感兴趣的美国人介绍德国大学。这些尝试很多都不均衡,也缺乏中心——1876 年前,有些还没有明确提到科学研究的概念,其他的则沉迷于德国学术生活普遍的知性氛围。这段初期,还经常听见对于诸如喝啤酒和学生之间决斗等道德恶习的警告。同时,人们的兴趣也提高了。1879 年,G·斯坦利·霍尔写道:"德国思维模式在美国有很大影响,而且这种影响还在增强。"[19]

公正地说,19 世纪 80 年代的十年中,美国对德国大学的兴趣达到了顶峰,虽然学生的数量并不多。这些年里,美国关于这一问题的文章普遍表现出热切、不加批判的认可。[20] 乔西亚·罗伊斯(Josiah Royce)本人并不热心于狭义的研究,他回忆说:

> 这一代人只梦想着德国的大学。英格兰被忽略了。人们认为它没有足够的学者风度。法国也被忽视了。德国学者是我们的大师和指导者。到处都是暗示。人们去德国时还对理论生活的可能性有所怀疑,回来时已经成为理想主义者,暂时

---

[19] Hall, "Philosophy in the United States," *Popular Science Monthly*, I (179), Supp., p. 67;比较 Herbert Tuttle, "Academic Socialism," *Atlantic Monthly*, LII (1883), 203.

[20] 例如,可见 J. W. Bell, "German Universities," *Education*, II (1881), 49—64; H. M. Kennedy, "Studying in Germany," *Popular Science Monthly*, XXVI (1885), 347—352; Samuel Sheldon, "Why Our Science Students Go to Germany," *Atlantic Monthly*, LXIII (1889), 463—466。

第三章　研究

献身于纯学术,决心把金钱(Scherflein)贡献给人类渊博的知识,为帮助建立美国大学而燃烧自己。[21]

和罗伊斯一样热情的人没有意识到的是,吸引很多年轻的美国人到德国的原因更为私人化。追逐德国标记能够带来的声望是他们决定去德国的重要原因。[22] 若有必要,一个人只需一小笔钱就能去德国并且生活相当长的时间。1889 年,有人估算,在德国学习一年的费用比在霍普金斯、哈佛或康奈尔学习一年的费用少三分之一,这一估算还包括了旅游费用。[23] 但是这种动机与罗伊斯提到的更宏伟的目标绝对不违背。它们进一步强调了纯科学的概念,使之似乎更具吸引力。

美国在德国的留学人数在 1895 至 1896 年达到高峰,当时有 517 名美国人正式被德国院校录取。但是 1890 年前后,这些为国内杂志所写的文章中已经开始出现一种新的老练的腔调。这些文章中有些是完全描述性的,不表明个人的赞成或反对——严格遵循了纯科学的传统。更多的是,它们表现出某种程度的幻灭。美国人正学着区别对待德国教育中他们喜欢和不喜欢的方面。通货膨胀使在德国学习的经济优势不复存在,人们第一次认真权衡德国和美国院校

---

[21] Josiah Royce, "Present Ideals of American University Life," *Scribner's Magazine*, X (1891), 382—383. 当然,罗伊斯在描写中这么早就使用了过去时,这一点很有趣。

[22] 对 G. 斯坦利·霍尔来说,如果不去德国留学,似乎就要被放逐到偏远的乡村教区过一辈子。Hall, *Life*, pp. 183—184. M. M. 柯蒂斯甚至说,在德国留学时间超过一年的学生有五分之四的主要动机是为了声誉,"The Condition of German Universities," *Educational Review*, II (1891), 39.

[23] Samuel Shelton, "Why Our Science Students Go to Germany," *Atlantic Monthly*, LXII (1889), 463; Carl Murchison (ed.), *A History of Psychology in Autobiography* (Worcester, 1930—1952), I, 100—101; E. A. Ross to M. D. Beach, Jan. 22, 1888 (EAR).

美国现代大学的崛起
The Emergence of the American University

的相对优点。[24] 人们发现,著名的德国科学家也会满足于马虎的研究手段。[25] 事实渐渐明朗,相对而言,有些地方大学只是文凭工厂。[26] 19 世纪 90 年代中叶之后,在德国的美国留学生人数逐年递减。1900 年前后开始,德国当局对外国学生的态度变得不太友善,但这绝不是数量减少的原因。更重要的是,人们相信德国大学的质量在下降,而美国的研究生院在迅速改善。[27] 虽然两国之间开始交换教授称号,在第一次世界大战爆发之前,德国和美国学术界的联系是越来越少了。

19 世纪后期到过德国的美国学者可能有多种多样的经历。说这一时期美国高等教育中存在"一种"德国影响不够准确。在某个方面,德国能够吸引各种美国学者。因此大学预备学校的古典培训有时候能够激发旧式学院捍卫者的热情。对很多提倡自由文化的美国人来说,德国的哲学唯心主义具有更重要的功能——康德、黑格尔和歌德的老德国为不太亲英的人文主义者提供了强大的支持。但是还存在另一个德国——一个可以用来说明实用型大学的德国。

---

[24] 例如,见 S. E. Sparling to R. T. Ely, Aug. 26, 1894 (RTE); Hjalmar Edgren, "American Graduate Schools," *Educational Review*, XV (1898), 285—391; E. D. Perry, "The American University," in N. M. Butler (ed.), *Monographs on Education in the United States* (St. Louis, 1904), I, 282, 288—289; Royce, "Present Ideals of American University Life," *Scribner's Magazine*, X (1891), 383; S. H. Rowe, "Student Life at Jena," *Educational Review*, XV (1898), 136—146。

[25] G. M. Stratton to G. H. Howison, Dec. 19, 1894, Jan. 3 and 17, 1895 (GHH)。

[26] "很多学生去哈雷获取学位。尤其是来自康奈尔大学和宾夕法尼亚大学的学生。这主要是因为美国人在那里很容易获得学位。我知道有些学生在两个学期后就开始攻读(博士学位)。" S. E. Sparling to R. T. Ely, May 8, 1894 (RTE)。

[27] 见 G. S. Hall, *Aspects of German Culture* (Boston, 1881), pp.114—120; G. H. Parker, *The World Expands* (Cambridge, 1946), p.88; A. C. Armstrong, Jr., "German Culture and the Universities: A Retrospect," *Educational Review*, XLV (1913), 325—338。一位学生写道:"这段时间,从德国回来的人只有一种看法,即:从我们的大型大学教授那里学到的比从德国大学教授那里学到的要多。" C. M. Bakewell to G. H. Howison, June 2, 1894 (GHH)。

理查德·T.伊利追忆说,德国教会他"把书本知识与实际经历相结合的重要性"。㉘ 德国的商业学校、德国的农业实验站、德国改进城市管理的努力,使一些美国人觉得,德国对高等教育的影响似乎就反映在"美国大学的'实用'趋势上……包含了更直接关系到现代工业的学科"。㉙

然而,有一种德国影响——关于纯研究的影响——远远强于其他影响。对具有实用思想的人,先验论者以及少数关心德国的古典主义者最多只能证实大洋西岸孕育了利他主义倾向、精神探索或朴素的传统观念。在这些人看来,在柏林待一两个季节也许看起来很诱人,但是很难改变以前的倾向。㉚ 德国也许会让一定数量的牧师人才转为学习哲学或是社会科学,但是并没有改变他们原先的追求崇高和行善的美国倾向。对于把道德而非知识看作教育最高目的的美国人,他们的准则根源深植于内心——德国只能提供技术。

相反,为研究而研究的信奉者从德国旅居回来之后通常带有基本转变的"标志"。确实,他们在越过大西洋时就已经抱着追求知识的目的。但是,至少在19世纪80年代之前,研究的动机在美国还很脆弱,需要从国外获得特别的刺激来使其强化。德国为献身科学研究的人设立了新的目标,又引导使其强化。德国的实验和研讨班(seminar)为这些未来的美国教授提供了新奇的生活方式,这种生活方式是私人的,使他们远离社会、政治、道德和宗教的日常世界,甚至远离教室本身,并且使他们在清醒的大部分时间都与自己的同胞

㉘ Ely, *Ground under Our Feet*, p.187. 这个问题还可见 Eliot, "American Democracy," *Harvard Graduates' Magazine*, X(1902), 507。

㉙ F. W. Blackmar, "The History of Federal and State Aid to Higher Education in the United States," U. S. Bureau of Education, *Circular of Information*, No.1(1890), p.39。

㉚ 最能说明这种观点的是爱德华·A.罗斯在去德国之前、在德国逗留以及从德国回来之后写给他养母玛丽·D.比琪(Mary D. Beach)的早期信件。

格格不入。

　　研究与通常的美国方式相悖。㉛ 19 世纪末美国社会已经很富有,很稳定,能够容忍(在双重意义上)某些显然偏离其公认的生活方式的行为。唯美主义勉强属于这一类,在新大学校内和校外偶尔也兴盛一时。研究作为一种反常行为似乎更值得人们尊敬,有段时间几乎所有的学院都对它着迷了。随着研究加入美国学术生活的主流,至少要注意两个矛盾之处:其信奉者的观念转变明显是由他们从未完全了解的德国学术环境引起的;虽然信奉者的传统式自负远甚于以后的美国"知识分子",但是他们却将自己与流行的生活风格相隔离。㉜ 这些 19 世纪后期的研究者与他们那个时代的标准和地位之间的不同寻常的关系值得更为认真地研究。

研究的倾向

　　19 世纪中叶之后不久,"科学"这个词的含义在美国就发生了重大变化。在此之前,与任何知识或思考领域有关的学科的有机结合都叫做科学。科学意味着有序和系统,伦理学的科学性不比地理学差。"科学就是一门学科所有规律的汇总。"1830 年布朗大学的弗朗西斯·韦兰(Francis Wayland)说,"其进步体现在它揭示的规则的数量和这些规则之间联系的多样性。"㉝根据这种理解,科学是稳定的,

---

　　㉛ 对研究者在美国面临的敌意的充分描述可见 Richard Hofstadter, *Anti-intellectualism in American Life* (New York, 1963)。

　　㉜ 不应该将这些注重研究的科学家和学者与明显不同的一类"知识分子"混淆,后者仅出现于进步时代。知识分子主要是道德学家和评论家。从那时起我们既有研究者也有知识分子,虽然现在很多人很不安地试着同时扮演两种角色。这些定义问题主要见于 Christopher Lasch, *The New Radicalism in America*, pp. ix—xvii。

　　㉝ Francis Wayland, "Intellectual Education," *Barnard's American Journal of Education*, XI-II (1863), 808.

第三章　研究

主要是推理的。对任何问题的科学研究都不会被认为是经验主义的,相反,这两者通常是相互矛盾的。㉞ 经验主义意味着不受欢迎的随机的努力,由于没有认识到更大的理论体系而沉溺于互不相干的细节。根据这一古老的定义,科学的任务就是以秩序的名义战胜不良的经验主义。当然,这种秩序就构成了神学家不变的思想。

科学的这种古老含义并没有随着达尔文时代而消失。对规律的追求仍然存在,在文献学和社会学等学术领域,建立有条理的准则目录的迫切心情证明了长期以来仅仅被看作经验主义的研究类型。但是同时,"科学"这个词比以前更紧密地与明确的证据以及在自然中观测到的证据联系起来。在学术课程方面,"科学"迅速取代了自然历史和自然哲学而成为研究物质的学科的代名词。在这一意义上,科学开始意味着某些新近确定和限定的东西。㉟ 然而在另一方面,它以危险的方式保持了其广泛性。因为研究物质的人也许会很危险地假定物质几乎就是所有知识。研究人类及其作品也许会采取用于自然过程的同样混乱而单一的方式。科学将自己的范围局限于人类思想以外的现象,但很快就开始声称——至少是潜在地——思想也许也是这些现象之一。这种主张在 19 世纪后期美国的学术圈里很少得到充分表述,但是这方面的趋势引发了无数的希望和恐惧。

随着科学具有这些新含义,关于谁是真正在用科学方式工作,教授们就不可能有一致意见。很多自然科学家只接受这个词严格的物质定义,认为它适用于自己的领域而对社会科学抱有蔑视或是

㉞ 例如,见 Thomas Hill, *Integral Education*, p. 5; J. P. Cooke, *Scientific Culture, and Other Essays* (New York, 1885), p. 34; Nevins, *The State Universities and Democracy*, p. 57。

㉟ 于是,W. P. 阿特金森(W. P. Atkinson)在 1878 年提到"科学这个词专门指代的研究物质规律的那些分支学科"。Atkinson, *On the Right Use of Books*, p. 18.

怀疑态度。㊱ 其他自然科学家和历史学家、语言学家以及社会学家共同努力,推广科学包括一切学科的主张。一位地理学家于1904年说道:"研究领域不局限于实验室或是图书馆,而是和宇宙一样广大。它包括对人的研究也包括对人的环境的研究。它对于工业增长和所有学科发展都一样必不可少。"㊲就学术目的的言论来说,关于谁有权自称为科学家的争吵不仅两败俱伤,也没有什么意义。自负的狭隘和热心的包容都把研究看作新大学最重要的功能。

研究——不论谁支持这一观点——以一组有争议的假设为前提,其中大多数在美国国外已经存在了很久。它首先要求在感情上沉迷于著名的植物学家约翰·W. 柯尔特(John W. Coulter)所描述的"探索精神"。㊳ 人们必须相信,未知的事物比已知事物更值得关注,也许还要相信,一旦某个领域成为广泛公认的知识体系的一部分,这一领域的研究就失去魅力了。更重要的是,研究者必须相信他是在与"现实"本身接触——换而言之,宇宙中存在黄金和铁渣,而他受到的专业训练使他知道其中的差别。㊴ 现实的黄金存在于能够被隔离和进行系统研究的特别现象中,在一般的社会观念中是找不到的(就如具有实用主义思想的人),当然也不在揭示性的"整体"中。这样,研究要求密切关注独特而珍贵的事实——尤其是与以前的理论相悖的事实。㊵ 研究者不满足于用事实进行例证,他必须善于接受,甚至谦虚地接受他学术范围内出现的零碎的证据。此外,

---

㊱ 关于这一立场的说明,见 Fernando Sanford(斯坦福大学物理学教授), *The Scientific Method and Its Limitations* (Palo Alto, 1899), pp. 10, 12—13。

㊲ I. C. Russell, "Research in State Universities," *Science*, XIX (1904), 841.

㊳ Coulter, *Mission of Science in Education*, p. 7.

㊴ 见 T. C. Chamberlin's "The Scientific and the Non-Scientific," n. d., p. 1 (TCC)。

㊵ Coulter, *Mission of Science in Education*, pp. 12—13; 还可见 W. T. Sedgwick, "Educational Value of the Methods of Science," *Educational Review*, V (1893), 251。

事实之间必须有松散的联系,其随机性只是表面的、暂时的。事实会指出现实赖以运转的一般规律。[41] 这些根本规律总是比19世纪初人们所相信的更为多变,但是这样的规律在科学描述中仍然非常醒目。最后,学术研究者非常信赖人类的智力,认为这是可靠的工具。科学家自信的增长与人类思维能力本身的解放和训练几乎是等同的。[42] 这样,研究者相信他的智力至少在某些时候可以做到客观,科学被称为"自我消除"。人们认为它能孕育"日益增长的学术观念的公正性"。[43]

新科学观点的概要被完全提出来时,这使更为保守的美国教育者很不安。索尔斯坦·凡勃伦说:"怀疑是科学的开始。说教的解释和科学探索的区别即在于此。"[44]托马斯·C.张伯伦(Thomas C. Chamberlin),天文学家兼地理学家,说出了研究者的观点中最激进的含义。他说:

> 事实以及由事实做出的严格归纳揭示了所有的预想,所有由一般原则做出的推理,所有受人喜爱的理论。最宝贵的教条,最迷人的假设,理智和想象创造的最为人珍视的成果,都要服从于明确的事实。如果需要,可以毫不犹豫地、无情地粉碎以前的知识倾向。事实优先于推理和理想,即使在具有更清楚的洞察力前,推理和理想看起来更美,更崇高,更真实。[45]

---

[41] 见 Coulter, *Mission of Science in Education*, pp.9—11, 16。
[42] 例如,见 Ira Remsen, "Scientific Investigation and Progress," *A. A. A. S., Proc.*, 1904, p.341; R. S. Woodward, "Academic Ideals," *Columbia University Quarterly*, VII (1904), 10。
[43] Coulter, *Mission of Science in Education*, p.19; T. C. Chamberlin's "A Glance at the Intellectual Attitudes of the College" (1897), p.7 (TCC)。
[44] Veblen, *The Higher Learning in America*, p.132。
[45] T. C. Chamberlin's "The Ethical Nature of True Scientific Study" (1899), p.4 (TCC)。

约翰·M.柯尔特一再重申这些观点。他宣称:"事实是打碎内省理论的锤子。"大学当然是"解放思想的地方",以前"被无知和迷信束缚了"。约翰·W.伯吉斯同样满意地回忆说:"研究意味着怀疑。"㊻

在某种程度上,科学探索实际上代表着美国高等教育内部打破旧习的力量。芝加哥大学的校长哈珀(W. R. Harper)在1900年私下抱怨:"如你所知,很难找到既有扎实的学问,同时又对基督教工作明显感兴趣的人。"㊼随着时间流逝,注重研究的人中无神论的趋势明显增强。㊽但是很明显,1910年之前,只有极少数注重科学的教授才会任意攻击既定的价值观。甚至索尔斯坦·凡勃伦也不愿意激怒民众而引致惩罚。生理心理学家的研究领域是最敏感的领域之一,反对者指责他们是"唯物主义者",对此他们深感沮丧。㊾植物学家柯尔特不相信奇迹,但是直到1878年,他都不相信进化论。而且,他协助领导了基督青年会(YMCA)运动,并且在芝加哥大学附近的长老会教堂给成年男子讲《圣经》,经常取代了牧师的位置。㊿这个时期的学术科学家更经常的做法是悄悄疏远积极的教会成员,但是他们很少完全否认开明的有神论。㊼有些人,例如亨利·S.普瑞

㊻ J. M. Coulter, *The Elements of Power* (Chicago, 1894), pp. 11—12; J. M. Coulter, *The Work of a University* (Madison, 1894), p. 4; Burgess, *Reminiscences*, p. 148.

㊼ W. R. Harper to J. D. Rockefeller, Jr., Feb. 19, 1900 (UCP).

㊽ 1900年前后获得学位的年青一代学者越来越与教会相脱离,例子请见 H. A. Carr in Murchison, *A History of Psychology in Autobiography*。

㊾ 例如,见 J. R. Angell to G. H. Howison, Jan. 7, 1905 (GHH)。

㊿ A. D. Rodgers, *John Merle Coulter* (Princeton, 1944), pp. 107, 147, 183—184.

㊼ 很多例外的都是物理学家。1873年至1900年在宾夕法尼亚大学担任物理学教授的乔治·F.巴克(George F. Barker)否认自由意志的存在,并且在机械唯物主义中发现了令人满意的综合。G. F. Barker, "Some Modern Aspects of the Life-Question," A. A. A. S., *Proc.*, 1880, pp. 1—24. 约翰·霍普金斯大学的物理学家亨利·A.罗兰(Henry A. Rowland)似乎很少提到上帝。此外,另一个很极端的例子可见 A. E. Dolbear(塔福特学院),"On the Increased Importance of a Knowledge of Science," *The Academy*, IV (1890), 537—552。

第三章 研究

切特（Henry S. Pritchett），转而接受了自然神论的见解；其他人，例如托马斯·C.张伯伦，过于倾向于泛神论，在永生的问题上也许成为不可知论者。㊾ 毫无疑问，整体而言，比起大多数非学术的美国人，科学研究者在宗教观上的传统性要弱得多。但是他们中绝大多数真心地试着在研究现实许可的范围内保持信仰。而且，到了世纪之交，进步宗教界的观点也迅速达到他们的水平。虽然大多数科学家的神学观点不能让伯特或麦考士之类的人感到满意，其表达方式仍是鼓励提高型，而非破坏颠覆型的。

科学研究的信奉者与其时代和地域的道德准则有着明显的联系。由于他们的观点与其他教授的观点相比在本质上不太道德，这种说法需要解释一下。确实，在德国受过训练的教授们在界定大学的目的和作用时试图不提及道德责任。记录到课率，注意学生的课外行为，或者在上课时间赞扬美德——这些训练时期留下的印记都会受到嘲笑。这种家长式的管理会分散对真理的追求，此外，充当卑微的看护也不符合教授的尊严。研究的理念和实用的理念一样，都有助于在实际上减弱对在校生的监督。但是具有科学思想的人所做的并不是否认道德标准，而是将道德标准从外在的行为转变成手边研究工作的主旨，希望学生能和教授一起沉浸其中。就这一主旨而言，科学家将其努力与崇高的道德目标联系在一起。研究的过程被看作是积极的行善，而不是道德上的中立。哈佛的中世纪史专家查尔斯·格罗斯（Charles Gross）说，研究"不仅造就独立的思想，还能造就自力更生的精神，对真理的热情，和对耐心、公正、细心的

㊾ 张伯伦的一些手稿（TCC）是这一时期科学家关于自由宗教观表达得最系统、最有说服力的文章。尤其可见"The Moral Functions of Modern Scholarship," pp. 18—19; "Secular Theology," pp. 1—3; "Life after Death from the Point of View of Science"; 以及"The Importance of a Belief in the Divine Immanence at the Present Crisis of Intellectual Development"。

劳动的热爱"。格罗斯反问道:"还有什么比意识到自己是在沿着前人从未开辟的或是偏僻的道路在黑暗的森林里走向未知更能激发学生的精神呢?"㊼科学应该教授完全的正直。它的严格会成为制约更广泛社会的商业物质主义的宝贵力量。这样,科学探索会自动促进"最高的文明"。㊾ 当然,坚持这一立场也有困难,1903年化学家艾拉·雷姆森(Ira Remsen)认识到这一点。他说:"我倾向于认为智力发展在某些方面是与道德发展相联系的,但是这个问题很棘手,没有人能恰当地讨论。"㊿雷姆森在这个问题上的谨慎态度在1910年之前是不同寻常的,随着20世纪的前进,逐渐成为科学界一个重要的观念。

如果1900年重视研究的教育者认真观察一下的话,就能觉察到在科学家的社会观中,科学和伦理之间的隔阂越来越大。因为很明显,科学知识绝对不会形成单一的政治观点。即使可以说科学构成人类事物的某种决定论——并非所有科学家都承认这一点——但是这种决定论很容易从古板的保守主义滑向最荒唐的技术至上主义的乌托邦,这完全取决于观察者是否认为他可以自觉地"参与"并操纵其过程。同时,其他科学家在政治观点上仍然是非常传统的,

---

㊼ Charles Gross, "Address," in *Williams College, 1793—1893* (Cambridge, 1894), p. 173.

㊾ Remsen, "Scientific Investigation and Progress," A. A. A. S., Proc., 1904, p. 342; G. S. Hall, inaugural address, in *Clark University, Worcester, Mass.: Opening Exercises, Oct. 2, 1889* ([Worcester, 1889]), p. 22; T. C. Chamberlin to N. Merrifield, Mar. 3, 1892 (UWP-TCC).

㊿ Ira Remsen, "Original Research," Association of Collegiate Alumnae, *Publications*, Ser. 3, 1903, p. 22.

就像柯尔特继续在主日学校教书一样。㊺科学方法要求结论能够清楚地展现在证据的所有目击者之前。既然科学家在政治问题上意见不一（正如他们的宗教观点各不相同一样），很明显,他们的思维在这些领域是不科学的。他们只是顺便对这些话题发表一些看法——可以说是工余闲谈。但是在这个年代,科学家在社会观上的不一致对于国家的状态几乎没有实质影响,所以可以理解,尽管存在这些考虑,科学和道德进步应该是密切相关的。

如果科学研究的精神对大学的公共角色有任何实在的影响,那也绝不是破坏性的,因为它既不会导致冷漠,也不会导致任何形式的保守主义。科学家的思想应该是"灵活的,可以转向任何科目,不管它多么讨厌,而且要研究其根据寻找证明"。㊻习惯性地使用这种灵活性必然会促进对于真实的自然的接受,并由此接受自然的人类,因为人类是自然的一部分。要对人类的所有行为做出解释就是要驯服——如果不是破坏——邪恶的概念。社会行为源自对邪恶的愤慨——源自理查德·T.伊利及其朋友试图激发的感情。如果研究的结果只是毫无感情的解释,就会造成学术界默许的印象,从而压制要求变化的呼声。1896年阿尔比恩·W.斯莫尔提出了对这种结果的担心。㊼然而,这个问题又一次因为过于抽象,在那个年代没有产生重要结果。相反,研究者通常过着两种理智的生活,其一是在实验室或是图书馆,另一种就是表达出自己随意的不科学的看

㊺ 亨利·A.罗兰列举了很多具有初期技术统治论思想的科学家,见"The Physical Laboratory in Modern Education," p.16（DCG）. 托马斯·C.张伯伦在坚定的社会达尔文主义和近似于新政主义的进步主义之间摇摆不定。（于是在1903年,他呼吁建立长期调查体系,对商业公司进行控制,发放许可。）柯尔特的观点甚至更缺乏连贯性; cf. p, 5 of *The Elements of Power* with pp. 9, 12。

㊻ F. Treudley, "The Student Life of Agassiz," *Education*, IX (1889), 596.

㊼ Small, "Scholarship and Social Agitation," *American Journal of Sociology*, I (1896), 565, 581.

法。第二种生活通常很有活力,以至于以相当积极的精神掩盖了第一种。于是在科学家自己和公众看来,他的全部理智生活比真正的情况更为熟悉,令人放心。如果美国的科学家不是无意识地过着这种分裂的生活,不管是在社会上还是在大学的普通生活中他都不可能成功。

在宗教和道德制裁赞扬辛勤劳动的时代,学术研究者的努力在另一种意义上带有保守主义的特征。勤奋的道德观使托马斯·C. 张伯伦把旧式学院"对道德努力的热心"与自由探索和研究的新精神联系起来。[59] 有些时候,人们能观察到智力训练到研究的发展直线,例如,纽约大学的校长亨利·M. 麦克拉肯在新研修班的教室里挂上保守的宗教标语,却没有感到任何不和谐。古典语言学家尤其觉得,从19世纪70年代传统的希腊语背诵转变成十年二十年后同一科目的"科学"研讨是很容易的。威廉·格雷厄姆·萨姆纳有时候称赞"训练"是最高的教育理想。甚至凡勃伦也说追求知识绝不应该成为"无目标或是懒惰的生活方式","寻欢作乐这种东西绝对不应该存在"。在德国学习的注重研究的美国人很少真的喜欢喝啤酒这种懒散的乐趣,相反,德国的研讨会象征着责任的召唤。回国后,阿尔伯特·布什内尔·哈特(Albert Bushnell Hart)建议学历史的学生"在上课的全部时间"都要做笔记。[60]

研究者为自己创造了隐秘而特别的世界,但是这种与世隔绝的世界产生的主要力量来源是更为广泛的社会的特性。于是研究者

---

[59] T. C. Chamberlin's "A Glance at the Intellectual Attitudes of the College" (1897), p. 9 (TCC).

[60] Sihler, *From Maumee to Thames and Tiber*, p. 204; several MSS by W. G. Sumner ("Discipline," esp. pp. 4, 13; "The True Aim in Life," 1880, p. 284; "Integrity in Education," p. 2 [WGS]); Veblen, *The Higher Learning in America*, p. 85; A. B. Hart, *Suggestions on the Study of United States History and Government* (Cambridge, 1893), p. 23.

第三章 研究

在强调责任和强调自由之间摇摆不定。他虽然重视调研,但是通常试图避免在观点上表现得过于激进。约翰·M.柯尔特在这方面做出了重要的区分。他说:"思想的科学观点是不带偏见的调查。它不像有些人所想的那样是破除迷信的精神,而是对于信仰的基础的检验。"⑥¹人们在表达科学倾向的时候,语气中表现出的却是相反的情况,虽然其手段很巧妙。大多数研究者试着对自己的工作保持礼貌。在他们对揭示"真实"的基本原则的热心中,几乎总是可以找到美国童年时代和青少年时代所留下的大量痕迹。G.斯坦利·霍尔也许在上一刻赞扬尼采(Nietzsche),而下一刻又吹捧新英格兰的传统道德标准。19世纪80年代霍普金斯的产物在当时康奈尔的教职员看来也许很危险⑥²,但是1910年之前在美国学术科学家的圈子里,公开打破偶像崇拜并没有在重大运动中占据一席之地。

然而,研究的发展在两个重要方面导致了美国高等教育性质的基本变化。其一是责任,知识越来越专门化的趋势,这是与实用性运动同时发生的。其二,智力的解放,这更为直接地源自抽象研究的氛围,虽然智力越来越为人们接受在某种程度上归功于自由文化的倡导者。

美国新大学的主要特点就是能够为知识的专业系部提供庇护。只要这些系部代表职业理想,对于实用型高等学习的愿望就能引发专门化趋势。然而,这些新系部很少能忽视要求通过研究或实验促进知识的主张,而且很多自然科学和社会科学很快就通过它们所进行的研究证明了自己存在的合理性。科学观念必然会导致工作的专业化,这对于熟悉西方传统的观察者应该是很自然的。这种经常

---

⑥¹ Coulter, *Mission of Science in Education*, p.7.
⑥² W. G. Hale to W. R. Harper, Dec. 16, 1891 (UCP).

令人遗憾的趋势是科学的本质属性,新大学的管理者与此关系不大,他们只是没有将科学知识,或是试着显得科学的知识,排除在课程之外。

结果,除了被人忽视的小学院,旧时精通所有科目的教授很快从所有学院中消失了。"一知半解是分散精力。"G·斯坦利·霍尔于1882年宣称。语言学家弗朗西斯·A.马奇(Francis A. March)断言:"伟大的人并非擅长所有事。"1900年前后,霍尔同时代的人反过来会哀叹他们所谓的年青一代的过度专业化,但是是他们自己设定了这个模式。这种趋势的征兆就是1904年圣路易斯教育委员会的失败。这次集会与世界博览会同时举行,主持者是唯心主义哲学的信奉者,会议故意企图强调所有专门科学内在的一致性。会议正是在这一点上崩溃了。被邀请发言的学者坚持要讨论自己的专业,对于会议的宏大主题,他们只是口头上敷衍应酬一下。⑥

当然,20世纪初美国高等教育有多么专门化的问题仍然是相对的。一位在1906年访问美国的德国学生批评美国大学"范围和深度有限",具有"简单、肤浅"的特点。⑥ 这个时期的博士论文题目表现出对细节的偏爱,但是也许并不比半个世纪之后的论文更严重。重视科学的教授建议研究生选择经得起详尽讨论的论文题目。⑥ 1910年,一位本身也热心于研究理念的教员说,他相信美国学者在

---

⑥ 见 George Haines and F. H. Jackson, "A Neglected Landmark in the History of Ideas," *Mississippi Valley Historical Review*, XXXIV (1947), esp. p. 216—217. 上述引文引自 G. S. Hall, "The Education of the Will," A. I. I., 1882, p.267, 以及 F. A. March, "The Scholar of To-Day," *American Presbyterian Review*, N. S., I (1869), 91。

⑥ Walther Küchler, "American University Training," *Educational Review*, XXXII (1906), 374, 381。

⑥ W. G. Hale, "The Doctor's Dissertation," A. A. U., *Journal*, 1902, p. 18; T. C. Chamberlin's address to graduate students, June 15, 1899, "On Selection of a Theme for Research" (TCC)。

第三章　研究

观念上比德国学者狭隘,因为他们习惯于写作单薄的专题论文,而德国学者则尝试写作长篇巨著。⑯

越来越强调专门化研究的最明显影响就是重视科学的教授们倾向于忽视本科院校,不重视他们作为教师的职责。甚至有少数大胆的人扬言要取消所有学院,扩大中学以取而代之。其他人则乐于见到学院日渐萧条。并非每个研究者都忽视课堂教学的职责,但是哥伦比亚的心理学家 E. L. 桑戴克的选择绝对不是唯一的:"一天午前,他(桑戴克)看看钟,说:'五分钟后我必须去上课。如果我用这些时间来准备的话,讲座的质量会提高一半。但是我们还是估算一下相关性的另一个系数吧。'"⑰这种态度很自然地源自对研究的关注,虽然并不是不可避免的。如果研究是大学的主要目的,那么把精力放在不成熟并且经常表现平庸的学生身上很容易被看作是烦人的无关紧要的事。这样,新出现的对科学研究的重视使学生不能享有充满激情的教学,就如老式的死记硬背一样。

它对大学工作状态的另一个同样革命性的影响就是研究者普遍肯定智力。科学研究者私下变得热衷于更抽象的思维过程。他的工作使他相信,智力运转的价值在于更为广阔的发现而不仅仅是磨砺一个人的天赋。约翰·M. 柯尔特说,如果要明白真实世界的复杂性,"精神的坚韧"和"智力的自由"都是必要的。他说(1894 年的)美国刚刚踏入智力时代。⑱ 随着研究的声望日益增加,对思想解放的重视也一样。在某种程度上,智力疑问是从进化论的含义中获得了刺激。人们也许会猜测,查尔斯·达尔文的成功对于科学家的自信有多么大的激励。但是进化论如实用主义一样,也强调意志而

---

⑯ F. A. Bushee, "The American University," *The American College*, II (1910), 219.

⑰ W. V. Bingham in Murchison, *A History of Psychology in Autobiography*, IV, 9.

⑱ Coulter, *The Elements of Power*, pp. 3—4, 7.

非思想。智力要获得新的荣耀,必须有一群受到德国模式鼓舞的教授的热情。正如我们所见,在他们的事业首次取得进展时,大多数美国科学工作者没有表现出过度的攻击性,这个事实对于结果很重要。虽然如此,他们的批评者还是指责他们咄咄逼人。如果他们真的能破除传统,也许早就被大学开除了。

19世纪后期美国学术科学家通常为发现真理而自豪,而不是为追逐真理而自豪。他的目标是确定无疑的事实——不是错综复杂不明确的观点,不是仅适用于一时一地的人的观点。他不能接受彻底的相对主义,虽然如果他的研究涉及人类行为,他偶尔表现的态度后来也被认为是相对主义。威廉·格雷厄姆·萨姆纳和索尔斯坦·凡勃伦在某种程度上也许是例外,凡勃伦的功绩在于把科学观点本身看作特定文化环境的产物。[69] 但是即使是萨姆纳在两个重要问题上也接近于完全的相对主义:他挑出某些社会习俗,认为是基本而普遍的;更重要的是,他相信他对于原始部落行为的研究在描述上非常精确,已经不仅仅是他自己思想状态的记录。凡勃伦也有其非常专制的一面,在《美国高等教育》一书中表现得很充分。[70] 历史学家查尔斯·M. 安德鲁斯(Charles M. Andrews)认为,意识到人类行为的相对性是朝着"培养健康的道德标准"迈出了有利的第一步。[71] 在很多方面,包括他们(作为观察者)心照不宣地摆脱了有偏见的习俗,信奉研究的学者相信,知识的获得是坚定不移的。追逐

---

[69] 见 Thorstein Veblen, "The Evolution of the Scientific Point of View," *University of California Chronicle*, X (1908), 395—416。

[70] 在书中(38页)凡勃伦谈到"科学的利益,以及由此产生的学术圈的利益"。他依据这一标准来抨击事物的现存状态。

[71] C. M. Andrews, "The Value of History for Moral Culture," *Journal of Education*, XXXVII (1893), 147. 戴维·W. 诺贝尔对早期的人物,如伊利、凡勃伦和西蒙·派顿,做出了同样的评价,见 *The Paradox of Progressive Thought* (Minneapolis, 1958), esp. pp. 166—167, 178—183, 202, 205, 214。

第三章 研究

事实需要艰苦努力,并且基于具体的证据,但是事实是能够被逐渐发现的。

1888年,哈佛的化学家约西亚·P.库克(Josiah P. Cooke)断言,绝大多数美国科学家仍然很教条地"完全固执于"特定的思想"体系"。极少数人认为自己超脱了既定理论的全部体系。[72] 很多研究者认为,归纳法很快会引发固定通用法则的概念。实证物理学家埃莫斯·E.多贝尔(Amos E. Dolbear)坚持说,虽然"哲学的基本原理"在上个世纪已经被"非常有力地"粉碎了,但是"要注意,在科学方面,事物从一开始就是沿着同一条路发展,也就是说,到目前为止每个新的、一般的归纳只是覆盖了原先的内容,并没有替代它们"。[73]

确实,这个时期的学术研究者很少认为他们发现的知识会被颠覆。凡勃伦曾经承认他的头脑中有个人类知识的整体提纲,每当新的事实出现,他就将其放入这个令人安心的体系。1894年约翰·M.柯尔特满怀信心地宣称:"知识随着每代人而增加,而人类也由年轻走向成熟。"[74] 用来描述科学知识的比喻也明显说明人们认为它是永恒的。知识是不断向未知的大海扩张的岛屿;知识是由专著的砖石建成的神殿(不容易被时间或天气所侵蚀)。或者,柯尔特说得更灵活一点,知识是一条大河。诚然,它有时候会改变流向,将村庄抛在身后。但是这个比喻假定了基本稳定的根源。河流遵循重力法则,它绝不会变成海市蜃楼。[75] 知识的这些形象使研究者作为文明

---

[72] J. P. Cooke, *The Credentials of Science the Warrant of Faith* (New York, 1888), pp. 254—258. 库克还分辨出第三种不断壮大的群体,由仔细、单调乏味、精确的专家组成,他们在任何意义上都不关心这些更重大的事件。

[73] Dolbear, "On the Increased Importance of a Knowledge of Science," *The Academy*, IV (1890), 545.

[74] Dorfman, *Veblen*, p. 248; Coulter, *The Elements of Power*, p. 13.

[75] 见 G. S. Hall, "What Is Research in a University Sense, and How May It Best Be Promoted?" *Pedagogical Seminary* IX (1902), 76; Coulter, *The Elements of Power*, p. 12.

的永久贡献者而变得神圣。每个方面的探索都是为了最终的研究——永远不需要重复的研究。

在这种满怀信心的学术氛围中,人们中存在的不同意见被归咎于无知。约翰·霍普金斯的化学家艾拉·雷姆森说:"人们不知道事实,因此他们不同意,争论,陷入各种混乱。然而,如果他们有足够的时间并且会使用科学方法来发现事实的真相,那么我们所熟悉的激烈的斥责和讨论有一半,嗯,一半多都会停止。"⑯这样的观点当然不会容忍新的信仰。如果对话是无知的产物,那么至少有些科学家相信它应该尽快终止。虽然研究的倡导者有很多赞成学术自由的概念,但是他们通常是主张发现真理的自由。如果一位科学家相信他已经找到了真理,例如约翰·霍普金斯的亨利·A.罗兰,那么他就会像伯特或麦考士一样执著于自己的观点而不愿意接受对立的观点(错误)。罗兰是这样解释的:

> 人们通常说一个人有权表达自己的观点。对于身处孤岛的人也许如此,他的错误只会影响自己。但是当他开口教导别人,或是用日常生活来表达自己的观点,那他就要为他所有的错误判断和事实负直接责任。他无权把土堆看作大山,更无权这样教别人,就像他不能认为世界是平的并这样教别人一样。事实和科学法则不具有同等重要性,进行科学探索的人也不会获得同样的结果……我们的思想[必须]获得正确的引导,我们的努力[必须]朝向最高的目标。⑰

---

⑯ 见 *Johns Hopkins University: Celebration of the Twenty-Fifth Anniversary of the Founding of the University and Inauguration of Ira Remsen, LL. D., as President of the University* (Baltimore, 1902), p. 122。

⑰ Rowland, "A Plea for Pure Science," *Popular Science Monthly*, XXIV (1883), 43—44. 他相信"绝对真理的某种标准",据此,思想与物理实验室"直接联系",见他所著 "The Physical Laboratory in Modern Education" (Apr. 26, 1886), pp.7, 13 (DCG)。

第三章 研究

罗兰的立场并不具有代表性。但是真正为美国大学的学术自由而努力的研究的支持者倾向于认为,"真的"观点在自由竞争中当然会取得胜利。G. 斯坦利·霍尔说"肤浅、劣质的观点已经消亡,真理总是会获胜的"。虽然学术自由会让"软弱的人"经历"一段困惑时期",它也会使"坚强的性格"能"扎根更深"。⑱ 正是这些人相信知识具有粉碎错误的根本力量,他们才把进步作为宽容的理由。知识和错误尚未合成为中庸的"观点",而且,这些人重视研究的自由也不是因为观点。

学术研究者相信自己是在研究现实,而不是表达转瞬即逝的看法。约翰·M. 柯尔特明确否认真正的科学中存在任何主观主义。他说,"科学体系"的标准不是"从人类不同品位发展而来的可变的、虚伪的体系,而是建立在永恒的真理之上,是绝对的"。⑲ 没人认为客观很容易做到。约西亚·P. 库克承认,只有"杰出的人"才能发表"不受个人利益影响"的声明。所以他总结说,"保持头脑公正,不影响观察的能力"是特别可贵的品质。⑳ 托马斯·C. 张伯伦更老练地宣布了他对这个问题的理解:

> 我们……生活在双重世界,我们诠释的世界和真实的世界。一个是普通的暂时的世界,另一个是终极的绝对的世界。我们不断地从我们所诠释的多少有点虚妄的世界走向逐渐被完全揭示的现实世界。……人类正在从它早期诠释的领域进入事实占大多数的后来揭示的领域。㉑

---

⑱ [G. S. Hall], "Educational Reforms." *Pedagogical Seminary*, I (1891), 7.
⑲ Coulter, *Mission of Science in Education*, p. 19.
⑳ Cooke, *Scientific Culture*, pp. 32—33.
㉑ T. C. Chamberlin's "The Importance of a Belief in the Diving Immanence at the Present Crisis of Intellectual Development," pp. 4—5 (TCC).

这种清楚表达的双重性很罕见,张伯伦在它面前表现出的乐观精神却是独特的。客观很难做到但是并不是不可能,努力和实用性能够做到。1901年哥伦比亚的一位物理学家说:"虽然我们生存的这块宇宙尘埃相对来说很渺小,虽然我们的思想相对来说没有能力找出我们与宇宙其余部分的确切联系,但是我们已经可以测量这种渺小和确定这种无能了。"人们仍然随意地把这种测量行为的结果称为"确定的知识"。[82]

科学信仰的类别

对于局外人,也许是持另一种见解的教育者,科学研究的过程只不过是被神秘化了的日常事务,可以宽容地表示赞许,也可以优雅地表示憎恶。冷静地看来,学问和实验只不过构成了一门新的日益发展的职业,研究生院也和法学院、林业学院,或护士学院没有区别。它满足了另一种特别的才能的需要。然而对于一心一意信奉研究的人,这种漫不经心的态度可算是亵渎。G. 斯坦利·霍尔说,研究思维要求"热心"、"热忱"、"热情"和"完全的忘我"。[83] 正如牧师一样,研究者绝不会认为自己仅仅是一群找到了体面的谋生方式的人。校方正式宣布:"约翰·霍普金斯大学在文学和自然科学的各个系部为合格的学生提供高等教育,而非职业教育。"[84] 这种不愿

---

[82] R. S. Woodward, "The Progress of Science," A. A. A. S., *Proc.*, 1901, p. 235. 当代的学者不赞成我在这一部分所强调的内容,相反,他们倾向于认为实用主义和相对主义思维的兴起与达尔文主义科学的兴起是等同的。例如,见 Hofstadter and Metzger, *The Development of Academic Freedom*, pp. 353—363(esp. p. 357)。

[83] G. S. Hall, "Address," in *A Record of the Commemoration, June Twenty-First to Twenty-Seventh, 1895, of the One Hundredth Anniversary of the Founding of Union College* (New York, 1897), p. 237.

[84] Johns Hopkins University, *Register*, 1877—1878, p. 14. 增加的斜体字部分。

第三章 研究

意从职业角度来看待自己的现象表明,研究对于这些人是一种生活方式,也有助于进一步将他们与信奉实用的学者区别开来,后者往往把注意力集中在为他们并不从事的职业设立正规的要求。

早期在霍普金斯担任研究员的人并不把自己的职位看作"获得博士学位或教授资格的一般过程中的平常手段,而是进行学习和研究的珍贵而罕有的机会,渴望这种可能性的人应该迫切地抓住它"。[85] 赫尔曼·E.冯·霍尔斯特(Hermann E. von Holst)说,知识是"比一件器皿和一次交易高贵得多的东西",献身于知识的人绝对不是"平庸的职业者",而是更广泛的社会中独特的残留人群的一分子。[86]

对于热情追求知识的人,研究很快就具有很多宗教激动人心的特点。随便的语言表现出敬畏的态度。于是索尔斯坦·凡勃伦抨击"绅士的学院中弥漫的世俗精神",暗示这是一种亵渎。冯·霍尔斯特说对知识的热爱"绝对不能被卑劣的动机玷污"。[87] 理想的研究生"必须天生具有一定程度的神圣的热情"。"追求真理的热情"必然会导致"对真实的狂热"。一位物理学家谈到"获得了首次发现的事实所引发的兴奋"。[88] 像教育传教士一样,少数教授开始主张研究应该从幼儿园开始,渗透进中等学校。[89] 但是年轻的研究者最具启发性的经历却是个人的入门经历,有时候这种经历几乎是信仰的转

---

[85] Franklin, *Gilman*, p.228.

[86] H. E. von Holst, "The Need of Universities in the United States," *Educational Review*, V (1893), 116, 118—119.

[87] *Ibid.*, p.117; Veblen, *The Higher Learning in America*, p.89.

[88] W. G. Hale, "The Graduate School," *University Record*, I (1896), 439; W. K. Brooks, "Thoughts about Universities," *Popular Science Monthly*, LV (1899), 355; G. F. Barker, "Some Modern Aspects of the Life Question," A. A. A. S., *Proc.*, 1880, p.1.

[89] T. C. Chamberlin's "Methods of Teaching" (1895; TCC); Joseph Jastrow in *Science*, XI (1900), 57.

变。一位心理学的学生在19世纪90年代中期霍尔的一次讲座中受到鼓励,不久之后就在一张大卡片上写上"研究"这句箴言,并将它挂在自己的课桌上。⑨⁰ 早期的约翰·霍普金斯有一则轶事——也许不足采信——一个学生来的时候充满了期待的狂喜,以至于他在自己将要工作的实验室守了一夜。⑨¹

最能体现这种对研究的深厚热情的人是G.斯坦利·霍尔,他是约翰·霍普金斯的生理心理学家,后来成为克拉克大学的校长。14岁的时候,霍尔爬上西马萨诸塞州他家农场附近的一座山顶,在草地上趴了一个小时,获得了一次重要的情绪体验。与从前的青少年不同,霍尔没有祈祷或是感恩。相反他离开这座山,决定以后再也不来了,除非"他在大千世界出名"。他发誓要离开祖辈生活的乡村,"投身于更广阔更充实的生活"。⑨² 十年后,他坐船到了德国。后来威廉·詹姆斯说到霍尔时,不耐烦地说他是个"梦想家",而且"他做的每件事都似乎笼罩着某种神秘色彩"。⑨³ 霍尔称研究者是"真理圣灵的骑士",招致了这种蔑视。他说大学的存在就是要保持"对研究的神圣的热忱","研究是其天赋的生命,必不可少的空气"。他把年轻人第一次认识到学问比喻成"幼虎第一次品尝到鲜血。这……是一种逻辑和精神的转变。年轻的贡献者成为科学伟大社团的一

---

⑨⁰ R. S. Woodworth in Murchison, *A History of Psychology in Autobiography*, II, 364.

⑨¹ B. J. Hendrick, *The Training of an American: The Earlier Life and Letters of Walter H. Page, 1855—1913* (Boston, 1928), p.73.

⑨² L. N. Wilson, *G. Stanley Hall* (New York, 1914), p.23.

⑨³ William James to Hugo Münsterberg, Aug. 21, 1893 (HM)。反过来,霍尔称詹姆斯"有点浪漫,虽然不能说是印象派艺术家"。见"Dr. Hall's Statement of the Difference between His View of Religious Psychology and That of Professor William James, May 9, 1907" (C)。

第三章 研究

份子,在尚不可见的教会斗士中发挥自己的作用"。[94]

更坚定的研究者是新大学里真正的修士。有些过着隐居的生活——"实验室隐士",霍尔这样称许他们。威拉德·吉布斯(Willard Gibbs),也许是19世纪后期美国担任了学术职务的最杰出的科学家,就具有这种倾向。吉布斯自愿留在纽黑文,在这里他可以籍籍无名地安静地做自己的工作,他保持着默默无闻,以便他的公式能够不受干扰地成熟。但是吉布斯从不会不愿意公开自己的结果,而在其他情况下,例如历史学家J.富兰克林·詹姆森(J. Franklin Jameson),他的完美主义品质使他不能这样面对世界。在局外人看来,这种研究者的生活也许很无趣,但是它们体现了彻底的投入。他们中很多人很少或是根本不写文章讨论高等教育的目的,甚至他们自己学科的"更大"意义。因此除了后来的少数专家之外,他们经常被人遗忘。正因如此,在评估19世纪后期美国学术生活的时候,这样的人——纯科学理念的代表——有时候被过度淡化了。

以下是此类的几个例子。耶鲁的托马斯·伯尔·奥斯本(Thomas Burr Osborne)把全部生命都献给了"唯一的目的,即了解蛋白质彼此之间以及与动物世界的关系……他很少离开实验室,对外界也没什么兴趣"。[95] 温弗雷德·R.马丁(Winfred R. Martin)执教于康涅狄格州的一所小学院,钻研梵语语法。"他终生未婚,他的最大幸福就是学习"。[96] 奥赛内尔·C.马什(Othniel C. Marsh)在耶鲁工作却不拿薪水,满怀激情地沉浸于古生物学。马什只给几位研究

---

[94] Hall, "The University Idea," *Pedagogical Seminary*, XV (1908), 104; Hall, "Confessions of a Psychologist," *ibid.*, VIII (1901), 119—120. 还可见 G. S. Hall, "Research the Vital Spirit of Teaching," *Forum*, XVII (1894)。

[95] H. B. Vickery, "Biographical Memoir of Thomas Burr Osborne, 1859—1929," in National Academy of Sciences of the United States of America, *Biographical Memoirs*, XIV (1932), 261.

[96] W. L. Phelps, *Autobiography with Letters* (New Yorks, 1939), p.102.

生授课,专注地在化石间徘徊,不结婚,也很少有私人朋友。[97] 哈佛的查尔斯·格罗斯(Charles Gross)投入全部精力研究中世纪英格兰地方政府的结构。格罗斯的性格"温文和蔼":

> 他对哈佛图书馆的使用比剑桥任何一位教授都要多。他在工作的时候因为专注而紧张得令人吃惊,不停地咬指甲……在剑桥和大英博物馆,他太沉迷于自己的工作,不是完全忘记吃饭,就是进餐很不规律,这毫无疑问是他不治之症的一个原因……格罗斯是一位非常精确的学者。在研究一段历史时,如果觉得某个细节没有考虑到,他会觉得不安。[98]

哥伦比亚的赫尔伯特·利维·奥斯古德(Herbert Levi Osgood)是研究美国殖民史的重要人物之一,他也有类似的特征。奥斯古德工作得异常勤奋,他总是觉得自己已经浪费了时间,必须"弥补"。他唯一的让步就是在夏季的下午四点半停止工作。"他的思想高度集中,经常会打扰他的睡眠,他会在半夜两点起床,记下一些迫切的自我建议,写作或是研究直到天亮。看着他工作,人们几乎能看见意志无情地驱使着可怜的躯体,使其发挥全部的潜力……他就像僧侣一样完全投身于一项事业"。[99]

人们很少在社交集会中看到奥斯本、马什、格罗斯或是奥斯古德,也不会在流行杂志上读到关于他们的文章。但是他们以及类似于他们的人孕育了美国重视科学的年轻传统。他们不是谈论某种

---

[97] G. B. Grinnell, "Othniel Charles Marsh, Paleontologist, 1831—1899," in D. S. Jordan (ed.), *Leading American Men of Science* (New York, 1910), pp. 291, 309—310, 312.

[98] H. P. Judson to W. C. Ford, Jan. 7, 1910 (UCP); J. Sullivan to W. C. Ford, Jan. 14, 1910 (HUA, "Biographical Materials")。"他很容易对自己行动领域内最枯燥的论文的最琐碎的细节感兴趣。"H. Hall to W. C. Ford, Jan. 17, 1910 (HUA, "Biographical Materials").

[99] D. R. Fox, *Herbert Levi Osgood* (New York, 1924), pp. 33, 109—110, 112.

第三章 研究

学术理想,而是在实践它。

然而,要想吸引新的归附者,献身研究的人必须在教室环境中接触年轻人。在新的美国大学,出现了三种教学方式:实验室、讲座和研讨会。这些教学形式逐渐成为高等教育的主要形式,虽然旧式的朗诵在讨论组中仍然活跃。虽然自然科学和社会科学中广泛使用讲座的形式,但是任何教授都可以用它来阐明自己的观点。确实,那个时期大多数著名的讲演者都是文人。因此,实验室和研讨会就成为指导未来的科学家和学者最典型的方法。实验室对于化学家、物理学家和生物学家来说,就像研讨会对于重视研究的历史学家、经济学家和语言学家一样重要。研讨会的作用不像实验室那样迅速为人所知,值得特别关注。⑩

早在1830年,柏林大学就出现了第一次研讨会。此后,德国的研讨会时断时续地存在。它通常由某个有个性有魅力的教授发起,并不是预定课程的常规部分。德国研讨会尤其在历史和经济学上出名。但是成熟的观察者记录说,它们可能是沉闷乏味的聚会,要做很多"无价值"的单调乏味的工作。⑩ 恰恰是这种在德国大学内部并非最重要的教学方式激发了很多在德国求学的美国学生的想象。19世纪70年代由亨利·亚当斯和查尔斯·坎德尔·亚当斯分别进行了首次尝试之后,研讨会在十年之后成为美国研究生院最盛行的

---

⑩ 对19世纪后期科学实验室的详细观察,见[J. P. Cooke], *The Value and Limitations of Laboratory Practice* ([Cambridge, Mass., 1892])。对于实验室理念的清楚表述,见 H. A. Rowland's "The Physical Laboratory in Modern Education" (DCG)。

⑩ D. C. Munro to G. B. Adams, Oct. 9, 1905 (GBA). F. M. Fling, "The German Historical Seminar," *The Academy*, IV (1889), 129—139, 212—219, 对当时德国研讨会的实际过程进行了生动的描绘。它们并非私人集会,似乎一般都有28位学生参加。弗林这样描述某个夜晚:"工作是科学的,一丝不苟的,但是没有争论,对于讨论的问题也没有强烈的兴趣,活动确实冗长烦人,也没有人想掩盖这一事实。"甚至教授都打哈欠。*Ibid.*, p.218.

教学方法之一。⑩

哥伦比亚的一位经济学家于1892年说,研讨会"是齿轮内部的齿轮,是现代大学恢复生机的、激励的、创造性的力量的真正核心。没有它,大学教学就不完整;有了它,加以正确引导,所有大学都能完成其存在的主要目标"。这位作者把研讨会定义为"教师和很多挑选出的水平较高的学生的集会,在此,人们提出原创研究的方法,培养有创造性的教职员,灌输科学独立的精神"。⑩ 由此,学生可以与自己职业的未来同伴建立宝贵的友谊,同时也能获得必不可少的文献知识。对于教授来说,他能学会放松,把水平较高的学生看作平等的人;有人还注意到,他也许让学生做自己的研究中"吃力不讨好的事"。⑩

这些是热心的作者认为研讨会具有的实践结果。在更抽象的方面它也能获得赞许。1888年,另一位倡导者说,研讨会代表了"归纳逻辑法则的应用"。他补充说,"这些在任何地方都是相同的"。先入为主的观点被清除了,学生将要面对的只是事实。具体问题的"真理"会从这些事实中浮现出来。⑩ 研讨会培养"思想谨慎的独立

---

⑩ 在约翰·霍普金斯,研讨会在19世纪80年代全面发展,当时,每个系部都有研讨会(除了几个自然科学系)。见 H. D. Hawkins, "Pioneer: A History of the Johns Hopkins University, 1874—1889," II, 670—690, 本书还讨论了其他大学的早期尝试。(霍金斯的《先驱》一书已经出版,但是本文此后的所有引文均出自约翰·霍普金斯大学图书馆藏的更完整的两卷本打印稿。)1898年,连普林斯顿也考虑成立研讨会了; Princeton University, "Faculty Minutes," Oct. 19, 1898 (Princeton MSS)。

⑩ E. R. A. Seligman, "The Seminarium: Its Advantages and Limitations," U. N. Y. Report, 1892, p. 63.

⑩ Ibid., pp. 65—68(包括引号内的话)。

⑩ F. H. Foster, *The Seminary Method of Original Study in the Historical Sciences* (New York, 1888), pp. 2, 40, 50. 关于人们如何知道自己得到了真相的问题,福斯特这样说(49页):"如果我们的结果被其他研究者直接或间接证实,就会增强我们对其合理性的信心……但是在最后的报告中,我们对于自己正确的信心必须基于这样一种信念,即我们收集的事实是真实的,过程中的原则和方法是正确的。"

性"。它会在"谈话的魅力和刺激中"提供"智力上的激励",虽然值得注意的是,有人也说"训练替代了才华"。[106]

就这些目标而言,美国的研讨会和德国一样,不会必然取得成功。研讨会发展出相当多种做法。学生报告自己研究的进展;做读书报告;讨论文章或是专著;读长篇论文;或者整节课就用来仔细研究文件。从第一次研讨会起,就存在着一种危险,即:其结果可能很枯燥乏味。相互钦佩的拘谨气氛或是不敢与主持教授争论都会扼杀思想的积极交流。(正是为了防止这种趋势,著名历史研讨会的发起人赫尔伯特·巴克斯特·亚当斯才把自己的研讨会变成非常戏剧化但却肤浅的表演。)[107]但是研讨会可能激励了很多参与者。真正的兴奋有时候也许是源自共同发现了从前学者著作中的错误,而不是更深的激励。智力上的冲突也不是完全不存在。

当研讨会确实获得了引人注目的成功,人们将荣誉归功于发起活动的特定学者的个性。(显然,科学实验室也是如此。)现在回想起来,这种说法似乎平淡无奇,但是考虑到当时研究者的信念,就很有讽刺意味了。根据科学归纳法的前提,之所以能够精确地获知真理,是因为真理是不受个人影响的:阅读同一份文件或是观察同一个实验的任意两个人的意见都会一致,而这种一致确定了信仰的基础。这个过程中个性是不允许存在的。但是实际上,人们重视研讨会和实验室,因为它们能够为水平较高的学生和该领域享有盛名的人提供密切的私人联系。道德的家长式管理基本上被科学原则所抛弃,取而代之的是学术的家长式管理。

---

[106] F. H. Stoddard in U. N. Y., *Report*, 1892, p. 84; Hall, "Confessions of a Psychologist," *Pedagogical Seminary*, VIII (1901), 13; Ephraim Emerton in A. D. White et. al., *Methods of Teaching History* (2d ed.; Boston, 1886), p.42.

[107] 见本章后面对于提倡研究的教职员的讨论。

事实上,"导师"和"门徒"这些词更多地出现在认为自己具有科学性的教授和学生嘴边,而持其他学术观点的人,也许除了某些哲学家,反而很少使用这些词。地理学家以色列·C.拉塞尔(Israel C. Russell)这样描述研讨会和实验室之间的理想关系:

> 在研究院……教授和学生应该是同事,相互帮助。学生从这种同志关系中能够获得一种无形的东西——我们也许称之为激励,或个人魅力,或灵魂的辐射——这种东西通过人与人的联系交流传递,却无法用语言或文字表述,其影响力之深是学生在离开母亲的怀抱之后的生命中从未遇到过的。[108]

拉塞尔所谓的"灵魂的辐射"现在被称为——也许对其的理解和以前一样——领袖气质。成功的美国研讨会可能很有魅力,成效不大的研讨会成为例行公事而缺乏更深的情感经历。

因此,研讨会迎合了非常浪漫的期望。起源于该世纪早期常见情绪的希望延续到了新的科学环境。对于很多美国研究生,研究意味着与有魅力的教师交流。德国更多地意味着能在伟大"导师"的带领下学习的机会,而不是一个国家或是教育体系。在美国,注重研究的教授通常能获得对其个人的强烈忠诚。一位学生在1876年写信给约翰·W.伯吉斯:"这里(阿姆赫斯特学院,伯吉斯在搬到哥伦比亚之前曾在这里教书)对你和你的工作有着极度的热情,就像获胜的英雄从战场返回时,他王国内忠心的臣民对他的热情一样。"[109]后来一位心理学家回忆说,直到1900年左右,学生的"主要忠诚使他成为一个人的附属……他曾是冯特、布伦塔诺(Brentano)、迈

---

[108] I. C. Russell, "Research in State Universities," *Science*, XIX (1904), 853.
[109] James Waten to J. W. Burgess, Feb. 8, 1876 (JWB).

第三章 研究

农(Meinong)、莱德、詹姆斯或是马勒的学生"。⑩ 有些研究生过于依赖"导师",以至于无法作为独立的学者发挥完全的作用。⑪ 甚至有人建议说,博士学位应该标明取得学位的导师的名字,而不是学院的名字。斯坦利·霍尔、弗雷德里克·杰克逊·特纳、威廉·格雷厄姆·萨姆纳和其他人举办的研讨会几乎成为一系列的礼拜活动。⑫ 相反,其他教授刻意忽视他们的学生,把注意力集中在自己的工作上。但是有时候,最冷淡的教授反而获得最深的忠诚。⑬

一般说来,学术研究环境中对于深刻情感经历的需求大于供给。个人魅力是一种罕见的品质,不可能大规模盛行,也不能仅仅靠创办研讨会的形式就凭主观意愿产生。但是在世纪交替之后,随着大学里日常事务走上正轨,夸大了的对研究的热情会导致幻想破灭,这是因为在另一方面觉得自己的职责必须完全关乎事实的人们中长期存在不同的期望。19 世纪 80 和 90 年代,很多可能的研究者产生了一种特别的狂热情绪。这个时期,纯科学家淡出社会关注的现象尤其明显。也许这正是在研讨会上寻求非常私人化关系显得如此重要的原因。

---

⑩ Madison Bentley in Murchison, *A History of Psychology in Autobiography*, III, 54—55. 根据本特利的说法,1900 年之后,常见的忠诚不再是对个人的忠诚而是对"学院"的忠诚。

⑪ A. A, U., Journal, 1904, pp. 35—36; 比较 Madison Bentley in Murchison, *A History of Psychology in Autobiography*, I, 457:"我一生只想做一位享誉世界的杰出人士的助手[J. M. Baldwin]。我从未想过要当领袖。"

⑫ 霍尔的研讨会每周一晚在他家举办,延续了三十多年;它对其成员的影响,可见 L. M. Terman in Murchison, *A History of Psychology in Autobiography*, II, 315—316, 及 Hall, *Life*, pp. 327—333. 学生当面称呼弗雷德里克·杰克逊·特纳为"职业之父"。G. H. Alden to F. J. Turner, Feb. 5, 1902 (FJT). 还可见 A. G. Keller, *Reminiscences (Mainly Personal) of William Graham Sumner* (New Haven, 1933), *passim*.

⑬ 例如,可见 J. McK. Cattell, *James McKeen Cattell*, *1960—1944*, ed. A. T. Poffenberger (Lancaster, Pa., 1947), II, 2。

促进制度化的研究

对研究理念热切的信奉往往仅限于新大学的一部分教职员和研究生。研究精神很少成为校长的主要观点。典型的例子就是,两位热情的研究者,约翰·M.柯尔特和托马斯·C.张伯伦,很快就放弃了他们就任的校长职务,想回到教授的生活中去。因此,作为笼统的学术目标,研究的推进不取决于占据高位的热心倡导者的数量。相反,它代表了来自"下层"的压力。这种压力最终夺取了大多数学术管理者的想象力,但是可以说是间接的,而且夹杂了创建能恰当地反映他们时代的学术生活的学院的愿望。德国大学的例子引发了要求学院接受研究的运动。1876年之后,基于新的方针成立了一所美国大学,其存在对这种模式起到了决定性的增强作用。坐落于巴尔的摩一组不起眼的建筑中的约翰·霍普金斯大学在全美国都象征着新的研究理念。[114] 与实用的理念不同,研究不是由两所或是更多的相互竞争的学院首先倡导的。它能获得学术想象,是受到了唯一的国内典范的影响。

丹尼尔·科伊特·吉尔曼是霍普金斯的第一任校长,但是他以前并非一心一意地支持抽象研究或是大陆式的理性。确实,早在1855年,他从耶鲁毕业后不久就曾呼吁要促进"原创性探索和研究",但是他立刻补充说,除非现实世界从科学中得到了最有用的推

---

[114] 初期的约翰·霍普金斯大学是H. D. 霍金斯的杰出专著《先驱》(伊萨卡,1960)的课题,现在研究参考的是其更完整的两卷打印稿(见102条注释)。有价值的还有J. C. French, *A History of the University Founded by Johns Hopkins* (Baltimore, 1946),及Franklin, *Gilman*. 吉尔曼的观点再现于Francesco Cordasco, *Daniel Coit Gilman and the Protean Ph. D.* (Leiden, 1960)。

第三章 研究

论,否则科学的普遍化"几乎是不可能的"。⑮ 年轻时,吉尔曼几乎倾向于实用主义教育改革。1858 年,他积极收集签名,发起请愿,支持莫里尔要求联邦政府为学院开展农业和技术培训提供援助的提议。⑯ 19 世纪 60 年代和 70 年代初,吉尔曼的思想倾向主要是努力调和通识教育和应用科学这两种概念。他担心康奈尔大学涉及的领域太大而无法深入,他声明,在传统研究和新兴研究中他持中立态度。⑰ 因此,虽然他似乎支持怀特和艾略特的"新"教育,但在课程问题上他比这两位改革者都更保守。19 世纪 70 年代初,作为加利福尼亚大学的校长,吉尔曼表明了自己的态度,他说:"让我们希望美国的大学会重视学术的所有分支,仅仅优先考虑那些经过合理评价、被认为在我们时代非常有用的学科……不要让新奇或是年龄使我们对有益于人类的科目产生偏见。不要让我们对科学的热爱压抑了我们对文学的热爱。"⑱吉尔曼不愿意用德国式大学替代传统的美国学院。他第一次去欧洲时,对法国教育体系的印象也许比对德国教育体系的印象更深刻。⑲ 真的,他甚至希望在文科的四年制培训中保留核心的预设课程。他的座右铭似乎就是增加,而非替换。

然而,到了 1874 年,吉尔曼在巴尔的摩接受采访时,他对大胆的方案有了更多的包容性。他与实用主义观点的联系本来就有点冷

---

⑮ D. C. Gilman, "Scientific Schools in Europe," *Barnard's American Journal of Education*, I (1855), 328.

⑯ D. C. Gilman to J. S. Morrill, Mar. 22, 1858 (Yale MSS).

⑰ [D. C. Gilman], "The Cornell University," *The Nation*, I (1865), 45, 吉尔曼在 1867 年前后发表的声明引用于 R. H. Chittenden, *History of the Sheffield Scientific School of Yale University, 1846—1922* (New Haven, 1928), I, 137—139.

⑱ D. C. Gilman, "On the Growth of American Colleges and Their Present Tendency to the Study of Science," A. I. I., *Proc.*, 1871, p. 103.

⑲ Gilman, "Scientific Schools in Europe," *Barnard's American Journal of Education*, I (1855), 315; D. C. Gilman, "The Higher Special Schools of Science and Literature in France," ibid., II (1856), 93—102.

淡和脆弱，1872年他担任了州立大学校长之后不得不与加利福尼亚的格兰其进行令人不快的斗争，这种联系就变得更淡薄了。如果他留在西部，他的命运就会是迎接"哪种民主的浪潮"？[119] 1874年12月28日，吉尔曼遇到了尚未成立的约翰·霍普金斯大学的理事，该大学的投资人是巴尔的摩一位出身贵格会的吝啬的商人，他没有子女，因此对大学的性质没有遗留任何限制。我们并不完全清楚这些理事自己是否已经形成了要在新学院促进高等研究的坚定信念。但是吉尔曼与他们商谈了一个小时，就公布了创办以研究为主的研究生院的计划。[120] 1875年1月，吉尔曼对未来的约翰·霍普金斯大学的构想如下：

> 我越来越相信巴尔的摩需要的不是一所科学学院，不是一所传统学院，也不是两者的结合，而是医学系和哲学系[注意这里的德语措辞]：一般学院的班级、典礼等手段也许可以废除；一个系的每个领导，及其在系里的同事——即数学系、语言系、化学系或历史系等——能尽可能不受其他系领导人的干扰，并决定他要接受什么样的学生以及怎么教授他们；首先满足水平较高的特殊学生的需要；学生准备好毕业时就授予他们学位，不论他们入校是一年还是十年。[121]

简而言之，吉尔曼现在愿意抛弃思想中的传统部分，致力于进行新的实验。

---

[119] D. C. Gilman to A. D. White, Nov. 4, 1874, 引用于 W. W. Ferrier, Origin and Development of the University of California (Berkeley, 1930), p.362.

[120] 见 Hawkins, "Three University Presidents Testify," *American Quarterly*, XI (1959), 116—118。

[121] D. C. Gilman to G. J. Brush, Jan. 30, 1875 (BF). 这封信中，吉尔曼也说他受到弗吉尼亚大学模式的影响。

第三章 研究

没有吉尔曼的鼓励,约翰·霍普金斯重视研究的定位也许就是不可能的。但是任何一位大学校长有意发表的声明都不像丹尼尔·科伊特·吉尔曼那样,与自己管理的学院的实际性质几乎没有关系。吉尔曼的思维总是折中式的。他一再说他无意盲目模仿德国或任何其他欧洲模式。他谈到教育"理论家"时总暗含着蔑视。[123]在霍普金斯的最初几年,他最关注的是自发性、试验和废除僵化的形式(刚开始,还包括博士学位的任何详细计划)。[124]他害怕过于迅速地开创了太多先例。在引导学院转化成显著的德国形式的过程中,首批教职员和第一批研究员与位于领导地位的人一样发挥了很大作用。

吉尔曼一直都不满意"研究"这个词,虽然他承认找不到合适的同义词替换它。[125]他在演讲中经常使用19世纪中叶的绅士们才用的温和的道德形容词。在总结对学术目标的定义时,他号召美国大学成为"知识、美德和信仰的坚定的促进者"。[126]1886年,他甚至援引了智力训练的术语,说明他希望美国大学绝不会变成:

> 仅仅是提高知识或是获得学问的地方;它将永远是发展品格的地方。一个由专家,由最大限度开发了某种能力而没有同时发展智力各种天赋的人所组成的社会将是一个充满了不切实际的悲观主义者的悲惨的社会,它类似于一个由会用脚尖画

---

[123] D. C. Gilman to G. J. Brush, Jan. 30, 1875 (BF). 这封信中,吉尔曼也说他受到弗吉尼亚大学模式的影响。

[124] 见 Remsen, "Original Research," *Association of Collegiate Alumnae, Publications*, Ser. 3, 1903, pp. 24—25。

[125] D. C. Gilman, "Some Thoughts Respecting Research," unidentified clipping of Dec. 5, 1905 (DCG); D. C. Gilman, *The Launching of a University and Other Papers* (New York, 1906), pp. 154, 242—243。

[126] D. C. Gilman, *An Address before the Phi Beta Kappa Society of Harvard University July 1, 1886* (Baltimore, 1886), p. 33。

画的孩子，或是能快速运算的孩子，或是能记住高级宾馆里所有客人帽子的孩子，或是能在钢丝上做出各种表演的孩子所构成的社区。[127]

吉尔曼继续发表言论，不断赞同实用和自由文化，同时也赞同抽象研究。直到1893年，他还要求在学院开展手工培训。[128] 他同时热切地赞成文科教育。他在1885年说道："大学是保守的。他们鼓励对历史、哲学、诗歌、戏剧、政治、宗教的研究，总之，对先辈经历的研究。"[129] 吉尔曼的演讲进一步表现出对太多冲动、兴奋的厌恶。他宣称，"宁静的精神"应该是学术学院的标志。大学应该成为"富有成效的宁静的典范，激励人们树立哲学的人生观，这对于当今的同胞非常重要，因为一方面是悲观主义的哀号，另一方面是乐观主义愉悦却具有欺骗性的幻象，都有诱使人们偏离中庸之道，放弃能首先辨认真相然后有希望和勇气争取更好的理性的危险"。[130]

虽然吉尔曼反对宗派的教条主义，但他比怀特或艾略特在宗教信仰上更为坚定——在这方面，他与密歇根大学的安吉尔更相似。1886年他断言："在大学的特点中，我提名捍卫唯心主义，维护精神论。"美国大学会是"维护宗教的地方，我希望不是通过强迫人们同意常规做法，或是强求人们对指定仪式的顺从，而是通过意识到被看作个别的人类的宗教天性，以及美国人生活于其中的社会的宗教基础"。吉尔曼说他会更进一步，并且"主张美国大学应该不仅是有

---

[127] D. C. Gilman, "The Relation of Universities to the Progress of Civilization," U. N. Y., *Report*, 1886, p.210.

[128] D. C. Gilman, "Manual Training as a Part of a Liberal Education: A Hint for Colleges," unidentified clipping of an address in 1893 (DCG).

[129] D. C. Gilman. *The Benefits Which Society Derives from Universities* (Baltimore, 1885), p.17.

[130] Gilman, *An Address before the Phi Beta Kappa*, p.27.

神论的,它们也许也应该公开承认自己的基督教属性——不是狭义的或是在教派意义上——而是在福音宽宏、坦率而振奋人心的意义上"。⑬

吉尔曼的宗教观点以及他对脆弱的年轻大学的名誉的担心限制了他的学术自由观。他的典型做法是,一方面坚持"不应该束缚追求真理的人",一方面又平静地断言"无须担心对造物主作品的最深的研究会减弱他应得的尊敬"。⑬ 大学应该促进"追求真理的学术自由"和"对意见不同的人的最大宽宏",但是它的精神不能允许其内部存在"教会差异"或"政治冲突"。⑬ 这也许意味着,在有争论的领域,得到支持的将是促进冷静调解的教授而非提倡对抗的教授。事实上,吉尔曼说,敏感的大学教席应该由"至少相信基督教具有有益和乐观影响力的人担任。我宁可让职位长期空缺,也不愿找有害的人来任职"。⑭ 在挑选教职员时,他"必须考虑某些道德和社会因素"。教授"应该有文雅的举止,在我们应该维护的社会关系中感觉轻松自如"。因此,不能让系部的领导(他们的主要热情应该用于学术发展)来安排职务。⑬ 在就职演讲中,吉尔曼在谈到教职员时,大胆地说:"我们不会问他们来自哪个学院,或哪个州,或哪个教会,而要问他们知道什么、能做什么和想发现什么。"⑬但是吉尔曼要求 G. 斯坦利·霍尔为了礼貌而定期参加礼拜,他还斥责另一位教授,因

---

⑬ Gilman, *An Address before the Phi Beta Kappa*, p. 21; Gilman, "The Relation of Universities to the Progress of Civilization," U. N. Y., *Report*, 1886, p. 211.

⑬ D. C. Gilman, *Address*: *Delivered by Request to Delegates from the Society of Friends, December 21st, 1877* (Baltimore, [1878?]), p. 15.

⑬ Gilman to a trustee, Jan. 30, 1875, 引用于 Hawkins, "Pioneer," I, 79—81.

⑭ Gilman to J. B. Angell, Oct. 26, 1885 (JBA).

⑬ Gilman to H. B. Adams, June 8, 1890 (HBA); Gilman to B. L. Gildersleeve, July 31, 1882 (BLG).

⑬ D. C. Gilman, *University Problems in the United States* (New York, 1898), p. 28.

为他在公共场合抽烟。⑬

很明显,吉尔曼本人缺乏学者气质。他是一位成功商人的儿子,一直都对管理感兴趣。吉尔曼擅长公关艺术,拥有"温文尔雅的气质和丰富的外交资源",他留给人们印象最深的是他"先是对于尺度和人事,后来对于方法和财源有着非同一般敏锐而实际的洞察力"。⑬ 与其他能力相匹配,他还能熟练运用老生常谈却让人愉悦的语言。他的语言通常仅限于两种风格:堂皇的乐观或是沉重的告诫。与查尔斯·W.艾略特同时发表演讲时,相比之下,吉尔曼不可避免地显得很平庸。⑬

但是正是因为这些原因,吉尔曼给予早期的约翰·霍普金斯大学它所需要的保护性表象。在表象之下形成了美国鲜有大学能够匹敌的学术氛围。如休·霍金斯(Hugh Hawkins)所说,这种氛围部分是因为霍普金斯是在非常戏剧化地开拓新的生活方式。它源自那种生活方式内在的特性。并且,正如我们所见,19世纪末期赋予实验室和研讨会的模糊的浪漫主义期盼又强化了这种气氛。更具体一点,霍普金斯的氛围融合了两种重要品质:自由感,同时又具有精力充沛的献身精神。一方面,早期的霍普金斯人因为没有形式、仪式和典礼而自豪,他们吹嘘能够自由而不受干扰地将精力投入任何使他们感兴趣的科目。但同时,促使他们努力工作的压力也很大,这种压力源自不断地被拿来与身边的同事相比较。每个人都渴

---

⑬ Hall, Life, p. 245; Hawkins, "Pioneer," II, 648. 还可见 M. H. Fisch and J. I. Cope, "Peirce at the Johns Hopkins University," in P. P. Weiner and F. H. Young (eds.), *Studies in the Philosophy of Charles Sanders Peirce* (Cambridge, Mass., 1952), pp. 277—311.

⑬ C. H. Levermore to G. H. Howison, July 4, 1891 (GHH); J. K. McLean's "Address at Berkeley Club, Feb. 18, 1909" (DCG-UC).

⑬ 见 Hawkins, "Pioneer," I, 154; II, 384; J. F. Jameson's Diary, Feb. 22, 1884, in Jameson, *An Historian's World*, p. 33, n. 96; Albert Shaw's "Recollections of President Gilman," June 10, 1945, pp. 1—2 (DCG).

第三章 研究

望不断地"证明"自己。

在某种程度上,这些品质在主要的美国研究院中一直存在,理论上,这种能促进成绩的因素没有理由不在某个特定学院,例如霍普金斯,永远存在下去。但是其最纯粹的形式产生的魔力只维持了很短的时间。大约过了十五年,霍普金斯的兴奋就开始消失。毕竟,新奇的因素显然是最重要的。当研究作为一种经历的新鲜感逐渐消失,变成日常工作时,人们所见的霍普金斯大学就只是一个经济困难的小学院,困扰于来自更富有的模仿者的竞争。到1890年,人们公认,哈佛在高等教育方面最终"赶上"了霍普金斯。[140] 此后,由于捐赠的减少,霍普金斯不时地遭遇预算危机,显然开始衰落,而吉尔曼的继任者艾拉·雷姆森虽然好心却能力有限,无法阻止这种趋势。[141]

19世纪后期美国建立的所有主要新大学中,克拉克大学(Clark University)有志于成为"更纯粹"的约翰·霍普金斯,根据外界的所有标准,只有它是明显的失败案例。评估一下当时研究的理念能够获得学院支持的程度,就可以知道它失败的原因。讽刺的是,克拉克的校长G.斯坦利·霍尔考虑到霍普金斯的捐赠困难,似乎一开始曾考虑放弃他在霍普金斯的教授职位。他相信,作为学术理想,研究的安全不应该取决于孤立的当地环境,例如巴尔的摩和俄亥俄的

---

[140] 伊弗列姆·埃莫顿向艾略特报告最近的一次学术集会时说:"各方面对哈佛表现出的好感很令人高兴。相较于对约翰·霍普金斯方式的评价,更是如此——而十年,甚至五年前,我想情况可能恰好相反。"Emerton to C. W. Eliot, July 11, 1892 (CWE).

[141] 注意约翰·霍普金斯大学里的防御性口气,Annual Report, 1902, pp. 25—26。还可见 Jameson, An Historian's World, pp. 86—88; Slosson, Great American Universities, p. 376, 389—390; C. W. Eliot to D. C. Gilman, June 7, 1901 (DCG)。雷姆森和吉尔曼不同,他是一位实践性的科学家,坚定地相信研究是核心的学术目标。

股票价格。⑫ 虽然形式不同,克拉克大学自己的更大困难似乎说明霍尔错误地理解了这个问题。无论在哪里——伍斯特、马萨诸塞,甚至不仅是巴尔的摩——事实都证明,要创建一所大规模的几乎完全从事高等研究的学术机构是非常困难的。

乔纳斯·G.克拉克(Jonas G. Clark)向加利福尼亚的淘金者出售制成品而致富[他在那里与利兰·斯坦福(Leland Stanford)成为终生好友],他退休后住在伍斯特,一直漫不经心地考虑教育慈善事业。他对自己要建立的学院的最初想法与伊兹拉·康奈尔很相似——附近的穷孩子不用花很多钱就能受到教育的地方。但是当他到欧洲旅行之后,他的眼界拓宽了,开始把自己幻想成欧洲教育方法的专家。⑬ 他邀请霍尔担任校长,霍尔接受这一职务的条件是他至少在十年内可以自由行事,并且从一开始就要强调研究生工作。克拉克同意了,他至少暂时真的接受了霍尔非常先进的大学理念。霍尔在伍斯特待了几个月,有段时间住在克拉克家里,然后他去了欧洲,试图邀请德国教授来克拉克大学任职,同时研究欧洲高等教育的最新进展。回国时,他自己承认"也许对学术理想有点陶醉了"。⑭ 1889年秋,作为美国第一所也是最后一所重要的全研究生学院,克拉克大学成立了。⑮ 它的主要目标是促进纯科学。在此之

---

⑫ G. S. Hall, "Decennial Address," in *Clark University*, *1889—1899* (Worcester, 1899), p. 48.

⑬ 对克拉克大学早期历史基本来源的非常详尽的描述可见 Amy E. Tanner, "A History of Clark University," 打印于1908年,但是从未出版(C)。Hall, *Life*, 自然非常宝贵。还可见 G. H. Blakeslee, "An Historical Sketchers of Clark University," W. W. Atwood [*et al.*], *The First Fifty Years* (Worcester, 1937), pp. 1—20; [S. W. Clark, ed.]. *In Memoriam*: *Jonas Gilman Clark* (New York, 1900); G. S. Hall, *Letters of G. Stanley Hall to Jonas Gilman Clark*, ed. N. O. Rush (Worcester, 1978).

⑭ Hall, *Life*, p. 278.

⑮ 即,唯一没有深入宗教关系的这种大学,因为同时期的美国天主教大学也是全研究生学院。

前,研究从来没有在美国环境中获得如此专门的支持,现在似乎前途远大。⁽¹⁴⁶⁾

然后,克拉克大学很快就因为乔纳斯·克拉克而陷入困境。它成立时只有一座完工的大楼,足够支付几位教授薪水的捐款,此外就只能依靠克拉克将来会给予大量赠品的含糊保证。⁽¹⁴⁷⁾ 克拉克大学声明,暂时不会尝试进行所有领域的教学,而是将精力集中在自然科学、数学和心理学方面五个紧密相关的系部。其目标是优秀而不是不加选择的"包容"。但是后来发生的事证明,即使是这些相对谨慎的计划也不符合捐赠者的思维。一开始,克拉克就干涉了各种名义上涉及实物设施而实际上影响实验室科学家的细节问题。这是"他的"大学。他亲自监督木匠,在旧信封的背后记录学院的账目。但是,对于克拉克的亲自参与,霍尔也许很欣慰,也许暗自忍耐。大学成立后不久,克拉克就开始对自己的所作所为失去了热情。他现在逐渐退出了,而因为他一贯守口如瓶,甚至连理事们也不知道他将来的打算。霍尔仍然希望克拉克会改变主意,所以试图向教职员隐瞒真实情况,这使情况更加糟糕,1892年1月,几位教授愤怒地辞职了。(之后不久,他们被当年秋天成立的新芝加哥大学聘用。)⁽¹⁴⁸⁾

克拉克对自己计划的幻灭似乎源自两个相关的原因。1891年,

⁽¹⁴⁶⁾ 克拉克大学刚建立时的热情可见 H. A. Bridgman, "Clark University," *Education*, X (1889), 239—244。

⁽¹⁴⁷⁾ *Clark ... Opening Exercises*, pp.6—7. 基于这些前提以及几个月里克拉克的密切支持,霍尔雇佣了很多教职员,现有的捐赠不足以支付他们的工资,不得不依赖克拉克补足差额。这种行为对于一所新成立并且迅速扩张的大学校长并不罕见,乔丹和哈珀在斯坦福和芝加哥都做过同样的事。

⁽¹⁴⁸⁾ 见 Tanner, "Clark," pp.80, 84—89 (C); Hall, *Life*, pp.294—297. 有段时间,霍尔因为其招聘政策,强烈反对芝加哥大学的校长威廉·R. 哈珀,人们讨论这一事件时经常把它看作一次"袭击"。但是霍尔直到三月才明白克拉克大学内部不协调的剧烈程度,并于四月到了那里,当时教授们辞职已经有四个月了。霍尔对乔纳斯·克拉克会改变想法一直抱有希望也是有情可原的,因为克拉克当时在欧洲,一直到1892年12月才断绝与理事会的最后联系。

当地对大学的敌意似乎在他的脑海里留下了很深的印象。伍斯特的一份报纸发起了一场激烈的运动反对克拉克实验室的活体解剖——这些文章连续刊登了六个月,当地的商人也没有提供克拉克认真请求的相应的赠品。但是1892年导致他最终退出的直接原因,是理事们投票(根据霍尔的意愿)决定,不设立本科学院。⑭ 这些反应综合起来,就说明了抽象研究的概念何以未能获得富有的慈善家或是当时美国代表性的生产城市里团结的市民的坚定的接纳。(在这个问题上,最好要记得,约翰·霍普金斯去世的时候,其大学的性质尚未明确界定。)

现在克拉克大学进入了新的阶段,一直延续到1900年。它的资金只能维持唯一一个满员的心理学系和几个相关的人员不满的系部。霍尔和忠心于他的教授和学生们一年年坚持了下来,希望克拉克会回心转意。在这一时期,正如霍尔后来所回忆的:"在很多外人看来克拉克大学很像一个被大多数管理人员的工作人员抛弃的弃儿,而在我看来它是高尚的希望和抱负的墓地。我们认为非常接近完美的计划……崩溃了,这给人的伤害和屈辱是言语无法描述的,还有些人没有意识到这种状况的可悲之处,免不了要加以嘲笑讥讽。"⑮霍尔和理事们考虑过辞职。但是,虽然霍尔缺乏更常见的学术管理者具有的恒心,他在这一方面却立场坚定。

正如霍尔即将发现的,不幸并非没有补偿。学院规模小,使其获得的自由不同于其他任何美国研究生院。教职员中意见不同的人消失了,留下的人形成了一个意气相投的学术社团。小小的校园里弥漫着热情的献身精神。后来霍尔还记得,这个小群体能保持勇

---

⑭ Tanner, "Clark," pp. 51—52, 63—64 (C); Hall, *Life*, pp. 292—293.
⑮ Hall, *Life*, p. 5.

气是因为"我们相信——虽然我们渺小、微弱、不名一文——我们却代表了人类最崇高的职业——研究"。[151] 当霍尔抨击大多数美国高等教育学院规模太大时,并非完全出自酸葡萄心理。规模小就可以"免除很多规章制度",可以将课程作业转变成"自由、自发的个人兴趣"。[152] 在其最初的二十年就读于克拉克大学的研究生回顾这段经历时都有着非同寻常的眷念之情。刘易斯·M.特曼(Lewis M. Terman)于1903年进入克拉克大学,他的回忆极好地重现了其特有的安排和氛围:

> 我就读期间的克拉克大学在重要方面不同于美国曾有过的任何其他学院,即使不能说全世界——在精神上很类似德国大学,但是因为学生人数少,又与其不同。它的所有系部大约只有50名全日制学生,以及大约十几位(半工半读的学生)……50名学生中可能有30名主要学习心理学、哲学和教育学。这里人们不拘礼节,也没有管理方面的官样文章,这是任何地方无法比拟的。学生注册时只需将姓名和地址告知霍尔校长的秘书。不需要正式挑选主修科目和次要科目。在决定他应该选什么课时,也不需要验证其毕业证书。学习完全没有限制。教授愿教,学生想学——还需要什么呢?……就我所见,教授们都没有班级名单。当然没听说过到课记录。没有任何形式的评分或是分级……只要负责学生论文的教授认为他准备好了,学生就可以参加博士学位测试。除了四个小时的博士口试之外没有任何考试……教授每周就其喜欢的任何科目

---

[151] Ibid., p.338.

[152] Hall, "The University Idea," *Pedagogical Seminary*, XV (1908), 98; Hall, "Phi Beta Kappa Oration," *The Brunonian*, XXV (1891), 112.

举办三四次讲座……没人试图让不同教授的课程相互吻合。[153]

由于命运奇怪的捉弄,图书馆有丰厚的捐赠,可以购买学生想要的任何书籍。[154]

克拉克大学吸引了各种拥护者。在伍斯特的群体中,大多数是希望从事心理学而重视研究的年轻人。但是特曼也记录了"极端分子"的存在:

> 有个接近疯狂的瑞典人,他偷乘货运列车旅行了三千英里,只是为了跟随霍尔学习,结果被霍尔和其他人看作悲惨迫害的受害者。有个商人,与其说他聪明,不如说他很有毅力,他不知怎么瞥见了更为崇高的学术生活,奋斗了好几年希望获得博士学位。有个外国的"大学浪人",他已经获得了三门不同学科的博士学位,那时正在攻读第四个……还有些上了年纪的老处女,她们热心地投入儿童研究,以弥补她们欠缺的女性魅力。[155]

那么,克拉克不仅仅规模小,不正规,它还具有某种品质,后来者视其为偶像。毫无疑问,所有这些品质都加剧了它的不受欢迎。大多数美国大学的领导者认为霍尔是个古怪而不受欢迎的人,克拉克大学的学生是一群不幸的人。[156] 在乔纳斯的意志下,一所本科学

---

[153] L. M. Terman in Murchison, *A History of Psychology in Autobiography*, II, 313—314.

[154] 图书馆曾是克拉克原来最重视的计划之一,给它的不可转让资金仍很丰厚。

[155] *Ibid*. , II, 317—318.

[156] 见 C. W. Eliot to N. M. Butler, May 6, 1905, 及 Butler to Eliot, May 8, 1905 (CWE)。外国学者来美国访问时受到警告,不要去伍斯特;见 J. B. Angell to R. M. Wenley, Jan. 24, 1896 (JBA)。这一问题还可见 Hall, *Life*, p.568;William James to Hugo Münsterberg, July 6, 1893 (HM); C. H. Levermore to G. H. Howison, June 24,[1891?](GHH)。霍尔甚至被称为"'医学意义上'的疯子"(这一观点引自 G. M. Stratton to G. H. Howison, May 12, 1896 [GHH])。

第三章 研究

院成立了,与现有的研究生院并存,但是不论是这种态度或是克拉克的氛围都没有发生很大变化。[157] 霍尔继续担任大学的校长,直至1920年,在这段漫长的期间,"老"克拉克的精神一直是最重要的。[158] 一直以来,虽然屡次请求,但仍然无法从外部募集资金。

可以说,克拉克大学的真正失败,它最基本的挫败,不是发生在1892年,而是几十年后,当它带着报复心理,作为一所学术机构"回归正常"的时候。只要斯坦利·霍尔担任学院领导,克拉克大学就能在一心一意追求科学研究方面提供独特而令人兴奋的尝试。当然,困顿时期的克拉克是否是真正的大学仍然值得怀疑。它涵盖的知识领域太少,而它的氛围取决于不太可靠的因素:某个人超凡的个性。当研究的理念即将实现其最纯粹的世俗概念时,它似乎超越了规定的善意,具有变成某种终究非学术的东西。

作为信奉科学研究理念的教育学院,约翰·霍普金斯和克拉克大学实际上是孤立的。它们都很难获得充裕的经济支持。研究者的惯常做法是在主要致力于其他目标的大学内部建立小据点。19世纪90年代,研究生院在很多美国大学发展成为重要的自治机构,尤其是在哈佛、哥伦比亚、芝加哥和威斯康星。比起约翰·霍普金斯和克拉克孤立的实验,研究生培训在这些学院的兴起对未来具有更重大的意义。研究最终在这些规模较大的大学以更丰富的形式蓬勃发展起来,因为这些大学能够为其生存提供更宽广更可靠的基

---

[157] 是在1902年。见 Hall, *Life*, pp. 305—306; "Record of Clark University," I, 153—157(C)。克拉克还坚持找别人取代霍尔担任本科学院的校长。这个学院在成立的时候只提供三年的学业而非四年(像19世纪90年代中叶之前的约翰·霍普金斯一样)。理事们想方设法从其他来源筹措资金,以便忽视这种意愿,使克拉克能够作为研究生院维持下去,但是没有成功。

[158] 20世纪20年代,克拉克大学在褊狭的制度下最终突然衰落,这方面可见 Blakeslee, "An Historical Sketch of Clark," in Atwood, *The First Fifty Years*, pp. 8—16; Lorine Pruette, *G. Stanley Hall* (New York, 1926), pp. 231, 233, 235。

础。维持了生机勃勃的本科生传统的大学能够吸引富裕的校友源源不断的捐赠——或者,获得州议会的长期支持。即使是这些捐赠的零头,在处境艰难的克拉克和约翰·霍普金斯看来也是很慷慨的。

正因为哈佛和其他大学能够提供这种经济上的安全感,其研究生院的创建和扩张相对而言才不具有冒险性。风险是不存在的。哈佛、芝加哥、哥伦比亚的领导者对发展研究设施感兴趣,主要是作为一种手段,为学院赢得或保留"现代化"的声誉。但在这个问题上,手段比单一的动机更富成效。到 1910 年,如果要求一位重视研究的观察者列举出领头的美国大学,他也许会举出哈佛、芝加哥、哥伦比亚和约翰·霍普金斯——顺序就是如此。[59]

然而,研究要想在规模更大更为时尚的学院获得影响力,就必须得到其内部占据合适地位的人的有力推广。热切希望看到这一理想推广的人通常都是教职员。可以说,教授除了在实践上是研究者之外,同时也充当了研究的宣传者的重要角色。的确,最引人注意的宣传事例中,有些人作为学者并不出名。历史学在这方面的例子尤其多。也许因为历史曾经的文科属性使其具有一定的文雅意味,它也非常附庸风雅地卷入了重视科学的浪潮。结果,很多历史学家喜欢谈论科学方法,虽然在自己的作品中仍然维持传统观念。同时,历史被看作值得尊敬的学科(例如,相对于社会学而言),在更广泛的大学圈内,就很可能赋予其代言人不相称的影响力。于是,例如在哥伦比亚,约翰·W. 伯吉斯在建立完整规模的大学方面做了

---

[59] N. M. Butler to Seth Low, Jan. 30, 1899 (CUA); *Educational Review*, XXXII (1906), 315; A. P. Mathews to H. P. Judson, Oct. 25, 1910 (UCP). J. M. Cattell, "A Statistical Study of American Men of Science," *Cattell*, I, 424, 因为是累计的,所以约翰·霍普金斯的相对排名较好。

第三章 研究

很多工作,在推动研究生院成为美国学术生活主流的过程中发挥了很大作用。但是他的历史观点——甚至他的全部个性——仍然感情强烈而失之偏颇,较为明显地倾向黑格尔学派。的确,虽然他长期担任系主任,但是他缺乏绝对的尊敬,否则他有可能成为校长。约翰·霍普金斯的赫尔伯特·巴克斯特·亚当斯也是类似的推动者,但是他的做法是在很多大学内就一门学科尽量发挥,而不是只针对一所地方院校。(亚当斯的一位学生把他描述为"宣传艺术的老手",他的研讨会因为余兴节目而富有生气。)[60]出生于德国的赫尔曼·E.冯·霍尔斯特教授是芝加哥大学历史系的主任,他的影响力没有伯吉斯或亚当斯那么大,却是一位不太世俗的推广者,他把自己的努力称为"类似科学传教士的工作"[61],他的德国出身和高傲而有点神经质的性情也许正象征了一代昙花一现的学者的感觉。

伯吉斯、亚当斯和冯·霍尔斯特这样的教授在本质上是戏剧家。然而如果没有他们这样的人,研究的理念未必能获得有利的名声,从而能够成立大型的美国研究生院。对于管理者,这些人的存在似乎表明,研究是支持确实的保守结论的,其中包括对国家过去的赞颂。这样,德国的民族精神就被本地化了,在研究院成立的关键期间,对它的疑惑也消散了。无论如何,这些推广者有助于人们相信,"科学"式的研究生培训会远超出自然科学的局限,几乎被认为就是博士项目的目的。

---

[60] Jameson referred to it as "a regular face"; Jameson, *An Historian's World*, pp. 19, 26. The student was C. H. Levermore, to G. H. Howison, July 4, 1891 (GHH). See also Hawkins, "Pioneer," II, 565, 679—680; Herbst, "Nineteenth Century Scholarship in America," pp. 101—103, 105—106, 124—125; E. R. Johnson, *Life of a University Professor* (Philadelphia, 1943), p. 16; F. J. Turner to R. T. Ely, Jan. 28, 1902 (FJT); R. D. Hunt, "At Johns Hopkins University Forty Years Ago," *John Hopkins Alumni Magazine*, XXIII (1934), 26.

[61] H. E. von Holst to D. C. Gilman, Feb. 5, 1880 (DCG).

正在发展的科学主义的标准

随着美国的研究生院在19世纪80年代和90年代形成,它们使知识分子努力的形式出现了变化。1896年24所领头的学院中,研究生所选择的专攻方向很能说明问题。这些学生中有四分之一学习自然科学,略多于四分之一攻读社会科学,包括历史和心理学。最大的一个比例,共占总人数的约三分之一,仍然从事古代或现代语言的研究,但是要记得,所有的现代语言系都强调非常想被认为是"科学"的文献学方法。1896年只有10%的研究生就读的专业一直在抵触科学观点:哲学或美术。[162] 当然,这些数据并不完全揭示学术热情的动机。例如,有些英语语言专业的研究生以及他们的一些导师,仍然保持着为文学而文学的兴趣,在文献方面不懈地工作。在学生看来,也有很多科学主要起到了职业培训的作用,在初露头角的社会科学家中,有些人建功立业的欲望超过了单纯做学问的兴趣。但是太多的人认为研究的精神与研究生学习的概念密切,以至于其他动机几乎都不得不让步,仅仅是程度有所不同而已。

19世纪的最后几年,大多数学科的教授在言语中表现的对科学的忠诚达到了令人目眩的高度。威廉·加德纳·黑尔(William Gardner Hale)是康奈尔的拉丁语学者,后来在芝加哥任教,他宣称,"研究的头脑"对于古典语言的高等学生是必不可少的;他要求精力要用在专业领域,而且,他重申了德国学者的形象,激励每个人以成为"智力活动世界的创造者"为目标。[163] 教育学教授可能坚持说对教

---

[162] 这些根据学科给出的数字,见 *Graduate Courses: A Handbook for Graduate Students*, V (1897—1898), ix, 还可见 *Educational Review*, XVI (189), 404。

[163] Hale, "The Graduate School," *University Record* (Chicago), I (1896).

第三章 研究

师的培训是"一门崇高的科学……一门综合学科,就像医学一样,其前提来自其他科学,如生理学、心理学、逻辑学、美学、伦理学和社会学",但是更多地带有恳求的口气。[164] 普林斯顿的一位讲师于1889年发表了题为"艺术研究的科学方法"的演讲,他说对图画的诠释类似于生理学研究。[165] 哈佛的田径指导在1888年很解气地宣布:"我渴望被看作科学的人。"并且说健身房就类似实验室。[166] 像实用一样,随着研究希望获得更多人的赞同,它所象征的内容也越来越少,面临着流于口号的重大危险。

然而,这种赞同在大学内部从未普及。关于教育目的的敌对概念绝对没有消失,麻烦的实用性主张只能通过不稳定的联姻予以解决。此后几十年里,在不止一个地区,研究对于界定学术存在主要意义的要求仍然很有争议。要观察科学研究的印记在19世纪末对学术院校的影响有多深,就必须穿透口号的表层而找出很多更具体的迹象。

研究的目标经过了多长时间才被人们认可? 回顾过去,很明显,在19世纪70年代,研究在美国高等教育中尚未占据重要地位。的确,当时正式的学术职业的概念仍处于婴儿时期。[167] 即使在1876年霍普金斯成立之后,科学方法的影响也过了几年才在整个美国学术界迅速明朗起来。1880年前后发生了显著变化。那时人们开始相信——无论对错——大多数"聪明的年轻人"将会从事科学。[168] 正

---

[164] B. A. Hinsdale, *Pedagogical Chairs in Colleges and Universities* (Syracuse, 1889), p. 3.

[165] Princeton University Philosophical Club, "Minutes," Jan. 20, 1889 (Princeton MSS).

[166] 四年后,他寻找"有助于界定法律的事实"至于"人性的物质层面"。D. A. Sargent to C. W. Eliot, July 26, 1888, Sept. 6, 1892 (CWE).

[167] 1876年令人沮丧的情况,可见 F. W. Clarke, "American Colleges versus Americans Science," *Popular Science Monthly*, IV (1876), 467—469。

[168] 见 C. N. J., "Pres. Report," Nov. 10, 1881, p. 3。

是这时,哈佛的在校生开始为了研究目的大规模地使用学院的图书馆,也是在1880年,哈佛第一次允许其教职员有年度休假,休假期间薪水减半。第二年,很多文章异口同声地要求允许教授专业化,进行原创性研究。[109] 潮流转变得很快。现在人们发现中西部的高中教师在鼓励最有前途的学生报考霍普金斯。[110] 甚至耶鲁和普林斯顿也开始对新的压力做出反应——正是在1880年,威拉德·吉布斯第一次领到了耶鲁的薪水。[111]

19世纪90年代的十年中,随着哈佛研究生院的全面发展和类似机构在芝加哥和哥伦比亚成立,这种动力进入了主要的学术组织。较小的学院现在鼓励其教职员休假,到芝加哥大学等地方进行高等学位的深造。1900年,一个超级组织成立了,虽然就像俱乐部一样:美国大学协会(AAU)。AAU吸纳了希望就制定政策特别是高等学位领域政策进行探讨的校长和系主任,于是,其名称暗示着研究就是美国"大学"的根本功能。同时,AAU的成员数目限定为13,根据其研究生院,这些学院可说是"一流的",结果,被排除在外的大

---

[109] 例如,可见 L. A. Wait, "Advanced Instruction in American Colleges," *Harvard Register*, II (1881), 129—130; F. W. Clarke, "The Appointment of College Officers," *Popular Science Monthly*, XXI (1882), 171—178; W. T. Hewett, "University Administration," *Atlantic Monthly*, L (1882), 512—513。1881年,甚至一所小学院的校长也宣称:"时代确实过去了……再也不会聘请还有支气管炎的退休牧师回来教授《圣经》,或聘请回国的传教士……教授英语了。" Franklin Carter, *The College as Distinguished from the University* (New Haven, 1881), p. 24.

[110] Abraham Flexner, *I Remember* (New York, 1940), pp. 44—46; French, *Johns Hopkins*, pp. 81—82.

[111] 1884年,普林斯顿首次赞助其研究生到德国留学。C. N. J., "Faculty Minutes," June 13, 1884。耶鲁对教职员发表文章的关注可见 E. G. Bourne, "Intellectual Activity in Yale College," *New Englander and Yale Review*, XLV (1886), 273—279,其中包括1880年1月1日之后耶鲁教职员所有文章的非正式目录。

第三章 研究

学的官员们有时候会愤愤不平地抱怨。⑫ 至于州立大学的校长们，他们在1905年的定期集会上达成一致决定，认为研究应该是学院主要关注的问题之一，这样，他们就将研究与更古老的有用的职业培训的目的半正式地结合起来。⑬（当然，在获得公共捐赠较多的机构中，这两种概念已经非正式地共存了一段时间，颇为有趣的是，康奈尔大学首次表现出对探索精神的尊重，以至于在教职员中设立了"研究职位"，只要求名义上的教学任务——那是在1909年。）⑭

1890年后研究的推动力逐渐增强的迹象也许还能用另一个指数来说明，即聘用和提拔教授的政策。到1893年，可以说在几乎每所著名院校，都有一定数量的研究生工作获得了永久的职位。在世纪之交，博士学位是必需的。⑮ 在此基础上稍稍往前一步，学术研究的发表被认为是获得提升的必需条件。早在1892年，威斯康星大学的政策就大力倾向这一方向；19世纪90年代期间，哈佛仍然试图强调教学能力和"大学体系内一般影响力"的资格，但却发现越来越无法抵抗这种趋势。的确，甚至耶鲁的校长也在1901年宣布，在纽黑文，升职取决于能使教授"在全国出名"的"有价值的工作"。⑯ 更招

---

⑫ 见 A. A. U., *Journal*, *passim*; *Educational Review*, XIX (1900), 404—406; J. G. Schurman in National Association of State Universities in the United States of America, *Transactions and Proceedings*, 1907, pp. 53—55（此后称为 N. A. S. U., *Trans.*）; A. W. Harris to J. B. Angell, Mar. 2, 1908 (JBA). 然而，值得注意的是，AAU 的成员名单上并未排除州立大学，有几所是包括在内的。克拉克、普林斯顿和美国天主教大学也在内，表现出对其他三类大学的包容性。

⑬ N. A. S. U., *Trans.*, 1905, pp. 45—65; 还可见 G. E. MacLean, "The State University the Servant of the Whole State," N. A. S. U., *Trans.*, 1904, pp. 32—33。

⑭ E. B. Titchener to Hugo Münsterberg, Nov. 10, 1909 (HM).

⑮ A. B. Hart, *Studies in American Education* (New York, 1895), p. 17; 还可见 B. I. Wheeler to F. E. Hinckley, Aug. 28, 1900 (BIW)。

⑯ C. R. Van Hise to R. S. Tarr, July 8, 1892 (UWP-CKA); G. H. Palmer to C. W. Eliot, Aug. 28, 1892 (CWE); A. B. Hart, "Advancing Responsibilities," *Harvard Graduates' Magazine*, VIII (1899), 48; A. T. Hadley to W. D. Hyde, Mar. 6, 1901 (ATH).

摇的是,斯坦福大学开始在其年度报告中公布了当年教职员作品的目录。很明显,在管理者看来,搜集证据以促进原创研究的声誉已经是一种必然。就对教职员的正式要求而言,到1910年,研究已经几乎完全取得了主导地位,此后将一直保持下去。

然而,另一个令人惊讶的事实是,在这个时期,虽然研究前所未有地被正式与大学的工作等同起来,教职员中最热心倡导研究的人仍有所不满。新世纪的前几年一直回荡着他们的抱怨。托马斯·C.张伯伦盼望比现存的任何政策都更加彻底的政策——他盼望有一天科学家根本不用教书,梦想着一所研究所,很久之后,其运作方式在普林斯顿和帕罗奥图市进行了冒险的尝试。[177] 这种思想也许仅仅反映了受到成功激励的欲望。但是世纪交替之后,倡导研究的人所写的其他文章仍然带有"被压迫者"的语气。[178] 直到1913年,一位慷慨激昂地倡导重视科学的人说,一般的美国大学仍然不认同他的目标。他断言,同时代的所有演讲都是针对"公民身份的教育",而对于德国式的提高知识的目标,管理者缺乏深层的赞同。[179] 这些评论反映了进步时代实用价值理念的复兴,并且表明,在教职员中,职业教育论者和研究者的鸿沟绝对没有消失。

虽然要求教职员发表文章,但是事实仍然是,研究只是学术管理层需要关注的众多问题之一。这一点在预算方面表现得很明显。只要资金还用于船库、环境美化、学生宿舍和健身房,以及买书和实

---

[177] T. C. Chamberlin's "How Can Endowments Most Effectively Aid Research?" 写于1903年,及 "Tentative Sketch of a Plan for the Development of Original Research in the University of Chicago," n. d. (TCC)。

[178] 见 Russell, "Research in State Universities," Science, XIX (1904), esp. pp. 851—853; A. G. Mayer, "Our Universities and Research," ibid., XXXII (1910), 257—260; Bushee, "The American University," The American College, II (1910), 215—220。

[179] C. H. Handischin, "The American College, as It Looks from the Inside," Popular Science Monthly, LXXXII (1913), esp. pp. 557—558。

第三章 研究

验室建设等各种项目,美国的高等教育的目标就仍然是多样的。的确,就图书馆而言,世纪之交的美国大学记录不佳。这个时期,艾略特愿意考虑的是扔掉哈佛的很多书籍而非花钱扩充其库存。威斯康星大学长期缺乏足够的图书馆设施,而芝加哥大学则根本没有。哥伦比亚大学的图书馆建立于1897年,是装饰华丽的炫耀场所,是为公共招待会而非最大限度存放图书而设计的。这一点能最好地证明研究只是一种"兴趣",在起草学术政策时必须在它与其他利害关系之间权衡。还值得注意的是,1897年,芝加哥的校长哈珀抱怨说,他的教授们开设了太多的研究生课程,他正设法在这些课程与本科生的单独需要之间保持平衡。[180]

与全面发展的大学的其他要求并列,研究获得了影响力,却失去了其更热衷的追随者的专心不二。热心的研究者,那些在不必发表文章时发表文章的人,成为教职员中著名而受人尊敬的群体,但是仅此而已。很自然,这些人中有些就会抱怨。他们度过了艰苦的见习期,结果却发现世俗的喋喋不休堂而皇之地在这片净土里泛滥。他们开始给研究生上课,发现这些未来的弟子很多都是不可救药的平庸之辈。他们看见自己的同事摆出学者的姿态所做的只是"忙碌却无价值的工作",而且他们上面通常藏着个不理解他们、与他们格格不入的校长。他们眼看着更聪明的学生进入法律界或是

---

[180] W. R. Harper to H. P. Judson, Mar. 4, 1897 (WRH).体现出对待研究的不同学术观点的研讨会,可见 Thomas Dwight *et al.*, "The Position That Universities Should Take in Regard to Investigation," *Science*, XI (1900), 51—66。

医学界。⑱ 虽然分析数据显示,1906年"全世界的科学研究中有七分之一到十分之一"是由美国人完成的,但是对这些失望的科学家来说,显然"在全世界最近的重大发现和现代伟人中,我们还没占到十分之一"。⑱ 在所有这些方面,形式上成功的激动中悄悄夹杂了被欺骗的感觉。这就是问题的反面,其正面镌刻的是G.斯坦利·霍尔完美的非大学。

---

⑱ 三位完全不同的教育家查尔斯·W.艾略特、安德鲁·F.韦斯特(Andrew F. West)和艾拉·雷姆森都同意,在这个时期,较为聪明的人总是从事非学术职业。见 A. A. U., *Journal*, 190, pp. 47, 103; Remsen, "Original Research," Association of Collegiate Alumnae, *Publications*, 1903, ser. 3, pp. 27—28。关于这个时期研究生的平庸实态,见 Alvin Johnson, *Pioneer's Progress*, p. 156; R. T. Ely to E. D. Durand, Mar. 1, 1897 (RTE); Harvard, *Annual Report*, 1888—1889, p. 105; *Educational Review*, XXI (1901), 431。

⑱ Cattell, "A Statistical Study of American Men of Science," *Cattell*, I, 425—426。

第四章 自由文化

迄今我们已经讨论了三种观点,每种观点对于某些学者来说都代表着内战之后几十年里的高等教育目标。第一种,智力训练,已经遭遇了失败。第二和第三种,被我们称为实用和研究,都发展到具有某种权威性并且相互交错。最后,在19世纪末形成了第四种观点,它与其他三者都不相同,但是尤其针对实用性和精微的研究。这种观点可以方便地被称为对"自由文化"的倡导。①

 持不同意见的少数人

"今天大学工作中流行的方法显然是德国方法。"雨果·闵斯特伯格(Hugo Münsterberg)于1913年写道,"半个世纪以来,最好的年轻学者越过大洋从德国大学带回了刻苦研究的精神,这种精神确保了德国学术成就的独特地位……现在,"他意味深长地补充说,"可

---

① 这种观点的支持者经常使用这个词,虽然他们也会只说"文化"而不使用形容词,或者说"一般文化",或"自由教育"。

以感觉到一种多方面的反对意见。"闵斯特伯格认为,这种反应部分可以追溯到"一群西方人,尤其是在州立大学里,他们声称德国科学过于抽象和理论化,太远离实际利益,并且说,在民主国家,唯一有权保存的学问就是为大多数人的实际需要服务的学问"。截止到此,这些话听起来都很熟悉。但是闵斯特伯格接着记录了第二种完全不同的对研究理念的反对观点。他说,其他学者"在那种新大学方法的技巧中怀念自由的文化,这是牛津和剑桥的主要特点。这种追随英国模式,对绅士化的学问的渴望已经在很多人心里扎了根"。②

自由文化的倡导者并不总是很认真地努力区分他们在教育理念上的对手。虽然欧文·白璧德(Irving Babbitt)在思想中确实把"实用主义者"与"科学激进主义者"区别开来③,但其他试图促进文化的作者认为"科学研究与只关注实用性"并无太大区别。④ 1897年内布拉斯加大学的一位英语导师说,教育分成两派:"由追求事实的人组成的一派,和通过事实获得灵感的人组成的一派;仅需要科学的一派,和不仅需要科学,还需要美的人组成的一派。德国主要站在纯事实的一边;英国和法国主要在文化的一边;美国正发展到关键时期。"⑤丹尼尔·科伊特·吉尔曼也提出了简单的双元论,他在1903年宣称:

> 虽然科学和人文学科之间的界限就像赤道一样是看不见的,但它确实存在。一边是服从于外显的证据的认知,它们不

---

② Hugo Münsterberg, *American Patriotism and Other Social Studies* (New York, 1913), pp. 49—51.

③ Irving Babbitt, *Literature and the American College* (Boston, 1908), p. 113.

④ A. H. Espenshade, "The Study of Art in American Colleges", *Education*, VVIII (1902), 291.

⑤ Herbert Bates, "The Spirit of the Western University," *Outlook*, LV (1897), 605.

第四章 自由文化

依赖于观点、偏爱或权威,在任何地方任何时间都是正确的;而在另一边是依赖于我们的精神特性、美学偏好、智力传统、宗教信仰的认知。地球和人类、自然和超自然、文学和科学、人文学科和现实,是两个群体之间现在相互对立的方面,而且这些差异没有消失的迹象。⑥

学者在两个派系中的地位记录了新的美国大学里围绕人文学科状态的强烈情绪。然而,正如现代研究试图证明的,这种清楚的划分不能对它所假定的分类的两方面观点的复杂性做出充分的解释。例如,吉尔曼确定宗教原因与文化相关,这极大地简化了同时代的观点。

至少有一点是很清楚的,自由文化的倡导者只是美国学术圈的少数派。但是人文主义者富有战斗性的坚持精神部分弥补了他们在人数上的匮乏。他们直言不讳,尤其是在这个时期即将结束的时候,他们所写的关于高等教育问题的文章远多于倡导研究的人。如果说他们在大多数较大的大学里还不够典型,然而他们却控制了一些更"时尚"的小学院的官方平台。他们在言论中表现出非凡的勇气,以至于在回顾的时候,人们几乎惊讶于他们居然未能赢得真正的权力。(在大西洋沿岸的主要大学中,他们确实发展成为举足轻重的派系。)

然而,即使在单个学术系部中,这些人通常也是次要派系。总结一下相关学科就能说明这一点。19世纪70和80年代期间,现代语言是第一个作为研究领域出现的。正如我们所见,在19世纪中叶的学院中,即便是古典著作的教学也不是从文学角度出发的。1865年之后,除了威廉姆斯的约翰·巴斯康姆(John Bascom)和哈佛的詹

---

⑥ Gilman, *The Launching of a University*, p. 239.

姆斯·拉塞尔·洛威尔（James Russell Lowell）这样孤立的先驱，像这样研究文学在美国学术界还是新鲜事物。确实，在1870年，诺亚·伯特将这种倾向称为"新批评"。⑦ 在这样的新系部，文化的倡导者要想立足，不仅要与旧时的古典主义者斗争，还要与语言学家斗争，而后者在同一时期正试图将对语言的研究转化成一门科学。⑧ 虽然存在这样的双重障碍，倡导文化的人还是进入了很多大学——到19世纪90年代，很多英语系内部都回荡着他们的声音。⑨ 但是他们能宣称说已经控制了并支持他们观点的系很少。

19世纪80年代期间，语言学作为一门重要而定义明确的专业系部在领先的美国大学出现。⑩ 就在那时，很多美国哲学家开始接受系统化的唯心论（在教育方面，唯心论与自由文化紧密相连）。美术和现代文学和哲学一起开始，作为学术研究得以推广，但是，其实

---

⑦ "从前，批评仅限于各部分的比例，发展的顺序，介绍是否有效，论据和结论，这些，加上对一部作品或一位作家的意义的阐释，就构成了批评的全部目标。现在，虽然没有忽略形式，却更多地关注其内容，例如，思想的重要性和真实性，观点的力度和高度，意象的华丽和感染力，以及作品中所表现的作者本人的英勇的男子气概或是优雅的女性气质……对它 [文学] 的判断不再是仅仅根据其偶然的形式，和变化无常的品位，而是根据其完美的理念来研究和检验文学。" Noah Porter, "The New Criticism," *New Englander*, XXIX (1870), 297—298.

⑧ 例如可见 David Mason, "The Three Interests in Old English Literature," *College Courant*, XII (1873), 7—79; H. H. Furness, "The Study of English in the College Course," *Education*, IX (1889), 442; J. H. Gilmore, "Methods of Instruction in English Literature," U. N. Y., *Report*, 1883, pp. 350—358。

⑨ O. F. Emerson, "Relations of Literature and Philology," *Educational Review*, V (1893), 141; Hiram Corson, *The Aims of Literary Study* (New York, 1894), 这是自由方法真实的宣言; W. M. Payne (ed.), *English in American Universities* (Boston, 1895); 本书中，20位教授描述了美国大学中同样数量的英语系; Brander Matthews, "Recent Text-Books on Fiction," *Educational Review*, IX (1895), 478. 对于语言学的讽刺性的谴责，可见 Grant Showerman, *With the Professor* (New York, 1910), pp. 40—74。同一时期，似乎只有少数特别的人，如约翰·霍普金斯的 Basil Gildersleeve，坚持文学的语言学和美学附加属性。

⑩ 见 G. S. Hall, "Philosophy in the United States," *Popular Science Monthly*, I (1879), Supp., *passim*; H. S. Frieze to J. B. Angell, June 10, 1881 (JBA); A. C. Armstrong, "Philosophy in American Colleges," *Educational Review*, XIII (1897), 10—22。

第四章 自由文化

际发展要差得多,虽然哈佛的查尔斯·艾略特·诺顿(Charles Eliot Norton)很有才能。⑪ 总的来说,倡导文化的人渗透进系部的时候有这些局限,虽然像哈佛的纳撒尼尔·S. 谢勒(Nathaniel S. Shaler)这样罕见的学者也许给了他们意外的支持。⑫ 除了世纪末的几年里的哲学之外,这些人没有控制任何一个重要的学科。

"文化"的定义

相信人文研究很重要的人对于作为个人的独特性尤感自豪。他们不愿意把自己看作"一类人"。实际上,也很难构建包含他们每个人在内的一般性描述。但是,这个学术上的少数派中的大多数人都会承认一些明确的教育信念,而这些信念都围绕"文化"这个词。

有篇文章描述了一位科学家和支持文学价值观的同事之间一场虚构的辩论。它是所有关于19世纪90年代美国高等教育目的的短文中最生动的文章之一,同时也是少数对主要的教育争论的双方都很尊重的文章之一。⑬ 文中,科学家说他代表了时代的精神,"文明的火焰必须由每代人给它(原文如此)添加新的燃料,"他告诉对方,"你是在用昨天的灰烬为今天的文明提供原料。难怪古典研究

---

⑪ 例如可见 G. F. Comfort, "Esthetics in Collegiate Education," *Methodist Quarterly Review*, XLIX (1867), 572—590; [J. M.] Hoppin, "The Relations of Art to Education," *New Englander*, XXV (1866), 601—617; U. N. Y., *Report*, 1875, pp. 741—744; Allan Marquand, "The History of Art as a University Study," *University Magazine*, VI (1892), 477—480; Espenshade, "The Study of Art in American Colleges," *Education*, XXIII (1902)。关于音乐,可见 H. G. Handchett, "College and University Work in Music," *ibid.*, XXV (1905), 345—353。

⑫ 沙勒是阿加西兹的弟子,他对黑格尔感兴趣,作品有诗歌和伊丽莎白女王的五卷传记,他鼓励本科生选修思辨哲学和音乐。见 Shaler, *Autobiography*, 和 N. S. Shaler, "The Transmission of Learning through the University," *Atlantic Monthly*, LXXIII (1894), 120。

⑬ 其作者是一位希腊语教授,他于1881至1890年在爱荷华州一所小教派学院任教,后来在同一所学院担任地质学教授。

总是死气沉沉一知半解。它们对人类知识的总量无所补益。它们与现代没有必要联系。"对于这些指责,虚构的人文主义者回答说:"要闻到玫瑰的香气,难道人们必须挖掘其根系吗?你们这些科学的人总是在事物根部的泥土中挖掘。"他继续说,美国教育之所以陷入困境,就是因为它"被无知的民主掌控着"。美国年青一代"受到清教主义的影响太深"。古希腊的精神是必要的,它可以抵消基督教平凡世界的影响,令人感到愉悦。[14] 在做出这些评论时,希腊主义的捍卫者援用了很多——虽然不是全部——与自由文化的倡导者有关的主题。

"文化"这个词在人文主义范畴中有几个各不相同的含义:美学的,道德和感情的,以及社会的。首先,文化与文学和艺术标准密切相关。1892年,北加利福尼亚三一学院的教授查尔斯·F.约翰逊(Charles F. Johnson)非常详细地列举这些品位的标准。在约翰逊看来,要在大学生中培养正确的文学理解力,五个要素是必不可少的。第一项他称之为"对声音顺序的本能的正确的欣赏力,不论是元音还是辅音"(能辨别头韵、类韵等等的听力)。第二项涉及"对于单词与其意义以及该单词所诱发的多方面联想之间的关系的理解力"。这里暗示的是对于整个文学历史的了解。约翰逊的第三项标准是"对思维顺序的理解力,思维顺序就是用一些微妙的相似或不同以及对思想路线进行细微调整,以表现出相关或是相反的观点,从而让读者感受到乐趣——这是使一篇文章在艺术上甚至在逻辑上保持一致的特性"。这一要素假定形式和内容之间的必然联系,同时要求在形式上保持均衡。接下来是"对于风格中揭示出的作者的个

---

[14] W. H. Norton, "Greek and Barbarian," *Educational Review*, VII (1894), esp. pp. 15, 18—19, 21.

性的理解力,这种品质使一些书最终成为良好的伙伴"。因此,可想而知,作者的个性必须是在道德上值得称赞的。最后,学生还要能理解"虚构中所体现出的至关重要的相应的人性,这是艾略特、萨克雷(Thackeray)和莎士比亚的能力。在施展这种能力的时候,人类的精神似乎最接近创造性行为"。说完这些,约翰逊做了一个更重要的手势。他说文学还有一项"回避着我们"、"难以忘怀却又说不清楚的特性"。[15] 倡导文化的人愿意相信事物的本质是神秘的,这种神秘颇有情趣,因此他们甚至不愿意承认他们的研究规模也许被完全限定了。

  品位不仅限于文学欣赏,理想的情况是它延伸到全部生活领域。海勒姆·科森(Hiram Corson),康奈尔大学的英语终身教授,说"文化的真正目的"是"引导精神状态、精神态度,使内部力量与艺术创造的理想化的自然和人类生活形式相吻合,而不是把大脑变成储存无价值、无意义的知识的仓库"。科森继续说,文化应该等同于"提高鉴赏力、感情和易感性,等同于培养美和畸形的本能的感觉,等同于每个真正的文学艺术作品所需要的美学综合体"。[16] 科森的定义是独特的,因为它认为美不取决于时间和地点,除了艺术形式之外还包含了自然形式。对于19世纪末支持文化的人来说,艺术与其他经验是密不可分的。应该说它揭示了"构成所有可知事物基础的一致性",反过来,这种一致性表现在"遍布宇宙的美和超越时空事物的真理"之中。[17]

---

[15] C. F. Johnson, "The Development of Literary Taste in College Students, A. I. I. *Proc.*, 1892, pp. 177—178.

[16] Corson, *The Aims of Literary Study*, pp. 81—83.

[17] A. H. Tuttle, "The Study of Nature," Southern Educational Association, *Journal of Proceedings*, 1900, p. 206.

从其自身而言，无论是美、真理，还是一致性，都不一定强求顺从之外的任何道德态度。实际上，如果真的把一致性看作真正的泛神论，那人类的行为就再没有对错可言。但是这种纯神秘和审美的新柏拉图主义观点过于另类，在19世纪后期的美国，即使是曾与其最接近的学术团体也无法接受。[18] 人们过于重视个人意志力，而人类不道德行为的感觉在人们心里扎根太深。因此这个时期文化的定义强调道德因素，甚至牺牲了美感。毕竟，美国人经常用来解释文化含义的马修·阿诺德（Matthew Arnold）的话中，存在明确的道义层面："人们所做或所追求的最好的事物的广阔视野。"[19]

在第二个环境或者说道德环境中，文化暗示着人性的理念，这是由"有意选择任何高贵和有用的东西"所形成的。文化人"积极，但谦恭的……举止和声音都很文雅"，他不是"思考机器，或是……像约翰·斯图尔特·密尔（John Stuart Mill）那样的有文化的冰山"。他拥有广博的胸襟："理解和学问的渊博，感性和艺术感的广博；广博，既体现在抱负和努力上——也体现在顺从和宽容上。"[20]正如哈佛的查尔斯·艾略特·诺顿所说，"最高教育的最高目标不是任何能直接传授的东西，而是所有研究的顶点。它是知识文化在发展思想的广博、宁静和充实，以及获得表现在性格中的冷静方面的最后结果"。[21] 美学影响必须能在人类行为中体现出来，1892年拉斐特学院的一位教授这样说。它们必须激励学生"创造美丽的思维，说出

---

[18] 乔西亚·罗伊斯对神秘主义的否定，可见 "The Recent Psychotherapeutic Movement in America," 1909, pp. 7—8 (JR-JHU)。

[19] C. F. Thwing（西储大学校长）, *The College of the Future* (Cleveland, 1897), pp. 12—13.

[20] J. J. Lewis（麦迪逊大学的教授）, "Culture and Limitation," U. N. Y., *Report*, 1878, p. 429.

[21] C. E. Norton, A. T. Hadley, W. M. Sloane, and Brander Matthews, *Four American Universities: Harvard, Yale, Princeton, Columbia* (New York, 1895), pp. 32—35.

第四章 自由文化

美丽的语言,做出美丽的行为,成为美丽的人,为自己构建美丽的环境"。㉒

道德定义能够与情感定义融合起来。有时候文化的概念会因为几乎是慵懒地停留在舒适的感觉中而变得柔和。1895 年,内布拉斯加大学的一位教授说:"简单的事实就是:品位是感觉问题,我们一直在试着使它变成智力和理智问题。文雅文学迎合品位,但是必须在精神上得到鉴别和使用。"㉓可以认为真理是有灵气的,在感受的特别状态和时刻表现出来。1893 年耶鲁的一位教授说,欣赏伟大文学的人"既能在黄昏的伤感中,也能在正午的文字中看到他们的日常世界"。因为赞成"与思想的和谐联系"而拒绝"非常实际地进入"世界。㉔文学家总是更重视被动的感受力而非创造的活力,更不用说反面的批评。詹姆斯·拉塞尔·洛威尔教授这样说:

> 所有批评的目的不是为了批评,而是为了理解。不仅如此。正如你会觉得,研究朋友的美德比研究他们的缺点更有益于生活,更有益于你自己[作为大学毕业生]的品格,在我看来,寻找一位作家的强项比寻找他的弱项更为明智……我不会提倡习惯性的批评却牺牲了对文学本身无条件而衷心的享受。㉕

课程计划中表现出对被动欣赏的偏爱。虽然巴雷特·温德尔(Barrett Wendell)和黎巴让·R. 布里格斯在哈佛开设了高级写作课,与 20 世纪的创作型写作课很相似,整体来说,1910 年之前美国

㉒ F. A. March, "The Relation of English Literature to Aesthetics," C. A. M. S. M., Proc., 1892, p. 31.

㉓ L. A. Sherman, "English and English Literature in the College," *Educational Review*, X, (1895), 52.

㉔ E. T. MacLaughlin, "Developing Literary Taste in Students," *Educational Review*, V (1893), 19.

㉕ J. R. Lowell's "Criticism and Culture," n. d., pp. 2—4 (H).

大学在这一方面的努力很少。[26] 英语教授如果写了小说而又让人知道的话,甚至会"失去社会地位"。[27]

然而,被动的感情主义在文化的学术代言人中更像是一种趋势而非主要特点。文化的概念并不总是反映出对先验浪漫主义的内省式的怀旧,而对世纪末的衰落,它也只是略表赞同。"一知半解"这个词在这些圈子里仍然是贬义词。人们称赞积极的能力,只是在理论上热爱文学但是自己却很少动笔的人,在回顾自己"虚度"的生命时,经常感到不安;他们会鼓励学生比他们自己更富活力——在认真地把他们自己的品位传授给同一批学生之后。尤其是 1900 年之后,出现了少数反叛者,他们称赞文学,但是彻底抨击浪漫主义。欧文·白璧德特别提倡古典文学的严谨态度。总的来说,文化的倡导者在感情的激动状态和更坚定地坚持美国道德正直的传统之间摇摆不定。然而,除了白璧德和其他几个人之外,他们的共性正是威廉·詹姆斯(William James)定义"空想"的灵感来源。白璧德反对出于责任感而提高效率的运动,甚至说"消除学院里的惰性"就是威胁到"自由文化的整个理念"。[28]

最后,"文化"的概念还包括了某些社会的假定。有教养的人是"贵族",即使只是打个比方——他是绅士。[29] 虽然教育存在的目的是训练人的品格和发展人的情感,实际上,对于出身好的年轻人,达到这样的结果会更容易也更自然。文化的倡导者强调,教育应该向所有准备好的人敞开,但是他们要求应征者满足他们自己的条件。

---

[26] 约翰·厄斯金记录说,1906 年他在阿姆赫斯特教书的时候想到了开设创造性写作课程的新奇念头。见 John Erskine, *My Life as a Teacher* (Philadelphia, 1948), pp. 24—26。

[27] W. H. Page, "The Writer and the University," *University Record* (Chicago), XII (1907), 45.

[28] Babbitt, *Literature and the American College*, p. 55.

[29] Lewis, "Culture and Limitation," U. N. Y., *Report*, 1878, p. 429.

第四章 自由文化

通常情况下,这些教授们的思想模式过于贵族化,不能代表美国的中产阶级。他们有时候甚至会说,教育应该致力于培养"有知识有闲暇的绅士"。㉚美国人文主义者中几乎没有人,甚至是那些在新英格兰上流社会环境中长大的人,自始至终地坚持这种立场。但是这一方面的明显倾向说明,它远离了美国生活的主要(工业化)模式。

结果,新英格兰过去单纯的一面不再受到人们的重视,它开始成为智力训练时期记忆的一部分。文化要求一定的精致高雅的风格。1908年,哈佛的一位校友写道:"礼貌……在很大意义上是教育的主要部分。我们的生活就是一系列集会和问候。"㉛很多担任学术职务的人也默认这种意见。实际上,除非拥有了相当多的绅士化特性,否则一个人是很难获得学术职务的。可以说,在雇佣政策中,文化能够对研究的入侵进行报复。人们这样评价哈佛教员的候选人:"他是一个很有活力、精力充沛的人。他擅长交际,非常和蔼可亲。你明白,当我说他是位绅士的时候包含了很多东西。"㉜1906年,得克萨斯大学的一位哲学家应该是"一个人们乐于在社交场合见到的人"。㉝在耶鲁的一位讲师不能升职,部分是因为他"缺乏一般文化和对世界的了解,这些东西来自早期的联系,也是后来无法弥补的"。㉞一封推荐信甚至这样写:"他是一位绅士,一位学者,外表出众,薄有私产,1884年投了克利夫兰先生的票。"㉟毫不奇怪,布利斯·佩里(Bliss Perry)列举了学术职业的好处,很满意地说:"你一

㉚ C. F. Thwing, "Should College Students Study?" *North American Review*, CLXXX (1905), 232.
㉛ H. D. Sedgwick, *The New American Type and Other Essays* (Boston, 1908), p.117.
㉜ F. W. Tilton to C. W. Eliot, Feb. 8, 1877 (CWE).
㉝ Sidney Mezes to William James, Aug. 6, 1906 (HM).
㉞ H. W. Farnam to A. T. Hadley, May 14, 1900 (Yale MSS).
㉟ J. W. Burgess to G. L. Rives, March 27, 1888 (FB).

辈子接触的都是绅士。"㊱

　　查尔斯·W.艾略特认为绅士就是某个职业的熟练从事者,对于这个新定义,信奉文化的人并不赞成——对这个圈子来说,这个单词另有魅力。一个有文化的绅士"的行为举止是自由人的自然举动"。他是一个愿意"承担责任"的人,即使是在对自己不利的情况下。他的个人愿望会服从"社会模式",并且是毫不勉强地自愿这样做。此外,绅士还应该将"学问上的利他主义"和"道德上的鉴别力"结合起来。但是尤其能说明绅士的词是"谦和"。谦和不同于"奉承"的态度,后者让人想起祈求恩惠,而应该具有的品质则是给予恩惠。㊲ 好感是一种特权。绅士就是能够亲切地给予恩惠的人。

　　这一定义具有一定的讽刺意味。马克斯·韦伯(Max Weber)在使用这些词语的时候,顺从和特权所标明的是传统的——而非理性的——社会关系。这些关系与公务员考试的精神背道而驰,实际上也是与美国发展起来的整个天赋人权哲学相违背的。赐人恩惠的习惯很容易妨碍建立在价值观念基础上的决策过程。因此,最终说来,绅士对于关系到社会影响的顺从程度的关心,就像移民"老板"的阴谋一样,是与民主理论相违背的,理由也大致相同。当然,绅士化的学术特长及其较为低级、烟雾缭绕的房间里的对手也许真的都说明了民主理论不得不忽略的人性因素。但是,对于信仰文化的学者来说,这种状况中重要的是价值观的冲突给他们的生活带来的压力。一方面,这些人中大多数努力相信某种形式的民主,提倡公务

㊱ Bliss Perry, "The Life of a College Professor," *Scribner's Magazine*, XXII (1897), 513.

㊲ C. F. Thwing, "American Universities," in U. S. Com. Ed., *Report*, 1902—1903, I, 317; A. T. Hadley, *The Education of the American Citizen* (New York, 1901), p. 32; C. F. Thwing, *Letters from a Father to His Son Entering College* (New York, 1912), p. 22; C. F. Thwing, *If I Were a College Student* (New York, 1902), pp. 12—13.

第四章　自由文化

员改革，认为天赋是学术进步的基础而尊重它。但是，在社交场合发言时，他们的言论通常具有较小的包容性。1907年，"大学快要变成中产阶级的猎物了，"哲学家R. M.温勒（R. M. Wenley）这样抱怨，它们是在生产"大量一模一样的卷轴，都能在庞大的、无差别的中产阶级中找到合适的位置"。[38] 威廉·里昂·费尔普斯认为，更多的学院需要"很多人等着加入的高级俱乐部的声誉"。[39] 民主造成的数量妨碍了水准，而文化的特别任务就是要保持水准。倡导文化的人毫不犹豫地认为，当这两个要求之间出现冲突时，应该优先考虑水准。使他们痛苦的是必须有这种冲突的念头。这样，文化定义的社会层面就在这些学者的思想中造成了一种特别的、半遮半掩的不安。

19世纪后期美国的学术圈中，文化的概念混杂着美学、道德和不言而喻的社会准则。这些因素中的第一个和最后一个通常是主要大学里的文学家更为强调的。在规模较小的学院中，受到无限关注的则可能是道德准则。

这个时期的学术哲学家虽然与文学家结成同盟，但是也有着明显差异，值得单独评论。哲学唯心主义者的教育观点经常与文化的文学倡导者一致，表明它们之间有着内在的联系。耶鲁的一位哲学家说："文学和哲学有相同的范畴，前者更直接地与我们自己相关，后者则是在更基本的方面……两者都暗示着一些假设，文学可以不加分析地接受这些假设，而哲学的任务则是分析和证明它们。"[40]哲

---

[38] R. M. Wenley, "Can We Stem the Tide?" *Educational Review*, XXXIV (1907), 242—243.

[39] W. L. Phelps, *Teaching in School and College* (New York, 1912), p. 69.

[40] G. T. Ladd, "The Relation of the Study of Philosophy to That of Literature," *University Record* (Chicago), I (1896), 404.

学家和文学家拥有很多共同的传统——毕竟,歌德和黑格尔之间并无太大差距,而爱默生和卡莱尔则有助于消弭这种隔阂。

在关于文化更普遍的思考中,哲学家关注一个主题:大学的一致性。他在自己的学科中找到了整个学术课程的桂冠。㊹ 哲学唯心主义者比其他倡导文化的人更尊重智力,但是绝对没有忽视道德(实际上,在某种意义上,他使道德高度系统化了)。他这样做不是因为智力使人有能力研究细节,而是因为它是一件工具,通过它可以勾勒出宇宙的基本结构。换句话说,他的理性主义来自"建设性"思考者而非培根主义者。

不论在欧洲还是在美国,被称为唯心主义的哲学都发生了多种多样的运动,其复杂性无法在此说明。㊺ 最宽泛地说,唯心主义(正如其学术信徒所描述的)是"关于宇宙的思维观点"。㊻ 现实的根基是智力,但是它是抽象的、绝对的,不受个人变化的主观智力状态限制。人类的头脑有能力辨别并且联系上通用思维——"绝对"——人们认为,即使地球,包括其上的所有哲学家在太阳系的灾难中全部消失,它也还能继续运转。正是唯心主义观点普遍具有的心灵主义特点,使唯心主义及其衍生的观点(其中包括美国先验论)与实验室科学的整个概念相互冲突。虽然在传统神学意义上,唯心主义不具有宗教性质,但是其信徒认为自己的观点是唯心的而非唯物的,在接受精神论方面,他们认为自己是"审慎地赞成"。(根据黑格尔

㊹ 例如,可见 J. H. Tufts, "The Relation of Philosophy to Other Graduate Studies," in *Graduate Courses*, VI (1898—1899), xix—xxxi。

㊺ 对这个时期美国发展起来的各种唯心主义哲学的描述,可见 Schneider, *A History of American Philosophy*, pp. 466—479。

㊻ B. C. Burt, "Cardinal Problems of Philosophy at the Present," *Education*, XII (1892), 393.

主义,人们相信"审慎地赞成"是教条主义和怀疑论的综合。)⑭在这种情况下,人们只能反对经验主义认为必须通过对特殊现象进行比较,缓慢而费力地探知现实的本质这一假设。人们坚信,科学家最后认知的宇宙与唯心主义者直接看到的完全一致。1893 年乔西亚·罗伊斯说:"精神生活不是从个别事物的概念开始的,而是从一般概念开始的。这些基本的一般概念是无意识抽象出来的。"有了理智,无意识的抽象可以变得有意识,并且"能够洞察个别事物的本质"。⑮

康德和黑格尔为美国的唯心主义者提供了最大的鼓舞。内战之前,倡导唯心主义的人更多的是学术界的圈外人士而非圈内人士,1865 年之后在美国发展起来的明确的黑格尔唯心主义首先是由一群非学术思考者倡导的,尤其是在圣路易斯地区。⑯ 从这些人,以及年青一代的美国人与德国思想这一层面的持续性正面接触开始,黑格尔唯心主义作为哲学系,在 19 世纪 80 年代的主要美国大学中迅速扩散。⑰ 唯心主义在学术圈和整个美国的影响在 19 世纪 90 年代达到最大。这些年记录了约翰·赫尔曼·兰德尔所谓的"近乎伟

---

⑭ G. H. Howison's address, "Philosophy—Life's Pilot," May 16, 1899 (GHH);被删除的斜体字。

⑮ Josiah Royce, "The Acquisition of General Ideas," *Journal of Education*, XXXVII (1893), 313. 这是罗伊斯演讲的摘要,可能与其实际措辞不完全相符。

⑯ 见 Schneider, *A History of American Philosophy*, pp. 444—450; J. H. Muirhead, "How Hegel Came to America," *Philosophical Review*, XXVII (1928), 232—240. 关于战前先验主义的例外情况,见 Wilson Smith, *Professors and Public Ethics*; *Studies of Northern Moral Philosophers before the Civil War* (Ithaca, 1956), pp. 31, 95—97, 103, 192。

⑰ 乔治·希尔维斯特·莫里斯(George Sylvester Morris)在协和神学院(Union Theological Seminary)就读时首次在私下阅读中接触到了黑格尔。为满足好奇心,他于 1866 年在德国就教于(新康德学派的)特伦德伦伯格(Trendelenburg)。见 M. E. Jones, *George Sylvester Morris* (Philadelphia, 1948); R. M. Wenley, *The Life and Work of George Sylvester Morris* (New York, 1917), pp. 88—100, 115—117。另一方面,乔治·H. 豪威逊(George H. Howison)曾是圣路易斯群体的一分子。乔西亚·罗伊斯的观念主要是他年轻时代在加利福尼亚自学的结果。

大的哲学教授的那个伟大时代"的活力。㊽ 世纪交替之后,唯心主义作为学术力量开始迅速衰落,很快,倡导文化的文学家在哲学系的可靠同盟者就少多了。正确地说,唯心主义可以看作是美国思想的分支而非主流。自然科学的兴起削弱了它的影响力,就大多数基督徒而言,它仍然是不可信的这一事实也削弱了它的影响力。唯心主义得不到这两种强大力量中任何一种的支持,年轻人倾听并崇拜教授们的言论,但是很快就抛弃了这种特殊的信仰。

从某个角度说,人文主义观点是内战之后美国学术圈里的新鲜事物,但是从另一个角度看来,它代表着像希腊人一样古老的传统。满足其需要的研究主要是新奇的创造。可以很公正地说,它们体现了自美国学院成立之初就占据了主导地位的古典主义者的意图。人们经常说,过去的目的在19世纪早期就已经变得荒谬可笑,现在为了使它重新变得重要,就出现了倡导自由文化的人。

这样一来,文化的理念与旧学院的训练观之间的关系就显得非常复杂。文化在某种程度上似乎是智力训练的反对者之一,而在某种程度上又是其具有更时尚现代外表的延伸。具有实用思想的教育家有时候说伍德罗·威尔逊只不过是重生的詹姆斯·麦考士——换而言之,敌人只是换了件外衣。这种论点有点道理,但是最多只是部分正确。

无可否认,训练和文化之间存在很多而且牢固的联系。以前学院的发言人并不总是不信任文化——仅在它威胁着要放弃基督教神学的时候。尤其在19世纪70年代,主张保留拉丁语和希腊语成

㊽ [J. H. Randall, et al.], *A History of the Faculty of Philosophy, Columbia University* (New York, 1957), pp.13—14. 1891年哈佛的一位研究生写道:"斯宾塞和罗伊斯就是哈佛的哲学之神。"C. M. Bakewell to G. H. Howison, Oct. 2, 1891 (GHH). 十年后,威廉·詹姆斯基本上取代了这两人的地位。

第四章 自由文化

为一种时尚,其原因有二:既有助于智力训练,又是"古代文学,其与人类的联系是世上所有联系中最丰富、最杰出也是最普遍的"。㊾ 甚至到了19世纪90年代,同一次演讲中,在相连的几句或是几段话中赞成训练和文化也是常见的。㊿ 举例来说,查尔斯·艾略特·诺顿就经常说文化就是"思想的真正训练"。㊼ 显然,在很多情况下,倡导文化的人就是倡导智力训练的人,只是变得更老练更圆滑了。这里人们会想起富兰克林·卡特(Franklin Carter),他在1881至1901年期间担任威廉姆斯学院的校长。在就职演讲中,他明确主张,宗教的虔诚比文化更为重要,他谈到"异端邪说",就像诺亚·伯特一样义愤填膺。他说:"我坚持老式的信仰,即训练两种不同类天赋的对古代语言和数学的研究……应该是学院课程的主要部分。"五年后卡特的另一次演讲听起来就像是一个全新的人。现在他为现代语言研究辩护,谈到了"文化和作为有教养的人的标志的能力的结合"。教师们应该鼓励学生"热爱最好的作家的最好的思想"。㊾ 卡特管理下的威廉姆斯于1894年不再将希腊语作为入学要求。

如果说训练和文化之间有连续性,那么它们之间存在更重要的差别。(最为重要的宗教问题将留待后文讨论。)对于乔西亚·罗伊

㊾ Tayler Lewis, "Classical Study," in *Proceedings at ... Union College, 1871—1872*, p. 59.

㊿ 例如可见 J. E. 布拉德利(J. E. Bradley,伊利诺伊州一所小学院的校长)的评论, N. C. A., *Proc.*, 1879, pp. 77—78; A. T. Ormond, "University Ideals at Princeton," N. E. A., *Proc.*, 1879, p. 353。1903年,就这一联合领域发表演讲的人觉得必须承认:"我很清楚,这种观点会无可挽回地将我归类为'老顽固'。"Conference on the Relation of the College to the Professional School, *Stenographic Report*, p. 31.

㊼ C. E. Norton, *Letters of Charles Eliot Norton*, ed. Sara Norton and M. A. DeW. Howe (Boston, 1913), II, 452.

㊾ Carter, *The College as Distinguished from the University*, pp. 6—8, 23; Franklin Carter, "Study of Modern Languages in Our Higher Institutions," Modern Languages Association of America, *Transactions*, 1886, pp. 19—20.

斯这样的人来说,旧式学院存在于另一个宇宙。罗伊斯写道:"传统课程不能确保真正的'文化'……我希望它的任何东西,包括其形式和方法,都将最终成为回忆。"(他与同一学术时代的科学家和实用主义者不同,就在于他很快就补充说,这将是"美好的回忆"。)㊹欧文·巴比特的容忍力没有罗伊斯好,他宣布自己与美国学院里古典文学的老教师是不一样的。虽然他劝告这两个群体结成暂时的联盟"以对付共同的敌人——纯实用主义者和科学激进分子",但是他觉得必须指责信奉训练的古典主义者的"骄傲和排他性"。㊺19世纪90年代的哲学家很反感把他们的领域看作"仅仅是思维的体操"的这种暗示。㊻不要忘记倡导文化的人必须违背很多古典语言的捍卫者的意愿才能在美国大学占有一席之地。甚至在作为整体的语言学在对抗职业训练以捍卫自身地位的时候,古代和现在语言的支持者之间也爆发了激烈的争论。康奈尔大学于1868年成立时,要求引入文学课程和克服古典文学单调性的渴望在文学家中引发了真正的热潮(即使相当短暂)。

对于欧洲的主流思想,自由文化的信徒比崇尚训练的教育者要敏感得多。必须承认,这些思想潮流很难彼此分割。大多数美国文学家都是亲英派,他们让一位英国人,马修·阿诺德(Matthew Arnold),自动成为文化概念的代言人。㊼甚至像欧文·白璧德这样具有独立思想的人,也很赞同地引用阿诺德的言论。虽然英国的高等教育基本上处于停滞和僵化状态,似乎不足以成为美国效仿的模

㊹ Royce, "Present Ideals of American University Life," *Scribner's Magazine*, X (1891), 379.

㊺ Babbitt, *Literature and the American College*, pp. 111—113.

㊻ W. E. Lloyd to G. H. Howison, Aug. 23, 1896 (GHH).

㊼ 关于阿诺德对美国高等教育影响的简短讨论,见 J. E. Baker, "The Victorian Chronology of Our Liberal Education," *Journal of Higher Education*, XVIII (1947), 414—416。

第四章 自由文化

式,但是与英格兰在学术上的紧密联系——记忆中可以追溯到殖民时代的哈佛第一次从剑桥引入"自由文化"——不知为什么仍然占据着显著地位。[57] 1910年,随着英国大学真的开始改善,又出现了直接模仿英国高等教育的新的兴趣。[58] 但是同时,这些美国文学家的审美情趣绝对不仅限于英国式的。相反,高雅的审美具有很多来源,包括德国浪漫主义者,在某种程度上,还有法国人。相信文学灵感的美国人支持歌德、施莱格尔(Schlegel)、柯勒律治(Coleridge)、华兹华斯(Wordsworth)、史达尔夫人(Madame de Staël)和圣贝尔,同样也支持阿诺德。[59] 而且,虽然直接说来,绅士化的社会理想也是英国式的,但是在其背后人们可以看到如文艺复兴甚至古罗马一样古老的荣誉感。

德国在倡导文化的人眼中的地位更难确定。德国代表着实证科学,但是也代表着文学浪漫主义和唯心哲学。在一些更亲英的倡导者看来,应该忽略德国,或者非常厌恶地否定德国,因为她的学问枯燥无味,而且她近年来似乎沉溺于自然科学。[60] 其他人则偏向于回忆更为古老也更志趣相投的德国,它代表着精神的觉醒。[61] 一般说来,学术文学家更推崇英国,哲学家更推崇后一种形式的德国。

---

[57] 见 West, "The American College," in Butler, *Monographs on Education in the United States*, I, 210。

[58] 见 John Corbin, *An American at Oxford* (Boston, 1903), esp. pp. 255—309; Slosson, *Great American Universities*, p. 421。

[59] Porter, "The New Criticism," New Englander, XXIV (1870), 295. 虽然列举的是法国名称,到美国的法国游客完全可以把美国教育描绘成英国和德国影响的巨大战场(这里指的是实验室科学的德国)。见 Pierre de Coubertin, *Universités transatlantiques* (Paris, 1890), p. 29。

[60] 例如可见 J. M. Taylor(瓦萨尔学院的校长), *The Neglect of the Student in Recent Educational Theory* (n. p., [1894?]), pp. 2, 7; Babbitt, *Literature and the American College*, pp. 73—74; Paul Shorey, "American Scholarship," *The Nation*, XCII (1911), 467, 称赞"牛津或巴黎的优良文化"。

[61] G. S. Morris, *University Education* (Ann Arbor, 1886), pp. 6—7; G. H. Howison to G. M. Stratton, Jan. 8, 1895, (GHH)。

虽然内部存在这些分歧,自由文化的阵营表现出一种世界大同主义,这使他们完全不同于中世纪学院神学家孤立的(最多是苏格兰式的)虔诚。这样看来,在观点上最欧化的学术观是文化和研究的观念,而智力训练和实用主义都表现出更为自鸣得意的狭隘性。

寻求全面发展的人

渊博作为各种智力和道德能力无差别发展的产物,已经成为19世纪中叶美国教育家公认的目标。但是倡导文化的人在定义全面发展的时候,削弱了其心理学意义,而更注重实质。性格的宽宏和知识的渊博现在被认为是熟悉过去文明的实际标准。

专业化对渊博的新内涵具有威胁性,因为它代表着旧的含义。科学代表着知识的狭隘性,应用科学处于"更低"的职业培训层次,也具有同样的倾向。相反,文化作为一种故意不特定的"影响"而大受称赞,这种影响不会局限于生活中的任何一种职业。"它必须包括所有职业。"[62]文化的信徒担心,要获得有用的知识意味着自私的对金钱和权力的渴望。詹姆斯·拉塞尔·洛威尔斥责"卑鄙的技巧,有了它们,我们就抛弃了更高尚的生活,而满足于谋求生存"。[63]技术和职业研究被看作是对"唯心主义,教育最人性化、最重要的因素"的威胁。[64]约翰·巴斯康姆用同样的口气警告说:"与现在教育中存在的系部专业化趋势相关的最危险的罪恶,就是直接利用而忽

---

[62] B. L. Whiteman, "The American College as a Moral Force," A. I. I., Proc., 1894, p.89.

[63] J. R. Lowell's "Criticism and Culture," n. d. (H).

[64] M. H. Buckham, *The Very Elect: Baccalaureate Sermons and Occasional Addresses* (Boston, 1912), p.308.

第四章　自由文化

视了其最广泛的精神作用。思维的洞察力变得细微,方法变得精细,而不是真正的全面透彻。"⑥有时候实用主义的利他主义观点也受到抨击,例如,欧文·白璧德就把他的"人道的克制准则"与"多愁善感的科学的人道主义者的社会理念"相对比。⑥ 在这个问题上文化的信奉者会变得非常情绪化,一位哲学家把选修制称为"功利主义的和解对我们的大学进行敲诈"的手段。⑥ 海勒姆·科森宣称:"最实用的教育,就是对高尚的人的教育。"⑥另一位教授断言,自由教育确实有"实用价值",但是这在于"品格的升华,在于更生动地体会真善美,在于精神力量的增强"。⑥

这样,人们就认为高雅的渊博的理念与学生的完全自由选择是互相矛盾的。⑦ 查尔斯·W. 艾略特认为,没有两个人是相似的,因此每个人应该决定自己所受的培训,普林斯顿的安德鲁·F. 韦斯特(Andrew F. West)对此进行了质疑。韦斯特主张"所有可教育的头脑"在根本上都是一样的:

> 头脑就像脸和肤色一样,彼此相似而又不同。它们都不一样,但是都属于人类。那么,因为学生的头脑在程度或是第二天性方面具有"无限"的差异,学院就不能规定学生必须接受主

---

⑥ John Bascom, *Things Learned by Living* (New York, 1913), p. 140.

⑥ Babbitt, *Literature and the American College*, p. 67.

⑥ R. M. Wenley, "The Classics and the Elective System," *School Review*, XVIII (1910), 518.

⑥ Corson, *The Aims of Literary Study*, p. 72.

⑥ W. A. Merrill (俄亥俄州迈阿密大学的拉丁语教授), "The Practical Value of a Liberal Education," *Education*, X (1890), 441.

⑦ 这个问题上有少数例外。在哈佛,查尔斯·W. 艾略特能够依赖查尔斯·艾略特·诺顿热情的支持,而对乔治·赫伯特·帕默(George Herbert Palmer)就有所保留。在其他地方,威廉·里昂·费尔普斯,查尔斯·F. 思文(Charles F. Thwing)和乔治·E. 伍德贝利(George E. Woodberry)至少部分地赞同选修观点。

要培养其关键品质的伟大研究才能称他们的头脑是受过自由教育的,这种说法就不合逻辑。[71]

欧文·白璧德指责艾略特,说他假定学生会明智地选择自己的课程,是低估了"非理智的力量"。[72] 保罗·肖里(Paul Shorey)指责说,支持选修制的人是接受了管理者简单而肤浅的策略,其目的是调和现存的系部,而不是承担难度较大的区分这些系部的任务。[73] 雨果·闵斯特伯格反对选修制是基于更高尚的哲学原因。他把选择性学习看作是"我们时代自然主义发展的合理结果",并且说,他的唯心主义哲学立场"必然使我拒绝选修原则"。[74]

非实用主义科学的冲击也被看作是对人文观点的威胁,也同样令人讨厌。自然科学能够解释所有现实这种想法对于倡导文化的人和宗教传统主义者都一样不能接受。从学术角度看,狭隘的专业化著作是要受到质疑的。哥伦比亚大学的乔治·E.伍德贝利宣称:"我当然不会放弃文学家的称号而被叫做学者。"[75] 不论是纯科学还是应用科学,都因为会导致不希望的狭隘的专业化而受到抨击。安德鲁·F.韦斯特写道,它"把知识分裂成碎片,导致同情的分裂和学问的非人性化,因为失去了整体的高尚的知识观而降低了格调,也

---

[71] A. F. West, *A Review of President Eliot's Report on Elective Studies* (New York, 1886), p.14. 1899年,韦斯特承认,完全回到规定课程是不可能的,因为学生不会支持,但是他仍然热切地想达成妥协,尽可能多地在课程中保留规定内容。West, "The American College," in Bulter, *Monographs on Education in the United States*, I, 223—227.

[72] Babbitt, *Literature and the American College*, pp.47—48, 52.

[73] Paul Shorey, "Are the Degrees of Bachelor of Science, Bachelor of Philosophy, and Bachelor of Letters To Be Preserved or To Be Merged in the Degree of Bachelor of Arts?" A. A. U., *Journal*, 1904, pp.64—65; 比较 G. T. Ladd, *Essays on the Higher Education* (New York, 1899), p.24.

[74] Hugo Münsterberg to C. W. Eliot, Jan. 25, 1899 (WE); 比较 G. H. Howison, "The Harvard 'New Education,'" *Andover Review*, V, (1886), 579—582.

[75] G. E. Woodberry to Seth Low, May 1, 1897 (CUA).

第四章 自由文化

是学问的文学'粗野化',现在这个问题需要我们关注——尤其是在我们的研究院"。[76] 这些人和早期的神学家一样,暗示科学必须安于其附属地位。根据一位英语教授:"爆发的科学,就像一般的暴发户那样粗糙、粗鲁、傲慢,已经占据了教育的上层。"[77] 海勒姆·科森反对"分析、散漫、概括性知识"的声明,强调自己相信"那些精神本能和精神感性……有了它们,人类不需思考就能知道一些最高的真理——这些真理是超出了推理能力范围之外的"。[78]

19 世纪末,人文主义对科学的抨击语气强烈。[79] 欧文·白璧德提到"过于专注一门学科会损害伤害大脑"。他暗示说博士学位会使人"失去智力的平衡",他进一步说,德国的博士论文给他"一种学术上的恶心感"。[80] 在有组织的劳动似乎很不体面的时代,安德鲁·F. 韦斯特努力在感情上引起人们的赞同,他指控说,博士学位"几乎成为雇佣的标志,就像'工会会员证'一样"。挑选教职员要考虑他们的研究,这在韦斯特看来是"毁灭性的理论"。[81] 这些人文主义者的辩论中充满了讥笑和讽刺,其强烈的语气是同时代的学术哲学作品所无法比拟的。"纯粹的学问就像收集旧邮票一样无用,"詹姆斯·拉塞尔·洛威尔断言。科学家是卖弄学问的人,是"学术老处

---

[76] A. F. West, *The Graduate College of Princeton, with Some Reflections on the Humanizing of Learning* (Princeton, 1913), p.4. 伍德罗·威尔逊完全同意这一立场。

[77] H. M. Stanley (森林湖大学), "Education and Literature," in W. M. Payne (ed.), *English in American Universities*, p.181. 还可见 G. H. Howison, "Philosophy and Science," *University Chronicle* (Berkeley), V (1902), 130。

[78] Hiram Corson, *The University of the Future* (Annapolis, Md., 1875), p.11.

[79] 为平衡这种情况,必须记住,威廉·里昂·费尔普斯和乔西亚·罗伊斯等人表现出对科学的包容度。

[80] Babbitt, *Literature and the American College*, pp.107—108, 134;比较 Phelps, *Autobiography*, p.182, 与巴雷特·温德尔有关的部分。

[81] West, *The Graduate College of Princeton*, p.21; A. F. West, "The Changing Conception of 'The Faculty' in American Universities," *Educational Review*, XXXII (1906), 11.

女"。密歇根大学的 R. M. 温勒说："埋头于学问或是实验技巧,人的精神就枯萎了。"出版研究论文被称为是一种"癖好"。社会科学作为"只会使头脑混乱"的"半科学"尤其受到蔑视。倡导自由文化的人骄傲地宣称,他们不相信数据是现实的反映。[82] 有时候,这些反科学的言论仅仅是抱怨;有时候,它们上升到极高的感情高度。白璧德和韦斯特肯定曾嫉妒温勒能做出这样的总结:

> 年轻的狮子再次向我们怒吼,说大学"存在的目的是培养专家",他们的喧闹声让人耳聋,让人困惑,或者,在婆婆妈妈的男人和女人众多的地方,还让人恐惧。诚实可靠一些吧,年轻人的导师们!但是,什么样的专家呢?自认为可以参加伊丽莎白时代的酒馆狂欢而不动声色,却在惠特曼或是萧伯纳的作品中只能看出淫荡的冒充博学的人文主义者?头脑里和手上全是仪器,永远没有机会应付活生生的人的实证科学家?非常了解视锥和视杆细胞和神经末梢以及反射动作,却会在人类心智的一万英里之内打寒战的心理学家?能够确切告诉你埃斯库罗斯作品中代词出现的次数,却不知道《普罗米修斯》含义的希腊学家?悄悄说洛克在《随笔》第二卷二十二章十一节里使用了"学术代理"这个词来迷惑你,却对使同时代人头脑发昏的压力问题无动于衷的形而上学者?只能看见自己小王国外面的垃圾的蹩脚的独眼巨人?[83]

---

[82] J. R. Lowell, "The Study of Literature; Fragments from the Lectures of Professor Lowell," unpaginated supplement to the *Harvard Crimson*, 1894; H. S. Canby, *Alma Mater: The Gothic Age of the American College* (New York, 1936), pp. 203, 210; R. M. Wenley, "Transition or What?" *Educational Review*, XXXIII (1907), 449; A. F. West, *True and False Standards of Graduate Work* (n. p., 1905), p. 9; Paul Shorey, "The Case for the Classics," *School Review*, XVIII (1910), 606; Shorey, "Are the Degrees ... To Be Merged?" A. A. U., *Journal*, 1904, p.65.

[83] Wenley, "Transition or What?" *Educational Review*, XXXIII (1907), 437—438.

第四章　自由文化

所有反对科学和专业化的言论的强烈程度反映出文化的倡导者当中存在的消极主义。对他们来说，确定要反对什么似乎比详细说明他们要支持什么更为简单。西储大学的查尔斯·F. 思文宣称："如果我是学生，我所追求的将是知识的意义而非知识本身。我会更希望成为一名思考者而非学者。"㉘但是"知识的意义"是什么？怎么可能成为一个"思考家"而不会，在某种意义上，至少偶尔做一下学者呢？经历与思想观念的形成没有任何关系吗？文化的倡导者在他们所写的关于教育的文章中，就这些问题通常保持缄默。

有文化的学者所提出的主要正面观点是，对人的研究有着对自然的研究不具备的本质上的重要性。正如约翰·巴斯康姆所说："人类不仅仅是继上千个低级生物体之后的又一个生物体。对他来说，他本身内在的关系以及他与自己同类的关系比其他任何关系都更加重要。"㉙人文主义者相信，人类的终点在其本身，而不在其特别行为和技巧，或是其知识。耶鲁的乔治·特朗布尔·莱德（George Trumbull Ladd）断言："所有科学，所有知识，所有艺术，所有文学以及所有哲学存在的目的……不是为了其自身，而是为了人类。"㉚

科学家相信自然（也相信人类是自然的一部分），他们的优势在于能够越来越精确地界定他们所相信的内容。人文学科的代言人拒绝有关人的科学方法论，不得不满足于能强烈感觉到但是必然是模糊的一般法则。当然，也许人类最可靠的理解力就是模糊的不完整的，而不是组织严密的，但是科学的精确性使后者在教育圈拥有了巨大的战略优势。

㉘ Thwing, *If I Were a College Student*, p. 22.

㉙ John Bascom, "The Part Which the Study of Language Plays in a Liberal Education," N. E. A., *Proc.*, 1884, Part II, p. 275. 这是语言学研究争取在学院的至高地位的序幕。

㉚ G. T. Ladd, "The True Functions of a Great University," *Forum*, XXXIII (1902), 39.

这个时期文化之友对科学的专业化进行的众多抨击中,也许只有一个似乎对继续这场斗争提出了实用的建议。乔西亚·罗伊斯在对哈佛的研究生演讲,请求他们不要成为自己专业的奴隶时,提出了一个引发重要结果的提议。他建议,"意识到你们学习技术时所使用的工作方法"。罗伊斯认为,这种意识会将观察者从对其科学的惯常奴性中解放出来,从而使"技术性变为人性"。他提倡研究"自己学科的哲学"。⑧⑦ 这种思维的含义在 20 世纪渐渐获得人们的重视。因为科学家确实采纳了作为其专门研究的一门"哲学",在 1910 年的前十年里初现端倪的反对科学的运动中,对这种哲学的仔细研究给了人文主义者新的力量。

宗教、灵感和知识

旧时学院建立的基础是虔诚。其领导者和后来的文化倡导者之间最明显的差别就是贬低基督教神学的新趋势。这当然不是说大多数支持文化的人都是怀疑论者,它确实意味着宗教不再是他们学术观无可回避的核心。这些人通常很早就从神学转向了伦理学。1881 年,约翰·巴斯康姆宣布:"宗教不是道德的基础,同样,道德也不是宗教的基础。"⑧⑧

大量证据表明,在一些规模较小的学院,即使是那些已经放弃了训练课程的学院,基督教的标志在较长期间内也一直存在。但是阿姆赫斯特的校长哈里斯表示,即使这所学院也发生了变化,1903 年他说,他的学院现在提供"关于真正的、有人性的基督和人为人服

---

⑧⑦ Josiah Royce's "Address to Graduates," *n. d.*, pp. 48—50 (JR).

⑧⑧ John Bascom, "Atheism in Colleges," *North American Review*, CXXXII (1881), 37.

第四章 自由文化

务的说教。布道是伦理的、精神的,而非神学的。几个教派的传教士给学院带来了同样的信息……假话和伪装不再受到宽容,不合理的学说被抛弃,但是信仰、希望、爱和品格得以发扬"。⑧⑨ 很多小学院长期保留了强制的礼拜仪式,耶鲁和普林斯顿也一样,但是其目的更多的是为了维持学生统一的"精神风貌",而不是出自显然的虔诚意愿。⑨⑩

在规模较大的大学,虽然文化的倡导者继续信奉某种形式的基督教,但是大多数人表明,他们已经脱离了早期的虔诚。耶鲁和布朗的教授们都主张,如果要在大学教授《圣经》,就必须将它看作普通的文献,要用通常的学术方法来分析。⑨① 西储大学的校长查尔斯·F.思文的立场与查尔斯·W.艾略特很接近。他说,宗教已经变成理性的、伦理的和包容的。它"不像情绪那样是一种行为",它应该继续存在,因为它提升了道德。⑨② 虽然哲学唯心主义者保留了自己深厚的信仰,但是已经不再是他们父辈的正统观念了。1902年,乔治·H.豪威逊吹嘘说:"我不属于任何教派,很早就没有了。"⑨③ 即使这些人的确保留着对教派的忠诚,例如乔治·赫伯特·帕默,他们也反对在学院以强迫的方法正式传授教义。⑨④

在"思想更为解放"的文化信徒中,正式的宗教要么远远隐于幕

---

⑧⑨ N. E. A., *Proc.*, 1903, p.521.

⑨⑩ 见 H. T. Claus, "The Problems of College Chapel," *Educational Review*, XLVI (1913), 177; George Harris, "The Required Religious Services of a College," *Biblical World*, XXVIII (1906), 240—250。

⑨① Religious Education Association, *Proceedings of the Second Annual Convention*, Philadelphia, *March 2—4, 1904* (Chicago, 1904), pp.131—138.

⑨② Thwing, *If I Were a College Student*, p.28; Thwing, The American College in American Life, pp.200—201, 219—241, 299.

⑨③ G. H. Howison to M. J. Savage, Jan. 25, 1902 (GHH).

⑨④ G. H. Palmer to C. W. Eliot, May 25, 1882 (CWE).

后,要么被公开否认。查尔斯·艾略特·诺顿不是基督教徒,欧文·巴比特和乔治·E.伍德贝利也不是。这些人希望,除了科学和基督教之外,对文化的欣赏会形成第三种完全不同的理解世界的方法。⑮ 白璧德宣称:"需要捍卫人文学科,使其不受自然科学的侵害,就像曾经需要捍卫它们不受神学的侵害一样。"⑯

虽然倾向于正式的教义,美国的学术文学家将文明变为宗教。这就是乔治·桑塔亚那注意到的"美国风雅之士中"根深蒂固的"正统观点"。⑰ 这是一种对其人文主义有着微妙限制的信仰。毕竟,不可能不加区分地提升全部人类。确实,在有文化的人看来,宇宙主要是为了在这个星球上居住了大约两千五百年的一系列艺术家和思考者而存在的。人们不再否认人类早期的历史,到 1900 年,任何派系的美国学者都很少质疑进化论对人类过去的重新建构。但是文化的信徒宁可不去多想始新世和上新世。对欧文·白璧德来说,人类的进化是从泰勒斯(Thales)的时代开始的。这样,就可以理解他对其他以人为本的学者的猛烈抨击了:"人类学家协会的主席最近选了一条人文主义格言作为自己年度讲话的题语:'人类应该研究人'——也许没有人觉得有什么不合适。这样的话,我们很快就能看到,一位花了一年时间在刚果收集翻绳游戏的芝加哥教授会作为真正人类学家的典型树立起来。"⑱ 对于持有与白璧德一样立场的人来说,重要的事实不是人类源自动物,而是只有少数人最终进入

---

⑮ 见 Joseph Doyle, "George E. Woodberry" (Ph. D. diss., Columbia University, 1952), pp. 140—144。

⑯ Babbitt, *Literature and the American College*, p. 31.

⑰ George Santayana, *Character and Opinion in the United States with Reminiscences of William James and Josiah Royce and Academic Life in America* (London, 1920), pp. 16—17; 还可见 Kermit Vanderbilt, *Charles Eliot Norton* (Cambridge, Mass., 1959), p. 177。

⑱ Babbitt, *Literature and the American College*, pp. 30—31。

第四章 自由文化

文明状态。⑨

在这种简缩的时间观念中,信奉自由文化的人既喜欢谈论永久性,也喜欢谈论进化的改变。不管在哪种状态下,他都不是相对主义者。保罗·肖里在1910年谈到这一问题:"即使所有事物都是相对的、主观的,也还有一些事物比其他事物相对来说更稳定,而这些就在实际意义上成为我们的准则。"⑩ 当然,肖里的意思并不是像字面上所说的:任何在过去两千五百年里一直延续的东西(战争、残酷、欲望),就因此必然好于更为短暂的东西。相反,他的意思是,艺术、文学和哲学方面早就出现了一定的标准,这些是永远不会被推翻的。支持文化的人相信,这些标准存在于他满怀信心所称的"人类天性"之中。雨果·闵斯特伯格于1906年说,比如说,想象在音乐方面,一位受过教育的倾听者居然能接受违反基本音调"法则"的情况,这是很荒谬的。⑪ 他们认为在每个经过恰当准备的头脑中都会产生同样的想法,因此,道德、哲学,(也许)还有宗教,在应用上是普遍的。肖里甚至说,"欧洲的高等文学,从荷马到丁尼生(Tennyson),从柏拉图到约翰·斯图尔特·密尔,当中"都能发现"升华了的人类常识"。⑫

人道标准首先形成于古希腊。因为它们永远是固定不变的,所以甚至到了今天,在20世纪初获得大学学位的年轻人仍然认为希腊半岛的文学具有特别的重大意义。因此应该继续教授古典语言,虽然是作为了解文明人在古代的言论的手段,而不仅仅是语法练习。

---

⑨ 例如可见 A. F. West, "The Evolution of Liberal Education," I. C. E., *Proc.*, 1893, p. 151。

⑩ Paul Shorey, "The Unity of the Human Spirit," in Northup, *Representative Phi Beta Kappa Orations*, p. 488.

⑪ Hugo Münsterberg, *Science and Idealism* (Boston, 1906), pp. 34—36.

⑫ Shorey, "The Unity of the Human Spirit," in Northup, *Orations*, p. 482.

希腊的道德价值观(最主要的就是节欲)会对美国年轻人造成良好的影响。古典文学必须"在广泛而重要的方面与现代生活"联系起来,与此同时,必须"用绝对的价值观来增强"它们的教学。⑩ 这样一来,人们就能看见古典文化是如何影响现代文化的方方面面。人们还说,通过研究古代作家,"我们学会了区别必要的与不必要的,我们学会了赏识和尊敬永恒的榜样"。⑭

  这个学术流派高度重视连续性,他们也很清楚,在人类有记载的历史中,想法已经发生了变化。这种进化被称为进步,不是从提升的角度而言,而是从更精确地认识到开始时不明确的目标这一角度而言。1889 年密歇根的一位教授说,"思想的历史"绝对不意味着"以前的所有想法现在都过时了,所以必须忽视"。相反,思想"是慢慢地不断进步的,每一个新的发展都是从前一个思想自然而必然地进化而来的……过去并没有被破坏,而是在每一个新的现在找到更高的表现形式"。⑮ 正是在这种环境下,在哲学家和文学家当中,学术史首次作为自觉的研究在美国形成了。早在 1889 年,亚历山大·T. 奥蒙德(Alexander T. Ormond),普林斯顿的哲学家,强烈要求哲学史在课程中受到更多的重视,不仅是为了其本身,也是"作为历史学的一部分"。1908 年,卫斯理学院的哲学教授 A. C. 阿姆斯特朗(A. C. Armstrong)公开主张把学术史教学作为一门独立的学科,他并不

---

  ⑩ Babbitt, *Literature and the American College*, p. 165. 还可见 W. D. Hyde, *The College Man and the College Woman* (Boston, 1906), pp. 46—80; J. R. Wheeler (哥伦比亚大学美术系主任), "The Idea of a College and of a University," *Columbia University Quarterly*, X (1907), 7.

  ⑭ J. H. Wright (约翰·霍普金斯大学的希腊语教授), *The College in the University and Classical Philology in the College* (Baltimore, 1886), pp. 21—22.

  ⑮ Webster Cook, "Evolution and Education," *Education*, IX (1889), 372.

第四章 自由文化

是唯一这样说的人。⑩ 人文主义者觉得"思想史"是一个绝对经得起检验的概念。出于这种对永恒性和进化的共同关注，希望能说明自由文化的"真理"，为本科生开设的"西方文明"概论课很快就出现了。⑩

思想，尤其是旧思想，似乎比咄咄逼人而范围广泛的智力的基础概念更有吸引力。智力在这种更基础的意义上有着清楚的界限，而这种界限并不总是支持统一性和综合性的。这样，关于是否将理智作为有利的概念而接受它，人文主义阵营出现了分裂，虽然随着时间的流逝，出现了一种有趣的趋势，即理智与公认的价值观融合起来。很自然，在规模较大的大学能够更清楚地观察到这种趋势，但是最具代表性的还是亚历山大·米克尔约翰——其思维风格属于极端的理性主义(即使他也是坚定的康德学派)——在 1901 年得到许可，成为布朗大学的系主任。同样，1903 年，达特茅斯的校长威廉·朱伊特·塔克(William Jewett Tucker)也不是出于一时的兴趣才在卫斯理诞生 200 周年纪念会上向学术循道宗信徒发表讲话时，公开宣称："当精神试图控制、约束或阻碍人类头脑的时候，就是最糟糕的时候。"⑩

---

⑩ A. T. Ormond, "The History of Philosophy," 普林斯顿大学哲学俱乐部里来历不明的简报, "Minutes," March, 1889 (Princeton MSS); A. C. Armstrong, "A Neglected Discipline," *Educational Review*, XXXVI (1908), 67—68; R. T. Kerlin, "Main Currents of Thoughts in the Nineteenth Century," *Arena*, XXXV (1906), 225—234, 356—365. 科林是在哲学唯心主义的背景下发表了明确主张的。还可见 H. M. Jones, *The Life of Moses Coit Tyler* (Ann Arbor, 1933), pp. 190—191。

⑩ 战争强调要在国内巩固民族价值观和传统，然而它在开设这种课程和项目中通常起到了催化剂的作用，因此也在 20 世纪的美国促进了自由文化的理念。于是，哥伦比亚大学在第一次世界大战期间第一个开设了西方文明的课程，哈佛则在第二次世界大战的刺激下开展了通识教育运动。见 Thomas, *The Search for a Common Learning*, p.69 and n. 9; P. H. Buck, "Remembrance of Themes Past," *Harvard Review*, III (1965), 17。

⑩ Wesleyan University, *Wesleyan Bicentennial, 1703—1903* (Middletown, Conn., 1904), p.189。

最初，有教养的学者曾试着将智力与科学联系起来，将两者看作对生活的不健康的挑剔态度而加以反对。1910年之后很长时间，人文主义信徒中都存在这种观点的明显痕迹。但是，大约在19世纪90年代开始，学术阵营的这一反科学派系的言论倾向开始明显地迎合这一说法。1894年，瓦萨学院的校长提到，"真正的、理性的文化"和"打开学术兴趣的前景"是学术目标的主要方面。1898年，斯坦福的一位希腊语教授将自己的自由文化主张与"纯智力事物"联系起来。[109] 甚至是较低级别的哲学家也开始公开说自己的学科能鼓励学生进行批判性思考——或者，如其中一个所说，"智力解放"。[110] 弗兰克·希里（Frank Thilly）在密苏里大学教哲学，他甚至更进一步，在1901年宣称大学的主要目标就是"智力目标"，一个学术机构"并不故意要在宗教、政治、道德或是美学上培养人"。R. M. 温勒虽然讨厌狭隘的研究，但是在1907年断言，博雅教育的教职员应该成为"社会总体智力资金"的托管人。三年后，他更进一步说，这些教职员的"根本目标"恰恰是"将智力提升到所有事物之上，使人绝对处于观点之前"。[111] 人文主义教育倡导者中的这种趋势在1910年之后的几年甚至更快地传播开来。

大约在世纪之交，美国高等教育机构里出现了更年轻的一群教授——开始给20世纪人文学院下定义的人。这些人甚至更全面地代表了文化与理智之间的友善关系。有些人获得了著名的学术职

---

[109] Taylor, *The Neglect of the Student*, p. 6; Walter Miller, *The Old and the New* ([Palo Alto], 1898), p. 37.

[110] 见 G. S. Fullerton（宾夕法尼亚大学），"Aim of Philosophy Teaching in American College," U. N. Y., Report, 1900, pp. 8—21; 引用的话出自 A. T. 奥蒙德在讨论中的发言，*ibid.*, p. 22。

[111] Frank Thilly, "What Is a University?" *Educational Review*, XXII (1901), 500; Wenley, "Can We Stem the Tide?" *ibid.*, XXXIV (1907), 253; Wenley, "The Classics and the Elective System," *School Review*, XVIII (1910), 518.

第四章 自由文化

务,其他人则被遗忘了。罗伯特·麦克都高(Robert MacDougall)于1895年在哈佛获得博士学位,第二年到柏林留学,并且于1901年在纽约大学担任心理学教授。很难将麦克都高"划分"到前一个学术时代的任何类别中。虽然他认为研究是研究生院的主要目标,但是也大力强调文化是先前培训的目的,提倡课程中要加强历史、文学和哲学科目。他把文化定义为"熟悉并欣赏人类思想的永恒表达",它还涉及"知识的渊博和同情的宽容"。这些话都还很传统。但是他补充说,学院培训代表"批评",智力分化的过程。学院应该使其学生"感受到智力的真实和一致性",它应该提供学生"洞察力和判断的合理性"。麦克都高大胆地反对过于重视道德和品格的培养。[112] 有趣的是,作为心理学家,他居然会赞扬文化,但是更有趣的是,他在这样做的时候还试着摆脱经常被认为是和过去的文化理念相联系的说教式的陈词滥调。

麦克都高可能会作为研究领域孤独的游荡者而被忽视。其他一些更年轻的人则不会如此。约翰·厄斯金于1900年在哥伦比亚大学获得文学学士,1903年开始在阿姆赫斯特教英语,他发现了一种新的活跃于该大学下级的教职员中的精神。"我们愿意相信,一种超级的进步正在发生,一种智力上的加速……教职员的争辩中……存在着新的想法。"厄斯金主要是对美学角度的文学研究感兴趣,他开始盼望英语教授们积极参加这一创造性的过程。对于品格培养是学院目标的讨论,他和麦克都高一样感到不耐烦。[113] 同一

---

[112] Robert MacDougall, "University Training and the Doctoral Degree," *Education*, XXIV (1904), 261—276. 关于以研究和文化的联合名义提出的对实用主义目标的抨击,可见 C. J. Keyser(哥伦比亚大学的数学教授), "Concerning Research in American Universities," *Columbia University Quarterly*, VIII (1906), 400—408.

[113] John Erskine, *The Memory of Certain Persons* (Philadelphia, 1947), pp. 101, 115, 10; Erskine, *My Life as a Teacher*, pp. 26—27.

时期,查尔斯·M. 盖勒(Charles M. Gayler)在加利福尼亚大学教英语,他在文化和研究的传统意义上摇摆不定,但是他认为科学是"文化的一面"的说法别具一格。虽然盖勒经常使用人文学捍卫者的时髦用语,他却把教育的目的定义为自我实现,"身体、智力、社会和感情上的自我实现"。与麦克都高和厄斯金一样,盖勒也不喜欢关于品格培养的"无价值"的讨论——他像厄斯金一样表现出对"艺术进步"的兴趣。[114]

亚历山大·米克尔约翰和威廉·T. 福斯特(William T. Foster)甚至背弃了对旧教育哲学范畴的忠诚。米克尔约翰在1880年八岁时从英格兰来到美国,1893年在布朗大学取得文学学士学位。他在康奈尔获得博士学位之后,于1900年在布朗大学担任讲师。1901年他成为系主任,然后在1906年很快升为终身教授。当米克尔约翰在1908年就美国学院的目标写作时,他的措辞听起来与自由文化的其他倡导者一样,而且他公然的康德主义道德表明了他与哲学唯心主义的联系。但是他的语气和强调点有些不同。他说:美国学院

> 主要不是为了教授生存的形式,也不是给予学生生存技巧的练习(在这个问题上,米克尔约翰显示出了与杜威和实用主义者的不同),而是要拓宽和加深对生活本身的洞察力,要打开人类经验,文学,自然,艺术,宗教,哲学,人类社会、经济、政治关系的宝藏,要唤起对这些东西的理解和欣赏,这样生活在内容上就会更丰富更充实。总而言之,美国学院的根本目标是唤醒兴趣。[115]

---

[114] C. M. Gayley, *Idols of Education* (Garden City, N. Y., 1910), pp. 71—72, 81, 91.

[115] Alexander Meiklejohn, "College Education and the Moral Ideal," *Education*, XXVIII (1908), 558.

第四章 自由文化

米克尔约翰抨击现在"效率"和"社会服务"的口号,给出的理由暗示,他高度尊敬智力。有趣的是,正是这种对人类思维的赞赏使他在1909年重新提出了基于智力训练的主张。虽然孤立的智力"天赋"的概念显然应该抛弃,米克尔约翰说他不愿意放弃前一代训练者喜欢的受训的运动员的比喻。训练应该用于所有人,把他们看作一个整体。人是"整体的自我,对其全部思想过程的培训不是神话"。⑯ 米克尔约翰在思维方面是理性的而非实用的,理智的而非科学的。当他说到"智力文化"的时候,他赋予这个词大多数早期使用者没有的激进色彩。1912年,米克尔约翰担任了阿姆赫斯特学院的院长,他在这个职位上规划了自由教育在接下来几十年里的一些基本方向。

威廉·T.福斯特于1901年在哈佛获得学士学位,然后继续攻读英国文学硕士学位,直到1911年他才在哥伦比亚大学获得教育和社会学博士学位。他最初在新英格兰的小学院里教英语和教育学,1909年调到哥伦比亚的师范学院。与米克尔约翰不同,福斯特接受了约翰·杜威的一些思想。但是至少在早期,他的思想倾向于自由文化的理智化解释。他相信,美国学院的入学标准过于松弛,抨击"对于不合适者的民主宽大"。他用同样的口气说,"我们的民主牺牲了智力标准而偏爱自立的学生,这是犯了更大的错误"。他号召教育家"违背这一民主原则",敦促设立一个优等学位大纲。⑰ 福斯特于1910年被任命为刚刚成立的里德学院院长。在美国推进20世纪自由培训传统中,里德注定要具有和阿姆赫斯特一样重要的

---

⑯ Alexander Meiklejohn, "Is Mental Training a Myth?" *Educational Review*, XXXVII (1909), 139, 141.

⑰ W. T. Foster, "Our Democratic American College," *The Nation*, LXXXVIII (1909), 325; W. T. Foster, "The Gentleman's Grade," *Educational Review*, XXXIII (1907), 386—392.

作用。

　　1900年之后,文化和智力之间的调和开始影响美国一些规模最大也最古老的学术机构。伍德罗·威尔逊于1902年成为普林斯顿的校长,他谈到自己最重要的革新,教师教学法,称之为"与其说是指导,不如说是智力发展的方法",也是"智力传播"的方法。[118] 他宣称,"美国大学的核心理念是智力训练,是唤醒全人类"。[119] 正如威尔逊自己所说,他试图将"智力生活与精神生活"结合起来,将智力与想象和本能,而非乏味的细节研究,联系起来,这正是很多更年轻的文化倡导者中存在的趋势的强烈特点。A. 劳伦斯·洛威尔（A. Lawrence Lowell）是威尔逊的伟大崇拜者之一,作为艾略特的继任者,他打算使哈佛重新回到更偏重人文学科的方向。就在他于1909年发表就职演讲之前,洛威尔写信给威尔逊,说他想"让所有学生都觉得智力才能是值得钦佩的",在就职演讲中,他要求"更多的目标明确的认真和智力上的热情"。[120] 将智力包括在文化当中的趋势正在壮大。

文化和美国社会

　　文化的学术传播者所面临的挑战就是将两千五百年来的文明精华灌输进年轻美国人的思想中,而这些年轻人每周只能成批地接

---

[118] Woodrow Wilson, "The Preceptorial System at Princeton," *Educational Review*, XXXIX (1910), 386—387. 威尔逊对智力的观点相当复杂,详情可见 L. R. Veysey, "The Academic Mind of Woodrow Wilson," *Mississippi Valley Historical Review*, XLIX (1963), 625—628。

[119] Woodrow Wilson, *College and State: Educational Literary and Political Papers (1875—1913)*, ed. R. S. Baker and W. E. Dodd (New York, 1925), II, 148.

[120] A. L. Lowell to William James, July 2, 1909 (H); Lowell's inaugural in Morison, *Harvard*, 1869—1929, p. lxxxviii.

第四章 自由文化

受仅仅三个小时的教学。对于这种任务的必要性,这个学术派系的成员意见完全一致。但是对于其可行性,他们出现了分歧,经常是他们自己思想不一致。

在他们眼里,美国在很大程度上似乎尚未开化。它是"唯物主义的",这里指这个词通俗的意义——它急切地攫取世俗的成功。这些就是"实用"的改革者直到那时还在引入新大学核心的价值观。1905年普林斯顿的院长安德鲁·F.韦斯特哀悼说:"每一波商业、技术和其他实用主义影响未经审查就大肆侵入大学生活,都会给大学理念带来灾难。"必须猛烈抨击"追求私利的商业精神和自我放纵精神"。[121] 必须将学生从其错误狭隘的抱负中解救出来。温勒说:"我们把学生看作未来的教师、职员、推销员、记者、庭园美化师、图书馆管理员等等。我们很少想到,他们首先是,也必须永远是人,我们的首要责任是向他们灌输与此相称的对生活的判断,这是他们首要的职业。"[122]教授们必须超然于利益之外。威廉·里昂·费尔普斯甚至吹嘘自己在经济问题方面的纯洁:"我从来没有读过一篇股票报导或是报纸上的股票行情。我甚至不知道'优先股'和'信用债券'这些词的意思。"[123]

虽然倡导文化的人厌恶自己所生活的社会,他们一般还是会试着相信至少某种民主的优点。如果他们能成功,这种信仰通常是具有非常彻底的意义,与他们非学术的同胞的现实抱负无关。(查尔斯·艾略特·诺顿劝告学生不要参加西班牙—美国之间的战争,就说明了这一点。)更经常的是,他们做不到这种信任,有人感到悲哀,

---

[121] West, *True and False Standards of Graduate Work*, pp.3—5; A. F. West, *Short Papers on American Liberal Education*(New York, 1907), p. v.

[122] Wenley, "The Classics and the Elective System," *School Review*, XVIII (1910), 518.

[123] Phelps, *Teaching in School and College*, p.7.

有人则有些幸灾乐祸。"地球上有一个孤立的伟大社会,高贵的人在这里生存死亡。这个社会是而且将永远是贵族社会。"保罗·肖里这样宣称,他补充说只不过这种贵族社会应该不论出身,向所有受过良好教育的人开放。㉔ 乔治·桑塔亚那用他惯常的讽刺口吻表达了类似的情感:"总有这样一些少数人,他们的主要兴趣在于用艺术或是哲学方式来关注事物的各个方面。他们是相当没用的人,但是因为我碰巧也是这一类人,所以我觉得他们大大优于人类中的其他人。"㉕ 文化的信徒坚持自己作为文明权威人士的特殊身份,他们保持了与诺亚·伯特那代人的连续性。有些倡导文明的人甚至不相信民主是政治的进步。耶鲁的哲学家乔治·杜伦巴尔·莱德相信,国家的繁荣昌盛取决于"所谓的普通大众的品格",也同样甚至更多地取决于"有闲暇、社会地位和财富的阶级"。他提出要坚持"实质上的贵族政府"以终止政治腐败。"民主,不论在旧世界或是新世界,似乎都只是漫画式的政府。"巴雷特·温德尔于1895年这样宣称。㉖ 作为政治哲学家,柏拉图在这个学术团体中比约翰·洛克更容易得到信任——权威经常凌驾于自由意志之上。

在投票的时候,不幸的人文主义者没什么选择余地。虽然他反对政治腐败,经常强烈主张公务员改革,但是他也不可能信赖"平民"的代表,例如中西部的进步党,让他们领导斗争以达成目标。实际上,有教养的学者真正能选择的政治立场只有两个:保持中立或是漠不关心。查尔斯·艾略特·诺顿和巴雷特·温德尔在两者之

㉔ Shorey, "The Unity of the Human Spirit," in Northup, *Orations*, p.498.

㉕ George Santayana, *The Letters of George Santayana*, ed. Daniel Cory (New York, 1955), pp.1—2.

㉖ G..T. Ladd, "The Essentials of a Modern Liberal Education," *Educational Review*, X (1895), 237—238; Howe, *Wendell*, p.112.

间摇摆不定。其他人则更为一致地逃避进内心世界。欧文·白璧德宣称:"在人文主义者看来,人重要的不是影响世界的能力,而是影响自己的能力。"⑫ 乔西亚·罗伊斯1879年私下承认,在这个"政治假面舞会的时代",他根本没有兴趣投票,并且怀疑自己这辈子是否会再去投票。很久之后的一天,他拒绝就当前问题发表评论,因为"社会问题的杂文不属于我的研究领域"。⑫

在更大的爱国主义问题上,其他更强烈的情感开始活跃。倡导文化的人喜欢认为自己是世界主义者,是与欧洲文明紧密相连的。查尔斯·艾略特·诺顿在英国住了一段时间,说他主要是为了孩子才回美国的。⑫ 一份学术职位,尤其是在新英格兰,通常是除了文学移民之外的最好选择。但是,虽然欧洲很有吸引力,最后对国家的忠诚还是会对这些人的思想产生重大影响。不论他们理想中的美国与未开化的现实之间差距有多么大,他们仍然受到强烈诱惑,将自己与理想化的美国等同起来。虽然这个国家在很多方面与自己格格不入,美国的文学家还是像黑人一样,把它看作自己合法的家园。因此,他坚持不懈地追求国家的进步,即使是通过非政治的手段。

理想中,教育能够补救美国社会的不文明。查尔斯·艾略特·诺顿主张,自由教育"需要复兴和更新,不是为了少数人,精英和优秀阶级的利益,而是为了多数人,整个社会的利益"。大学"应该成为……力量、甜美和光明的发源地"。学者对美国人民的责任就在

---

⑫ Babbitt, *Literature and the American College*, p.56.

⑫ Josiah Royce to D. C. Gilman, June 26, 1879 (DCG); Royce to Hugo Münsterberg, Apr. 11, 1902 (HM).

⑫ 见 Vanderbilt, *Norton*, p.73。

于此。⑬ 随着文化向下渗透,民众(及其政治领袖)的观点也许会改变。这就是人文主义者对其所生存的社会的所谓正式宣言。不幸的是,这个行动计划周围困难重重,即使这个年代的人机械地认为老师说的都是对的。最重要的是,不容更改的事实是,文化人自己都没有控制新的大学。相反,不管是从职员角度还是从学生出发,这些机构似乎都充斥着大量漠不关心和冷淡的人。甚至在影响过程开始之前,"普通人"就有可能淹没这一小群高品位的人。因此,一种强烈的沮丧感抑制了这些迫切的希望。

如果文化的倡导者使用军事化的比喻来描述他们的立场,他们的言论中就暗示着一种不屈的精神。也许有可能赢得战斗。亨利·塞德尔·坎比(Henry Seidel Canby)回顾世纪之交的耶鲁时,说:"我们是在战斗最前线。内战之前东部的文化要么变得陈腐,要么变得文雅。学院里都是工业先驱的子女,他们是在自由主义的传统中长大的。"⑬然而,有时候由上而下、由内而外传播文明的任务过于庞大,似乎是一场没有希望的战斗。他们有一种冲动,要放弃大规模的努力,退而教授少数弟子。东部大学的文学家发现自己很容易受到这种觉醒情绪的影响。他们的言论中更经常出现的是禁欲主义的形象,或公开或隐蔽,而不是号召人们起来战斗。威廉·里昂·费尔普斯写道:"学术生活对于有知识品位的男人和女人来说是令人愉悦的,人们远离了斗争肮脏、物质的一面,他的社会关系和友谊都基于共同的知识兴趣。人不是住在只有衣食的日常环境中的。"后来,费尔普斯明确主张要回到"学院生活的古老的禁欲精神,

---

⑬ C. E. Norton, "The Intellectual Life of America," *New Princeton Review*, VI (1888), 323; Ladd, "The True Functions of a Great University," *Forum*, XXXIII (1902), 41—42.

⑬ Canby, *Alma Mater*, p. 135.

第四章 自由文化

与世隔绝的状态,亲密的状态"。⑫ 在普林斯顿,伍德罗·威尔逊和安德鲁·F. 韦斯特都会偶尔考虑一下退隐的倾向。韦斯特在 1903 年说:"在快节奏的美国生活中……(学院)一直坚持……(作为)传播高等知识的安静的、令人信服的教师。它让年轻人暂时脱离社会,让他们接触智力和精神的事物以开发他们的头脑和心灵,帮助他们在社会上得到更好的职业。"⑬威尔逊甚至重复韦斯特的话,在 1906 年断言:"如果人的主要目标就是生存,那么,就用你做到的任何方式谋生吧。但是如果他曾经在某个安静的、脱离世俗利益的地方看到,人的主要目标是保持自己的灵魂不受腐败的影响,并且确保他的同胞能够从他的口中听到真理,那么他永远都不会摆脱这种意识了。"⑭这两种说法都假定,虽然学生会在四年之后回到社会,教师仍然管理着一个永恒的隐居地。

某些自由学者的思想中悄悄出现了更强烈的悲观主义倾向。这些人进行了反抗,因为没有人比他们更激烈地指责当代欧洲思潮中的宿命论倾向。但是当同样一批教授转向西方,转向他们自己的社会时,他们就会有无能为力的感觉,这使他们满怀绝望。他们悲哀地看到,在中西部,文学课程在学生中被认为是女性化的。"男性真正该做的是成为电气工程师。"⑮查尔斯·艾略特·诺顿和巴雷特·温德尔把哈佛当作避难所,他们把这个世界看得很灰暗。这两个人很多年都处于几乎彻底脱离社会的状态。1893 年,温德尔写信

---

⑫ Phelps, *Teaching in School and College*, pp. 6—7; Phelps's "College Undergraduates Then and Now," *ca.* 1933, p. 4 (WLP).

⑬ A. F. West, "The Present Peril to Liberal Education," N. E. A., *Proc.*, 1903, p. 55.

⑭ Woodrow Wilson, *College and State*, I, 496.

⑮ Babbitt, *Literature and the American College*, pp. 118—119; 比较 Grant Showerman, "College Professors Exposed," *Educational Review*, XXXVI (1908), 289—290, 及 Sidney Gunn, "American Educational Defects," *Science*, XXXII (1910), 579—582.

给查尔斯·W.艾略特说,随着年龄的增长,他对社会的看法"越来越保守。我觉得这样的观点没有普及的可能性,在现在主要的潮流中,我能看到很多高尚的动机"。他承认:"在心里,我不能相信宇宙是在走向地狱。但是当我不深究自己内心的时候,我对周围的世界感到绝望。我的讲话中应该充满爱国主义,但是我做不到。"⑯温德尔与之谈话的一小群人无法毫无保留地投入他们身边的生活。相反,他们开始把"可怕的孤独"与他们"维护优秀高尚理念"的意图联系起来。⑰ 这些人偶尔甚至考虑高等教育是否真的有价值。⑱

正是在这种阴暗的背景下,我们必须认识到两种试图在美国大学中将文化概念与社会目的结合起来的勇敢尝试。其中之一是普林斯顿的伍德罗·威尔逊——我们将在其他章节关注他的努力。另一个是约翰·巴斯康姆,他于1874—1887年担任威斯康星大学的校长,一个绝对不会被遗忘的人物。在才能方面,巴斯康姆无法与威尔逊相提并论——事实上,巴斯康姆的作品总是非常缺乏重点,以至于人们经常觉得他就要说出一些极其重要的东西,但是他从来没有说出来过。但是巴斯康姆是活跃在19世纪后期美国学术圈中最非凡的伟大人物之一,他的失败具有的意义远大于他自己传记的意义。⑲

约翰·巴斯康姆比威尔逊约年长30岁,最初他似乎反对知识的分类。他在文艺美学方面做出了重要的开拓性工作,在经济学领域

---

⑯ Barrett Wendell to C. W. Eliot, Apr. 17, 1893 (CWE).
⑰ Barrett Wendell to C. E. Norton, Nov. 20, 1896 (H).
⑱ 见 Grant Showerman, "Mud and Nails," *Educational Review*, XXXV (1908), esp. p. 437.
⑲ 巴斯康姆思想的一次有趣讨论可见 Curti and Carstensen, *Wisconsin*, I, 246—295。一本简单而颂扬式的传记:Sanford Robinson, *John Bascom* (New York, 1922)。遗憾的是,他没留下论文。

第四章　自由文化

写过重要作品，对所有社会问题感兴趣，也关注神学、心理学和数学。正如默尔·库尔提（Merle Curti）所评论的，巴斯康姆几乎是最后一个熟悉每一个知识领域的美国人。⑭⁰ 这就是他抵制专业化的特有方法。在每一个细节背后，巴斯康姆不断地感觉到，生活是一次至关重要而统一的经历。

虽然巴斯康姆的思想具有多样性，但是可以认为其中心是围绕文化和社会进步这两个概念的。像威尔逊一样，巴斯康姆对公共事务非常感兴趣，但却拒绝用科学方法来解决社会问题。他有社会科学家的兴趣，换句话说，并不真正是社会科学家。相反，他完全可以被称为是先验论者。⑭¹ 巴斯康姆早期曾经反抗过家乡的宗教正统观念，他提到"普遍知识"，其含义大致上相当于爱默生所说的"普遍思想"。巴斯康姆宣称："世界不是……机械的世界……世界充满精神的存在。"他相信"真理在本质上是一致的，在范围上是多重的"，并且对现代形而上学的每况愈下深感痛惜——很自然，他唾弃新出现的功利主义。⑭² 甚至在他讨论一所州立大学的入学政策时，他的措辞也充满了浪漫主义："我们的州立大学必须崛起于泥土，扎根于土壤，枝叶伸展在空中。当某个部门，某个班级，觉得自己在大学没有作用的时候，作为知识蓄水池的大学本身也会受到损害。当生长的末端从它们扎根的世界撤回，很快就会出现焦黄的叶子了。"⑭³

正如人们所预计的，巴斯康姆对自然科学抱有敌意。"科学在

---

⑭⁰　1871 年，他画了一个表格，试图系统化地解释所有知识。他试着将每一门单独学科归纳于下述类别：类比、因果、美、权利、空间和数字。John Bascom, *Science, Philosophy and Religion* (New York, 1871), p.291.

⑭¹　然而，他自称为"积极的现实主义者"，也就是说，一个把苏格兰常识现实主义引导向唯心主义的人。Robinson, *Bascom*, pp.42—43.

⑭²　Bascom, *Things Learned by Living*, pp.137, 139, 188; John Bascom, *Sermons and Addresses* (New York, 1913), pp.171—172, 286, 326.

⑭³　*Ibid.*, p.190.

我们现在的小路上不耐烦地蹒跚前行……它用物理事物的乏味让我们感到厌烦。哲学则考虑路上的很多弯道和陡坡,到处都有闪光的思想"。基于科学的教育必然是"分散的、局部的和肤浅的"。[144] 有时候巴斯康姆确实使用经验主义和理性主义的晦涩词语,但是这些文章总隐隐约约地让人觉得,他对这些词语的理解不同于,比如说,研究者的原意。[145]"经验主义,"他写道,绝不是让"事物的意义与其本体分离,核心与我们擦肩而过只留下空壳的方法,而是……努力找出事件中神圣的理念,使其在新的更和谐的环境中统一起来,完美地发扬创造力的方法"。[146] 虽然他在担任威斯康星大学校长期间对选修制持中立态度,但是后来宣布他反对选修制,同样反对实用主义和职业教育论,其理由就是倡导文化的人常用的那些。巴斯康姆理想的学院课程与伍德罗·威尔逊所想的完全一样:"人文学科应该是最重要的。文学、历史、土木和社会建筑应该发挥其必不可少的力量。"[147]

这一切都是巴斯康姆先验主义和文化的一面。但是与欧文·白璧德不同,巴斯康姆在谈论"人文学科"的同时也谈到博爱主义。巴斯康姆花了很多精力思考经济和社会问题。在他 1874 年编写的政治经济学教材中,巴斯康姆甚至宣称"财富是所有文明的基础,因

---

[144] John Bascom, "American Higher Education," *Educational Review*, XXXIV (1907), 141.

[145] 他对"理性"的深入讨论可见 *Things Learned by Living*, pp. viii—xiii. 虽然他觉得理智是与"教理和神秘主义"相对立的,但是他在 13 页突然转入宗教问题的讨论,说明在他的思想中,理智和灵性是紧密相连的。

[146] *Ibid.*, pp. xiv—xv.

[147] 见 University of Wisconsin, *Annual Report*, 1881, pp. 25—26; Bascom, "Changes in College Life," *Atlantic Monthly*, XCI (1903), 749—750, 752, 754; Bascom, "American Higher Education," *Educational Review*, XXXIV (1907), 137; Bascom, *Sermons and Addresses*, p. 194.

第四章 自由文化

此,在很大程度上,最终也是知识和宗教的基础"。[148] 他抨击极端的个人主义,拥护国家干预经济事务,并且支持劳方骑士团体,希望由此可以阻止暴力的社会主义运动。罗伯特·M.拉·福利特(Robert M. La Follette)在本科时代曾听过巴斯康姆在周日下午向学生发表的讲话,他认为他为"威斯康星理念"提供了最初的灵感。[149]

然而,巴斯康姆终究壮志未酬。他与校董事相处得不好。他于1887年突然辞职的直接原因是对他积极支持禁酒党的非难。结果,他既没能将威斯康星大学导向文化,也没能在他能预见的任何意义上,将大学导向社会改革。他一文不名地回到新英格兰,威廉姆斯学院再次给予他一份职位,主要是出于同情。不能说巴斯康姆具有广泛影响,除非将拉·福利特算在内。(对于更年轻的社会科学家来说,他的文章似乎"仅仅是一堆不负责任的观点"——它们的专业性不够强。)[150] 他孤独的老年似乎既象征着也反映了要融合对文化和社会改良的关注,使其成为一门有效的学术课程到底有多么困难。

也许正是想到他一些朋友的悲观主义,哈佛的哲学家乔治·赫伯特·帕默才鼓励他的学生:"不要脱离国家的运动——政治的、慈善的、宗教的、科学的、文学的运动——不管在你看来它们是多么讨厌。参与其中,同情它们。它们都有高尚的一面,把它找出来并使其成为你自己的。投身于全部生活并使其成为你自己的崇高生活。"[151] 相信人文学的人很少愿意相信,他们的信仰注定使他们处于

---

[148] John Bascom, *Political Economy: Designed as a Text-Book for Colleges* (Andover, Mass., 1874), p. 14.

[149] R. M. La Follette, *A Personal Narrative of Political Experiences* (Madison, 1913), pp. 26—27.

[150] A. W. Small to L. F. Ward, Nov. 25, 1896, in A. W. Small, "he Letters of Albion W. Small to Lester F. Ward," ed. B. J. Stern, *Social Forces*, XV (1936), 175.

[151] G. H. and A. F. Palmer, *The Teacher: Essays and Addresses on Education* (Boston, 1908), p. 165.

孤独的放逐状态，这种信仰与积极的道德领导地位也是不相容的。（甚至那些不时考虑隐居的人也是这样，只是没有完全认识到这一点。）能满足他们希望的安慰还是有的。很多时候，教室给他们提供了源源不断的学生，减弱了他们的失望感。大多数文明的传教士年复一年地继续努力传播他们的理念，一直到20世纪，他们没有效仿乔治·桑塔亚那，后者于1912年放弃这一身份移居国外。他们的处境仍然非常困难，但是日常的教授津贴使他们不那么沮丧。实际上，威廉·里昂·费尔普斯在耶鲁特定的环境中平静下来，他甚至为橄榄球队喝彩，使人几乎忘记了他曾经跟桑塔亚那是同一战壕的朋友。在被认为是社会缩影的教室里获得成功，会使人感觉是真的在对"公众"产生影响，是真的在履行提升道德的作用。

才华横溢的语言：教室里的人文学科

新的美国大学里出现的伟大教师很有可能就是人文学科的教师。信奉自由文化的人比其他教授更愿意投入课堂教学的过程。尤其是在耶鲁和哈佛，人文主义者在自己的教师角色中找到了表现个人气质和才能的途径。人文主义者在大讲堂里非常轻松自如，而他们的很多同事则对私人研究的单调枯燥的工作引以为乐，人文主义者看到这一切，既惊讶又沮丧。［布利斯·佩里（Bliss Perry）宣称，要找到一个既擅长教书又擅长做研究的人是"奇迹"。］[152]这样的讲师无法理解研讨会的吸引力，他自己的魅力取决于完全不同的技巧。他要取悦的基本人群不是少数有学问的高程度学生（除了像乔

---

[152] Bliss Perry, "The Life of a College Professor," *Scribner's Magazine*, XXII (1897), 514.

第四章　自由文化

西亚·罗伊斯这样的一些哲学家之外),而是绝大多数的本科生。他首先是一位雄辩家,他通过实体化"语言"启发性的、充满活力的、激励性的力量造成自己的影响。⑬

擅长演讲的学者对自己的个性深感自豪。如果他们没有对文学的热爱这一保护伞,美国大学里就会出现一群个性迷人却偏执到近乎不幸的人。康奈尔大学的海勒姆·科森就是这样一个人。他长发及肩,胡子则长达腰际。在这些表面的伪装之下,科森对学生非常有感情,邀请他们到他放满了书的家里。他最喜欢的教学手段就是用"悦耳洪亮的声音"大声朗读,打动了喜欢听他的讲座的"乡下姑娘"。他的教学效果取决于模仿和抑扬顿挫的声音,使得较为聪明的学生感到失望。⑭

因为在哈佛教书,思想更为敏锐,所以巴雷特·温德尔成了更著名的文学怪人。但是温德尔也相信,教授文学应该通过创造有感染力的热情,而不是通过批判性的分析。(有记录说,温德尔在教室里朗读了一首诗歌之后,会静坐一段时间,然后大声呼喊:"这难道不美吗?")⑮比起聪明的学生,他更受平庸的学生喜爱,也更容易跟

---

⑬ Corson, *The University of the Future*, p. 25.

⑭ B. W. Reed's "Some Recollections of Early Life at Cornell University," p. 5 (Cornell, MSS); 比较 W. W. Edwards' "Recolections of the Cornell Faculty from 1889 to 1893; and Also the Year 1894," pp. 9—10, 12 (Cornell MSS). 对科森的极好的简介可见 Bishop, *Cornell*, pp. 115—118。

⑮ "他从未仔细分析过一篇文学作品,因为他知道分析通常意味着破坏。" W. R. Castle, Jr., "Barrett Wendell—Teacher," in *Essays in Memory of Barrett Wendell* (Cambridge, 1926), p. 5, 7.

他们产生共鸣。[156] 后者代表了温德尔真正信任的那一类社会贵族。[157] 也许温德尔比美国其他任何学术文学家都更接近无情的观察者所描绘的"一知半解者"的角色。1885年在意志消沉的状态下,他宣布:"每个人都告诉我,我太肤浅了,对任何问题都无法深入——除了忧郁——事实上,当我接触更好的思想的时候,我自己的意识告诉我,这个世界离正确并不遥远。"[158] 温德尔的性情从大学时代起就有点不稳定。他是立场坚定的亲英派,说话给人的感觉是他在尽力模仿英格兰口音,但是没有人能证明这不是他"真正的"发音。(他的家族是来自纽约的荷兰移民,18世纪早期到了波士顿。他的父亲出身贫寒,但是生意做得很好。)温德尔"嘶嘶的声音"在大街上会引起过路人的注视。年轻时他曾因紧张而几次几乎歇斯底里,受其影响,他的情绪很容易波动。[159] 他还会很开心地做出一些古怪的行为:在家里独处的时候,他会学狗一样对着想象中的客人大叫,或是用手和膝盖爬到楼上去睡觉。威廉·里昂·费尔普斯描述了他们之间荒谬的对话:

费:"温德尔先生,你的孩子们怎么样?"

温:"哦,现在我相信他们得了猩红热。"

---

[156] "在引起也许不是最好而是有点懒散的好学生的兴趣方面,我颇有技巧。"见 Barrette Wendell to G. E. Woodberry, April 4, 1885(H)。还可见 Barrett Wendell, "Social Life at Harvard," *Lippincott's Monthly Magazine*, XXXIX (1887), esp. pp. 158—159。

[157] "我刚刚加入这里最保守的俱乐部——一个从1777年起就在当季每个周三晚上聚会的俱乐部。最初有四位牧师、四位律师、四位医生和四位有空的绅士。在此期间最后一类人增加到了八位,而其他三类的人数保持不变。因为大多数人都足够做我的父亲,所以节奏有点慢。民主对这个俱乐部原有的实际影响也造成相当的破坏。但是做事的传统方面有一种明显的魅力,很合我的口味。我们在成员家里聚会。"引自 Howe, *Wendell*, p. 108。

[158] Barrett Wendell to G. E. Woodberry, Sept. 3, 1885(H)。

[159] 在1884年5月的日记中,他写道:"我怀疑在新英格兰是否有人活到35岁而从来没考虑过自杀。确实,我很惊讶地发现这样的人很少——虽然就我说已经过了关键时期,现在我觉得生活一年比一年更令人愉悦。"引自 Howe, *Wendell*, p.47。

费:"啊,那太糟糕了。"

温:"是的,你知道猩红热经常会引起肾小球肾炎、智力低下或类似的后果。"

费:"太可怕了!"

温:"嗯,你知道,正是这种事情增加了游戏的乐趣。"⑩

虽然这一切表象之下的温德尔是一个富有思想、非常聪明的人,但是即使就其最好的一面来说,他也只是一个大众化的人。他著名的导师,查尔斯·艾略特·诺顿也是,道德上的认真加上一种表现力是诺顿大型讲座的特点。他的教学经常与他的科目(艺术史)无关——他会离题万里地谈论当前事件的伦理问题。他上述的古怪而戏剧化的行为也不能将他的意思表达清楚。⑩ 确实,他有一种纯理论者的气质,这使他的崇拜者仅限于少数热情的学生,但是他总想大量接触人,给学生打高分的名声有助于他实现自己的愿望。⑩ 诺顿的追随者,哥伦比亚大学的诗人乔治·E.伍德贝利,在这些方面更不同寻常。内省的伍德贝利在教学上没有技巧,也从来没有过戏剧化的言行。相反,他超然物外,冷漠待人,声音柔和。他会高声地说着单调而沉闷的话,直到谈到他深为欣赏的作家。那时他突然进入充满激情的状态。当他朗读他最喜欢的长篇诗歌时,会因

---

⑩ Phelps, *Autobiography*, p.253. 费尔普斯觉得非常有必要补充说温德尔真的热爱他的家庭。

⑩ 见 Patton and Field, *Eight O'Clock Chapel*, pp.91—92, 95; Vanderbilt, *Norton*, pp.132—133, 138; J. J. Chapman, *Memories and Milestones* (New York, 1915), p.136; O. G. Villard, *Fighting Years* (New York, 1939), p.82。

⑩ 还可见 R. W. Brown, *Lonely Americans*, pp.166, 185—187, and C. E. Norton, *Letters*, II, 10—11。

激情而哽咽,而听众也会被他突如其来的激动所感染。⑱

耶鲁的威廉·里昂·费尔普斯和哈佛的查尔斯·T.科普兰(Charles T. Copeland)更公开地表达了要争取听众的迫切要求。耶鲁为有魅力、引人注目的讲师提供了特别成熟的环境,正是在这里,费尔普斯获得了无与伦比的知名度。⑭ 费尔普斯是浸礼会牧师的儿子,他代表了自由文化理念中乐观、非智力、区别性不强的一面,但是他品行端正,精力旺盛,使他在吸引纽黑文的学生方面颇有优势。他身体健壮,具有坚定的宗教信仰,亲切和蔼而又富有浪漫精神,是现成的全面发展者。从 1892 年他第一次在耶鲁给新生上英国文学开始,就吸引了一大批热情的追随者。实际上,虽然耶鲁的本科生以蔑视整体课程安排、视之为不受欢迎的枝节问题而出名,费尔普斯却能成功地让其学生主动要求在晚上补课,而且不要学分! 虽然他在课外也会和学生有私人交往,一起打网球、曲棍球、扑克,但是他对学生的影响主要还是来自课堂。仅仅在耶鲁教书一年之后,他就抛弃了智力训练时代特有的古老的背诵式教学。⑮ 后来,他透露了讲课的秘诀,这段话被 20 世纪早期受欢迎的本科讲师奉为金科玉律:

> 如果一位老师希望在教学上取得成功,他必须激发学生的想象力。功课要像伟大的戏剧一样,让全班学生处于幻想的魅力中。只要可能,必须避免任何抽象的东西,对于具体的东西

---

⑱ 关于伍德贝利的生活和思想,见道尔(Doyle)未发表的哥伦比亚论文全篇,"Woodberry"。另见 Randall, *A History of the Faculty of Philosophy*, pp. 66—69; Erskine, *The Memory of Certain Persons*, pp. 90—95, 150; C. E. Norton to Seth Low, Mar. 26, 1891 (CUA)。

⑭ 见 Pierson, *Yale*, pp. 92—93, 273; Canby, *Alma Mater*, pp. 85—89, 94。

⑮ 见 W. L. Phelps to R. H. Catterall, Sept. 1, 1891, and Oct. 5, 1893 (YCAL); Phelps, *Autobiography*, *passim*; George Santayana, *Persons and Places* (New York, 1945), II, 175—177; Henry F. May, *The End of American Innocence* (New York, 1959), pp. 77—78。

第四章　自由文化

则必须小心地进行开发。如果一个学生感觉到了任何科目的真实性,感觉到它与实际生活的关系,那么这场战斗已经赢了一半。专业术语必须包裹在有血有肉的语言当中……

必须在一开始就引发学生的兴趣,并且在整堂课一直保持这种兴趣。这是第一步,第一个最重要的问题。教师必须把其他所有事情从学生的头脑中驱逐出去,取而代之的是对课程的沉迷而羡慕的兴趣……有时候为了突出重点,必须牺牲细节和精确性……一个在上课时经常使用括号、限制语,解释得过于琐碎的老师是不会给学生留下任何清晰印象的。[166]

这种教学方法使耶鲁的很多教职员在开始的时候非常怀疑费尔普斯,在他们看来,他的方法降低了教学过程的威信。费尔普斯则反击说他进行了严格的测试。然而他也不得不承认,不喜欢他授课方式的一类本科生是"冷漠的、不可知论"的学生,通常他们的头脑很好。[167]

人们经常拿费尔普斯和查尔斯·T.科普兰进行比较,后者在同一时期在哈佛开始教英语。他们的角色类似但是技巧不同。"矮小而瘦弱"的科普兰绝对不是一个天性活泼的人,相反,他生性敏感,缺乏安全感。他的举止生硬,言语中总是带着讽刺挖苦,他的教学方法就是不断鞭策学生,要求他们做到最好。但是,似乎是为了赢回他失去的优势,他继而塑造了一个能赢得学生爱戴的戏剧化的自我形象。据说"他要求心无旁骛的专注,为了获得这种专注会采用

---

[166] Phelps, *Teaching in School and College*, pp. 51, 96—97.
[167] Phelps to Catterall, Jan. 29, 1893 (YCAL); Phelps, *Autobiography*, p. 306.

任何手段,甚至是戏剧化的手段"。[168]他不得不努力备课,因为与菲尔普斯不同,他的讲座只有在他背诵其他作家的作品章节时才会"活跃起来"。因此,他定期在周三晚上召集学生,作为补偿,他会在集会上大声朗读,应学生的要求跟他们谈话。科普兰吸引学生注意的形式导致了阿谀奉承,实际上,人们相信他曾以半开玩笑的方式考验过每个可能的弟子对他个人的忠诚。反过来,阿谀奉承又产生了更具派性的学生反应,也许科普兰的影响没有费尔普斯那么广泛,但是有时候更为深远。[169]

查尔斯·爱德华·伽曼(Charles Edward Garman)于1880至1906年在阿姆赫斯特教哲学,把他与这些文学表演者相提并论似乎有点奇怪。他工作的环境更简单也更守旧。但是伽曼也是受人崇拜的。[170]有传闻说学生是如何在拖堂的四十五分钟里坐在他的课堂上,完全沉浸于正在发生的一切。伽曼给自己规定的任务是把哲学和宗教问题变得生动、有意义、激动人心。他将全部精力都投入课堂教学,从未发表任何作品。伽曼的戏剧化模式在耶鲁或哈佛也许不会有效,在阿姆赫斯特也是在19世纪90年代中期才成功。这种方法是要将信仰对无神论的基本问题作为生死攸关的问题而提出来,用一种不同于复兴主义者的方式激发学生考虑这一问题。这似乎需要高度的智力,因为其做法非常需要学生自己的深思熟虑。他让学生相信,他只是给了学生证据,而学生可以凭借这些证据勇敢

---

[168] J. D. Adams, *Copey of Harvard* (Boston, 1960), pp. 144—146, 154—155, 261; R. W. Brown, *Harvard Yard in the Golden Age* (New York, 1948), p.129; and C. T. Copeland to C. W. Eliot, Oct. 7, 1900 (CWE), 请求给他安排"有利的"上午上课时间。

[169] R. W. Brown, *Harvard Yard in the Golden Age*, pp. 130—136; J. D. Adams, *Copey*, pp. 154—155; Morison, *Three Centuries of Harvard*, pp. 402—403.

[170] Patton and Field, *Eight O'Clock Chapel*, p.164; C. E. Garman, *Letters, Lectures and Addresses of Charles Edward Garman*, ed. E, M, Garman (Boston, 1909), pp. 23—26; Le Duc, *Piety and Intellect*, p.105.

第四章　自由文化

地形成自己的结论。但是在课程结束的时候,伽曼小心地为肯定有神论奠定了基础。[171]

1895年左右,伽曼面临新的困境。阿姆赫斯特的学生忽然变得更加世故,突然之间,古老的宗教问题似乎不再引起他们的兴趣,即使提出这些问题的是像伽曼这样的天才。伽曼要么接受自己不再受欢迎的状况,要么就不得不改变自己的教学内容。他决定选择后一种做法,转而教授社会和伦理学。他还简化了课程,使阅读更容易,放映有关童工、城市改进和宗族问题的幻灯片。[172]这种选择清楚地揭示了伽曼最关心的是什么,这与科普兰和费尔普斯是不同的。

教哲学的老师通常能引起文学教师不愿相信的敬畏,哲学家吸引的也是较为严肃的一批学生,至少在19世纪后期的美国是如此。当然,哈佛拥有最大的哲学系。在他们那个时代的学术背景下,哈佛哲学家最卓越的特点就是他们作为一个整体的运作方式。从这个角度,而不是从他们的个人职业和作品来考察他们,也就是强调他们作为教师的重要作用。那么,这么强硬的天才们怎么可能不仅和谐相处,而且创造出几乎对任何时代任何地方来说都很不寻常的集体氛围呢?

个人自由是这种团体的首要要求。一位能让日常事务顺利合理运转的主席又强化了这种自由。乔治·赫伯特·帕默是这个系的资深成员,他履行了这一功能。"瘦弱、敏捷、健谈而又活跃的"帕默与其说是一位原创型天才,不如说是位管理者,但是也许正因如此,他的教学风格具有明显的吸引力,尤其是对于更喜欢"整洁、简单的分类"的"较为谦虚"的学生。他的讲座是同类中的杰作,"是我

---

[171] 见 C. E. Garman to G. S. Hall, n. d., in Garman, *Letters*, esp. pp. 59—70.

[172] Ibid., pp. 33—37, 40, 57—59, 451—453.

所听过的所有讲座中,无与伦比的,最完美的,在内容和形式上都是如此",一位听众回忆说。它们每一年几乎都是完全一样的。桑塔亚那也许会带着蔑视回忆帕默,说他是主日学校的黑格尔派哲学家,把问题变成了"无刺的玫瑰"。但是这个被桑塔亚那称为"甜蜜的理性的源泉"的人,对那些在系部更苛刻更严峻的性质面前畏缩的人提供了必要的缓冲。此外,帕默对于"政治"现实有着强烈的直觉,完全可以称他为"唯心主义者中具有世俗智慧的人"。[173]

帕默以近乎自我牺牲的精神为这个团体提供了自由,而威廉·詹姆斯在同事和学生看来,都是自由的化身,激励着他们。这种看法在不止一个层面上都很明显,因为很有趣的是,对于漫不经心的本科生来说,詹姆斯似乎主要是作为一个给学生高分的教师而出名。甚至对某类特别认真的研究生来说,他也似乎有点轻佻。邓拉普爵士称他是"一个糟糕的讲师,对要点总是匆匆地一带而过"。[174] 通过更友善的描述,我们可以理解这些印象。一个学生回忆说,他的讲座"通常是随意的,具有一种交谈的性质。他会走进教室,坐下,开始谈论问题,很快全体学生都热情地参与进来"。威廉·P.蒙

---

[173] 关于帕默的角色,见 R. B. Perry, "Philosophy," in Morison, *Harvard 1869—1929*, pp. 26—27; G. H. Palmer, *The Autobiography of a Philosopher* (Boston, 1930), pp. 43—44; Barrett Wendell's "Recollections of Harvard, 1872—1917," p. 55 (HUA, "Biographical Materials"); R. W. Brown, *Harvard Yard in the Golden Age*, pp. 43, 49; L. S. Mitchell, *Two Lives* (New York, 1953), p. 122; R. M. Lovett, *All Our Years* (New York, 1948), p. 39; G. P. Adams and W. P. Montague (eds.), *Contemporary American Philosophy: Personal Statements* (London, 1930), II, 137; Knight Dunlap in Murchison, *A History of Psychology in Autobiography*, II, 41; J. W. Hudson, [Aug. 1, 1894?] (GHH); M. E. Blanchard to G. H. Howison, June 16, 1901 (GHH); Santayana, *Persons and Places*, I, 246—247. 一位研究生写道:"罗伊斯教授……不知为什么能激发我思考,但是却使我精神压抑。跟他接触太多让我完全失去自信,需要到帕默教授那里去充电。他让人振作的能力是我在哈佛所见的最奇妙的事物之一。"W. J. Musgrove to G. H. Howison, Jan. 26, 1909 (GHH)。

[174] Lovett, *All Our Years*, p. 39; C. M. Bakewell to G. H. Howison, June 5, 1898 (GHH); Knight Dunlap in Murchison, *A History of Psychology in Autobiography*, II, 41.

塔古进一步解释说:"当思想浮现的时候,他很自然地说出来。结果,他的演讲就具有非常不稳定的特点。但是,他谈话式的风格很质朴很直接,绝对可以抵消这种粗糙和不规则而有余。"乔治·A.戈登的回忆更清楚地说明了这种情况:"他很聪明,但是反复无常,他会连着几个星期无精打采,几乎没任何用处,然后突然在接下来的两三个星期里变得很有独创性和启发性,无人能与之相比。"透过表面的自发性,人们可以感觉到,詹姆斯在这个圈子里也许不是大师。他可能在任何时候都无法详尽地提前备课——至少桑塔亚那记录说,"他的讲座没有经过详细的准备。他曾经说过,全面了解你的科学,剩下的事就交给运气"。桑塔亚那还在他的教学风格中发觉一种不安全感(其他人也许称为谦逊):当詹姆斯询问学生意见的时候,他的态度就好像是真的在向自己的前辈寻求更多的启示。他不假装自己知道答案。换而言之,他甚至不是在以默认的身份教书。单就这一点来说,也许可以说他与众不同。但是综合所有的特点,他不可避免地会被传统标准判定为部分的失败者。詹姆斯是这个系的重要人物,同时又永远是不安分的边缘人物。[175]

乔西亚·罗伊斯和威廉·詹姆士是私交很好的伟大对手,根据罗洛·布朗(Rollo Brown)的说法,他们都试图吸引"平庸的"研究生。罗伊斯尤其受到具有文学感性的学生欣赏,他们更喜欢罗伊斯在探索现实意义的时候表现出的诗意般的热情。同时,罗伊斯严肃

---

[175] 詹姆斯对整个学术生活的观点将在第七章详细讨论。对詹姆斯在教室的描述,见 G. A. Gordon, *My Education and Religion* (Boston, 1925), p.195; Adams and Montague, *Contemporary American Philosophy*, II, 137; Santayana, *Character and Opinion*, p. 66; B. T. Baldwin, "William James' Contributions to Education," *Journal of Educational Psychology*, II (1911), 372—73. 还可见 William James, *The Letters of William James*, ed. Henry James (Boston, 1920), II, 11—13, 16, and R. B. Perry, *The Thought and Character of William James*, I, 325—326, 443—44。

认真的态度完全符合对哲学家的传统看法——他是"沉重的",而詹姆斯是"活泼的"。罗伊斯不重视身体上的舒适和外表,他毫不留情地鞭策着自己。"他只休过一次年假,假期很少休息,年轻的时候很少在午夜前睡觉,而且不太参加体育锻炼。他总是不关心身体状况。"他有二十三卷作品,将近一百篇文章,还有无数的演讲,他备课也同样精力充沛。(1888年,他遭受了一次精神失常。)罗伊斯认为他的学生也一样认真,同样努力寻找自己生活中能为之献身的事业。但是作为讲师,他和帕默一样,精炼沉静,总是有条不紊。[176]

反过来,乔治·桑塔亚那在研究生中的崇拜者是一小群"风雅之士"。圈外人憎恶他身边的小集团:"他的举止有点过于文雅,而且当他在校园散步遇见认识的学生时,他不会跟他们打招呼,这是他的习惯。"在带有敌意的人看来,桑塔亚那似乎是"校园里被宠坏的聪明孩子",一个总是公开或无声地指责邻居没有品位的人。"在教职员会议上,他不发表任何意见,反而讽刺挖苦那些发表意见的人。他总是向坐在自己身边的人低声说出这些挖苦,以至于连他最忠实的同事之一也受不了他喋喋不休的抱怨而离开了他"。[177] 有时候桑塔亚那的俏皮话确实很伤人。但是他也有完全不同的一面。虽然他喜欢教高级班胜于初级讲座,他却是威廉·里昂·费尔普斯的知交好友,同情并赞赏耶鲁的环境,并且,在某种意义上,他比很多其他教授更关心哈佛的学生所关心的事。这一点经常被人遗忘,

---

[176] 见 D. G. Mason, "At Harvard in the Nineties," *New England Quarterly*, IX (1936), 66, 69; R. B. Perry, *In the Spirit of William James* (New Haven, 1938), esp. p. 37; G. H. Palmer, "Philosophy," in Morison, *Harvard 1869—1929*, p. 13; R. W. Brown, *Harvard Yard in the Golden Age*, pp. 56—57; Adams and Montague, *Contemporary American Philosophy*, II, 139; William James, *Letters*, II, 16。

[177] R. W. Brown, *Harvard Yard in the Golden Age*, pp. 44—45, 63; Mason, "At Harvard in the Nineties," *New England Quarterly*, IX (1936), 65.

第四章 自由文化

因为他的同情仅限于某类学生：具有文学感性的孤独的年轻人。桑塔亚那作为教师一开始并不成功，但是他改进了。主要对他持否定态度的帕默写道："他美妙的声音不容易忘记。他身上没有一样东西是马虎的——外形、衣着或举止都一样。"[178]

最后，在这些性情较为平和的巨人中间，还有能力中等却性格火暴的雨果·闵斯特伯格。他是作为心理学家被聘用的，却成为哲学唯心主义者，同时成为自封的德国宣传者。[179] 但是与几乎同时期来到美国的赫尔曼·冯·霍尔斯特不同，闵斯特伯格因为无法让人认真对待而没什么影响力。他的朋友称他为"一个永远长不大的大孩子"。与他最密切的一位美国朋友抱怨说："他过于自负，但是就像一个孩子一样不太令人讨厌。"罗洛·布朗生动地回忆说："当他被激怒的时候，他的表情很凶猛……当他想显得很深沉的时候，看上去也不威严。当他用低沉的声音朗读，模仿上帝的声音时，拉德克利夫学院的女孩子们会转过头偷笑。"闵斯特伯格一直喜欢拉帮结派，他也仿照系里的通常模式吸引了一批忠实的追随者，其他人"要么半善意地嘲笑他，要么怀疑他"。[180]

这些就是出现在课堂里的哈佛哲学家。他们构成了一个引人注目的整体，这个整体在各种天才中运转顺利，在当时和以后都是

---

[178] Palmer, "Philosophy," in Morison, *Harvard 1869—1929*, pp. 16—17. 另见 George Santayana to G. H. Palmer, Dec. 13, 1905（HM）and Santayana, *Character and Opinion*, pp. 42—43。桑塔亚那对学术生活的观点在第七章有更详细的讨论。

[179] 闵斯特伯格最初强调他相信"德国大学的研究理念"（to Eliot, Mar. 24, 1897,［CWE］）。但是很快他就鼓励年轻人阅读康德和费希特的作品，提到外部知识背后的"内部统一性"。见 Hugo Münsterberg, "Philosophy at Harvard," *Harvard Graduates' Magazine*, IX (1901), 481; 另见 Münsterberg, *Science and Idealism*, *passim*, and *Boston Evening Transcript*, May 23, 1903。

[180] Palmer, "Philosophy," in Morison, *Harvard 1869—1929*, p. 18; J. M. Cattell to N. M. Butler, Jan. 11, 1902 (CUA); R. W. Brown, *Harvard Yard in the Golden Age*, pp. 49—51。

大多数学术系部羡慕的对象。与其说人们包容这种多样性,倒不如说是人们主动造成了这种多样性。帕默回忆说:"当提出新的成员人选时,我们立刻就会问,他是否具有与我们中某个人不同的心态。如果是,我们就不会要他了。因此,不存在哲学的哈佛'学派'。"帕默继续说:"观点的差异是公开承认的。我们习惯在自己的讲座上指名道姓地彼此攻击,詹姆斯永远都在揭露唯心主义者的愚蠢,尤其是罗伊斯和我。罗伊斯反过来就说经验主义是多么无凭无据,缺乏理论基础。"这样公开表达不同观点原本可能引致愤怒、党派之争和混乱。事实上,桑塔亚那和闵斯特伯格是受到一些同事的强烈厌恶的。但是帕默自豪地宣称:"我们的学生没有被这些彼此攻击所误导……真理是神圣的,批评是通向真理最真实的方法,它是友好的而非敌对的过程。我们希望学生能培养批评的习惯,学会公正,不要让个人的情感介入智力的判断。"[181]

简而言之,在心照不宣的共同自制的调和下,百家争鸣是可以存在的。具有强烈个人色彩的信念和表现风格造成的活泼,在这里不会导致无政府主义。它能够不逾矩,首先得益于渗透在剑桥的绅士化氛围。[182] 这反过来又使由帕默、詹姆斯和罗伊斯构成的"核心圈子"的权力和更广泛的系部的民主要求之间能够很好地保持平衡。[183]

类似于宗教的仪式和其他形式的安排进一步巩固了团结。19世纪90年代期间,所谓的"经历会议"在晚上定期举行。这是小型的集会,明显类似于"告解祈祷会",在集会上,各个学生和教师坦白

---

[181] Palmer, "Philosophy," in Morison, *Harvard 1869—1929*, p. 25;比较 William James, *Letters*, I, 302。

[182] 甚至连闵斯特伯格也能在与别人剧烈争吵之后"缓和关系",他也赞成要容忍各种观点;Hugo Münsterberg to C. W. Eliot, Jan. 24, 1898 (CWE)。

[183] 见 Palmer, *Autobiography*, pp.50—54。

第四章 自由文化

地说出自己的历史,描述自己成长的经历,告诉人们他们是如何形成现在的哲学结论的,以及他们现在对生活、思想和宗教信仰持什么样的观点。[184] 这些集会不仅让人们平等地进行倾诉,创造出一种公有制的氛围,而且毫无疑问为他们宣泄过剩的哲学热情提供了非正式途径。

此外,系部有一项制度,要求每个成员都承担一部分本科生的大规模概论课程。最大的课程,哲学(一),甚至是由三位或更多的教授在一年里合作分担的。[185] 这种安排也有几样好处。它再次强调了系里每个成员的平等地位——没有人能免除日常杂务。但是它也助长了个性。正如帕默注意到的,每个人都有机会拿出自己的货物,从而在初级学生中招募未来的弟子。这些教师都有非同寻常的天赋,因此可以认为,这些追随者不会全部聚集在某一两个人身边,因此,基本上平等的表现机会不会让人妒忌而产生矛盾。[186] 通过这种方法,竞争会很激烈,但是仍然是"安全的"竞争,不会导致垄断的竞争。反过来,这种有控制的竞争使整个系部能在极具魅力而不是官僚的基础上运作,他们的计划和希望是:存在有吸引力的领袖人物,学生作为独立的个体而受到他们的吸引。

哈佛的哲学家们证明,天赋、宽容和新英格兰的环境可以产生生机勃勃的学术冲突却不会由此产生分裂。生活在他们中间,一个人会觉得和他们融为一体,但又觉得自己是自由的。可以观察、闲聊"伟大人物"之间的相互影响,并使其成为自己不断发展的忠诚的

---

[184] Phelps, Autography, p.332.
[185] 1893 年至 1894 年,帕默、桑塔亚那和闵斯特伯格参加了授课。见 G. H. Palmer to Hugo Münsterberg, Sept. 8, 1893 (HM),揭示了这种体制及其好处。
[186] 美国大学的大多数学术系部也许都不敢采用这种竞争性很强、很有魅力的模式,原因也正在于此。

一部分。同时，对于创造个人哲学的明确重视又使得整个过程合情合理。结果就导致了集体的兴奋状态。就像早期约翰·霍普金斯的氛围一样，这种状态也不能持久。但它是又一个所有学术潜力似乎都能实现的时期。

自由文化和学术领导权

自由文化在教室获得了最为辉煌的发展。1910年之前，试图将其价值观与管理者的价值观结合起来的人，不是自鸣得意却一事无成，就是像伍德罗·威尔逊一样，遭受失败的挫折。作为学院领导的目标，自由文化不可能成为学术的核心。只有在那些具有深厚传统（或缺乏资金）、能够抵御对实用和科学的强烈要求的校园内，它才能蓬勃发展。具体地说，就是耶鲁、普林斯顿和一些分散的更著名也更有活力的小学院，虽然令人兴奋的是，哈佛在1909年似乎有回归人文主义理念的迹象。

在耶鲁和阿姆赫斯特、鲍多因这样的小学院，世纪末的几年使它们看到了明确的变化的希望。随着智力训练的概念更深地退出舞台，这些学院进入了自由文化的阵营——从而保持它们超脱于教育改革的主要趋势之外的态度。但是相较于19世纪70和80年代，它们的领导不再具有纯理论的意味——自由文化不是作为意识形态，而是作为一种趋势而被人们谈论，而且言语上颇为含糊，同时其课程也向实用主义的要求做出了妥协。换而言之，发生的变化很明显，但是却是从立场坚定的时期转变为困惑、低标准和放任自流的时期。

直到19世纪90年代初都还可以认为耶鲁在礼节上坚持着19世纪60年代的学术规则，即使在1884年选修制已经有了一定的发

第四章 自由文化

展,扩招也使这些传统的要求显得有点滑稽。[187] 此后不久,纽黑文观点的迅速变化体现在对威廉·里昂·费尔普斯激进的教学方法的争论过程中。[188] 甚至在最初的1892年,费尔普斯就发现蒂莫西·德怀特(Timothy Dwight)校长是他的同盟者。1902年,在担任讲师仅仅十年之后,费尔普斯就获得了指定的教授职位,他记录说那时候,职员们基本上完全消除了对他的尝试的敌意。[189] 很快又出现了其他的变化迹象。1903年取消了必修的希腊语。此前两年,年度报告就已经注意到:

> 在学院所有的科目中,能够最稳定地获得大众喜爱的就是英语……高年级的学生选修这门课的人数不断增加,最重要的是,课余的认真研究每年都在发展。阅读俱乐部建立了,为在学院刊物上获得一席之地而积极竞争,越来越多的优秀学生作品在这些刊物上发表,这些都证明了一种普遍的趋势。[190]

1911年伊丽莎白俱乐部的成立标志着关注的这种转变达到了最高点。同时,耶鲁的音乐和美术学院也开始赢得关注。[191]

然而,整体来说,耶鲁绝对不是唯美主义的避难所。它对自由文化的解释显然还是道德主义的。也许是因为传统的很多内容都在逐渐消失,传统主义被提升到前所未有的高度。教师的生活受人

---

[187] 1890年,耶鲁所有系部的学生共有1477人,虽然耶鲁学院(本部)的学生人数要少得多。同年,哈佛有2079名学生。

[188] 费尔普斯的方法在前一节"才华横溢的语言"中有所讨论。

[189] Phelps, *Autobiography*, pp. 302—303.

[190] Yale University, *Annual Report*, 1900—1901, pp. 4—5; 比较 Pierson, *Yale*, pp. 298—299.

[191] Slosson, *Great American Universities*, p. 64. 这个时期,哲学在耶鲁并不兴旺,因为派系斗争使系部意志消沉;当时,历史似乎太"科学"了,无法在文化层面上与英语竞争。

尊敬却枯燥乏味,缺乏剑桥经常可见的学术活力。[192] 松懈的状态始终存在。虽然现在的正式规定说,评定助教以上职务必须有进行某种研究的证据,但实际上人们不鼓励反而是压制对独创性研究的热心态度。像生理心理学这样的非绅士化科目被看作前妻的子女,有时候甚至任由它们消失。[193] 事实上,1910年的一句妙论说得相当公平:"耶鲁的体育运动充满着职业精神,而耶鲁的学术则充满着业余精神。"[194]

诺亚·伯特之后耶鲁的两位继任校长很适应这些趋势。蒂莫西·德怀特曾经在德国留学,有时候他说起来好像他的任务就是对耶鲁实施改革,但是更多的时候,他说话的口气很谨慎。1887年,他问道:"我们是谁?居然想否定过去的世代。运动是危险的,我们还是遵循具有永恒基础的旧事物吧。"[195]他虽然欢迎费尔普斯的教学手段,但并不积极争取需要的资金,还试图忽视不乐观的招生人数。阿瑟·T.哈德利(Arthur T. Hadley)于1899年接任德怀特成为校长,他是耶鲁第一个非牧师主管。(为缓和这种变化,校理事要求他宣布接受使徒信经,并进而保证他没有激进的教育思想。)[196]哈德利的智力敏感尖锐,他擅长组织机敏的辩论,就像是在玩由他决定的

---

[192] 见[Timothy] Dwight, *What a Yale Student Ought To Be* ([New Haven], 1887), *passim*; A. T. Hadley, *The Education of the American Citizen*, pp. 150, 157; H. P. Wright, *From School through College* (New Haven, 1911), p. 7; Slosson, *Great American Universities*, pp. 36, 46—47; Canby, *Alma Mater*, pp. 16—17。

[193] Murchison, *A History of Psychology in Autobiography*, I, 251; II, 224—226.

[194] Slosson, *Great American Universities*, p. 47.

[195] Dwight, *What a Yale Student Ought To Be*, p. 10. 另见 Timothy Dwight to B. Perrin, Apr. 20, 1893 (Yale MSS); Dwight to G. J. Brush, Mar. 28, 1886 (BF), 表达了对校友们要求改革的烦恼。见 Dwight's inaugural, in *Addresses at the Induction of Professor Timothy Dwight, as President of Yale College, Thursday, July 1, 1886* (New Haven, 1886), p. 35, 鼓励学院逐步发展为大学, 比较 Dwight, *Memories of Yale Life and Men*, p. 370。

[196] Morris Hadley, *Arthur Twining Hadley* (New Haven, 1948), pp. 105—107; draft of faculty petition to the Yale Corporation, Mar. 27, 1899 (GBA).

第四章　自由文化

惠斯特牌戏,但是他在目标问题上通常含糊其辞。实际上,他似乎对自己没有连贯的计划颇感自豪。他说,大学存在主要是为了"提高标准",其中最主要的就是伦理标准。他在就职演讲中说:"核心问题,我们都必须面对、所有其他问题都围绕其展开的问题,就是:我们如何才能使我们的教育体系满足世界对智力进步的要求,而同时又不危害最有价值的道德的发展?"[197]两者当中,道德发展显然更为重要。但是哈德利对伦理的强调并未导致强硬的学术政策。在是否要将职前培训课程作为学士学位的必要条件的实际问题上,他以机敏的语言为掩饰,实际上却差点向实用主义的压力屈服。到了1908年,耶鲁的课程在职业培训方面宽容得令人吃惊,那时哈德利说,"普遍文化"只是耶鲁的几大目标之一,其他的分别是"职业培训"和"科学研究"。[198]但是,(在哈德利和每个人看来)耶鲁之所以不能成为另一个康奈尔或威斯康星,是因为虽然废除了希腊语,入学政策还是太严格了——而且其氛围中所有难以理解的东西只能吸引特定类型的学生和父母。可以很含糊地说耶鲁现在的指导思想是自由文化,但是,尤其在这一时期,过于热心地谈论任何抽象事物在纽黑文被认为不是好事。

更现代化的小学院也同样走向新的但是意义不明的路线。在一个伟大大学的基础已经形成的年代,这些学院试图保持自己的竞争传统,所依仗的是其乡村环境、健康的道德和宗教精神、学生人数

---

[197] A. A. U. *Journal*, 1905, pp. 25—26; Hadley, *The Education of the American Citizen*, p. 216.

[198] Yale University, *Annual Report*, 1907, pp. 3—4; A. T. Hadley, "Modern Changes in Educational Ideals," in T. B. Reed (ed.), *Modern Eloquence* (Philadelphia, 1900), VIII, 596. 关于课程可见 Pierson, *Yale*, pp. 215—216, 219。皮尔逊暗示说,这些变化代表了哈德利和职业学院之间的妥协,但是哈德利自己思想里就这一问题作出让步的证据,可见 Thomas, *The Search for a Common Learning*, pp. 50—51。

少、反对欧洲影响的爱国精神和没有混乱的研究生工作等优势。[199] 在西部,免收学费的州立大学迅速发展,对以前的教派学院形成了几乎是不可能战胜的竞争优势。后者开始降低标准,接受在其他地方也许不可能入学的学生(包括训练制下的"问题孩子"),以便勉强维持生存。[200] 同时,其教职员不断流失,以至于很少有密切接触现代知识的人留下,这种情况不仅发生在西部。[201] 校长经常也是一些能力不强的人,因为其他人通常都跑到了规模较大的大学,有时候是担任教授。

进步时代标志着美国小学院的最低潮。[202] 因为缺乏捐赠,即使是这些学院中最好的,也不得不每年,几乎是每天,都要争取公共支持。这些压力也体现在校长们的言语中。当第二年的办学经费悬而未决时,公众的观点就很难被忽视了。[203] 在重点大学里,自由文化的倡导者发现,学院的名声在某种程度上给他们提供了保护,这种

---

[199] 关于这个问题的最好作品包括 C. A. Blanchard, *Educational Papers*（New York, [1890]）, pp. 9—30; W. O. Thompson and W. R. Harper, "The Small College," N. E. A., *Proc.*, 1900, pp. 61—87; M. W. Stryker（汉密尔顿学院校长）, "The Future of the Independent College," in *Hamilton, Lincoln and Other Addresses*（Utica, N. Y., 1896）, pp. 59—66。

[200] 见 W. A. Curtis, "The Decline of the Denominational College," *The Independent*, LI (1899), 2079—2082; D. W. Fisher, *A Human Life*（New York, 1909）, pp. 250—251; D. W. Hering. "The Peril of the College," *Education*, XXII (1902), 638—646。

[201] 例如,可见 B. I. Wheeler to C. W, Eliot, Dec. 22, 1892 (CWE); Erskine, *My Life as a Teacher*, pp. 32—33; D. M. Love, *Henry Churchill King of Oberlin*（New Haven, 1956）, p. 117; C. T. Burnett, *Hyde of Bowdoin*（Boston, 1931）, pp. 110, 266—268; Le Duc, *Piety and Intellect*, pp. 146—147; H. F. Burton to J. B. Angell, Nov. 11, 1908 (JBA); W. D. Hyde to C. W. Eliot, Dec. 15, 1899 (CWE)。海德承认,他无法让一个有能力的人在鲍多因待上五年而不去别的地方。

[202] 关于学院在 1900 年的苦恼,见 W. J. Tucker, A. T. Hadley, C. F. Thwing, Franklin Carter, and J. H. Burrows, "The Problems Which Confront Our College at the Opening of the Twentieth Century," *Education*, XX (1900), 585—597。分析这种状况的文章很多,尤其是 R. D. Harlan, *The Small College*（n. p., [1902?]）, and *The Outlook*, LXXI (1902), 986—991。

[203] 这方面明显的例子,关于爱国主义教学,见 Thwing, *The College of the Future*, p. 25。

第四章 自由文化

保护使他们能够保持超然的地位,说出他们真正想说的话,虽然随后就被人忽略。但是小型学院没有这种能维持其独立性的安全保证。结果,诺顿、温德尔和 R. M. 温勒这些人的写作实质上是给自己人看的,而学院院长的写作和发言对象则是现存和未来的学生家长。因此,对学院目的的讨论比起来自大学内部的讨论具有更强的推广性。

虽然在世纪交替的时候,有些学院的院长在言语中含含糊糊地表现了对日益增长的"社会服务"的要求的尊敬,但更多的时候,他们说话的语气还是带有自由文化向下灌输的语气。学院继续强调博雅教育,认为从道德观点进行授课,才能最好地为社会服务。这样一来,虽然霍巴特的校长 R. E. 琼斯(R. E. Jones)称学院的最终目的是"社会常识",并且说他们应该促进"与现实、社会理性和适应社会生活的一致性",但是他们应该通过"致力于激发普遍文化和培养个性……通过提供法律和生活艺术方面健康而成功的培训[和]通过消除……学生孩子气的不负责任"来实现这一点。[204] 在这些圈子中,社会利他主义的概念完全不同于职业培训的概念,因而就避免了注重实用的大学改革者的基本前提,而且,顺便为没有昂贵的技术设备提供了正当理由。

鲍多因学院的威廉·德维特·海德(William DeWitt Hyde)宣称:"学院的作用是自由教育:开放他们的头脑,让他们接受人类兴趣的伟大知识范围;开放他们的心灵,让他们接受无私和社会服务的伟大精神目标;开放他们的意志,使他们能抓住机会明智而正当

---

[204] R. E. Jones, "Is the College Graduate Impracticable?" *Forum*, XXX (1901), 585, 591, 594.

地控制自己。"⑳这种定义是空泛的而非具体的。西储大学的查尔斯·F.思文把文化定义为"知识来源"、"公众精神"、"优雅"和"思想意识的高品位以及对灵魂高品位的意识"所构成的结合体。⑳ 如果这种说法有任何重点的话,那还是伦理的。这是道德说教的伟大年代。阿姆赫斯特的校长梅里尔·盖茨(Merrill Gates)反问:"学院的任务是传播思想的仁爱之光。灯塔怎么可能是自私的呢?"他继而严肃地说:"我们时代迫切需要的是从事各行各业的有男子气概的人,他们有自由文化,有健全的头脑和心灵。"⑳这些宣言的语气时而严厉时而感伤。于是,一方面海德宣称:"我们的欲望、希望、兴趣和感情有一万种可能的组合方式,但是其中只可能有一种确定无疑的正确方法,其他的必然是错误的。"而另一方面,思文会严肃地断言,工业竞争的所有罪恶都必须由"爱"来弥补。⑳ 这些校长中有些倾向于哲学唯心主义——海德提到"具有洞察力的人,如康德、黑格尔和耶稣"——但是更多时候,他们对任何抽象事物,如形而上学的主张,都表现出极度的不耐烦。即使对于海德,哲学唯心主义也很容易变质成"实用唯心主义",变成一种取决于常识和圆柱法典、根本不需要哲学上层建筑的伦理学观点。⑳

学院的不安全孕育了一种令人惊讶的言语上的自满——似乎

---

⑳ W. D. Hyde, "The Place of the College in the Social System," *School Review*, XII (1904), 796. 比较 Hyde, *The College Man and the College Woman*, p. 3.

⑳ Thwing, *The College of the Future*, pp. 19—20; 比较 C. F. Thwing, *A Liberal Education and a Liberal Faith* (New York, 1903), p. 202.

⑳ *The Inauguration of Merrill Edward Gates, Ph. D., LL. D., L. H. D., as President of Amherst College* (n. p., 1891), pp. 11, 22, 25—26.

⑳ C. F. Thwing, *The College Gateway* (Boston, 1918), pp. 36—37; W. D. Hyde, *The New Ethics* (New York, 1903), p. 4.

⑳ Hyde, *The College Man and the College Woman*, p. 55; W. D. Hyde, *Practical Idealism* (New York, 1897).

第四章 自由文化

绝对不能承认事情在变糟。1900年思文说:"伟大人物总是很乐观的。"人类的进步是稳定而且确实的。佛蒙特大学的校长马修·布克汉(Matthew Buckham)说得更透彻:"世界已经看到了其最大的悲剧。人类命运的主要问题已经解决了。悲剧实质上是一所异教徒机构,其主题是道德领域未解决的问题——这个机构已经撤销了,而且永远不会再现。"[210]这个时期主导学院管理层的是一种奇怪的兴奋和沮丧的混合情绪,这反映在他们害怕采取任何极端的不可更改的立场。因此,学院应该是民主的,但是应该培养"最好的人";应该培养个人主义,但是绝对不能养成怪癖;经济自由应该结合"道德社会主义";应该推广宗教,但是不是"作为教义";爱国主义很好,人文主义也不错;要注重精神,但是也要注重物质上的成功。[211]没有任何事物是不能与其他事物相调和的。结果,正如托马斯·C.张伯伦(Thomas C. Chamberlin)在1897年的高明评论所言,主要的小型学院绝对不是"复古"的学院——因为即使这种身份也是需要主心骨的。[212]

与自满和凡是看其光明一面的习惯同时存在的,还有一种几乎是故意造成的管理上的松懈。某些学院任由体育运动盛行一时,这一时期,规模很小的拉斐耶特学院的运动队击败了重点大学的队伍。对于想提高学术水准的教授,校长们通常无法给予实际支持。在学院看来,这是没有选择余地的。如果学院想保持并增加其学生

---

[210] C. F. Thwing, *The Youth's Dream of Life* (Boston, 1900), p. 9; M. H. Buckham, "The Religious Influence of Literary Studies," in *The Very Elect*, p. 93.

[211] C. F. Thwing, "Educational Problems of the Twentieth Century," *Forum*, XXVIII (1899), 315—324, 本文的主题就是调和这些矛盾。另一个例子可见 Henry Hopkins' inaugural address in William College, *Inauguration of President Henry Hopkins* (North Adams, Mass., 1902), p. 53。

[212] T. C. Chamberlin's "A Glance at the Intellectual Attitudes of the College" (1897), pp. 8—9 (TCC).

人数,它们能做什么(或禁止什么)就有一些不言而喻却很重要的限制。如果学习负担太重,学生也许就要转学。[213] 幸运的是,在这种令人沮丧的环境下,少数人再次表示决心,要将规模较小的学院变成受人尊敬的教育实体。有些校园里出现了新的、更为城市化的学生群,使人们看到了星火燎原的希望。到1910年,我们应该记得,米克尔约翰的阿姆赫斯特和福斯特的里德学院马上就要出现了。

1902年之后的普林斯顿,以自由文化名义出现的生机勃勃的决心已经显而易见。伍德罗·威尔逊担任校长的八年通常被看作是一场改革,在对外的很多方面,也确实如此。募集了一千二百万美元的捐款,引入了导师(小班)教学体制,计划创建一所著名的研究生院,这些似乎完全能与艾略特早期为哈佛所做的一切相提并论。不论是其崇拜者还是其反对者都承认,威尔逊似乎在根本上影响了美国的高等教育事业。

这种观点不仅忽视了早期的普林斯顿与威尔逊时期及以后的普林斯顿之间存在的很多一致性,同时也忽视了随波逐流对哈佛变化过程的影响与主观能动在普林斯顿造成的结果之间有相似之处。像哈佛一样,普林斯顿在19世纪90年代的十年中已经抛弃了智力训练,转向新的人文主义。安德鲁·F.韦斯特在1894年给普林斯顿的"哲学特征"作出定义,其矛头所指已经从詹姆斯·麦考士转向更广阔的范围:

> 这是具有多重状态的特征。当普林斯顿面临形而上学问题时,她的特征是神学的、现实的[这是唯一的一次具体的向麦考士致敬]。对于法学、政治和经济问题,她的观点是伦理的。在科学领域,这种特征表现为归纳推理精神,而这种精神虽然

---

[213] Thwing, *The American College in American Life*, p. 260; Burnett, *Hyde*, p. 178.

第四章 自由文化

非常注重对事实的研究,却能得出超越事实之上的结论。在文学和艺术领域,它表现为一种信念:这些研究是最有价值的,因为它们表现了努力要用高贵和美好表达自己的不断奋斗的人类精神。在基督教义的真实性问题上,它表现为明确的信仰。[214]

1897 年,亚历山大·T. 奥蒙特教授在文章中更简明地宣称:"学院的目标是一种渊博而自由的文化、智力训练、对天赋的培养。"虽然普林斯顿已经是一所大学了,她不会为了职业培训而牺牲这些文科理念。实际上,这里的科学还是极端的纯科学。而且,"科学崇拜"不会导致废除人文科学,后者仍然是普林斯顿管理层的"最爱"。[215]

这就是威尔逊进入的环境。而威尔逊自己也会长久地恋恋不舍地回顾以前学院的训练式培养。[216] 他坚决反对学院的职业课程。在这方面,他比耶鲁的校长哈德利更加意志坚定。在威尔逊看来,普林斯顿"不是提供专门教育而是提供普遍教育的地方,不是年轻人寻找职业,而是寻找自我的地方"。[217] 确实,威尔逊也提到"公共服务"是学术目标之一,甚至比有些小型学院的校长更明确。但是,和这些学院首脑一样,他拒绝认为这种目标就意味着课程要向职前培训倾斜。相反,他让普林斯顿摆脱了选修制,实施了更彻底的规定课程。他会训练一届领导人,但是会赋予他们人文学科的共同背

---

[214] A. F. West, "The Spirit and Ideals of Princeton," *Educational Review*, VIII (1894), 322.

[215] Ormond, "University Ideals at Princeton," N. E. A., *Proc.*, 1897, pp. 350—353. 另一方面,对威尔逊离开几年之后普林斯顿的连续性和变化迹象的描述,见 Arthur Mizener, *The Far Side of Paradise* (Boston, 1949), pp. 29—38. 1915 年前发生的变化似乎不仅是埃德蒙·威尔逊的功绩,也是伍德罗·威尔逊的功绩。

[216] 威尔逊的教育思想更全面的讨论,见 Versey, "The Academic Mind of Woodrow Wilson," *Mississippi Valley Historical Review*, XLIX (1963), 613—634。

[217] Notes for "Alumni Dinner, Orange, 10 Nov. 1904" (WWLC).

景——尤其是文学、历史和政治科学。虽然像安德鲁·D.怀特这样相信公共服务的人曾经颂扬过自然科学,威尔逊却警告说:"别让书本和过去的科学概念的细菌进来。"[218]威尔逊称真理是"抽象的,不是具体的。它是合理的观念,是正确揭示了事物的意义"。他会让"事实"服从于"对潜伏在事件和人类思想中的精妙而无形的力量"的研究。[219]值得注意的是,威尔逊非常崇拜唯心主义哲学家乔西亚·罗伊斯。[220]如果他培养出来的领导人还不能完全说是哲学大师可能的追随者,他们至少不是单纯的职业方面的专家。只有考虑到所有这些条件,我们才能理解威尔逊所说的,他对于普林斯顿的学生的目标是"加快他们对社会的了解,教导他们的良心",因此,规划一所大学也就是"规划整个国家"。[221]威尔逊确实试图将自由文化和社会服务融为一体,但是他在这样做的同时保持了学术机构的完整性——甚至可以说是纯洁性,而并未屈服于外界社会贪婪的要求。

威尔逊的全部注意力都放在普林斯顿,有时候几乎完全排除了外面的世界。威尔逊将普林斯顿看作一个有凝聚力的有机体,正是他的密切关注才使他的统治真正不寻常。他强调说:"理想的学院……应该是一个社区,一个有着密切、自然、亲密关系的地方,不仅有刚开始学习各种学科的年轻人,还有和年长者在一起的年轻人……有在教室内外和学生在一起的老师们。"[222]威尔逊在1902年更直截了当地说:"对我来说,大学生活最令人愉悦的事就是培养人们

---

[218] Notes for "Washington, D. C., 12th February, 1895" and for "The Objects of Graduate Study," Nov. 7, 1902 (WWLC); 删除的斜体字部分。

[219] Wilson's speech, "The Truth of the Matter," 1895, p. 7 (WWLC).

[220] R. S. Baker, *Woodrow Wilson: Life and Letters* (Garden City, N. Y., 1927), I, 196—197.

[221] A. S. Link, *Wilson: The Road to the White House* (Princeton, 1947), p. 81; Woodrow Wilson, "Princeton for the Nation's Service," *Science*, XVI (1902), 721, 729—730.

[222] Woodrow Wilson, *College and State*, II, 152.

第四章 自由文化

在进入社会时具有统一的行为准则,为人处世的理念,对同伴保持诚实的理念,忠心耿耿的理念,合作的理念,集体主义感,感觉到他们是一国同胞,是为了共同的服务而进入这个国家的。"[23]威尔逊不能容忍这个学术团体内部存在根深蒂固的分歧和分裂。他要求同质性——思想上基本的单一性。他管理期间出现的所有戏剧性事件——导师制的建立,对学生宿舍的关注(包括本科生和研究生),以及试图废除小集团的饮食俱乐部——也许可以认为同样都是因为他对完整的内部团结的关注压倒了一切。他在每一项学术安排中都试图提供"有序生活的原则"。成分复杂的哈佛是一个很好的反面教材。有趣的是,当人们想到后来的新自由时代时,威尔逊的普林斯顿最突出的特点是它几乎在各个方面都彻底否定个人主义。[24]威尔逊试图赋予普林斯顿团体更学术化的定义,但是他没有消除,反而强化了19世纪末耶鲁和普林斯顿都明显具有的学院教育的全面发展概念。[25]

在描述威尔逊在普林斯顿的统治时,总要提到他和安德鲁·F. 韦斯特院长之间的权力斗争。这种斗争确实存在,但是重要的是要明白,威尔逊和韦斯特所持的教育观点——以及主要的偏见——在本质上是非常相似的。他们不仅都明确表示自己属于自由文化阵营,此外,他们都强调自由培训中的道德和绅士化因素。政治上,他

---

[23] Woodrow Wilson, *The Relation of University Education to Commerce* (Chicago, 1902), p. 29.
[24] 尤其显著的是,他完全回避了讨论得很多的学术自由问题。
[25] 关于普林斯顿的这种普遍趋势,见第五章。

们俩都崇拜格罗佛·克利夫兰，而且他们都是亲英派。[226] 虽然这两个人似乎从来都不喜欢对方，但是韦斯特一直支持威尔逊的导师制，而对于韦斯特认为新的研究生院应该是学者居住区的基本概念，威尔逊也同样很赞同。他们经常争吵的三个问题中——研究生院的财政优先权、饮食俱乐部和研究生院的选址——第一个显然是方法问题而非目标问题，另外两个在目标上的差别没有人们有时候设想的那么多。

人们通常认为，威尔逊与韦斯特的不同就在于学院的"民主"问题，尤其是在饮食俱乐部的问题上。实际上，这两人在这一问题上都没有明确观点。1899年，安德鲁·F. 韦斯特写道："学院与人民关系很密切。阶层的差距有时候会自动出现，但是学院必然是，我们相信也将永远是，民主的。"[227] 而威尔逊则在就职演讲中说："学院不是为从事普通劳动的大多数人而设的，甚至也不是为那些需要技能的……手工业者而设的……它是为计划、构想、监督、在团体之间调解、必须能够掌握全局的少数人而设的。民主国家必须这样做，就像那些根据出身和特权挑选领导人的国家一样！"[228] 1897年，威尔逊在乡村俱乐部发表讲话时，很乐意地断言："民主的力量在于独特的团队——一个俱乐部能够创造理念和传统，也能保持理念和传

㉖ 确实，韦斯特对待现代语言的态度不像威尔逊那样友善。韦斯特赞赏英格兰，更多的是将其看作古典学问的所在地，而威尔逊则赞赏它的全部文明，包括其政体。尤其能说明韦斯特观点的是他于1904年12月12日写给E. J. 罗杰斯的信（及内附的备忘录），和1903年1月7日写给W. E. 刘易斯的信（AFW）；West, "The Spirit and Ideals of Princeton," *Educational Review*, VIII (1894), 324—325; West, *True and False Standards of Graduate Work*, p. 3. 韦斯特的教育观的最好总结是他的 *Short Papers on American Liberal Education* 一书的前言。

㉗ West, "The American College," in Butler, *Monographs on Education in the United States*, I, 238.

㉘ Woodrow Wilson, "Princeton for the Nation's Service," *Science*, XVI (1902), 724.

第四章 自由文化

统。"㉙直到1905年,普林斯顿形成了新的"高级社团",这明显是模仿了耶鲁的模式,由每年选出的15个人组成,威尔逊对这一切深为赞许并颇为得意。这个社团的成员都是"具有公认社会影响力的人",威尔逊并不认为这会损害他为学院设定的目标。㉚1906年,几乎所有的校友都一致认为,不断争夺饮食俱乐部的席位不正当地扰乱了普林斯顿本科生活的气氛,必须对这一制度进行改革。威尔逊废除了饮食俱乐部,用本科生四方院取而代之,他的做法彻底而毫不妥协,这也伤害了很多敏感的人。但是必须要记住威尔逊和韦斯特工作的大环境。他们俩都不想看见普林斯顿像康奈尔和威斯康星那样改变入学政策——如果他们曾就这一问题发生过争吵,那也是在更为基本的意义上。1907年在捍卫他在俱乐部问题上的立场时,威尔逊意味深长地断言:"四方院生活……会是俱乐部生活在更大范围上的再现,而不会排除已经事实上被完全排除在大学生活之外的人。"他进一步保证说,他的计划"无意使普林斯顿类似于芝加哥或任何其他大学",她的独特性将会"得到加强而非丧失"。㉛简而言之,威尔逊努力在普林斯顿取消饮食俱乐部是为了将整个大学变成一个大型的饮食俱乐部(尽管他的定位更偏向于学术方面)。㉜

关于研究生院选址的争论标志着威尔逊在1910年的彻底失败,但是它更值得关注的是双方心照不宣、意见一致的地方。威尔逊在八年前的就职演讲中说道:"对我来说,真正的美国大学最好的特点、其健康而开明的知识的最可靠保证,似乎都来自于存在于其核

㉙ Notes of talk to Cottage Club, June 11, 1897 (WWLC).
㉚ Princeton University, *Annual Report*, 1905, p.17.
㉛ Wilson to H. H. Armstrong, Sept. 3, 1907 (WWLC).
㉜ 正如阿瑟·S. 林克(Arthur S. Links)所指出的,1908年之后,威尔逊确实有点改变了立场,他后来就俱乐部问题所做的演讲更强调激进的"民主"。但是威尔逊的转变是因为意识到他的未来并不一定局限于学术界,普林斯顿这个角落。

心的博雅教育。它与学院的联合至关重要,在我看来,这种联合使真正的大学氛围处处让人感到团结和完整的知识链。"㉓基于这一声明,威尔逊提出,研究生院应该位于校园的中心,本科生可以直接看到,而不是位于一英里之外。但是安德鲁·F.韦斯特的基本观点并无太大差异,虽然作为新单位的领导,他很自然地比威尔逊更重视这个项目。威尔逊和韦斯特的一致意见是,这个学院必须包括学者的居住区——换言之,实际上,它应该标志着英国学院的传统向上渗透到高级教育领域。这种想法是完全吻合自由文化的特有观点的。相反,威尔逊曾经就读的研究生院,约翰·霍普金斯,只是随便改建了巴尔的摩市区的几座旧建筑来用。人们并不认为霍普金斯的成就与其位置或其建筑的性质有任何必然联系。美国其他研究生机构也是如此。它们也许会要求更多的实验室空间或是更大的图书馆,但是从未要求将居住区放在中心或是要求一块特定地址本身具有的鼓舞性。1910年,一些更年轻的教职员强调了普林斯顿在这些问题上的立场的怪异性——这又是威尔逊和韦斯特共同持有的立场,他们抗议说:"所有对住宿问题的考虑都应该让位于研究生院的一个目的,即:研究工作。"而且,他们说:"我们怀疑,强调对研究生生活的监督和指导是否明智。一般研究生的生活和住宿状况应该和其他职业学生一样自由、不受限制。"㉔与这些德国式的期望不同,威尔逊和韦斯特都提到要建立一所研究生学院,他们用了一个暗示着牛津的词语。这两个人是从绅士的禁欲主义角度看待学院的——韦斯特说它体现了"理想的学术隐居",威尔逊称其环境是

㉓ Woodrow Wilson, "Princeton for the Nation's Service," *Science*, XVI (1902), 728.

㉔ E. Capps, E. G. Conklin, W. M. Daniels, and H. B. Fine to Wilson, Jan. 10, 1910, 引用于 West's "A Narrative of the Graduate College," pp. 83—85 (Princeton MSS). 另见 E. G. Conklin to Wilson, Jan. 16, 1910 (WWLC).

第四章 自由文化

"那些密封的区域"。㉕ 很难相信双方的争论实际上微不足道,主要是一方努力要压倒另一方。正如一位理事在给威尔逊的信里所说,整个争论仅仅是"细节问题,方法问题"。㉖ 也许因为威尔逊的管理团队过于刻板地坚持他们共同的理念,他们的失败在于攻击别人时语言尖刻。

韦斯特获得了胜利的满足感。威尔逊因为没能在这个问题上说服理事而很没面子地辞职了。但是整个斗争与其说在教育哲学上具有很大意义,不如说极富戏剧性——从基本目的方面看,哈佛的查尔斯·W.艾略特和A.劳伦斯·洛威尔教授之间更平静的斗争才是这些年来值得一看的。威尔逊和韦斯特之间的事件并不代表普林斯顿历史的转折点。学院仍然坚定地坚持自由文化,暂时坚决脱离了美国高等教育在数量上的主流。它更仔细地筛选学生,多亏了威尔逊,它的导师法在将来的时间和地点激发了倡导在人文学科进行个性化教学的人。但是普林斯顿的基本定位和传统仍然保持不变,这似乎说明,即使是最有力的领导,以纽黑文从未见过的精力工作,也不能使学院走上他和他的朋友及敌人所相信的道路。

当艾略特在1869年当选为哈佛的校长时,这一事件宣布,美国高等教育的新纪元真的即将到来。1909年阿波特·劳伦斯·洛威尔(Abbott Lawrence Lowell)当选为艾略特的继任者则意味着四十年后,哈佛教育的效忠对象发生了根本变化。让洛威尔上台的运动代表了争取让这个学院转向自由文化事业,使其向耶鲁和普林斯顿靠

㉕ A. F. West's "Memorial of Faculty on 'The Establishment of a Graduate College,'" Dec. 10, 1896 (AFW-PMC); Woodrow Wilson, *College and State*, I, 464—465.

㉖ J. DeWitt to Wilson, Jan. 10, 1910; 另见 M. T. Pyne to Wilson, Nov. 30, 1909 (WWLC)。然而,威尔逊断言:"将研究生院从附近地区搬进大学现有的生活,会颠覆我们迄今为止的整个政策和我们的全部学术概念和希望。"他说这个问题涉及"我的整个管理层在最根本最重要的教育问题上的主流观念"。Wilson to M. T. Pyne, Dec. 25, 1909 (WWLC).

近,远离暧昧的实用主义轨道的努力。㉓

在某种意义上,艾略特领导下的哈佛偏离了其地区和主要客户的自然倾向。世纪交替时的哈佛学生的主要群体——及其父母——毕竟与东海岸其他地方并无太大差别。可以理解,随着艾略特的推动力逐渐消失,回归其他时尚的东部大学明显具有的更学院化的氛围的要求自然会出现。实际上,说哈佛的贵族倾向在艾略特统治时期"转入地下",到1900年才再次出现,这是不正确的,因为在一些重要方面,它们从未消失。它们显然存在于学生生活"俱乐部制"的一面,存在于很多教职员的态度中,在最"自由"的时候,甚至还存在于艾略特自己的思想中。但是,哈佛也有一些人不喜欢艾略特不断坚持的理性个人主义、纯粹的对养性和随心所欲的课程。1900年之后,这些不满的声音再次引起人们的关注。

哈佛巨变中的主要人物是相信自由文化理念的人。但是重要的是要注意到,绝不是教职员中所有的人文主义者都参加了这场运动。哲学家们,除了桑塔亚那,或多或少对哈佛当时的状况很满意,而桑塔亚那也只是远离了这个环境,而非试图改变。欧文·白璧德的发言充满激情,但是他只是名助教,而且他的听众遍及全国而非集中在当地。只有两个人既能将不满化为行动,又在哈佛具有举足轻重的地位。一个是英语系的教授兼主任,勒巴让·R. 布里格斯(LeBaron R. Briggs),另一位是像威尔逊一样的政治科学家,也是哈

㉓ 见洛威尔在就职演讲中对选修制和民主所做的措辞谨慎的评论, Oct. 6, 1909, in Morison, *Harvard 1869—1929*, p. lxxx; 及 Henry James, *Eliot*, II, 179—184。

第四章 自由文化

佛未来的校长，A. 劳伦斯·洛威尔。[238]

神经质而活泼的布里格斯和文雅的洛威尔都迫切地想提高本科教学质量，相对来说对研究生院不太关心。同样重要的是，他们俩都不相信个人自由，尤其是大学生的个人自由，都想重新启用家长式的指导和有组织的社团的概念。[239] 布里格斯赞许地说："在小学院里，愿意离群索居的学生真的被拉出自己的书斋去看足球——甚至自己也踢足球——因此就被人性化了。"[240] 人们应该认识到，按规矩办事的精神是生活中必不可少的，那些叫喊着反对它的人是"不成熟"的。成年人的自由就是用"责任"约束自己的自由。[241]

因此在实质上，洛威尔和布里格斯想看到哈佛更类似于威尔逊的普林斯顿，即使出于礼节他们不能公开地这样说。1909年七月初，威尔逊到北方的剑桥，在 Phi Beta Kappa 联谊会上发表了题为"学习精神"的演讲，这一事件揭示了他在多大程度上迎合并鼓励了哈佛的"叛逆者"。巴雷特·温德尔记录说，威尔逊在此"指出了艾略特观点的错误，但并没有提到他的名字；他受到极大欢迎，因为他热爱的不仅仅是回忆中的哈佛的景象"。[242] 这种人之一就是很有影响力的查尔斯·弗朗西斯·亚当斯，他在祝贺威尔逊演讲成功时，

---

[238] 当然，"运动"这个词并不意味着反对艾略特的阴谋。相反，它意味着少数想法类似的教授和督学试图在哈佛推行某种将来的路线，他们意识到迟早是要选出新校长的。见 Santayana, *Persons and Places*, II, 159—160，关于布里格斯主任对艾略特的根本看法，见 L. B. R. Brigss, "As Seen by a Disciple: President Eliot," *Atlantic Monthly*, CXLIV (1929), 588—604。后来洛威尔坦白地承认"他曾经希望继任即将退休的校长，他在工作时一直抱有这种希望……[进而]他知道艾略特不会选他"。H. A. Yeomans, *Abbot Lawrence Lowell, 1856—1943* (Cambridge, 1948), p.82.

[239] 见 Harvard, *Annual Report*, 1897—1898, p.118; A. L. Lowell to Endicott Peaboy, Feb. 26, 1909 (H); Lowell's inaugural in Morison, *Harvard 1869—1929*, pp. lxxvi—lxxvii。

[240] L. B. R. Briggs, *Routine and Ideals* (Boston, 1904), p.42.

[241] *Ibid.*, pp.11—21; Harvard, *Annual Report*, 1898—1899. p.115.

[242] Howe, *Wendell*, p.201.

直率地告诉他：

> 我认为艾略特的方针和影响给美国学院带来的坏处和好处一样大……洛威尔校长很了解我的观点，我们经常一起讨论这个问题。我很满意地看到，强大的逆向运动现在启动了……
>
> 在我认为是正确的方向上，你走得比任何人都远，即，小规模的学院，较为成熟的思想和不太成熟的思想——或者说，处于发展期的思想——之间的直接联系。[243]

他说至于哈佛的新校长，他很欣赏威尔逊在解决本科学院问题时的"大刀阔斧"精神，虽然他觉得还需要多做些思考。1909年1月，他写信给威尔逊说："你知道我多么钦佩你能逐渐掌握学院的状况。"他就职之后补充说："我觉得我们的观点非常相似。"[244]1909年秋天，洛威尔再次说，他认为他自己、威尔逊和耶鲁的哈德利在大学圈里是孤立的，因为他们努力维护本科教育对博雅教育的重视。[245]显然，新的东部学术联盟的雏形就这样形成了。

当洛威尔在就职演讲中提到哈佛需要"智力和社会凝聚力"时，他用一个非常具有威尔逊特点的词宣布了他的学术关注的主题。[246]像威尔逊一样，比起更普遍意义上的"民主"，洛威尔更关心的是创建一个组织严密的社区。洛威尔对学生增长的财富和奢侈很担心（他的担心比查尔斯·弗朗西斯·亚当斯更为真实），但是他认为，实际上，只有存在一群志同道合的绅士，民主才能实现。这又是这

---

[243] C. F. Adams to Woodrow Wilson, July 3, 1909（WWLC）；cf. his letter to Wilson of Oct. 2, 1907, 关于同一主题。

[244] Lowell to Wilson, Jan. 15, July 14, 1909（WWLC）。

[245] Lowell to Wilson, Oct. 26, 1909（WWLC）。

[246] Lowell's inaugural in Morison, *Harvard 1869—1929*, p. lxxxi. 在81页，洛威尔指名道姓地高度赞扬了威尔逊。

第四章 自由文化

个问题的普林斯顿式解决方法,而且洛威尔强调要兴建宿舍楼供此后的哈佛学生——被艾略特忽视的学生——居住。[247]

最后,课程问题。这个问题早在威尔逊之前就存在。早在1887年,洛威尔还是哈佛的校友时,就抨击过选修制。他的盟友布里格斯在《1894年哈佛年度报告》他那一节中也公开地表示了对同一问题的怀疑。[248](这就是艾略特的特点:他知道洛威尔的观点,但是还是很热心地要聘用他,并给他提供说话的平台。)1900年,布里格斯在《大西洋月刊》上发表了题为"对新式教育的一些旧式怀疑"的文章,发起了反对选修制的持久运动。[249] 布里格斯绝对不是以想回到19世纪70年代的态度提出自己的主张的。正如他后来私下对艾略特说的,他想要的一切只是在新生第一年恢复规定课程。[250] 但是他的文章提出了明确的挑战。1902年和1903年,布里格斯和洛威尔控制了一个著名的委员会,调查哈佛的学术标准,并且发现它们很不令人满意。[251] 这些努力有了结果,帮助洛威尔于1909年登上校长之位,这不仅是因为普林斯顿树立了具体的榜样,也因为到那一年,一种思潮在美国的教育圈中已经更为普及。

---

[247] A. L. Lowell to C. W. Eliot, Apr. 2, 1902 (CWE); Lowell's inaugural in Morison, *Harvard 1869—1929*, p. lxxxvi.

[248] A. L. Lowell, "The Choice of Electives," *Harvard Monthly*, V (1887), 1—8; Harvard, *Annual Report*, 1893—1894, p. 93.

[249] L. B. R. Briggs, "Some Old-Fashioned Doubts about New-Fashioned Education," *Atlantic Monthly*, LXXXVI (1900), 463—470.

[250] L. B. Briggs to C. W. Eliot, May 6, 1901 (CWE). 他提议,至少给新生提供推荐研究的"样品"课程,作为模仿对象,但是艾略特领导下的教职员断然拒绝了这个想法。见Harvard, *Annual Report*, 1901—1902, p. 102。

[251] Yeomans, *Lowell*, pp. 71—78; Morison, *Three Centuries of Harvard*, pp. 385—386.

重新评估的时期:1908—1910

在其直接环境下,哈佛在 1909 年的立场转变与其说是偶然的,倒不如说是一种征兆。1908 年、1909 年、1910 年见证了美国迄今为止所发生的关于高等教育目标的范围最广泛的论战。争论扩散得很快,一般的杂志都牵连在内,而这种争论的存在只是学术开拓时期结束的标志之一。这是一个人们内敛自省的时期,也是一个自由文化的倡导者发挥的作用远超过他们实际能力的时期。

人们没想到会再次出现关于基本原则的讨论。例如,艾略特似乎就认为,在美国大学经过一代人的努力创建之后,每个人只要在平静的完美状态享受其成果就行了。① 如果这是预言的话,事实证明它彻底错了。相反,芝加哥大学的一位古生物学者在 1909 年评论说:"我们正在经历教育极度动荡的时期。从下到上,在人民中间,在我们大学人中间,都存在着对现代教育——即,非职业教育——

---

① 1880 年 12 月 11 日,艾略特对吉尔曼说:"一般来说,我认为我们是在进步,但是前方的路漫长而崎岖。我们的后来者将会拥有多好的时代啊!"

的不满。"②人们经常意识到困扰和自我质疑的情绪在不断高涨,尤其是在1909年期间。③ 至少在公开情况下,这种不满主要集中在课程问题上。选修制的人气在世纪之交达到顶峰,但此后其受人抨击的程度令人惊叹。到1905年,明显的反向运动已经开始——这一年,居于领先地位的大学进行的投票表明,人们对选修课程普遍不满。④ 当艾略特于1909年出了一本新书,阐明他在这个问题上众所周知的观点时,一位书评家注意到"这个国家的20所学院中有19所"正在抛弃选修课,并认为这本书标志着"一个时代的逝去"。⑤

因此,1909年前后普遍的教育讨论反映了要以某种形式重组本科学习课程的明确愿望。但是当人们试图探索这种普遍化背后的真相时,会发现相当程度的混乱,而非有序的模式。人们能听见很多声音,并非所有的声音都说着同样的事情,也并非所有意见一致的人都出于同样的理由。部分困扰是大型大学里的自由文化的倡

---

② 见 S. W. Williston, "Has the American College Failed to Fulfill Its Function?" N. E. A., *Proc.*, 1909, pp. 526—533, 包括他讲话之后的热烈讨论。注意尼古拉斯·默里·巴特勒对任何悲观主义倾向的蔑视,见 *Education Review*, XXXVII (1909), 431—432。巴特勒暗示,教育者应该看到光明的一面以恢复"自信"。

③ 见 Woodrow Wilson, "The Spirit of Learning," in Northup, *Representative Phi Beta Kappa Orations*, p. 466; Foster, "Our Democratic American Colleges," *The Nation*, LXXXVIII (1909), 324; Yale University, Annual Report, 1909, p. 3。像斯洛森的《伟大的美国大学》这样详细研究美国高等教育并且面向广大读者的作品,构思于1908至1909年间,以单行本的形式于1910年出版,这并不是偶然的。

④ W. G. Hale to W. R. Harper, Apr. 13, 1905 (UCP); J. H. Canfield, "Does Wide Election... Weaken Undergraduate Courses in Universities?" N. E. A., *Proc.*, 1905, pp. 494—501, 给出了投票结果。

⑤ F. A. Keppel, review of Eliot's *University Administration*, in *Educational Review*, XXXVII (1909), 95。

导者造成的,他们吹嘘"人文学科会再次获得尊重"。⑥ 有些困扰来自小型学院的校长们,他们利用这个机会再次推行他们理解的文化。更多的困扰源自呼吁回归他们自己那个年代的教育(或者说他们心目中的教育)的校友们,有时候这些人有相当大的影响力,能够倡议实际的学术政策。⑦ 他们的观点也通常倾向于自由文化,甚至有点倾向于智力训练。⑧ 最后,经常听到的一种呼声通常来自学术圈之外,偶尔也来自教授:对道德废弛和学生放荡胡闹的抗议,这种不满源自进步时代的良知。最后这种不满是对学院的一种抨击,而非内心质疑的一个方面,但是它在同一时期出现,极大地助长了火焰。学院的学生被指责为越来越懒惰,满身沾染恶习——应该迫使他们更努力地工作。应该净化整个校园,使其成为"近来席卷全国的使人耳目一新的伦理浪潮的一部分"。⑨ 这些抗议与提高学术机构"效率"的要求紧密相连,他们倾向于反对德国(模式),赞成恢复对学生更为家长式的监管(实际上,这种趋势几乎在各地都在发生,包括中西部的州立大学)。⑩

---

⑥ Vincent, "Education and Efficiency," U. N. Y., *Report*, 1902, p.291. 另见 Wenley, "Transition or What?" *Educational Review*, XXXIII (1907), esp. pp. 446—447, 及 Hugo Münsterberg, "The Educational Unrest," in *American Patriotism*, p.33; R. F. Butts, *The College Charts Its Course* (New York, 1939), pp. 269—274, 305。

⑦ 正是这种团体在 1909 年 5 月于纽约创建了高等教育协会。见 U. S. Com. Ed., *Report*, 1908—9, I, 93—94。这个组织的目标就是传播旧式学院的理念。

⑧ 例如,可见 John Corbin, "Harking Back to the Humanities," *Atlantic Monthly*, CI (1908), 482—490; C. F. Birdseye, *Individual Training in Our Colleges* (New York, 1907); H. D. Sedgwick, *The New American Type*; [Amherst College, Class of 1885], *The '85 Address, Together with Some Newspaper and Magazine Articles Discussing the Amherst Idea* (n. p., [1911?])。

⑨ 例如,可见 Charles Fordyce, "College Ethics," *Educational Review*, XXXVII (1909), esp. p.492; Paul Van Dyke, "Are We Spoiling Our Boys Who Have the Best Chances in Life?" *Scribner's Magazine*, XLVI (1909), 501—504。关于这个问题的总结,见 *Science*, XXIX (1909), 460, n. 1。

⑩ 见 Slosson, *Great American Universities*, pp. 193—195, 230; Curti and Carstensen, *Wisconsin*, II, 498—499。

重新评估的时期:1908—1910

对于在 1909 年达到顶峰的"争论"的内部因素,与其说是支持不同高等教育目标的人之间对问题的和谐讨论,不如说是对当时占主导地位或是刚刚成为主流的趋势的偶发性抗议:智力训练和德国模式,研究和(有时候)实用主义。即使在这里,更平庸的声音中也出现了奇怪的不和谐的声音。教育理念有时候被打破,重组为令人惊讶的新观念。于是,重视训练、勤奋工作与民主的呼声结合起来,反对势利和奢侈。而且,虽然在这个时期有些人比以往任何时候都更直接、更坚定地说智力训练是一个心理学神话,但是一位心理学家还是会抨击研究,并且呼吁回到他记忆中的小学院的氛围。⑪ 至少能看见一位重要人物在做着几乎是不可能的事情:以更完善的民主社会的名义抨击选修制。⑫

在 1909 年的困扰中,自由文化的理念扮演了重要角色,但是这种重要性并不像其支持者认为的或是哈佛发生的事件所表示的那么重要。确实,这个时期使以前曾持有其他观点的重要教育家产生了明显的"内心转变"。安德鲁·D.怀特退休之后于 1908 年写道:

> 现在,四十年之后,(高等教育的)问题与以前不同了……我们似乎是在"兜圈子",回到了老问题的反面……在很多思考者当中,确实广泛存在一种担心:在热切追逐这些新事物时,我们已经过于忽视一些宝贵的旧事物,在大学教育中曾经被归结在"文化"这个词下面的东西。

---

⑪ Lightner Witmer, "Are We Educating the Rising Generation?" *Educational Review*, XXXVII (1909), esp. pp. 456, 461, 465.

⑫ Abraham Flexner, *The American College: A Criticism* (New York, 1908), esp. pp. 37—39, 124—125, 128—129, 132—133, 136—138, 157—214, 229. 福勒克斯纳的主要观点是,应该从组织角度而不是从个人角度考虑"社会需要"。因此福勒克斯纳对选修制和强调研究的态度都抱有敌意,但是他也不真正赞成传统意义上的自由教育。另见 Abraham Flexner, "Adjusting the College to American Life," *Science*, XXIX (1909), esp. pp. 362—366, 371。

美国现代大学的崛起
The Emergence of the American University

几年来,我一直藐视对文化的谈论。我曾认为这主要是陈词滥调,也许有些部分现在仍然如此……(但是)我相信,不管我们另外做什么,我们必须……不仅要赋予男人和女人各种职业和业余生活所需要的技巧,还要……开发并使他们呈现出作为男人和女人最好的一面。⑬

怀特在这方面强调点的转变或多或少在戴维·斯塔·乔丹、威廉·詹姆斯、E.本杰明·安德鲁和其他人身上也发生了。甚至艾略特,虽然在很多方面他都坚定地反对新的潮流,但是他现在似乎也以一种他曾经不会赞成的方式把选修制与非职业学习联系起来。⑭

这种趋势说明,自由文化正在造成一定程度的影响。但是这一争论时期没有说出的话的重要性不亚于呼吁的明确内容。学术实用主义者和大多数信奉研究的人都保持沉默。他们占据了实力地位,加入争论对他们没有好处。讨论平息之后,他们仍在著名学院里保持了大部分权力。哈佛是在这次运动中赞成文化的势力唯一占领的重要堡垒。在评估这次论战中同样真实,也最为重要的是,对选修制的攻击绝不都代表对博雅教育的倡导。在表面上,这两者看起来是一致的,在私下就别有内情了。支持职业培训的势力开始意识到选修制对它们也有限制。有必要明确告诉未来的医生、律师、工程师,哪些本科课程可以给予他们进修所需要的学术背景。历史学家和心理学家也想建立对他们自己专业学科的连贯的介绍。选修课会导致过度分散,而且,从职业角度看,也会导致错误的准备

---

⑬ A. D. White, "Old and New University Problems," *Cornell Alumni News*, X (1908), 445—446.

⑭ Eliot, *University Administration*, p.146;另见 C. W. Eliot to T. D. Goodell, Nov. 30, 1906, Jan. 1, 1907 (CWE),艾略特暗示说他有新的愿望,想将本科学院作为独特的实体保留下来。

和时间的浪费。实际上,回顾过去,甚至可以说,在哈佛这样的地方,选修制已经代表了一种文化上的一知半解。⑮

也许在重新评估时期,讨论基本问题的最重要功能就是推出了一群更年轻的大学代言人。在 1910 年,内战之后一代人中的著名学者几乎都已经逝世或是退休。在很多现代人看来,替代他们的人似乎没那么重要。当艾略特发言时,所有人至少都在倾听。现在,能拥有这样普遍的听众的人中,似乎没有人能掌权。结果,虽然对这些问题的讨论越来越紧迫,这些问题本身却失去了焦点。⑯ 现在学术的 20 世纪已经来临,它焦虑却含糊地谈论着危机,具有让人看不清的观点逆流,以及通常未宣之于口的假定:教育发展的核心路线取决于制度因素而非智力因素。

尼古拉斯·默里·巴特勒追忆 19 世纪末的美国学术界时说:"那是一个伟大的时期。它应该有一个名字——但是什么名字呢?"⑰为这一时期命名并不那么容易,这一事实说明,1910 年之前几十年里典型存在的竞争性观点之间是对立的。总结这一时期的措辞本身就很混乱,不可能得出从未得到公认的一致意见。与其说存在一个学术共同体,倒不如说对于学术共同体有若干个不同的定义。学院和大学在进步时代面临着来自外界的批评,其代言人并未忠诚地团结起来迎接这些攻击,相反,他们利用这些批评添油加醋,加深了他们自己内部的党派斗争。

---

⑮ 见 J. H. Kirkland, "Higher Education in the United States of America," *Vanderbilt University Quarterly*, XIII (1913), 115—117; G. V. Seldes, "The Changing Temper at Harvard," *Forum*, LII (1914), 523, 527—528; V. W. Brooks, "Harvard and American Life," *Contemporary Review*, XCIV (1908), 618; Slosson, *Great American Universities*, p.425。

⑯ 见 Keppel's review of Eliot's *University Administration*, in *Educational Review*, XXXVII (1909), 96; Alvin Johnson, *Pioneer's Progress*, p.144—145。哥伦比亚的巴特勒说:"1905 年之后,每个人都明显感觉到了变化。"见 Butler, *Across the Busy Years*, I, 204。

⑰ *Ibid.*, I, 206。

美国现代大学的崛起
The Emergence of the American University

在学术共同体的几个定义中，以智力训练为核心的定义已经消亡，但却将其一部分遗留给了另外三个定义。到 1910 年，实用和研究形成了不稳定的结合，虽然在东海岸以外的大多数重要大学中占据了统治地位，但是却还是显得冷漠和官气十足，以至于一方面打击了教授们对于社会改革更热情的倡导，另一方面也打击了他们对纯研究的倡导。最后，文化从最近的几次胜利中感觉到了虚幻的兴奋，但是它在实际影响力方面远远滞后，而且很快就证明，它与上流社会传统的联系对它自身也是一种妨碍。

这样一来，对于现在已经探讨过其历史的四种主要学术观念，人们就可以描述其各自的特点了。然而，要简洁地讨论这些观点，使其形象化，就要赋予它们过多的权威，至少在 20 世纪的第二个十年开始时必须如此。要解释美国大学最初的动因，就必须要描述相互冲突的目的，而这种冲突还会继续影响大部分教职员的思想。然而，这种描述不能充分代表"那个"在同一时期迅速摆脱任何原则约束的大学。虽然 1865 年后的几十年里对抽象目标的描述甚至与 20 世纪后期的某些学术讨论都还有明显联系，这种描述越来越不符合整体局势的实际情况，因为随着时间的流逝，关于大学更高目标的讨论越来越流于形式。⑱

---

⑱ 因此，要了解将 20 世纪初学术目的的各种言论进行归类，却很不令人满意的尝试，可见 L. V. Koos and C. C. Crawford, "College Aims Past and Present," *School and Society*, XIV (1921), 499—509。当然，三种学术原则在美国大学界仍然有其忠心的倡导者。这些倡导者仍然希望，对教育方向的自觉意识能以某种方式对学术组织产生主要影响。在 19 世纪末的观点问题上，现代作品仍然明显具有派系。例如，1962 年，尼文思（Allan Nevins）在《美国的大学与民主》(*The State Universities and Democracy*) 一书中表现出热情的实用主义，而托马斯（Russell Thomas）在《公共课程研究》(*The Search for a Common Learning*) 一书中试图收集资料，赋予自由文化一个可行的定义。人们还会惊讶地发现对智力训练的捍卫，参见 Hofstadter, *Anti-intellectualism in American Life*, pp. 347—350; W. B. Kolesnik, *Mental Discipline in Modern Education* (1958)。很奇怪的是，近代以来，这些理念中似乎只有研究没有大规模的代言。

重新评估的时期:1908—1910

1880年之后的一段时间,学术发展的新的、更制度化的阶段可以说正在形成——实际上,在某些情况下,可以说热心得近乎天真。1900年前后的二十年在很多方面与之前进行了更散乱的以理论为核心的试验的四分之一世纪紧密相关。但是1890年左右,可以看到重大变化的迹象。大概在那年之后,大学在建设中表现出对财富和公共需求的信任,这种信任使人们可以忽视那些曾被认为是定义中不可或缺的因素(也许也确保了这种忽视的存在)。要从另一个角度研究世纪交替之时,年轻的美国大学在制度方面的蓬勃发展,就必须深入了解现在学术经历对于其大多数领袖人物的意义。

主要大学(除了克拉克、约翰·霍普金斯和斯坦福之外)在1890年之后的发展实际上是一个压倒性成功的传奇。它体现了一种新职业在全国范围内出现、地位得到巩固的过程(1910年,高等教育声称拥有四万教职员)。它颇具魅力地描述了努力不变为营利机构的公司的扩张过程。它揭示了学生生活的单纯而自制的世界,在此可以看到有特权的年轻人努力要逃脱通常很单调的生活环境,虽然这种努力经常徒劳无功。它还记载了一群新的学术管理人员,他们越来越脱离自己的下属,却获得了更多的权力和威信。正如我们所见,它还记录了为了某些更高尚的目标而利用学术机构的新体系的努力,这种努力并不总是像伍德罗·威尔逊那样遭到失败。1890年之后发生的重点的转变并不标志着学术圈的倒转,相反,它见证了一个组织的成熟过程,这个组织太强大,也太复杂,试图在其建立过程中起主导作用的几种思想根本不足以对它进行解释。

下 编

结构的代价：1890—1910

> 处理制度的人与处理思想的人有完全不同的定位。后者会坚持思想的自由，划分明确的范围；前者则必须接受能最直接用于支持和建设目的的材料。
>
> ——约翰·巴斯康姆，威斯康星大学校长
>
> 人们满怀信心地预测，这些[学术]捐款的结果必然会以三种方式之一呈现出来：或者扩大知识的接受面，这就要把大学建成巨大的讲堂；或者发展新的设备用于职业培训，这就要赋予学生技能，使其生活得更好；或者，最后，它们应该成为科学研究和发现的捐赠基地……这三种理想一个也没有实现。相反……所有学院——不管是新的还是旧的，不管是接受教会资助，或是政治资助，或是私人捐赠——都受环境所迫，发展成共同的形式，这种形式或多或少脱离了它们的创立者和管理者的希望。
>
> ——阿瑟·T.哈德利，耶鲁大学校长(1901)

第五章 新大学的模式

当年轻的经济学家爱德华·A.罗斯刚从柏林求学回来,于1891年1月第一次参加美国经济协会的会议时,他对自己的所见十分惊讶。他新选择的职业的领导们并不是"灰白胡子们",相反,他们像他自己一样,都是35岁以下的人。他以自己一贯的热情坦白说,这一景象给了他极大的刺激。① 似乎这个世界都为像罗斯这样的积极进取的年轻教授而刚刚重建了。他很快就毫无困难地在印第安纳州立大学获得一份职位,他在那里待了不到一年,就不得不在康奈尔和斯坦福的诱人提议中做出选择。他获得博士学位后两年,发现自己已经成了正教授,薪水也在一夜之间从两千五百美元跳到了三千五百美元。② 毫不奇怪,看到这一切,罗斯深受感动地说,自从1888年他离开这个国家,"教育战线"出现了突然的"繁荣"。他兴奋地报告说,大学校长也许一年能挣到一万美元,系主任能挣到七千。前途在他看来已经很慷慨,他带着一种令人兴奋的坦白向他的

---

① E. A. Ross to Mary D. Beach, Jan. 11, 1891 (EAR).
② Ross to Mrs. Beach, Apr. 21, 1892, Jan. 21, 1893 (EAR).

养母吹嘘说:"对我来说,丰厚的薪水的主要作用就是让别人相信一个人的成功。"③

19世纪90年代初的学术繁荣

罗斯所说的"繁荣"在某种程度上有非常具体的原因。1889年和1892年之间,克拉克大学、斯坦福大学和芝加哥大学迅速相继成立,每个都作为重要的基金资助机构而得以宣传,人们不能预见的是,三者当中只有芝加哥享有稳定的巨大财富。这些机构对教授的最初需要从下面吸收了人才,并全面提高了学术动机,尤其是因为哈佛和哥伦比亚在同一时期也有了相当大的扩张。

但是在更大的意义上,19世纪90年代初的新乐观主义反映出一个事实:美国大学史刚刚到达一个基本的转折点。1865年之后的二十年以来,改革过的学院作为卓著而勇敢的实验凸现出来。然后,除了一些没有希望的小学院以外,所有地方都在模仿它们最著名的两大革新,选修制和研究生院。在形式方面,可以说改革者(除了那些宣传自由文化的人)已经赢得了战斗。同时,美国高等教育在招生人数和慈善支持两方面都出现了非常重大的转机。在全国范围内,19世纪中叶以来的学院入学人数静止不动的状态结束了。1885年之后,主要学院的学生数量开始上升。④此后增长速度保持稳定,例如,1893至1896年的金融恐慌仅对其产生了些微影响。⑤

---

③ Ross to Mrs. Beach, June 7, 1892 (EAR).
④ Marx, "Some Trends in Higher Education," *Science*, XXIX (1909), 764—767.
⑤ 奥伯林、康奈尔和乡下的新英格兰学院似乎受到恐慌的严重打击,但是大多数规模较大的大学认为,如果有什么影响,招生人数只不过在一年左右出现略微下降,随后就会出现新的增长。见 ibid.; *Harvard Graduates' Magazine*, II (1893) 228—229, and III (1895), 544—545; University of Michigan, *President's Report*, 1894, p. 10 and 1895, p. 7。

第五章　新大学的模式

高等学习的新中心很受欢迎,这反过来又引发了私人赠品不断涌入以支持其发展,而且也带来了更多的可靠的议会拨款。大学的存在现在已经不再处于困境。即将在克拉克和斯坦福发生的类似的不幸事件是可以承受的,对整个学术共同体几乎没有任何影响:这确实是现在正在形成的安全保障。将来,每次转折时,欲望还会轻易地超过财力,但是人们再也没有怀疑过增长这一基本趋势。大学已经在美国的学院中取得了稳定地位。

　　人们也许会问,为什么会出现事态的新状态。理由既在于大学内部,也在于大学外部。1865—1890年间学术改革的成就使美国学术机构的环境更能吸引人定居。在这方面,学术增长表明,使这种增长出现的自觉努力已经取得了成功。然而,这些内部变化是否有效取决于更广泛的能为大学提供越来越多学生的力量。乔治·桑塔亚那发现,在19世纪后期,美国同时存在两种完全不同的群体,他对这两个群体的区分暗示了促进高等教育前进的更大的利益。他称其中之一为"上流的美国",东海岸传统的贵族社会,这个团体在宗教上控制了旧时的学院,而在非宗教上,通常又实行了内战之后的学术实验。桑塔亚那相信,这一部分整体上遭受着"近亲繁殖的恶果和活力的丧失"。在外部,"粗俗却至关重要的美国"越来越强大,对它造成了挑战,他们是没有显赫社会地位的人的后代。[6] 从第二个阶层(具有北欧血统的人)中出现了白手起家的人,他们为自己实际的精明头脑而感到自豪,但是也希望能宣告,通常是令人放心地模仿着传统思想,他们和他们的子女已经"抵达"。大约在1885至1890年间,相当多的来自"第二个美国"的人开始从他们的角度认为学术学位很有价值。结果,学位就呈现出新的意义。从前,它

---

[6] Santayana, *Character and Opinion*, pp.140—141.

暗示着一种几乎可以赋予社会地位的荣誉。现在,它标志着一个人父母的社会地位是可以改变的,而且标志着他们的后代也有进一步改变的希望。越来越多"正确的"人(来自"错误的"人中最有抱负的)进入学院。学位的魔力在杰克逊主义的影响下曾经失去了部分力量,现在它比以往更有魅力地再次宣告了自己的存在。

这一关键的变化为何发生在19世纪80和90年代后期呢?部分是因为19世纪70和80年代的学术领袖至少折中地转向迎合更粗俗、更关键的期望。此外,人们还可以做以下推测:就在这些年里,新的、出身不太体面的移民数量迅速增加,已经在美国社会立足的盎格鲁-撒克逊人也许已经面临一种新出现的迫切需要——要用某种明显标志将他们与那些社会地位更低的人区别开来。学位,尤其是不再要求学习希腊语或拉丁语的学位,可以成为这种诱人的标志——能给人深刻印象,非常有用,而且越来越被足够富裕、不需要十七八岁的儿子挣钱的家庭所接受。这样看来,学术学位就像是一份保单,防止出现社会地位的下降。

美国高等教育在这一时期新获得的影响力体现在仍对学术研究持敌对态度的商人的言论中。他们难以对付的表面下掩盖的是防御的姿态,这反过来又暗示了一种几乎是嫉妒的尊敬。例如,芝加哥的R.T.克兰(在劝年轻人不要进学院浪费时间时)有点虚张声势地宣称"金钱是全部[生活]的百分之七十五",但是他接着就自相矛盾地承认,学院能给予"社会身份和地位"。⑦ 实业家对学术事务的斥责表明,新兴的群体也敢于抨击比他们更有声望的人了。这样一来,人们就能理解查尔斯·R·弗林特(Charles R. Flint),一位著名

---

⑦ R. T. Crane, *The Utility of an Academic Education for Young Men Who Have To Earn Their Own Living and Who Expect To Pursue a Commercial Life* (Chicago, 1901), pp. 65—66.

第五章　新大学的模式

的工业创办人,所说的激烈的话了,他说正是为了农民、制造商和商人,"医生、律师和牧师才会存在的"。⑧ 同样令人惊讶的事实是,安德鲁·卡内基在强烈控诉了学术培训的无价值之后不久,就静悄悄地向深奥的克拉克大学捐赠了十万美元。吹嘘自己不需要学习的白手起家者很少有人愿意看到自己的子女长大后不具有学术学位所赋予的身份。正如1905年的尖刻评论所说:"尽管对学院有如此多的攻击,尽管对其实用性还有讽刺的质疑,它的声望还是在稳步提高。人们诋毁它,取笑它,同时——又把自己的儿子送进学院。"⑨

大约在发生广泛变化的同一时期——也许不完全同步——美国大学内部结构形成了,其主要方面在此后一直保持下来。这一特别结构的结果对20世纪美国学术生活的性质有深远影响。因此,它的突然出现,而且几乎在所有著名大学形式完全一致,需要更深入的思考。本书的剩余部分将分析这种结构变化带来的最初影响。

制度体系的迅速发展——有时候,例如在芝加哥大学,是先有制度然后再寻找合适的职员,更常见的赋予现有人员新的职责——对于试图对其进行解释的历史学家来说是奇怪的问题。大致说明采取一种制度安排和关系模式的原因通常很简单,但是最难办的是要努力将这些原因与能够说明变化的大量文献联系起来。也许正因为如此,我们才拥有很多启发性的关于19世纪后期美国学术革命的综合文章,基于不太具体的调查的文章,而另一方面,单个学院的局部历史,它们通常更依赖于档案资料,却很奇怪地回避了对更重

---

⑧　C. R. Flint, *Is a College Education Advisable as a Preparation for a Business Career?* (n. p. , 1900), p.12.

⑨　Calvin Thomas, "The New Program of Studies at Columbia College," *Educational Review*, XXIX (1905), 335. 这一问题的全面回顾,可见 I. G. Wyllie, "TheBusinessman Looks at Higher Learning," *Journal of Higher Education*, XXIII (1952), 295—300, 344。

要问题的解释。考虑到大多数校长通信的实际内容,对编年史的偏爱至少是可以理解的。因为人们也许会没完没了地阅读这些信件,却看不到对相关问题的明确解释。实际上,人们会发现这个或那个大学成立这个那个系部的日期,甚至还会发现关于某些新安排的明确细节的争论。但是涉及迅速出现的学术结构基本形式的讨论,能发现的直接证据太少了。最重要的假设不是由实行者说出的,这些设想中有很多很晚才出版——也许在它们嵌入制度模式十年之后——然后再由怨恨的批评家加以阐明。

  人们也许会想知道这些现象的原因,如校长权力越来越大,多种多样的官僚程序,系主任的新职责,拥有著名主任的学术系部的出现,以及精心策划的教职员等级制的创立。参与者自己也几乎总是回避这些问题。于是安吉尔校长在评论他领导时期密歇根大学的转变时,很随便地说:"我们的多样化习俗……是迫于特定的要求不太有系统地发展起来的。"[10]一种组织形式没有经过其创建者深思熟虑的商讨就形成了,而且表现出高度的一致性,以至于不能认为它是根据各种不同的地方性愿望或需要应运而生的。观察19世纪末领先大学的人所见到的,是一系列复杂而相当标准的关系在人们眼前突然出现——但是实际上当时的每个人都认为这些重要的选择是理所当然的。人们在新的组织形成时所表现出的无意识直接指出,在其发生过程中,占优势的是潜在的因素,而非明显的意图。因此,人们就受到指引,要从这一学术体系的运行方式反推出其出现的原因。

---

[10] J. B. Angell to N. M. Butler, May 21, 1904 (CUA).

第五章　新大学的模式

本科生的思想

在此我无法完整地描述新的学术模式。相反,下面只是试着关注刚刚成熟的学术团体内部一些关系最紧张之处,然后询问,在这些内部冲突的重要来源仍然存在的情况下,为什么学院还能成功地结合在一起并蓬勃发展。关系最激烈的两处所在是学生和教职员之间以及某些教职员和管理层之间。教职员处于这两种冲突的核心,但是,也许正因如此,从其他地方开始更为容易——考虑学生的观点和管理人员的态度。

从底部开始比较容易。学术团体最底层(除了清洁人员)的分离在统计数据中体现出来,例如在1900年,美国申请学士学位的有237592人,只有5668名研究生。这些数据说明,极其少数的本科生愿意把自己长期而深入地与学院工作联系起来。在这方面,本科生更像是现代的征募军队,而非忠诚的职业组织。

更进一步使用这种军事化比喻是很诱人的,因为它暗示了重要的部分事实。从某种观点看,大学存在的主要目的是让学生在他们父母赞成的环境中暂时接受监管。(毕竟,训练观对学术目标的定义说出了一个现实,至少在父母的期望方面如此。)因为在学生的松懈和处理学生的问题上通常不确定是该同情学生还是该同情自己的学术同辈,所以学术管理就面临着类似军事化的命令需要,而同时,它又没有战地军官的可靠约束力。结果就是面对不安分的本科生时表现出地方性的担心。对于这个按照规矩不能简单对待的群体,学术军官很少明确知道自己该怎么做。

由于学生的军队层面当然只能代表部分事实,问题就更加不确定了。在其他方面,学生这个词具有快乐、无须负责的含义,比教授或系主任要自由得多——他身处全世界最有特权的环境之一。要界定学生身份是困难的,这种困难具有不断的影响力,值得花力气从学生角度重新审视学院的情况。

对于19世纪末的大多数美国本科生来说,学院意味着幸福时光,美好的友谊,以及在所有形式之下,从学位中获得终生荣誉的期望。[11] 对于1900年的男孩和女孩来说,进了学院甚至就使他们跻身同龄美国人中仅占4%的精英队伍。几年前的一名观察者声称:"每位倾注精力以获得教育的年轻人都被认为是改善了自己的个人状况,或是保持了父母已经达到的状况。"[12]在说明学生的动机时,我们发现这一主题是最普遍的。并非每个人都会像告诉亨利·亚当斯的年轻人一样公开吹嘘:"在芝加哥,哈佛的学位对我就意味着金钱。"[13]但是1899年俄亥俄一位对自己的职业没有把握的学生在接受采访时揭示了人们通常的期望:

> "但是,"我说,"你可以从事农业或是找一份机械方面的工作,学会使用你的双手。"他说:"嗯,先生,事实是,从事农业会让我感到羞耻。人们认为学院教育适合职业生活,使我们超脱了手工劳动。这是蠢话,但是它确实存在,我也不喜欢我的同学S或另一个同学M十年之后成为法官,来问我:'喂,约翰逊,你的甘蓝怎么样,小猪的价格如何?'"我问他是否真的相信学院教育会导致那种分裂和对诚实劳动的嘲弄。他说:"嗯,你能数出我们的毕业生中有多少人从事农业,或是机械劳动,或是机械工业吗?"[14]

---

[11] 对这一时期学生生活更详细的分析,见作者未发表的论文,78—152页,163—179页。
[12] *The Academy*, IV (1889), 413.
[13] Henry Adams, *Education*, pp.205—206.
[14] E. P. Powell, "Is He Educated?" *Education*, XIX (1899), 295. 另见很能说明问题的学生民意测验, M. A. Brannon, "High Education and the Farm," *Educational Review*, XXXVIII (1909), 451—452。

第五章 新大学的模式

　　1902 年密歇根大学的调研显示,在那里的所有学生中,农夫的儿子通常是最希望成为律师或是医生的。⑮ 反过来,父母的志向通常也影响了学生自己的态度。⑯ 由于过分强调社会抱负,学生中出现了时尚和非时尚的明确分界线。因此,观察者发现,在 1910 年的所有学院中都存在"两个阶级:一个是受到本科生赞许的,他们有经济能力,可以享受幸福时光,有闲暇获得体育和其他令人羡慕的奖品;另一个阶级则出于完全的绝望而更认真地对待教师、书本和争论。每个阶级终生都遵循相同的惯例"。⑰ 尼古拉斯·默里·巴特勒甚至主张按照英国方式授予"通过"学位以坦率地否定这种分化。⑱ 很明显,几乎没有学生,也许也没有很多父母,是有意识地根据学院的学术理念来进行选择的。⑲

　　回顾过去,世纪交替时的本科生似乎非常相似:他们都有着盎

---

⑮　R. N. Ellsworth, "Tables and Charts Showing the Occupations of the Fathers of the Students in the University of Michigan, November, 1902," *Table* VII (JBA).

⑯　见 H. B. Mitchell, "A New System of Honor Courses in Columbia," *Educational Review*, XL (1910), 218; G. P. Baker, "The Winter Quarter," *Harvard Graduates' Magazine*. XII (1904), 405。1891 年,哈佛的学生中,只有 11% 的父亲是哈佛的毕业生,只有 15% 的父亲进过学院; Harvard, *Annual Report*, 1890—1891, p. 37。

⑰　R. E. Pfeiffer to Woodrow Wilson, May 11, 1910 (WWLC). 另见 E. M. Hopkins, "Social Life at Princeton," *Lippincott's Monthly Magazine*, XXXI (1887), 681; A. S. Pier, *The Story of Harvard* (Boston, 1913), pp. 216—217。

⑱　见 N. M. Butler, "The Education of the Neglected Rich," *Educational Review*, XXXIV (1907), 400; N. M. Butler, "A New Method of Admission to College," *ibid*., XXXVIII (1909), 170—171。

⑲　在选择进入一所特定学院的时候,父亲对其母校的忠诚(如果他上过大学的话)凌驾于其他因素之上。否则学费和位置也许就是最重要的因素——东部 46 所学院中超过五分之二的学生来自校园方圆 25 英里内的地方,1868 年和 1893 年都是如此。Talcott Williams, *The Future of the College* (n. p., [1894?]), pp. 4—5。几年后,社会声望甚至橄榄球队的成功都有相当的分量。1897 年的一次民意测验表明,斯坦福 109 名来自东部的学生中,30% 说他们是受到加利福尼亚气候的吸引而来,16% 是被学院的声望所吸引,14% 是由于选修制,12% 是因为想看看加利福尼亚,还有 10% 是因为学费低。只有 8% 说他们是受到教授声望的吸引,只有 4% 觉得自己是被"大学的理念"打动了。D. S. Jordan, "Why Do Eastern Students Come to Stanford University," unidentified clipping in the Bancroft Library, University of California.

格鲁-撒克逊的名字,有着苍白的、刚刚洗干净的脸。然而,对于生活于当时的人们来说,将1900年的学生与1850年的学生相比,更值得注意的是逐渐出现的多样化标志。19世纪80年代中叶之后,在哈佛就能感受到"新的、民主的"因素的存在。东部的城市大学开始吸引少量的天主教徒和犹太人,极其偶然的情况下还有几位黑人。[20]富有的工业巨头的儿子们也构成了同样很新奇显眼但是拥有更多特权的少数派。另一种新现象是女性学生,因其数量众多而且不断增加而引人注目。虽然她们在康奈尔和密歇根这些地方最初遭到相当大的反对,但奇怪的是她们迅速就被接受为这里的一分子(除了东部沿海地区)。到1900年,女性已经占到美国学院学生的40%,这一比例在以后的变化也不甚明显。女生大量涌入文科教育,以至她们在"文化"课程的绝对优势引起了管理者的警觉。有段时间,在密歇根、斯坦福和芝加哥这类学院中,几乎没有男生主修人文学科。[21]显然,女性很快就适应了,这种自在是少数民族在1900年之后很久才感到的。

世纪末学院学生的思想状态反映了普遍的中产阶级出身,他们父母的志向以及他们自己很自觉的享受青春乐趣的愿望。本科生性情的典型特点是对抽象思维和教室工作一般有着强烈的抗拒,具有实用性、浪漫、活泼的特点,另一个特点是他们被动地接受来自非学术社会整体的道德、政治和宗教价值观。

与几十年后相比,1900年对其教授的思想有着热切兴趣的学生

---

[20] 对于1879年宾夕法尼亚大学第一位黑人学生的反应,见 Cyrus Adler, *I Have Considered the Days* (Philadelphia, 1941), p.30。287—288页更详细地讨论了东部高等教育的种族问题。

[21] Curti and Carstensen, *Wisconsin*, I, 660; University of Michigan, *President's Report*, 1893, p.11, and 1900, p.4, and 1905, p.4; Herrick, *Chimes*, pp.57—58; Slosson, *Great American Universities*, pp.132—133.

第五章　新大学的模式

数量要少得多,1900 年的学生通常在自己不严肃的态度上表现得更为好战。全美国寝室和兄弟会的墙上所悬挂的箴言恰如其分地总结了常见的精神状态:"不要让学习妨碍了教育。"

每年六月,康奈尔的新生会举行仪式,兴高采烈地将书本投入熊熊的火焰。在更时尚的大学,一门课程取得"C","绅士的分数",以上的成绩通常是"可鄙的"。据报道,在威尔逊之前的普林斯顿,"有些懒散的学生很少带书去教室"。1903 年,一般的哈佛学生在课堂之外每周只花 14 个小时学习。19 世纪 90 年代末的一位耶鲁人吹嘘说,他在耶鲁的最后两年除了上课之外,每天学习的时间不超过 15 分钟。如果学生自己读书,很可能就在读柯蒂斯的作品。[22] 这个时期大学生虚构的故事坦率地揭示了普遍的态度:康奈尔一名新生因为成绩差而被除名,他的故事强调了与同学分离的伤心,但是重要的是它没有提到任何其他的悔恨。[23] 学生的期望可以恰当地用商业语言表达出来:

> 学生仅仅把教授的[学习]课程看作学分。他被迫用时间去购买获得学位必须的学分数。有时候他发现了一件便宜货,被称为高薪的轻松活儿,于是他很高兴,然而,对于他可以很便宜地买到学分的老师,他又很鄙视。另一方面……当他发现自己选了一门需要付出比平常多的学习的课程,他就觉得自己被

---

[22] Ibid., pp. 77, 500; R. L. Duffus, *The Innocents at Cedro*; *A Memoir of Thorstein Veblen and Some Others* (New York, 1944), p. 38, n. 5; *Above Cayuga's Waters* (Ithaca, 1916), p. 73; Foster, "The Gentleman's Grade," *Educational Review*, XXIII (1907), 386; C. N. J., "Pres. Report," Feb. 10, 1887, p. 1; Thwing, "Should College Students Study?" *North American Review*, CLXXX (1905), 230—231; C. F. Thwing, "The Small College and the Large," *Forum*, XXXII (1901), 322.

[23] J. G. Sanderson, *Cornell Stories* (New York, 1898), pp. 199—200.

出卖了……那个教授是个小气鬼,他卖学分的价格太高。㉔

学生拒绝为了学习而学习,这与他们的社会志向有密切关系。"在分数和等级面前,一文不名的冒险家和富人子弟是平等的。因此,在具有明显社会差别的学院社会,学问不能成为争取荣誉和名声的令人满意的竞技场。"㉕在社会观点看来最不可取的学生恰恰是学术上最有积极性的学生。这样,也许就存在强大的约束力,使人们无法承认学问的名誉。更坦白一点,不愿意与多数人作对的愿望也进一步强化了学生对学术问题的冷淡。要参加这个游戏,一个人就绝对不能表现出学习的样子,有文章提到,当学生觉得必须完成指定功课的时候,他们就会躲起来。极少数认真对待学习的学生被同龄人看作有些不忠诚,或至少是怪异的。威廉·里昂·菲尔普斯注意到,当有人在课堂上"热切地主动提出独立的建议"时,周围的耶鲁人脸上就会露出微笑。㉖ 不成文的规则确实允许在不让别人看到自己努力的情况下轻松地获得学术奖励。这表明一种策略。哈佛的一位年轻人对此评论说:"对一门课了解太多使考试变得单调乏味,但是……当存在不确定性时,战斗就有点娱乐性了,到底是你会压倒试卷还是试卷会压倒你,就让人很兴奋。"㉗这个时期最迷人的小说,欧文·威斯特(Owen Wister)的短篇小说《第四原理》,恰好就是围绕这一主题的。两个富有的哈佛本科生放下了为春考复习的沉闷任务,愉快地到五月的乡村去闲逛,后来他们雇佣了一个"埋

㉔ G. C. Cook, "The Third American Sex," *Forum*, L (1912), 447.

㉕ R. S. Bourne, "The College: An Undergraduate View," *Atlantic Monthly*, CVIII (1911), 668.

㉖ J. L. Williams, *The Adventures of a Freshman* (New York, 1899), p.159; Canby, *Alma Mater*, pp.89—90; C. K. Field and W. H. Irwin, *Stanford Stories* (New York, 1900), p.119; Phelps, *Teaching in School and College*, pp.103—104.

㉗ W. K. Post, *Harvard Stories* (New York, 1893), p.231.

第五章 新大学的模式

头苦读的学生"当家庭教师,然后,纯属偶然,他们的最终成绩超过了他们的家庭老师。故事结局的胜利具有深层含义,它揭示了当时本科生理想的一个基本事实。

19世纪后期的大学生通常可以被描述为"无忧无虑的大男孩,他们首先迫切地想'过得愉快',他们逃避工作,以任何可能的方式欺骗他们的导师"。独处时,这样的学生宁可谈论体育、女人、本地事件,有时候谈论教授们的私人癖好。晚上,他开玩笑,讲故事,玩惠斯特纸牌,在班卓琴的伴奏下唱歌。万一抽象概念来干扰,他就会"不自在地转换话题,做出软弱无力的回答……直到我们真正感兴趣的东西再次出现,再次沉浸在大学闲聊无忧无虑的大海里"。㉘当然,本科生的思想中也有更深的暗流。通常他们对外面的世界所理解的成功有着炽烈的渴望。正如哈佛的布里格斯主任所评论的:"社会志向是很多学生大学生活中最强大的力量,与这种力量相比,忽视它的教师的所有规定和威胁都无能为力,这种力量剥夺了学生的独立性,使他们做出愚蠢或是更糟糕的事情,并因此自毁前程。"㉙通向社会成功的道路通常要求积极参与"正确的",也就是有影响力的,校园组织和活动。(例如在耶鲁,一个人应该成为橄榄球队的管理者,当球员意味着接受次要的角色。)甚至弹奏班卓琴的夜晚也可以成为"评估"熟人和产生忠诚的场合,它们的存在暗示着,校园里并不仅仅只有冷漠这一种情绪。

除了积极的志向,学生的思想还有两个典型特征:坦率的实用性和浪漫的乡愁。这个时期的学生高度重视坦白,重视直达事物的

㉘ Bagg, *Four Years at Yale*, p. 697; *Above Cayuga's Waters*, p. 94; West, "The Spirit and Ideals of Princeton," *Educational Review*, VIII (1894), 324; G. R. Wallace, *Princeton Sketches* (New York, 1894), p. 157 Canby, *Alma Mater*, p. 44.

㉙ Briggs, *Routin and Ideals*, p. 202.

核心。(在这方面,他也许会抗拒很多教授委婉而迂腐的唯心主义。)威廉·格雷厄姆·萨姆纳在耶鲁很受欢迎,其秘诀很大程度上就在于他声称要说出生活的"真实"面貌和人们行为的"真实"原因。他的格言生动活泼,通常因为它们坦率地说出了上流社会忽视或是只会在私下提及的事实。(东印度公司的荷兰人和我们的清教徒祖先做了很多祷告,凭借偷窃而致富了。)㉚ 听别人说出这样的话也许会带来一种几乎是淘气的震撼感。但是本科生对坦白的尊敬在基本原则上更单纯,它与对虚伪和欺骗,尤其是同伴之间的虚伪和欺骗的蔑视有关。㉛ 将这种品质称为诚实不足以界定其含义,因为同样这批学生可能在教室作弊而毫不内疚。㉜ 它是一种对坦率的关系的追求,主要针对一个人自己团队的成员,但是热情地包含了少数符合条件的教授(及其他非成员)。在这个意义上,它是对团结的需要的一个方面。

有时候,学生的情绪由朴实的现实主义转向同一枚硬币的反面,即多愁善感的状态。哈佛的一名校友在19世纪90年代断言,学院生活是"浪漫的",因为"以一般标准衡量,它是不自然的,异乎寻常……大学生一般无须为金钱担心,也无须承担家庭责任,而且在一定范围内只受自己的约束"。㉝ 然而,通常引发学生空想的不是大学生活相对的自由状态,而仍然是其群居的方面。学生在共同度过了四年之后,就像共同参战的士兵一样珍惜感情。每年秋天返回

㉚ Keller, *Reminiscences . . . of Sumner*, pp. 21, 50.

㉛ 见 Barrett Wendell, "The Harvard Undergraduate," *Harvard Monthly*, VIII (1889), 2—3, 9—10; Wendell, "Social Life at Harvard," *Lippincott's Monthly Magazine*, XXXIX (1887), 160; R. Spencer, "Social Life at Cornell," *ibid.*, XXIX (1887), 1007。

㉜ 威廉·里昂·费尔普斯谈到一个学生,他在高尔夫球场上跟费尔普斯无话不谈,坦诚相见,但是不久便发现这个学生上交的论文是别人代写的。Phelps, *Teaching in Schools and College*, pp. 91—92.

㉝ L. M. Garrison, "Social Life at American Colleges," *Outlook*, L (1894), 256—257.

第五章　新大学的模式

熟悉的环境也进一步唤起了不成熟的怀旧情绪。这些主题,以及浪漫的爱情,都在世纪交替时本科生所写的大量短篇小说中得以表现。㉞ 实际上,在大多数拥有学位的人的思想中,高等教育给予他们的最强烈的印象就是对共同拥有的社会经历的温暖回忆。

19世纪80、90年代体育运动的兴起引人注目,这似乎证实了,无论是什么使浪漫的品质与现实的努力结合起来,它都具有强大的力量。㉟ 橄榄球场的战略是直接、有形而且"真实"的,然而运动为梦想、传奇以及英雄崇拜提供了宣泄渠道。"大型游戏"直接迎合了学生对忠诚的强烈渴望,一种使他不假思索地将自己的身份融入球队身份的欲望。团结的狂热粗暴地践踏任何导致麻烦的障碍——例如,1899年加利福尼亚大学的队长为了参加一场重要的球赛,故意违反了教师的限制,而且毫不后悔;威斯康星的学生射伤了一位同伴的脚,因为他拒绝支持球队。㊱ 因为(在其设定的规则的表象之下)橄榄球具有令人愉悦的无理性,也因为它注重实用才能而非抽象才能,所以橄榄球声称自己象征了学生的性情,一度扬言要使美国大学的目标变成用一句简短的话就能表达。

橄榄球越来越将学生勃勃生气的多种可能的表达形式汇成一个主要的发泄途径。内战之前,骚乱、狂欢和"捣乱"是学生的传统行为,内战之后不久的几十年里仍然如此,但是频率和热情都下降了。1880年左右,本科生的日常生活呈现出更文明更自制的特点,但是教室里仍然弥漫着中小学的气氛,尤其是在东海岸。教室里会

㉞ 典型的例子可见 Arthur Ketchum, P. H. Truman, and H. R. Conger, *Williams Sketches* (Williamstown, 1898), esp. pp. 8, 16, 111—128。

㉟ 叙述这一时期橄榄球兴起的富有洞察力的文章,见 Rudolph, *The American College and University*, pp. 373—393。

㊱ J. R. Whipple to the Faculty of the University of California, Dec. 7, 1899 (BIW); Curti and Carstensen, *Wisconsin*, II, 533.

很吵闹,学生公开挑衅教师,当年轻的导师转身面向黑板时,学生也许会向他投掷豆子、纸团和点燃的鞭炮。哥伦比亚大学流行有节奏的跺脚、集体的呻吟和嘲讽的大笑。在19世纪90年代的普林斯顿,50名学生偷偷地将同样数目的闹钟带进报告厅,让它们在一个小时中此起彼伏地闹响。㉗ 世纪交替之后,斯坦福、密歇根和其他学院爆发了新的骚乱,通常是在管理层扬言要干涉学生享有的"幸福生活"的某个方面时。到1900年,捉弄新生的情况已经减少了,但是没有完全消失,如果捉弄的目标是不受欢迎的人:教授的儿子或是百万富翁太势利的儿子,可能还会很严重。㉘ 看到这一切,一位怀旧的耶鲁校友想到了19世纪60年代,哀叹说:"沉闷的现代日子是更有道德了,但是它们还像以前那样有趣或多彩吗?"㉙ 随着学生变得更守规矩,他们也变得有点更驯服,但是1910年的这代本科生很少有被称为"沉默的一代"的危险。

在哥伦比亚的一位社会学家看来,19时机末的大学生似乎仍然生活在"游戏世界"中。G.斯坦利·霍尔对学生进行了详尽的心理学研究,他同样宣称,学生表现出相当程度的"心理幼稚或彻底的幼儿性"。霍尔列举了学生戏剧中模仿幼儿的对话、儿童黑话、大学俚语和歌曲中无意义的音节,以及耶鲁的大四学生喜欢玩弹珠和铁环的事实。㊵ 东部男子学院的一些观察者对本科生中的女性化迹象很

㉗ Alvin Johnson, *Pioneer's Progress*, pp. 151—152; J. W. Alexander, *Princeton—Old and New* (New York, 1898), pp. 42—43; Villard, *Fighting Years*, pp. 98—99.

㉘ 见 A. G. Bowden-Smith, *An English Student's Wander-Year in America* (London, 1910), pp. 43—44。

㉙ J. S. Wood, *College Days*: *Or Harry's Career at Yale* (New York, 1894), p. 81.

㊵ F. H. Giddings, "Student Life in New York," *Columbia University Quarterly*, III, (1900), 3; G. S. Hall, "Student Customs," in American Antiquarian Society, *Proceedings*, 1900—1901, pp. 85—88, 91.

第五章 新大学的模式

担心。㊶ 所有这些现象都指向一个事实,即学生生存于一个人造世界,远离了成人世界的责任。与同伴的关系对他有所磨砺,但是他还来不及成为社会普遍认可的"男人",毕业之后立刻要谋生的现实就给了他当头一棒。因此,根据学生的一般行为判断,大学的正式工作,尤其是非专业性工作,仍然与成熟的基本过程无关——虽然19世纪70年代之后,课程设置已经发生了很多变化。在这个意义上,倡导自由文化的人试图通过课堂学习促进"博学"几乎是不切实际的——大多数时候,它仅仅是不使其削弱。除了临近考试的痛苦时刻,一般来说,大学仍然是延长的童年的欢乐岛。

无论是逃避主义还是实际的现实主义,都使学生在政治和宗教领域呈现出明显而且越来越严重的冷漠化倾向。早在19世纪60年代后期,赖曼·H. 拜格(Lyman H. Bagg)对自己同辈的耶鲁人的描述就为几十年后的很多学院奠定了基调:

> 现在[南方重建时期],学生对政治事务几乎不感兴趣,它们也很少成为谈话的主题。当人们真的讨论这些问题时也是谈笑式的,半开玩笑半认真的。人们对一个人的政治观点不感兴趣,就像对他的家庭和住址不感兴趣一样,与后者一样,政治观点也不会在任何方面对他[在学院]的地位有所影响。一个高谈阔论地捍卫这个或那个政党,或是某个"主义"的人被其他人看作是珍稀动物,"最有趣的"就是用与他直接对立的观点"引诱他滔滔不绝地畅谈"。比起拒绝承认忠实于任何政党的人,政党党员的人数也许更少。㊷

㊶ Ibid., pp. 91—92; Garman, *Letters*, pp. 389—397, 491; Slosson, *Great American Universities*, p. 309.

㊷ Bagg, *Four Years at Yale*, pp. 521—522.

1886年,草市爆炸案仅仅几个月之后,哈佛的一位学生社论撰稿人就说缺乏政治兴奋的原因在于这是一个平静的时代。㊸ 随着进步时代的来临,个人事务压倒政治事务的情况甚至变得更为明显。1905年,人们评论说,学院的报刊不仅品位低下,而且态度暧昧,在重大事件上没有清楚的立场。到了1910年,提及各种"主义"仍然让学生露出厌烦的表情。㊹

大多数学生满足于接受与有助于商业或专业前途的政党之间的被动联系。在全美国(当然,南方除外),大学生对共和党表现出压倒性的偏爱。中西部接受政府赠地的学院和东海岸都是如此。虽然在格罗夫·克利夫兰时代有些哈佛人意志摇摆,有脱离共和党的倾向,但是1896年威廉·吉宁斯·布莱恩的出现使他们大为惊恐,回归了共和党阵营。㊺ 共和党在中西部的最大对手不是民主党,而是禁酒党(有的源自轻率,有的源自信仰)。㊻ 虽然温和的进步党主义在一些大学圈子里最终站住了脚,但是对平民党和其他更左翼运动的支持极其罕见。㊼ 传统的爱国主义几乎是普遍的。

㊸ Editorial in *Harvard Monthly*, III (1886), 123.

㊹ Curti and Carstensen, *Wisconsin*, I, 680—681; E. D. Ross, *Democracy's College*, p. 151; G. P. Baker, "The Mind of the Undergraduate," *Educational Review*, XXX (1905), 193—194; Slosson, *Great American Universities*, p. 502.

㊺ 见 E. D. Ross, *Democracy's College*, pp. 149—150; Curti and Carstensen, *Wisconsin*, 1268—1269, 421; Willis Rudy, *The College of the City of New York: A History, 1847—1947* (New York, 1949), p. 174; Elliot, *Stanford*, p. 335. 1860至1892年间对哈佛学生政治倾向的统计调查,见 F. G. Caffey, "Harvard's Political Preferences since 1860," *Harvard Graduates' Magazine*, I (1893), 407—415。1908年,哈佛的大四学生自称如下:308名共和党人;40名民主党人;13名无党派人士;2名脱离共和党分子;2名社会党人;18人无政治倾向;24人未做出回应。"The Typical Undergraduate," *ibid.*, XVII (1909), 647.

㊻ 1892年在芝加哥大学的一项民意调查中,禁酒党获得164票,共和党151票,民主党52票,人民党3票,社会党1票。T. W. Goodspeed, *A History of the University of Chicago* (Chicago, 1916), p. 256.

㊼ 威斯康星在1900年进行的民意调查显示,支持德布斯的只有两人,而支持禁酒党的则有22人。Curti and Carstensen, *Wisconsin*, I, 681—682.

第五章　新大学的模式

学生的宗教观与其政治反应类似。记录表明，信念的强度在减弱，学生接受信仰通常基于其普及程度。19世纪中叶大学中存在的虔诚在19世纪70年代中期曾有最后一次复苏，随即就在领军大学中消亡了，虽然在新英格兰的乡下它到19世纪80年代仍存在，而在内布拉斯加和遥远的南方等地区则一直延续到20世纪。在其他地方，学生开始接受新的"自由的"领导人，如弗朗西斯·G.皮博迪（Francis G. Peabody）和菲利普斯·布鲁克斯（Philips Brooks）等人的影响。在世俗化的过程中，哈佛起到了领军作用——1878年，在哈佛只有五分之一的学生是信仰福音的天主教徒，而在普林斯顿，估计仍高达五分之三，阿姆赫斯特则是五分之四。[48] 1881年的投票显示，哈佛的学生中有七分之五的家庭已经不再进行日常祈祷。（郊区生活是一个原因，父亲不得不搭乘早班车去城市。）[49]宗教虔诚的衰退很快就传播开来：在19世纪70年代后期的威斯康星，五百名学生中只有30人定期参加自愿的礼拜仪式，到1885年，这些礼拜仪式由于参加人数太少而不再举行。[50] 到19世纪90年代，本科生中仍然存在的这种宗教热情很可能仿效新的动态而变为社会的社区计划。当进步时代来临时，像纽黑文等校园也出现了"出城度周末"的潮流，使大学堂区的礼拜参与人数急剧快速下降。1901年，哈佛的牧师不得不恳求说，教会必须变通以迎合学生，而不是相反。他补充说："现代正常的态度严肃的年轻人不太谈论宗教。"[51]

毫不奇怪，在新的环境中无神论也衰落了。明显的怀疑和热情

---

[48] *New England Journal of Education*, VIII (1878), 129.

[49] Harvard, *Annual Report*, 1880—1881, pp.18—19.

[50] Curti and Carstensen, *Wisconsin*, I, 410.

[51] *American Educational Monthly*, XXIX (1908), 566; F. G. Peabody, "The Religion of a College Student," *Forum*, XXXI (1901), 442, 451.

的虔诚源自同样的终极关注。因此,无神论更可能出现在内布拉斯加而非剑桥,更可能出现在19世纪70年代而非世纪交替之后。19世纪70年代,耶鲁有相当多的学生大胆地接触无神论,虽然更多的是出于对同学的忠诚而非出于个人信念——换而言之,出于时尚的反叛精神。然而,一位校友在回忆时表明了正在形成的耶鲁态度:“从个人来说,那时候我对宗教的兴趣不足以使我成为怀疑论者。”(52)如果大规模的大学对宗教思想真的有任何影响的话,那只是造成了一种漫不经心的无信仰,强硬而激烈地脱离宗教的情况反而是在小学院出现的。(53) 1881年在哈佛进行的学生宗教观调查显示,在972份回馈中,只有26名不可知论者,7名无神论者;1908年在哈佛大四学生中进行的另一次调查表明,自上次调查以来,积极的怀疑的比例有了明显下降。(54)

大学生总是默默地倾向共和党,同样,他们也与伴随自己成长的可敬的宗教团体保持着适度的联系。1881年哈佛的调查发现,圣公会教徒、一位论教徒和公理会教徒占有很大数量,而1908年的调查则发现,第一类人数有所增加,而后两类则减少了——但是再没

(52) 见校友于1899年12月和1900年1月写给H. P. 赖特(H. P. Wright)的一系列启迪性信件(Yale MSS),讨论他们对19世纪70年代学生生活的回忆。另见Alvin Johnson, *Pioneer's Progress*, p. 89; Grant Showerman, "Eastern Education thru[*sic*] Western Eyes," *Educational Review*, XXX (1905), 486—487。

(53) Bacom, "Atheism in Colleges," *North American Review*, CXXXII (1881), 36.

(54) 1908年,408名接受调查的学生中只有9名无神论者、不可知论者或理性主义者。*Popular Science Monthly*, XIX (1881), 266; *Harvard Graduates' Magazine*, XVII (1909), 646—649.

第五章 新大学的模式

有更令人惊讶的事情。[55] 1882 年密歇根的类似调查显示,受欢迎的教派(循道宗、公理会和长老会的)教徒占有很大比例,其后是少数福音派新教派和罗马天主教徒。[56] 宗教领袖不太清楚该怎么对待世纪末这种漫不经心的忠诚。他们中的乐观者声称,学院的祷告"仍然恰如其分、热情十足,虽然做祷告的人在站起来祷告时也许会先把网球拍放在一边"。[57] 亨利·冯·戴克代表了不那么乐观的人,他在 1903 年哀悼说:"即使是无神论也胜过在没有赞美、没有良好效果、没有个人祈祷的状态下存在的死亡而枯萎的宗教。"[58] 乔治·桑塔亚那以其特有的公正尖锐地揭露了本科生对所有"信仰"问题的倾向:"对于政治和宗教这些高级问题,他们思想开放却头脑糊涂;他们似乎认为这些问题没有实际重要性;他们默许人们在这些问题上持有任何他们喜欢的观点;他们完全不知道欧洲学生中常见的预测政治、哲学和艺术时表现出的自如和强烈的热情。"[59]

---

[55] 1881 年的调查表明,哈佛的 972 名本科生中有:圣公会教徒 275 人;一位论者 214 人;公理会教徒 173 人;浸礼会教徒 42 人;罗马天主教徒 33 人;长老会教徒 27 人;斯韦登博格信徒 20 人;信普救说者 18 人;卫理公会教徒 16 人;犹太教徒 10 人;基督教徒、公谊会教徒、荷兰新教徒各 2 人;路德教徒和"中国人"各一人。此外,有 97 人声称自己"不属于任何教派";6 人未记录。这次调查既包括了法律学校,也包括了学院。1908 年对 408 名哈佛大四学生的调查显示:圣公会教徒 121 人;一位论者 65 人;公理会教徒 52 人;罗马天主 31 人;犹太教徒 23 人;长老会教徒 15 人;浸礼会教徒 13 人;信普救说者 8 人;卫理公会教徒 7 人;基督教精神疗法者 3 人;路德教徒、基督教徒、荷兰新教徒和佛教徒各 2 人。此外,一人自称为"自由主义者",9 人没有倾向,41 人未做回答,而有两人称自己是"有神论者"。还要加上约 54 名怀疑论者。1908 年参加礼拜的情况如下:定期,8 人;经常,33 人;偶尔,275 人;从不,71 人;21 人未做回答。

[56] 密歇根大学接受调查的 95 名学生中,17 人认为自己是怀疑论者或无神论者,对早期进行了反思。J. E. Robison to J. B. Angell, May 6, 1882 (JBA).

[57] W. M. Barbour, "Religion in Yale University," *New Englander and Yale Review*, XLV (1886), 1044.

[58] Henry van Dyke, "To a Young Friend Going Away from Home To Get an Education," *Educational Review*, XXVI (1903), 220—221. 另见 C. J. Galpin and R. H. Edwards (eds.), *Church Work in State Universities, 1909—1910* (Madison, 1910) esp. pp. 23—29。

[59] Santayana, *Character and Opinion*, p.49.

美国现代大学的崛起
The Emergence of the American University

矛盾的是,随着大学规模的扩大,对纯个人事务的强调也随之增长,因为学生越来越分隔成小团体。除了在橄榄球场上,他们开始将自己与自己的朋友圈,而不是全体学生等同起来。大规模的热情更多地变成一种责任而非自发。斯坦福成立之后七八年就出现了可见的变化。[60] 随着学生组织变得越来越官僚化,规则就抑制了冲动。甚至耶鲁在这方面也出现了变化——教室"捣乱"被仪式化了,定时定点根据规则举行,而回到 19 世纪 60 年代,这些事件曾经是"出自冲动不可预见的","可能在任何时间任何地点发生"。制造传统本身可能都成为一种自觉的人为过程。[61] 这些趋势都标志着一种生活风格,在这种风格下,对一般思想和事务的定义都变得极为温和,除了偶尔或正式场合,可以对其忽略不计。

基于其本科生的状况,19 世纪末至少可以辨别出三种主要类型的学术机构:(1) 同质的东部学院,有其内在的凝聚力,严格与周围的美国社会相隔离。这一类型的学院有普林斯顿、耶鲁、早期的哥伦比亚和大多数新英格兰的小学院。(2) 异质的东部大学,其全体学生中含有各种不一致的因素,反映了整个地区的社会结构,虽然是以一种头重脚轻的方式。宾夕法尼亚、后期的哥伦比亚以及最重要的哈佛都带有这种标志。(3) 异质的西部大学,与它们的东部对手一样,它们更好地反映了西部的社会,但是由于西部社会具有较

---

[60] *The First Year at Stanford* (Stanford University, Calif., 1905), p. 66. 另见 H. D. Sheldon, *Student Life and Customs* (New York, 1901), pp. 200—201; A. F. Weber, "The Decline of College Enthusiasm," *Cornell Magazine*, VI (1894), 175—177。

[61] H. A. Beers, *The Ways of Yale in the Consulship of Plancus* (New York, 1895), p. 12; Goodspeed, *Chicago*, p. 266。

第五章 新大学的模式

少的多样性,所以它们事实上表现出较少的内部差异。[62]

对相同的具体的大学传统和禁忌的需求为同质的东部学院提供了必要的激情。各地的学生中都存在这样的强大内部压力。但是耶鲁激发了漫游记者爱德文·E. 施罗森(Edwin E. Slosson)对"一种因果循环,它从大学的一代人传给依据前辈的形象塑造自己的下一代"进行了沉思。[63] 还是鲍德文,新英格兰一所小学院的校长海德在1904年抱怨说:"大学生活过于群居化了。人们太亲密而经常地聚集在一起,以至有变得过于相似的危险……对体育的同样狂热,同样的闲聊水平,对政治和宗教的同样态度,总是像瘟疫一样从群体传染给个人,取代了独立的反应。"[64]在同质的东部学院,外部世界的冲击很小。正如桑塔亚那对耶鲁的描写:

> [学生的]家庭和早年的朋友都在远方。新的影响很快就完全控制了他,在他的思想和行为上烙上学院不容混淆的印记。暂时,学院的理想就是他唯一的理想,学院的成功就是他唯一的成功。耶鲁人……不像哈佛人那样经常保持对其家庭、社会和学术标准的潜在的忠诚,凭借这种忠诚,他允许自己批评或是鄙视学院的英雄。[65]

这样的学院环境要求每个学生都具有专一的忠诚。一位观察者甚至怀疑"在大西洋海岸的某些大学毕业生心中,对州,对国家,

---

[62] 南方的学院似乎类似东部的同质型院校,至少在更古老的南方如此。中西部和西部的教派学院构成特别类型,但是差不多是东部的同质与中西部异质的折中。例如,见 R. K. Richardson, "Yale of the West'—a Study of Academic Sectionalism," *Wisconsin Magazine of History*, XXXVI (1953), 258—261, 280—283。

[63] Slosson, *Great American Universities*, pp. 34, 58.

[64] W. D. Hyde, "The College," *Educational Review*, XXVIII (1904), 474.

[65] George Santayana, "A Glimpse of Yale," *Harvard Monthly*, XV (1892), 92.

或者对这两者的热爱是否会像对母校的热爱一样强烈"。⑥⑥ 这种倾向经常得到校方的鼓励而非批评。1903 年阿姆赫斯特的一位领导宣称:"忠心是学生的美德——对学院或大学的忠心。在任何方面出色的人必须为了学院的光荣去跑步、划船、打球、唱歌、写作、辩论。一个不愿意显露才华的学生是不忠的。他必须为他的学院、班级、兄弟会做出牺牲。不久之后,他就会成为一名良好的公民,一个爱国者。"⑥⑦极权主义体制的这些观点强有力地提醒人们,有才能的人仅仅保持沉默就是一种罪过。

对学院的忠心是 19 世纪后期新兴的激情,它也许替代了过去曾大量用于重建工作的精力而成为焦点。威廉·吉威特·塔克通过举办"达特茅斯之夜"尽力灌输这种新精神,他回忆说,在早些时候,学生更随意地从一所学院换到另一所学院。⑥⑧ 区域性的偏见变得极为普遍,甚至对研究生也有影响。1890 年,极少有耶鲁人会到哈佛进行任何科目的深造(除法学和医学以外),以至于艾略特校长询问威廉·里昂·费尔普斯这样做的动机是什么。直到 1910 年,学者的流动还明显被保守观念所阻止,这使那些相信学问是一个不可分割的共同体的人很不高兴。⑥⑨

耶鲁和普林斯顿为同质的学生群体提供了最清楚的例证。正是因为它们的学生完全相同,这些学院的代言人才喜欢声称,他们当中存在近乎完美的"民主"。但是,正如约翰·科宾在 1906 年评

---

⑥⑥ R. H. Jesse, "Impressions of German Universities," *Educational Review*, XXXII (1906), 438.

⑥⑦ George Harris, in N. E. A., *Proc.*, 1903, p.518.

⑥⑧ Tucker, *My Generation*, pp.32—33.

⑥⑨ Phelps, *Autobiography*, pp.264, 268, 270, 275; A. A. U., *Journal*, 1900, pp.25—31 (esp. p.26 and n. 1), and 1902, pp.39—49; R. C. Maclaurin, "Darwin at an American University," *Atlantic Monthly*, CVIII (1911), 195—196.

论的:“[这种]有组织的民主的结果就是对个人品位和行为施加了苛刻、通常很专横的限制。在普林斯顿,这些限制甚至比在耶鲁更严厉,因为学院规模较小,也更团结。”(70)安德鲁·F.韦斯特主任用同样的语气吹嘘说,在普林斯顿度过四年之后的主要结果就是消除了“个人的怪癖、自负、羞怯,而这些要么是幼稚的,要么是早熟的,要么是不正当的”。(71) 在韦斯特管理的学院,二年级学生不允许新生卷起裤脚、穿有颜色的袜子或是棕褐色的皮鞋,在公共场所抽烟,或是践踏学院的草地。不循规蹈矩的人通常会受到嘲弄而变得温顺,如果不行,更暴力的行为可能就会接踵而至。小派系就在这种环境下形成了,在世纪末之前,这些派系都很不稳定,通常基于某些领导人有魅力的个性(72),但是随着饮食俱乐部的壮大,它们变得更正式,也更固定了。

在耶鲁,学生人数更多,宗教虔诚消失得更早,秘密社团体系使整个校园有段时间都处于特别紧张的状态。1901 年,丹尼尔·柯伊特·吉尔曼很有洞察力地宣称:“耶鲁的精神,一种神秘而微妙的影响,就是蜂群的精神——聪明,勤奋,有序,顺从,共享,为他人而不是为自己生活,在最大的服务中获得最大的幸福。”(73)从某个角度看,耶鲁确实是“民主的”。其学生中极少存在“对出身、州或政治观点”的偏见。(74) 一个人一旦接受了共同体的传统价值观,就绝不需要再

(70) John Corbin, *Which College for the Boy? Leading Types in American Education* (Boston, 1908), p. 18.

(71) West, “The American College,” in Butler, *Monographs on Education in the United States*, I, 235.

(72) E. M. Hopkins, “Social Life at Princeton,” *Lippincott's Monthly Magazine*, XXXIX (1887), 681.

(73) Gilman, *The Launching of a University*, p. 191.

(74) Bagg, *Four Years at Yale*, p. 521; Santayana, “A Glimpse of Yale,” *Harvard Monthly*, XV (1892), 94.

把自己看作"局外人"。处于这些价值观上层的,就是对个人毕业班级的忠心。费尔普斯回忆自己的学生时代时说:"怎么夸大班级精神的强烈程度都不过分。我们想到学院的任何人都会想到他在班级的学号,总是会说彼得86号,或多吉特85号。"[75]公共观点自己融入了一种无所不包的亚文化群,凭借其特有的术语和俚语得以强化而又与世隔绝。[76]正如纽黑文的一位主任在1911年评论的:"对于因其自私的考虑而见识有限的人来说,大学不是一个适宜的地方。"一切都是为了"制造某种类型的人而安排的"。[77]

耶鲁对同质的解释强调了争夺权力和地位的斗争,其激烈程度独一无二。竞争领导权成为"爱国"行为。丁克·斯多佛(Dink Stover)在19世纪90年代到达耶鲁,他很快就发现,乡村俱乐部的享乐主义——远逊于任何浅薄的唯美主义——处境不佳。相反,正确玩游戏要求严厉的自律;这种行为导致"持续的紧张,使任何人的内心都无法安宁"。回报则是成功,即可以中选进入高级阶层。会确保成功的品质包括身体上的忍耐力,肢体冲突状况下头脑的机敏,以及人际关系中恰如其分的冷淡自制。[78]入选进入社会阶层为持久的商业和社会关系提供了保障,但是人们也许会质疑,志向远大的耶

---

[75] W. L. Phelps's, "The College Undergraduate Then and Now," p. 2 (WLP). 另见 A. E. Jenks, "Social Life at Yale," *Lippincott's Monthly Magazine*, XL (1887), 292—293, 这种关系的一则轶事,见 Canby, *Alma Mater*, pp. 27—28。

[76] 这些俚语有长达七页的列表,见 Bagg, *Four Years at Yale*, pp. 42—49。

[77] H. P. Wright, *From School through College*, p. 116. 另见 Santayana, "A Glimpse of Yale," *Harvard Monthly*, XV (1892), 95。

[78] Owen Johnson, *Stover at Yale* (New York, 1912), esp. pp. 8, 22, 25—26, 79, 95; Canby, *Alma Mater*, pp. 40—41; L. S. Welch and Walter Camp, *Yale: Her Campus, Class-Rooms, and Athletics* (Boston, 1899); p. xvii; Wood, *College Days*, p. 313; A. T. Hadley in C. E. Norton et al., *Four American Universities*, pp. 80, 83; H. S. Canby, *College Sons and College Fathers* (New York, 1915), pp. 1—25; Richard Holbrook, *Boys and Men; A Story of Life at Yale* (New York, 1900), pp. 27, 54。

第五章 新大学的模式

鲁人是否真的如此有远见。社会阶层本身经常作为目标而受到人们的崇拜。

耶鲁和普林斯顿的生活虽然由于学院状况不同而形式各异,却都成为对美国社会地位爬升的奇妙模仿。(一位校友评论说:"社会失败在耶鲁的意义如此深远,以至于每年的很多毕业生在离开纽黑文之后就再也不回来了。")[79]斯多佛系列的作者称耶鲁是"民主商业线上的一个大型工厂"。[80] 事实上,耶鲁和普林斯顿都是一党制的区域,情感是其唯一的主宰。由于出身或性格而不能被容纳的异己分子就看到了同质"民主"的边界。

> 我到普林斯顿之前[一位大三的学生于1907年写道],关于普林斯顿的民主我听说了很多,但是我来了之后不久就发现,一般来说,民主……仅适用于运动员……要创建一个好的俱乐部,一个人……持有的想法不能太超前于或是不同于总体学生的一般想法,否则他的社会志向就将永远消失。简而言之,他必须时刻保持警惕,注意自己的行为,以便与创建俱乐部所必需的平稳、单调、亲切、顺从的行为和思想保持完全的一致。[81]

在普林斯顿,犹太血统的学生也许觉得不可能获得认同,不管他的行为是多么顺从。当这样一个学生受到欺负时,他最初不会把这次事件与反犹太主义联系起来,但是当他发现自己受到系统化的排斥,他的天真就开始消失了。两年之后,他从普林斯顿转学到宾

---

[79] Corbin, *Which College for the Boy*, p. 25.
[80] Owen Johnson, *Stover at Yale*, pp. 385—386.
[81] B. B. Chambers to Woodrow Wilson, Nov. 19, 1907 (WWLC).

夕法尼亚,发现了一个完全不同的舒适的氛围。㉘ 种族偏见不限于犹太人,也针对中国人。㉚ 这些就是虽然经常反映了周围社会品位,却不能公开谈论的学生同质性的结果。

在东部其他一些院校,事情就完全不同了。宾夕法尼亚大学对乘公交车上下班的人、移民和社会名流都一视同仁地表示欢迎——据说它拥有"街车的民主"。㉛ 哈佛为学生团体的异质性提供了最佳例证。1909 年,有人说:"哈佛的思想是多样化的。哈佛的学生来自世界各地,在各种条件下被录取,受到最多样化的培训。"哈佛欢迎黑人和做出特别努力以吸引来自中国的学生的政策在普林斯顿是不可想象的。正因如此,南方人一般都回避哈佛,而它则从中大西洋各州和太平洋海岸以及新英格兰北部招收了大批学生。㉜ 到 1893 年,波士顿天主教徒的人数已经多到足以形成自己的俱乐部,俄国人和波兰犹太人也在 1906 年组织了类似的学生社团。来自公立学校的哈佛学生比例一直稳定在全体学生的四分之一到三分之一之间。㉝ 毫无疑问,哈佛的多样性也付出了一定的代价:新英格兰人反对这种开明精神,他们在 1903 年之后抛弃了哈佛,转向规模较小的学院,很难相信,洛威尔对艾略特统治政策的不满与这种趋势无关。

查尔斯·W. 艾略特认为选修制是刻意培养个性的方法。(另

㉘ L. M. Levy to Woodrow Wilson, n. d. [1907] (WWLC)。一位校友代表进入耶鲁的一位犹太学生请求威尔逊谨慎地进行干预,说:"你和我都知道冷漠地对待犹太人[在学生中]是一种时尚,仅仅因为他是个犹太人。" J. R. Wright to Woodrow Wilson, Sept. 16, 1904 (WWLC)。

㉚ 见 H. P. Beach to L. H. Miller, Nov. 17, 1909 (WWLC)。普林斯顿在"二战"之前是不接受黑人学生的。

㉛ Slosson, *Great American Universities*, pp. 361—363.

㉜ Ibid., pp. 104—105. 耶鲁在中西部的情况比哈佛好。

㉝ Morison, *Three Centuries of Harvard*, pp. 416—417; Harvard, *Annual Report*, 1899—1900, p. 7.

第五章　新大学的模式

一方面,耶鲁坚持更为预设性的课程,部分是因为共同的经历能促进团队的团结。)范·威克·布鲁克斯(Van Wyck Brooks)相信,哈佛已经达到了"比其他任何美国大学……都要明显的个人主义……例如,文学学生在任何地方都不能像在这里一样专攻文学,因为学院对哈佛人放任自由,并给予他一切机会,甚至鼓励他发展非常独特的性格"。[87]

虽然管理层提倡多样性和个性,哈佛的学生中仍然存在大量"俱乐部式的"小派系。施加于这些学生身上的传统压力与耶鲁的相似,但是重点不在于积极的成就而在于教养和背景的恰当展示。[88]俱乐部保持了良好声誉,经过挑选获准进入的人很少会拒绝这种荣誉。[89]当威廉·詹姆斯在1903年考虑这个问题时,正是哈佛生活的"俱乐部"方面给他留下了深刻印象。[90]

哈佛的多样性不仅导致松散和个人主义,也导致了相当露骨的内部阶层化。学生花费的变动范围反映了人群的多样性。1887年一年花费450美元到650美元之间的人数与每年花费超过1200美元的人几乎一样多。一个人花了400美元,另一个则花了4000。[91]对于花得起钱的人来说,哈佛的生活变得越来越奢侈。乔治·赫伯特·帕默被迫在1887年警告说:"当你遇见一个穷孩子,不要轻率

---

[87] V. W. Brooks, "Harvard and American Life," *Contemporary Review*, XCIV (1908), 612. 另见 George Santayana, "The Spirit and Ideals of Harvard University," *Educational Review*, VII (1894), 321—324。

[88] Brooks, "Harvard and American Life," *Contemporary Review*, XCIV (1908), 612; C. M. Flandrau, *Harvard Episodes* (Boston, 1897), pp. 261—262; Morison, *Three Centuries of Harvard*, pp. 420—422. 布里格斯院长认为他看到耶鲁以成就为导向的价值观出现了变化,Harvard, *Annual Report*, 1898—1899, p. 118; B. S. 赫尔巴特也这样认为, *ibid*., 1908—1909, pp. 115—118。

[89] G. B. Hill, *Harvard College, by an Oxonian* (New York, 1906), p. 178.

[90] William James, *Memories and Studies* (New York, 1911), pp. 348—349.

[91] G. H. Palmer, *Expenses at Harvard* (Cambridge, Mass., 1887), p. 7.

地鼓励他进哈佛。"大约每20个学生中就有一个"不务正业",他们花钱大手大脚,对其他所有人都很势利,并以臭名昭著的警察搜捕为乐,因而引起人们的关注。⑫ 19世纪90年代,富裕的学生搬出了校园,住在被称为"黄金海岸"的豪华私人住宅区,从而将自己与其他学生隔离开来。在哈佛,一个人无须单独与一群人作对,但是正是其本科生中公然的财富和地位悬殊使人"心里冒火"。一位校友回忆说:

> 自从我对学院有所了解,学生生活最糟糕的特点就是对琐屑的社会身份一本正经而斤斤计较的重视。上帝知道,我受够了这一点,回忆带来的羞辱使我现在更加憎恶它了。[在哈佛]人们得到重视通常不是因为他们聪明、慷慨、快乐、勇敢,或英俊、强壮,也不是因为他们的头或肺或肚子或腿,而是因为他们"符合要求"。⑬

然而,哈佛的个人主义在面临这些威胁其存在的情况时并未消亡。在艾略特统治时期,财富和异类似乎一直共存而没有发生猛烈的摩擦。实际上,这些年哈佛的氛围培养出一批新的令人惊叹的"知识分子",而绝不是扼杀了精神生活。约翰·里德(John Reed),拉道夫·S.伯恩(Randolph S. Bourne),哈罗德·E.斯塔恩斯(Harold E. Stearns),范·威克·布鲁克斯,赫伯特·克罗利(Herbert Croly),沃尔特·李普曼(Walter Lippmann),以及另一方面,年龄较大的乔治·桑塔亚那和约翰·杰伊·查普曼(John Jay Chapman)都证明,

---

⑫ *Ibid.*, pp.5—6, 11; Aleck Quest, "The Fast Set at Harvard University," *North American Review*, CXLVII (1888), 542—553. 另见 Wendell, "Social Life at Harvard," *Lippincott's Monthly Magazine*, XXXIX (1887), 159—160, and C. W. Eliot to C. C. Beamen, Dec. 16, 1889 (CWE)。

⑬ J. C. Gray to C. W. Eliot, Dec. 25, 1891 (CWE). 同类型的另一篇生动描写,见 L. P. Smith, *Unforgotten Years* (London, 1938), p.103。

第五章 新大学的模式

有思想的学生不知为何至少部分"属于"哈佛。温和的文学玩世不恭主义变得非常深入人心,几乎成了既定秩序的一部分。在其最具天赋的几位毕业生看来,哈佛确实似乎是一个相当孤独的地方,但是里德这样回忆他 1906 至 1910 年在那里逗留的情况:

> 我们班有各种奇怪的人,他们来自各个种族,拥有各种思想,有诗人、哲学家、有种种怪癖的人……那么多优秀人物不能进入[贵族的]排外团体,因此,和大多数学院不同,不是"俱乐部成员"没什么可耻的。所谓的"学院精神"并不强大,人们也不谴责那些不参加橄榄球比赛或是为比赛欢呼的人……不管你是什么样的人或做些什么——在哈佛你都能找到自己的同类。[94]

然而,一些不健康的现象损害了这幅画面。奖学金越来越稀缺。[95] 不喜欢"怪人"和"外人"的人在哈佛的管理层中逐渐获得了更大的权力。哈佛来之不易的异质性面临危险。

除了哈佛,知识分子的怪癖只有在创建之初的斯坦福才作为显著的本科生现象被记录下来。位于帕罗奥的这所学院最初欢迎来自各种经济背景和预科成绩的有进取心的学生。1902 年被拆除之前,一组被称为"营地"的小木屋成为模仿布鲁克农场的流浪者的住所,据报道,一直到 1909 年,一个讨论小组都会每隔一周在周日晚上

---

[94] John Reed, "Almost Thirty," *New Republic*, LXXXVI (1936), 332—333. 另见 R. S. Bourne, "College Life To-Day," *North American Review*, CXCVI (1912), esp. p. 371; Lovett, *All Our Years*, pp. 34, 41.

[95] 1899 年之前,如果贫穷的学生各科平均为 B 就足够获得奖学金援助。但是随着招生数增加,资金减少了,现在差不多要求各科平均为 A。L. B. R. Briggs to C. W. Eliot, Aug. 15, Sept. 9, 1899 (CWE).

聚会,探讨神知学和社会主义。⑯ 但是斯坦福的另类分子缺乏其哈佛对手的天赋,而且随着其原有的开拓精神的丧失,帕罗奥的氛围也越来越不欢迎他们了。

异质本身并不足以引发学术骚动。要使它发生,不仅要让具有不同财富和性情的学生在相当宽容的环境中共同生活,还必须让另类分子从至少部分同辈和年长者那里获得激励和支持。这种独特的组合,主要是19世纪中叶新英格兰改革传统的残余,是哈佛独有的。

西部的大学没有完全效仿两种东部模式的任何一种。更宽松的入学政策确保其学生的基本结构是异质的而非内聚的。与其东部的对手相比,世纪交替的中西部和远西部的学院仍然不那么世故,在这个意义上,也许更"民主"。⑰ 极端富有或贫穷的情况较少;差别更经常地在于来自农场的学生和来自城镇或城市的学生之间。1902年密歇根对学生父亲职业的调查显示,30%是实业家(包括商人和制造商),22%是农夫,17%从事非学术的世俗职业(例如,法律、医学、工程技术或药房),而只有5.21%是技工、工匠或有技术的劳动者。⑱ 因此,即使是在国家较年轻的部分,大学也没有准确反映周围的人口组成。

---

⑯ 对于斯坦福异类的描写,见 Duffus, *The Innocents at Cedro*; Elliott, *Stanford*, pp. 209—215; Slosson, *Great American Universities*, p. 137。

⑰ 见 W. R. Harper, *The Trend in Higher Education*(Chicago, 1905), pp. 141—146; Showernab, "Eastern Education thru [*sic*] Western Eyes," *Educational Review*, XXX (1905), 480—484, 487; J. M. Barker, *Colleges in America*, pp. 172—173; Santayana, *Letters*, p. 96。

⑱ 这些父亲中只有3.3%是牧师,2.16%是教师或教授。给出的所有比例总计80%;剩下的学生的父亲已经退休或是去世了,或者没有报告父亲的职业。也许后者来自非技术工人家庭,这一项在特定统计中被刻意忽视了。R. N. Ellsworth's "Tables and Charts Showing the Occupations of the Fathers of the Students in the University of Michigan, November, 1902," Table VI (JBA)。

第五章　新大学的模式

阿勒格尼山脉以西的学生模模糊糊却又迫切地感受到构成才干的要素,在这种感觉的驱使下,他们更热情地试图模仿大西洋沿岸的传统。他们提倡学院和班级的"精神",虽然赢得的关注不像在耶鲁和普林斯顿那样专一。他们引入了在新英格兰区已经很强大的兄弟会,并将其转变成某种傲慢而经常引起纠纷的组织。当然,兄弟会不是西部特有的。但是在阿姆赫斯特这类学院,有四分之三的学生加入了兄弟会,它们就很容易被人忽视,因此比起从全校五分之一到四分之一的学生中挑选其成员的西部院校,就那么引人注意了。[99] 到1910年,"有闲阶级"逐渐成为西部大学"可观的因素"。俄亥俄和威斯康星的显赫家庭通常仍然把儿子送进耶鲁,但是他们身后地位不太显赫的人群具有强烈的社会抱负。[100] 即使是内布拉斯加大学也在布莱恩第一次竞选失败十年之后在表面上发生了显著改变。阿尔文·约翰逊(Alvin Johnson)回忆说:"显然,我所知道的那类学生再也不存在了,尤其是某个为了节省几美元的火车票而从洛普市步行150英里,带着受伤的脚踝进入大学的学生。学生都很富有,都有自行车,而且到处都有人开着'鸣笛马车',一种载着一群欢笑的男孩女孩到附近的森林的原始汽车。"[101]

兄弟会迎合了新兴的富人,给他们一种可靠的排他感。在众多成年人受到吸引加入各种团体的年代和地区,它培养了"社团的参与者"。它为找乐子的人营建了防御堡垒,使他们可以置学院的正统价值观于不顾——康奈尔、斯坦福和伯克利的研究都表明,兄弟

---

[99] Sheldon, *Student Life and Customs*, p. 227.

[100] Slosson, *Great American Universities*, p. 193; "An Athenian," "Our State University," *Atlantic Monthly*, LXXXIX (1902), 538; Curti and Carstensen, *Wisconsin*, I, 661; Dorothy Canfield, *The Bent Twig* (New York, 1915).

[101] Alvin John, *Pioneer's Progress*, p. 170.

会成员的成绩明显低于平均水平。[102] 它成为有利于将来生活成功的因循守旧的期望的滋生地。（因此，在康奈尔一个"随俗的"兄弟会所，"如果被说服的新生是个运动员，那么谈论运动，'校队'的汗衫随意扔得满屋都是。如果这个人有宗教倾向，就演奏赞美诗，尽量不说'脏话'。如果他偏爱啤酒和女歌舞团员，就把啤酒和女歌舞团员放在他面前。他最细微的愿望和爱好都被考虑到了——直到他同意加入"。）[103]最后，大学兄弟会助长了学生政治活动的活力和猛烈性，部分是因为它本身的控制成为主要问题。

实际上，学生群体异质性的标志之一就是其内部政治式的界限分明的分裂。哈佛在某种程度上如此，而中西部的州立大学里这种情况则远为突出。在同质的学生群体中——耶鲁或普林斯顿——紧张的形式是在争夺领导权的斗争中以个人形式表现出来的，或者成为仪式化的不同年级的班级之间无伤大雅的冲突；相反，在异质的院校中，这样的冲突是公开的，类似于整体的美国政治局势。区别通常在于希腊人和野蛮人之间。在密歇根、威斯康星、印第安纳和斯坦福，学生政治在这一基础上出现了相当固定的两党制——由于参加兄弟会的少数人组织得更好，所以情况稳定和谐。[104] 在其他院校，反兄弟会联盟就没这么稳定。[105] 但是在任何地方，这些竞争都

---

[102] Sheldon, *Student Life and Customs*, p. 222—223; Leland Stanford Junior University, *Annual Report of the President of the University*, 1911, p. 5; Slosson, *Great American Univeriseties*, pp. 127—128; J. G. Schurman, "Fraternities and Societies: Their Work and Place," *Cornell Alumni News*, XII (1910), 341—342.

[103] J. G. Sanderson, "The Wooing of Melville R. Corydon," *Cornell Stories*, pp. 9—10.

[104] 密歇根出现了特别重要的趋势：象征性的分界仍然是希腊人和野蛮人之间的对立，但是学生的实际关系现在跨越了这些标签，它们仅仅是作为两个可变的对立组织的虚衔而存在。这样一来，密歇根的两党制与美国社会最为近似。E. M. Farrand, *History of the University of Michigan* (Ann Arbor, 1885), p. 284.

[105] 见 Sheldon, *Student Life and Customs*, p. 226。

彻底采用了美国选举的常见手段。1892年康奈尔的一名学生抗议说:"实际上,康奈尔学生的才能中没有哪一项是不能买卖的。"作者继续描述了一个"来自大多数主要兄弟会的人组成的"竞选社团。这个社团很乐意在投票时充数,购买或是交换选票。其对手是由独立的个人组成的,它从来不在账目上做假,但是"同样不择手段,而且在收买投票人方面……一般也同样成功"。[106]但是至少可以说学生竞争的异质性代表了两党式的学院"民主"。

这个时期美国学生世界的特点源自其周围成人社会的价值观,但是却以反差强烈的方式在不同校园形成。在有内聚力的东部学院,外面世界的影响是隐蔽的,隐藏在苛求而严密的次文化的表象之下,主要反映在强烈的社会抱负上。在异质的大学,这种影响是公然的,既有社会的也有政治的,更直接地与"真实生活"的起伏相关。

学生和教师之间的鸿沟

19世纪末,本科生与其教授之间的隔阂极深,完全可以称之为"可怕的深渊"。[107]对于学生和导师来说,学术经历的含义大相径庭,在极大程度上,他们的思想仅仅在暂时、偶尔的压力下才相互吻合。这一事实一方面潜伏于所有校友的怀旧情绪中,另一方面潜伏于所有谈论学术目的的热情的演讲中。伍德罗·威尔逊意识到这种状况,他曾宣称:"学院的工作,其教室和实验室的工作,已经成为其生

---

[106] C. J. Shearn, "Corruption in College Politics," *Cornell Magazine*, V (1892), 84—85. 另见 *ibid*., pp. 177—180, and Spencer, "Social Life at Cornell," *Lippincott's Monthly Magazine*, XXXIX (1887), 1003。

[107] R. E. Pfeiffer to Woodrow Wilson, May 11, 1910 (WWLC)。

活中仅仅是形式和义务的一面,而且……每十个上大学的人中就有九个把很多打着'本科生活动'旗号的其他事情,看作是必不可少的、自发的、迷人的现实。"[108]爱德文·E. 斯洛森在1909年对这种情况进行了调研,他断言:"如果问到我们大型学院的主要缺点是什么,几乎每个教育者……都会[回答]说是导师和学生之间私人关系的丧失。"[109]

似乎威尔逊和斯洛森都没有意识到,这种私人关系在过去很少存在,19世纪中叶最少。如果有什么区别的话,教和被教之间的障碍在训练式学院的时代要高得多——那时候它表现为骚乱,向教授家里扔石头,以及一位教授实施的至少两次谋杀。[110]在1866年的迪金森学院,"学生把教师看作是必须存在的邪恶物种,而教师对待学生就像他们是无法避免的麻烦"。[111]选修制的出现在一定程度上缓和了紧张状态,但是它并未像其倡导者所希望的那样从根本上改变这个问题。目标与价值观相分离的情况仍然存在,现在被彬彬有礼的外表所掩盖了。巴雷特·温德尔在学术上很宽容,他评论说:"很多学生似乎在智力上无法与我们相配,就像近视眼看不见小星星,色盲看不见铁路信号灯。"[112]在斯坦福,虽然师生在最初几年同甘共苦,有了紧密联系,但是这两个群体越来越疏远,直到在所谓的烈酒叛乱中发生了公开的挑衅和大规模的停学。即使在以非同寻常的合作氛围而自豪的约翰·霍普金斯,学生和教师都参加的社交宴会

---

[108] Woodrow Wilson, "What Is a College For?" *Scribner's Magazine*, XLVI (1909), 574.

[109] Slosson, *Great American Universities*, p. 76.

[110] Schmidt, *The Old-Time College President*, pp. 83—86.

[111] C. W. Super, "Contributions to the History of American Teaching," *Educational Review*, XXXIX (1910), 59; 另见 C. F. Adams, *Autobiography*, p. 35; Bliss Perry, *And Gladly Teach*, p. 65; Jacob Cooper, "The Student in American Colleges," *New Englander*, XXXVII (1878), 614。

[112] Howe, *Wendell*, p. 75.

第五章 新大学的模式

也只持续了十年就开始崩溃了。威廉·里昂·费尔普斯回忆了19世纪90年代早期耶鲁沉闷的场景,当时"几乎所有教师都穿着黑色的衣服,长袍外套,高高的衣领;他们在教室里的态度冰冷而拘谨;[而且]幽默通常是不存在的,除非偶尔对一个迟钝的学生进行讽刺"。"很有可能每周三个小时地上同一门课,一年之后,"费尔普斯补充说,"还是对讲桌后面那个人的个性没有一点点了解。"[113]1893年,瓦萨尔大学的校长泰勒从教师的角度评论说:"人们有时候不得不认为,学生仅仅被看作理想体系的扰乱者,是没有他们就会很舒适的生活的不安因素。"[114]哈佛的教师与学生世界的现实如此脱节,以至于他们相信本科生用于学习的时间是被证实的实际的两倍。[115]

最能揭示学生和教师之间的交流严重失败的,是他们缺乏对幽默的共识。查尔斯·R.范·海斯在担任威斯康星大学的校长后不久就出现了一次重大的失言。在一次公共纪念日中,他开玩笑地建议说,应该宣布一个没有作业、没有考试也没有其他惯常的负担的节日。使他很懊恼的是,学生把他草率的话当真了,于是在海斯宣布考试当然没有真的暂缓之后,学生感觉自己受了骗而理所当然感到很愤怒。在学生看来,测试是象征着异类的学术世界,它们令人讨厌,拿它们来开玩笑是不可想象的。另一方面,教授和管理者也不理解学生对他们自己认真努力的诙谐态度。当芝加哥大学的哈珀校长得知学生在准备一出模仿研讨会的滑稽剧时,他并不觉得有趣。[116]有一则关于哈佛的故事说,一群无忧无虑的学生纯粹出于开

---

[113] Phelps, *Autobiography*, pp. 281—282.
[114] Taylor, *The Neglect of the Student*, p. 1.
[115] Slosson, *Great American Universities*, p. 19. 1897年生动描写学生和教师之间鸿沟的虚构文章,见短篇小说,"Dead Issue," in Flandrau, *Harvard Episodes*, pp. 249—296.
[116] Curti and Carstensen, *Wisconsin*, II, 77; Goodspeed, *Chicago*, p. 260.

玩笑地请求一位教授给他们开设象形文字方面的高级课程。当然，这位教授很高兴，整整一个学期，他在课堂上对他们说话的态度就像是学者对其他学者一样，而且从来没有明白他是在受人摆布、被人愚弄。[117] 有些学生谈到教师就好像他们是动物园的动物一样："看着他们是很有趣的。"威尔逊时期的一位普林斯顿人因为在教室嘲笑自己的导师而受到责骂，他宣称这样做的原因是"老师反复使用他曾听过的最滑稽的词。当问到这个词是什么时，他回答是'斯宾诺莎'"。[118]

在这种情况下，学院管理层实际上很不情愿赋予学生会真正的权力，虽然后者在名义上开始出现了。正如伊利诺伊的安德鲁·S.德雷珀尖锐的断言："学生会是不可靠的。如果它真的存在，它就是反复无常、冲动、不可靠的；如果不是真的存在，它就是一种欺骗和伪装。"[119]哈佛的学生意识到至少这个等式的后一半是正确的，于是在1907年谢绝了提供给他们的自治的"特权"。[120]

为了跨越学生及其导师之间的鸿沟，引入了大量补救措施。在很多院校，举办了招摇的教师茶话会和"家庭招待会"，虽然这些活动无疑产生了真诚的关系，但是它们更有可能成为尽责的惯例。类似的，大规模大学中监管学生选课的"顾问"体制（1906年这在哥伦比亚大学风行一时）很快就退化成一种敷衍，仅仅是简单的、不带个人感情的会谈。G.斯坦利·霍尔天真地希望科学研究的精神能填

---

[117] 这个故事是虚构的，但是它传递出学生对玩笑的真实看法。C. M. Flandrau, *The Diary of a Freshman* (New York, 1907), pp. 178—184.

[118] Ibid., p. 32; Hardin Craig, *Woodrow Wilson at Princeton* (Norman, Okla., 1960), pp. 34—35.

[119] Draper, "Government in American Universities," *Educational Review*, XXVIII (1904), 237.

[120] C. W. Eliot to W. M. Wilson, Oct. 29, 1907 (CWE). 另见 Edith Finch, *Carey Thomas of Bryn Mawr* (NewYork, 1947), pp. 184—185.

补这个缺口,但是他不知道,没有研究生研讨会那样成熟的环境,这种方法是很困难的。⑫ 更引人注目、更切中要害的是人文主义的主脑——费尔普斯们和"科培伊们"——的努力。但是为了迎合学生的水平,这些讲座也许会牺牲教师们所代表的精华:"也许会……用橄榄球赛季来解释历史,用青年会的术语翻译但丁,或改变莎士比亚和蒲伯的性质,使其成为 19 世纪的乐观主义。"⑫ 而且,人们也承认,即使是像哈佛的布里格斯院长这样同情学生的人最终也没能改变学生生活的风气。⑫

威尔逊管理哈佛期间,进行了最精心准备的尝试,以缩小这一鸿沟。威尔逊设计的导师体制式本科生可以很亲密地与教授共同生活。虽然对于少数不仅仅将其看作新的强迫手段的学生,这一体制给予他们丰厚的回报,但是甚至威尔逊也不得不承认,实施了几年之后,它"并未完成人性上的革命"。威尔逊坦白说,本科生仍然避开

> 能吸引他们去与老师简单谈论、阅读的东西,而阅读远离于他们的一般思路。而他的老师在他的生活内容上也无法成为他的同伴。一个生存在这个世界,一个生存在另一个世界。他们不是同一家庭或社会组织的成员——学生的生活和工作对抗的结果通常是生活获胜。⑫

像大多数革新一样,导师制逐渐变成惯例,退化成"仅仅是另一种课

---

⑫ G. S. Hall, "Address," in *William College, 1793—1893*, pp. 194—195.
⑫ Canby, *Alma Mater*, p. 86.
⑫ R. W. Brown, *Briggs*, p. 124.
⑫ Woodrow Wilson, "The Preceptorial System at Princeton," *Educational Review*, XXXIX (1910), 389—390.

堂"。⑫

　　所有试图跨越师生之间鸿沟的尝试都没有完成其倡导者希望发生的变化。学生对不同于大学教育的学院生活的忠诚是根本性的,任何故意的手段都无法改变。只有一种手段位于它们之上:频繁举行的强制性考试。从小学院时期到新大学时期美国高等教育体系中一直存在频繁的当堂测试的传统,这表明,学生始终徘徊在本来应该以其为核心的体系之外。值得注意的是,在这个过程的核心问题上,都感受不到德国或英国的影响。在此,院校的基本安全面临危险,也不能效仿外国的模式。在美国,大学迫使学生将短暂的注意力集中在其学业上,这种影响力不是每年一次或是在授予学位前夕才表现出来,而是频繁出现的。对当兵的人的习惯性操练为领导者提供了绝对必要的安全感。在院校的凝聚力方面,较为松散的管理必定会导致可怕的结果,甚至不能坦然探讨。相反,正如托尔斯坦·凡勃伦所指出的,美国大学仍然部分地具有严厉的性质。⑫为确保顺从,详尽的规则和处罚措施是必需的。一次自由主义实验清楚地揭示了这一点。哈佛在19世纪80年代放松了对到课率的要求,学生立刻就逃学到了纽约、蒙特利尔、百慕大群岛,还有一次著名的情况是跑到了哈瓦那。严厉的督学团立刻给教师两个选择,要么在教室里点名,要么让所有学生参加早点名(仿照军营或监狱的形式)。⑫

　　事实上,虽然大学生为母校而欢呼,还是有很多迹象表明,他们是一群内心不忠的被管理者。效忠的誓言对于19世纪60和70年代的哈佛学生为什么是恰当的？或者,为什么校规有时候会禁止学

---

⑫ Slosson, *Great American Universities*, p. 84; Myers (ed.), *Wilson*, p. 22.
⑫ Veblen, *The Higher Learning in America*, p. 163.
⑫ Morison, *Three Centuries of Harvard*, pp. 368—369.

第五章　新大学的模式

生的集会自由?⑫ 随着时间流逝,礼貌的标准越来越高,使这些正式的规定显得没有必要。但是考试作弊的现象仍然普遍,也不被看作是个人的不道德行为,这证明了疏远仍然存在的现实。论文黑市是主要产业。⑫ 无须说明,作弊表明,学生关注已完成任务的表象,而非对其实质引以为豪——在心理学上,它与强迫劳动营类似。作弊以外,另一种征兆就是学生装病。艾略特校长不得不对此抱怨说:"学生总是为了一点小病就忽视自己的职责,在他们后半生,是绝对不允许这种小病干扰他们的日常工作的。"⑬ 伍德罗·威尔逊指责学生与他想象中的工会会员很相似。他说,他们"和雇员的态度一样,相对于所得尽可能地少付出"。耶鲁的亨利·塞德尔·坎比(Henry Seidel Canby)宣称,本科生是"学院机构中的一个集团,他们不断地与其上级进行直接斗争或是消极对抗,通常还受到其父母和市民的秘密支持"。⑬

校园环境的舒适性经常减弱了学生疏远学术界的痛苦。测试比较频繁,但是也不是每天都有,在两次考试之间,学生可以非常开心。学院绝不是传统型的非洲殖民地。美国学术社团的气氛通常是文雅而无忧无虑的,但这也不能掩盖它最严重的组织上的分裂。有一所迎合了有名望的美国人的学院,它在双重标准上得以发展,"根据这个标准,说谎是错误的,但是可以欺骗教授;偷窃是错误的,但是可以夹带纸条进考场帮助自己回忆"。⑬ 起码,师生之间的紧张

---

⑫ 见 Harvard College, *Regulations of the Faculty of Harvard College*, Adopted 1871 ([Cambridge, 1871]), p.7, and, on the oaths, p.33, above.

⑫ 见科尔彻斯特的大胆的广告,Roberts & Co., *Tiffin, Ohio* (ca. 1897),以3—15美元的价格提供大学论文,保证都是原创作品。伯克利加利福尼亚大学图书馆有一份复印件。

⑬ Harvard, *Annual Report*, 1899—1900, p.11; 比较 ibid., 1903—1904, p.15.

⑬ Woodrow Wilson's "Baccalaureate Address, June 13th, 1910," p.4 (WW); Canby, *Alma Mater*, p.19; 比较 p.75,他在这里将这种状况比喻为"民族国家内的阶级斗争"。

⑬ Patton, *Relion in College*, p.10.

美国现代大学的崛起
The Emergence of the American University

状态产生了一种虚伪,对外维护了极度对立的社会秩序的声誉。爱德文·E. 斯洛森坦率地断言:"他们[学生]越少获得教授的私人关注,其中有些人就越高兴。"但是极少有学术管理者敢于赞同他的说法。⑬

美国大学里两组人群之间的地域性鸿沟不能用社会出身的悬殊来解释。美国教授不具有能将其与学生严格区别开来的明确社会特性。这个时期对教授背景的大量研究表明,父亲是实业家的人占了最大多数,虽然牧师、农场主和其他既定职业也有一定的数量,其排名大致如此。⑭ 19世纪后期,教士儿子的社会地位下降了(或最多保持不变),而农场主和实业家儿子的社会地位上升了。既然在新大学里这些背景在教师中分布得相当均匀,那么这一场景中就没有突显出单个有明确社会地位的职业"阶级"。因此,美国的教授在背景上就远不如例如同时期德国或英国的教授那样统一。美国的教师圈中没有形成同质的"官僚"因素之类的东西。美国教授们与整个美国中产阶级的唯一区别就在于他们中有很多来自新英格兰家庭,⑮而这一事实也许反映了较好的学院和大学都位于新英格兰或新英格兰人后来所定居的美国地区的趋势。换言之,社会数据并

---

⑬ Slosson, *Great American Universities*, p. 386.
⑭ 出于现代研究的需要,120名著名教授和校长——他们大部分来自主导学院——的自传被深入研究。(不幸的是,这不是随机抽样的。)120人中明确知道93人的父亲职业。其分布如下:商人、银行家或制造商,28人;牧师、传教士或拉比,24人;农场主,19人;大学教授或校长,6人;律师或法官,3人;医生,3人;外交家或政治家,2人;南方种植园主,2人;中小学教师,2人;艺术家、船长、讲师和手工劳动者,各一人。这些比例与卡特尔1915年对885位主要科学家(虽然他们并非都是教授)的研究基本一致。885人中,381人的父亲是职业人士(但是只有89名牧师);188位父亲是农场主,316位是实业家。J. M. Cattell, "Families of American Men of Science," in *Cattell*, I, 478—519.
⑮ 在研究的120名学者中,我们清楚地知道111人的祖先,分布如下(小部分人的身世是混合型的):老新英格兰家庭,76.5;苏格兰与爱尔兰血统,7.5;"中部"各州的盎格鲁-撒克逊人,7;英国人(不久前移民的),5;南部各州的盎格鲁-撒克逊人,9;苏格兰人,9;犹太人,2.5;斯堪的纳维亚人,2;德国人,1.5;纽约的老荷兰人,1;荷兰裔加拿大人,1;西班牙人,1。

第五章 新大学的模式

不能解释为什么这群人（不同于其学生）选择了学术生活——毕竟，还有成百万的美国人生活于类似的社会或经济环境。

那么，就必须另找理由来解释"可怕的深渊"。当然，在某种程度上它代表了年长和年轻（正如我们所见的，年轻尤为幼稚的一面）之间的对立。但是最重要的是它源自价值观上的悬殊。如果能够分析使一个人成为教授的动机，也许它们通常都会揭示出想逃避快节奏的、"物质的"活动领域的愿望——换言之，这种选择通常来自对书本的热爱，而不是对地位的追求。[134] 但是学生不能理解教授对责任的看法，相反，他期待自己会有完全不同的生活方式，那种大学以外的大多数美国人共有的积极而具体的生活模式。除了在极少数情况下，教授的言行都不能改变学生的思想，因为他的父母和同辈对他的思想的影响要强大得多。实际上，奇迹在于教授自己——无论是什么样的学术或心理原因——成功地摆脱了这个怪圈。这一切都意味着这个深渊还将长期存在。两次世界大战和人们变得更尊敬智力训练之后，它才被填充成了一条不稳定而危险的水槽。

---

[134] 详细研究了同样的 120 位学者的自传，他们选择学术职业的原因如下（有些人没有提供信息；另一方面，如果同一个人给出了不止一个相关的回答，每个都计算在内）：正面的家庭影响所支持的儿童时代的志向，11；大学之后作出的决定，98。在后一类的 98 人中，理由如下：常见的理想主义观念（因为过于唯物主义而不喜欢生意、法律、医学等，或希望成为"纯粹的"学者，或希望改革社会），23；对神职感到不满或兴趣减退，21；出自宗教的责任感（应邀领导一个教派学院的牧师，等等），6；在高中任教一段时间之后，9；在从事了一段时间与大学无关的学术、科学或文学工作之后，9；很大程度上是偶然的（健康不佳而不得不放弃其他计划，无目标漫游的关键时期恰好向其提供了一份职务，等等），20。只有 4 个人是明确被学术职业的社会声誉所吸引。这次统计最令人惊讶的特点就是明显的随波逐流和偶然性，但是这也许正反映了取样中的很多人都是在 1880 年之前——学术生活远没有那么大的吸引力的时代——成年的。

管理的兴起

教授的脚下是学术的深渊。另一个方向，在顶上，他看见另一种景象，似乎没那么可怕，却有其自身令人不安的高耸的障碍。一个被称为"管理"的机构已经迅速形成，也许部分是出自要管理前所未有的大量学生的需要。教授经常觉得，就像脱离了本科生一样，他也脱离了管理。

自上向下看，美国大学的结构通常包括理事、校长、学院院长、系主任（或世纪交替时所称呼的——"主任教授"），其下是不同等级的教师，此外，基本平等的，还形成了自有其内部分级的办事员。这一切下面是研究生助理，一般的研究生，其下是本科生（高年级有时候显然凌驾于低年级之上），然后是保洁人员。一般说来，权力是由上至下遍及整个组织的。然而也会发生有趣的例外情况，主要是因为对威望的异常考虑。威望并不完全来自一个人在这个学术结构中的地位，它也来自一个人的社会背景，而且在有些情况下，来自一个人在全国的学术名声，而这种名声并不总是与一个人的地方职位相吻合。因此，一个在其领域很著名的教授，如弗雷德里克·特纳，也许就认为自己和校长是平起平坐的，会向理事们提出要求而非请求。1903年，人们认识到特纳在推举范·海斯成为威斯康星校长的过程中所起到的重要作用，因而称之为"国王制造者"。

于是，沿着学术结构的等级由上向下行使权力的实际过程也许会根据特定环境发生相当大的变化。但是对于每个学术等级，开始形成了对其相应功能的明确定义。例如，只有在少数劣等院校，理事们才表现得像是独裁者；他们的一般作用是静静地消除"可敬的"外部世界的顾虑，他们只是在考虑根本性变化（例如实施新的课程

第五章 新大学的模式

计划或是选举新的校长)时才直接行使权力。出于传统或是冷漠,理事们不干涉政策中完全属于学术性的问题,除非在外行人看来,这些问题威胁到学院的完整性。㉝ 然而,伊利诺伊的理事们出于嫉妒,将校长的任期限定为两年,虽然通常都会续约,而且人们注意到,威斯康星的教师们比校长本人的任期更有保障。㉞

除了耶鲁以外,大多数重要大学的校长在日常事务上都拥有很大的权力。与理事们不同,他们将生命奉献给了学院。当然,缺乏活力和年老体迈会削弱他们的权力,就如派顿在普林斯顿、怀特在康奈尔,以及衰落时期的安吉尔在密歇根一样。然而,不论在哪里,校长权力的提高是大势所趋。19世纪末,大学的领导们通常亲自挑选教师,虽然也会与教务长和系主任商量一下。威廉·R.哈珀解释说:"芝加哥大学的教师与不同职位和院长的任命都没有关系。"他补充说:"院长构成校长的管理机构,他们的任免由校长决定。"㉟校长通常表现得比理事更为独裁。但是明目张胆的学术独裁者总是在新大学环境下活动的守旧的家长主义者,他们对采用有组织的手段处理问题感到怀疑——宁可依据自己的判断。(戴维·斯塔·乔丹就是这类人,在某些方面,G.斯坦利·霍尔也是。)新学术时代强硬的校长更欢迎也更多地采用官僚手段。

㉝ 很有必要对这一时期的学术理事们进行全面的分析。本文只能简单涉及这些人;见第六章《教育机构的商业模式》。E. J. McGrath, "The Control of Higher Education in America," *Educational Record*, XVII (1936), 259—372, 提供了1860年至1930年间这些理事委员会构成的量化研究。

㉞ W. L. Abot to J. B. Angell, Jan. 4, 1909 (JBA); Ely, *Ground under Our Feet*, p.197.

㉟ W. R. Harper to B. L. Whitman, Dec. 24, 1897 (WRH). 另见 C. F. Thwing, "College Organization and Government," *Educational Review*, XII (1896), 17—24; C. W. Eliot to Horace Davis, Sept. 29, 1903 (CWE), 在信中,艾略特说:"在选举教授中,我们的教师没有人采取任何行动……我觉得我在这件事上的作用可以这样描述:我通过系部主任从相关系部获得对下级教师[即现在所谓的无任期职位]的提名。对于更高的职位[即有任期的职位],在与稍有兴趣……的教授非正式会谈了很多次之后,我向公司提名。"

美国现代大学的崛起
The Emergence of the American University

  校长和他指定的院长下面是普通的教职员。对他们的正式要求是要他们居于从属地位,而非正式要求则是要顺从。因此通常禁止教授成为理事会的成员,无论是在他们自己的院校或是其他院校都一样。[140] 教职员在院校居于领导地位的例外情况确实存在,著名的就是耶鲁和威斯康星,但是即使在这些地方,真正的权力也总是集中在一小群"高级"教授手里而不是属于全体教学人员。任何时候一所学院发生要求结构"民主化"的反对运动时,都被描述为"造反",这个事实揭示了美国大学教师的一般地位。在大规模的大学中,教职员会议经常是单调乏味而不太重要的事情,难缠的教授们要么出于消遣而出席,要么就尽可能地避免。[141] 在正式存在教师工会的地方,它的功能和学生会一样。它是一件有用的工具,凭借这件工具,管理者可以阐发观点,觉察不满以更好地应对,并通过给予每个人议会般的"权力"巩固正式的团结。而且,教职员大会偶尔能为关于学术目标的真正辩论提供场所,虽然这些辩论没什么结果,它至少带来了暂时的兴奋。教授自有其威严,但是当他坐在自己摆满书籍的书房里时,这种威严总是最明显的,而不是在正式讨论政策的时候。这个时期中,虽然终身教职任期的概念并不是完全不被人所知,但是即使是领军院校中,也只有极少数校长坦率地接受这一概念,比起半个世纪后更好的大学,教授受其上级支配的程度要

---

  [140] C. E. Norton to C. W. Eliot, Sept. 6, 1898 (CWE); D. C. Gilman to H. B. Adams, July 8, 1889 (HBA).

  [141] 哈佛在这方面的情况可见 Bliss Perry, *And Gladly Teach*, 99. 238—240; H. J. Coolidge and R. H. Lord, *Archibald Cary Coolidge* (Boston, 1932), pp. 54—55; Barrett Wendell to C. W. Eliot, Apr. 11, 1893 (CWE); Ernest Samuels, *The Young Henry Adams* (Cambridge, 1948), p. 213; Santayana, *Persons and Places*, II 160—161; Adolphe Cohn to C. W. Eliot, Nov. 8, 1891 (CWE); C. E. Norton to William James, Dec. 12, 1899 (H)。芝加哥的情况,见 Robert Herrick, *Chimes* (New York, 1926), pp. 21—25, and J. L. Laughlin to H. E. von Holst, Mar. 22, 1902 (HE von H)。

第五章 新大学的模式

严重得多。

当"管理"这个词开始使用,它指的是校长、院长、办事员,通常还有很多一丝不苟地支持校长意愿的高级教授。然而,此外"管理"还暗示一种精神状态,它意味着大学共同体的这些人的特点是考虑学院的管理或组织的规划。因此,虽然从17世纪开始美国的学院就有了院长,但是在内战之后,管理代表了一种全新的力量。

学术管理的形成有两个不同阶段。第一阶段发生在19世纪60年代后期和70年代初期,当时安德鲁·D.怀特,查尔斯·W.艾略特和詹姆斯·B.安吉尔上台了。就学术主管而言,艾略特和安吉尔尤其代表了老于世故的新风格。[142] 他们的进取精神、他们对预算和公共关系的关注、他们的兴趣,例如,对他们机构的数据的兴趣,都创建了在当时是全新的标准。虽然在未来几十年里,软弱的管理者在耶鲁继续存在,在其他地方也偶尔出现,这样的人明显是与学术年代的潮流背道而驰的。在艾略特和安吉尔的领导下,越来越多的院校领导开始反抗哥伦比亚大学的理事们所体现的保守主义,当时,理事们拒绝向当地的商人请求资金,理由是这些捐赠会破坏学院的清廉。[143] 相反,19世纪70年代进步的管理者热切地想拓宽学院的资助基础。但是艾略特和安吉尔在整个70、80年代的统治都是没有大量官员支持的,在这个意义上,他们在方法上还是过渡型的。

管理发展的第二阶段开始于19世纪90年代早期——它尚未停

---

[142] 宾夕法尼亚大学的教务长威廉·佩珀也是这样,只是不太明显。怀特过于喜爱安逸和旷工,以至于无法胜任新的角色。见 H. A. Stimson, "The Evolution of the College President," *American Monthly Review of Reviews*, XIX (1899), 451; F. N. Thorpe, *William Pepper, M. D., LL. D. (1843—1898), Provost of the University of Pennsylvania* (Philadelphia, 1904), p. 184。

[143] J. W. Burgess' speech, "Reminiscences of Columbia University in the Last Quarter of the Last Century," n. d., p. 5 (JWB)。

止。这是威廉·R. 哈珀锻造了新芝加哥大学,尼古拉斯·默里·巴特勒开始在哥伦比亚发挥影响力的年代——与哈珀和巴特勒相比,安吉尔和艾略特似乎在一夜之间过时了。然而,19 世纪 90 年代的趋势分布很广,不能用一两个权威人士来说明。这个时期,院长成为哈佛的重要人物;打字机出现了,几乎所有著名大学的通信档案中都出现了大量的打字员。到 1900 年,可以说管理在美国高等教育中的力量几乎达到了全盛。就在这一年,出现了一本完全关于学术管理的书——据说这是同类书籍中的第一本。[144] 在 1902 年,学院校长被迫参加特别培训,为其职位做准备。[145] 1908 年,艾略特写了《大学管理》一书,还发表了大量同一主题的文章。有人提议,要根据教师的行政天赋而非教学或研究能力对其进行聘用和培训。1907 年一位观察者评论说:"老式的[学术]领导人博学而稳健,他们正迅速让位给新型领导人——自信、敏锐、信奉罗斯福主义。"[146]

1902 年尼古拉斯·默里·巴特勒在哥伦比亚上台时,他的办公室已经是一个运转良好的机构了。那一年,巴特勒的办公室人员包括三名秘书、五名速记员和两名勤杂工,虽然除了校长本人的信件,它还处理院长的信件。注册处和出纳分别有办公室,各有其职员。巴特勒的办公室每年仅花在一等邮件上的邮资就是 800 美元。在哥伦比亚,校长办公室职员的主要职责就是回信,但是也有其他工作,包括记录教学任命,管理大学的社会职能,处理公共讲座、奖学金和

---

[144] C. F. Thwing, *College Administration* (New York, 1900).

[145] F. P. Graves, "The Need of Training for the College Presidency," *Forum*, XXXII (1902), 680—685.

[146] G. M. Stratton, "Externalism in American Universities," *Atlantic Monthly*, C (1907), 518. 另见 Dwight, *Memories*, pp. 379—380; C. W. Eliot, "American Universities: Their Resemblances and Their Differences," *Educational Review*, XXXI (1906), 117; University of Chicago, *The President's Report*: *Administration*, The Decennial Publications, First Series (Chicago, 1903), p. xlvi。

第五章 新大学的模式

奖品,汇编目录、声明和年度报告,充当学生就业机构。[147] 当然,很多工作后来都分流给了独立的大学办公室,但是在初期,所有这些任务都已经在执行了。

1890 年后管理的崛起引人注目,但是在很多地方它也带来了警报,即美国大学逐渐失去了对管理人员的控制。事实上,1868 至 1903 年间,哈佛花在教职员薪水上的资金与花在管理上的资金比例基本保持稳定。[148] 因此,在世纪交替时,这种担心似乎没有具体的、数量上的依据,虽然除了花在自身活动上的金钱之外,管理者的权力也是另一个更复杂的问题。

新型学术管理者成功的秘诀在于实行铁腕统治的同时又不表现出明显的独裁。这涉及包容力,要与每个意见不同或是不让他预先"参与"决定就会大声反对的人进行"民主"磋商。它还要求保持公平和调节的姿态,而同时要做出最佳决策,不是为了维护抽象的标准,而是为了学院的平衡发展。[149] 有时候管理者还试图提出学院发展的大胆规划,这些规划会让一般人叹为观止,会让管理者被看作与人"商量"的真正领导人。但是不经磋商的大胆也许会产生一个令人讨厌的暴君的形象。[150] 好的管理者要努力与自己的学院保持和谐,因为如果学院显得分崩离析,它就会丧失声誉和影响力。这意味着,一旦争论,包括基于不同学术理念的争论,激烈到具有威胁性的地步,就必须将其最小化或是对其进行压制。

---

[147] N. M. Butler's secretary to Ira Remsen, Dec. 4, 1902 (CUA).

[148] C. F. Adams, *Three Phi Beta Kappa Addresses* (Bostom, 1907), p.163. 1909 年这些比例在各院校的对比,见 Marx, "Some Trends in Higher Education," *Science*, XXIX (1909), 784, Table IV.

[149] 见 Thwing, *College Administration*, pp.55, 62—63。

[150] 见 *ibid.*, p.65; T. C. Chamberlin to R. T. Ely, Mar. 1, 1892 (RTW); and Eliot, *University Administration*, p.238。

在这些方面,模范管理者的行为是合理明智的。然而从另一意义上说,他是个赌徒,经营着大学的"未来"。如果说野心勃勃的学术管理者中存在任何共同倾向,那就是在获得确定资源之前就扩大了学院的规模。当然,风险就在于能否用"急需"来诱使捐赠者拿出更多的钱缓解随之而来的困境。著名的例子就是,这种状况主导了威廉·R.哈珀和约翰·D.洛克菲勒之间的全部关系。同样的希望也支配了克拉克大学的G.斯坦利·霍尔的行为。哈珀赢得了赌局,而霍尔输了。这一简单事实绝不能说明这两个人的根本性差别,但是如果哈珀没有说服洛克菲勒(有几次他差点就失败了),很有可能他就会像霍尔一样承担"失败"的耻辱了。换言之,成功会走向赢得了已经成功的名声的人。在这个意义上,管理的成功取决于一般的商业成功特有的运气和勇气的结合。

几乎从一开始,管理的出现就在学术人群中引起了会导致分裂的怨恨。很多教授可以被称为"理想主义者",以将他们与更乐观的同事区别开来,在这些教授看来,管理代表着已经"攫取"了大学领导权的怪异而非法的力量。"理想主义者"是学术自由新概念的核心,后文将研究他们的主张,在此人们只需注意到这种反应的存在。斯坦福的一位化学家草拟了两种互相对立的高等教育的理想模式,由此说明了管理带来的基本问题。他称第一个为"学术共和国,或学术的寡头政治",在这个体制中,教师既不期待升职也不担心被辞退,因为没有校长、委员会或执行机构来评判他们的工作。他称第二个为学术社会,在这个社会中,要"从大学机构的效率角度和教授对学生的实际价值角度"来考虑所有政策。在这里,"竞争的因素"就会出现,导致大学与企业公司之间的类比。在描述这种对比时,化学家相信,任何一种单纯的学术模式都不能在美国获得实际的发

第五章　新大学的模式

展,但是他认为它们是现有的两种相反的趋势发展到最后的合理结果。⑮

很自然,管理者的忠诚集中于他所掌管的学院。他将这个学院变为自己的生命,并由此获得学院朋友的赞扬和尊敬作为丰厚的回报。另一方面,教师"理想主义者"的忠诚也许分散为几个不同方向,或是它们的结合。他们可能关注自己的学科,认为那就是全世界的知识范围;关注教育原理,认为那是严格评判某个学院的标杆;关注教授职业的尊严;或者,秘密地,作为个体而关注自己职业的发展。很多时候,学院的进步与所有这些其他渴望是一致的——这些问题上的长期紧张状态表明,情况也并非总是如此。如果管理者仅仅着眼于大学的经济和技术层面,冲突也许不会出现。但是就他来说,这样的限制是不可想象的,因为只要系部要钱,经济问题就很少与学术无关。如果没有其他形式的行政干预,就任期和提升等事务作出决定的正常需要就会引发激烈的情绪,因为当这些实际问题出现时,"学术共和国"的梦想就可悲地退缩为理论了。因此,很多学术管理者要求拥有综合评价教授表现的抽象权利。戴维·斯塔·乔丹强烈要求:"大学负责人绝对不能害怕对所有人一视同仁。他们应该提供时间、自由、设备,以及使用这些东西的场所,但不能给予只能显示出自己无足轻重的人。"⑯大学校长绝对不会认为自己管理的只是建筑物和场地。

内战之后的二三十年间,大学的校长通常能履行两种职责:作为教育实验的代言人和作为具体机构的管理者。到19世纪90年代,几乎所有人都意识到这种双重身份之间的不协调。随着教师中

---

⑮ A. A. U., *Journal*, 1907, p.72.

⑯ D. S. Jordan, "To What Extent Should the University Investigator Be Freed from Teaching?" *Science*, XXIV (1906), 132.

的研究人员进行越来越专业化的研究,校长们承认他们没有时间阅读。除了威廉·R.哈珀这样近乎超人的情况之外,他们也不在教室授课。结果就是不可避免地隔膜于教师的思维方式。密苏里大学的校长理查德·H.杰斯(Richard H. Jesse)在1904年悲哀地承认:"极少有人能同时在几个活动领域真正起到作用。一个学问高深、思想高尚同时又能进行管理的人是极其罕见的。"[153]此外,学术体验通常——虽然并非一直如此——导致对逻辑连贯性的偏爱,影响教授的整体观点。教师中的"理想主义者"倾向于把政策问题看作干净利落的选项,只要像对待高级原理那样忠实地执行就行了。"妥协就是软弱或优柔寡断。"1910年R.M.温勒斥责说。[154]另一方面,管理者要想达到学院的最大利益,就必须是一位外交家和政治家。他依靠妥协而发展,他要让各种人离开时都很满意。正如1899年麻省理工学院的秘书评论的:"显然,教育体系就像政府一样,绝不可能是达到明确目标的理性的、逻辑的和经济的手段。相反,它们必然总是随机应变。"他补充说,它们不断的实际调节必然会"消除保守分子和激进分子"。[155]

  那么,美国学术生活中出现了重大而有争议的新力量。它是在什么条件下应运而生的?最重要的答案在于学院内部。美国大学在学术和结构上都变得非常多样化,不能简单地加以界定——或控制。学术领袖对各种教育哲学的坚持,学术系部的固定化以及更多学生的存在都促成了这个结果。通常来说,松散的经济纽带将主要依据英国理念创立的本科院校与德国式的研究生院结合起来。哈

---

[153] Religious Education Association, *Proceedings*, 1904, p. 126.

[154] Wenley, "The Classics and the Elective System," *School Review*, XVIII (1910), 518.

[155] J. P. Muntoe, "Applied Science and the University," *Technology Review*, I (1899), 153.

佛这样的美国院校在欧洲人眼中也许是一团"混乱"。⑮ 再也没有总体的学术方案能抵消或遮掩这种分裂——任何形式的天主教、积极的科学或人文主义文化都无法证明自己有能力了解全部的知识和观点。只要在这些方面存在争论,大学就不可能只有一个意义。桑塔亚那绝望地评论说:"每个人都知道自己工作的价值……但是不能研究人类利益的整个机制,也不能满怀信心地适应宇宙万物的生活,他也感觉到这份工作和价值的相对性。"⑮ 芝加哥大学做出的反应更得人心,它的多种活动很快就使它获得了"哈珀的杂货店"的绰号。

官僚管理是一种组织上的工具,它没有借助特别的共同价值观就开创了学院扩张的新纪元。于是,虽然一致的目标瓦解了,却形成了统一的标准化实践。1897 年一位观察者注意到,人们可以观察到美国高等教育出现的两种相反趋势:分裂和集中。1910 年,爱德文·E. 斯洛森讽刺性地改编了赫伯特·斯宾塞的公式,断言说美国大学"从不明确、无条理的同质状态变成了明确的、有条理的异质状态"。⑱

院校的扩大需要可预测的前景。到 1882 年,舆论已经开始抨击大学管理的"[无计划]经验主义时期",要求学术管理层采用理性的方法。⑲ 同时,大学的规模越来越大,越来越复杂,要全体教师考虑原先交给他们的事务(例如学生纪律问题)已经不合适了。1890 年,

---

⑮ Pieer de Coubertin, *Universités transatlantiques*, p. 96.

⑯ Santayana, "This Spirit and Ideals of Harvard Univeristy," *Educational Review*, VII (1894), 324.

⑱ Thwing, *The American College in American Life*, p. 188; Slosson, *Great American Universities*, p. 347.

⑲ Angell, *Selected Addresses*, p. 27; Hewett, "University Administration," *Atlantic Monthly*, L (1882), 505, 516—518.

哈佛朝着委员会体系迈出了重要的第一步。[160] 很快,教师委员会本身在很多场合也变得过于笨重,院长成为实权人物,搬入办公室,独立于教师之外的职员人数激增。[161] 1910年,人们这样说"注册处:他们拥有最大的权力,使用独裁手段,而他们的规模超过了最高深的研究"。[162] 1891年秋天,哈佛在注册方面应用了流水线的方法,1896年引入了高效的橙色打孔注册卡。[163] 大多数大学对课程进行了合理化改革,使其成为学分单位的数字体系——大学情况一览开始类似于一家存货丰富、分类明确的杂货铺的商品目录。

随着重点学院出现了繁琐的程序,大学彼此之间也更相似了。例如,1894年约翰·霍普金斯在本科课程中增加了第四年的学习。艾略特和其他人一直希望设立统一的学院入学要求,而在世纪末,可以观察到院校的领导们相互协商的普遍趋势。对满足最低标准的院校进行"认证"的运动发起于1890年,1901年后具有重大影响力,1913年则取得了全国性的胜利。[164] 美国大学协会成立于1900年,其公开的目标是为研究生院设立类似的统一标准。正是在1903年,威廉·詹姆斯受到触动,写出了著名的文章来抨击"博士八爪鱼"。此外,要求在华盛顿特区成立一所国立大学的运动长期存在,这种愿望在19世纪90年代末热烈地重燃起来,也反映了对于头顶"桂冠"的明确体系的迫切需要。虽然建立国立大学的计划失败了,

---

[160] Harvard, *Annual Report*, 1889—1890, p.13; ibid., 1890—1891, p.79.

[161] 例如,见 N. M. Butler to J. W. Burgess, June 6, 1906 (JWB); Harvard, *Annual Report*, 1890—1891, pp.41—43; 1902—1903, pp.7—8; 1905—1906, pp.9—10; 1906—1907, pp.6—7; Curti and Carstensen, *Wisconsin*, I, 501—503, 544, 608—610。

[162] Bowden-Smith, *An Student's Wander-Year in America*, p.9.

[163] Harvard, *Annual Report*, 1890—1891, pp.13—14; *Harvard Graduates' Magazine*, V (1896), 251—252.

[164] B. E. Donaldson, "The Role of College Accreditation," Association of American Colleges, *Bulletin*, XXXIX (1953), esp. pp.274—276.

第五章 新大学的模式

但是 1906 年当卡内基基金会开始设立有关支付教师退休金的标准时,超越院校之上的压力增加了。

对学术官僚主义之所以会存在的几种明确解释暗示,它的出现是对实际问题的回应。因此,最初斯坦福的管理层没有任何书面的规定来处理学习成绩差的问题,学生因而抱怨说他们取决于严格的期望,希望"当他们越界时"能提前知道。于是就采用了繁琐的程序。⑥更有趣的是一篇幸存下来的文章,说明了一开始反对所有程序的约翰·霍普金斯大学为什么很快就制定了授予博士学位的标准化程序:

> 起初,我们认为让学生聚在一起选择课程是很简单的。他们水平较高——他们是大学毕业生——他们会做任何正确的事情,结果会令人满意的。我们很快就发现……需要一些东西来规范他们的行为。他们进行大量无意义的浏览。他们会从一件事跳到另一件事。他们会发现一位老师的怪癖,以及另一位老师身上他们不喜欢的东西。他们做出了大量我称之为游手好闲的行为。我们中负责管理事务的那些人得出结论,我们必须利用学位。我们必须提供些什么以规范学生的行为。学士学位之后就是博士学位,我们意识到必须提供这个以规范这群劳动者的行为,为了确保达到我们所希望的结果,还必须要求一份研究,作为获得学位的必要条件。这就是我们使用的机制。我们最初认为也许我们能避免它,但是我们发现我们必须采用这种机制。⑥

---

⑥ Elliot, *Stanford*, p. 166.

⑥ Remsen, "Original Research," Association of Collegiate Alumnae, *Publications*, ser. 3, 1903, pp. 24—25.

美国现代大学的崛起
The Emergence of the American University

艾拉·雷姆森的这些话暗示了对这一结果的几种同时存在的解释:第一,研究者讨厌任何意味着一知半解的东西,以及他对努力工作的坚持,如果有必要他们还会加强这种坚持;第二,对于学生,即使是研究生成熟性的怀疑,这也是根植于早期的学院传统(上文中,雷姆森有三次提到要让学生"行为规范");最后,希望减轻教师之间的嫉妒——即,通过必要条件避免学生明显地聚集在少数教师身边。因此,对于想象中的"实际"问题的反应事实上揭示了相当含蓄的学术和心理内容,至少官僚主义的出现不应该简单地归类为实际的"不可避免性"。与世纪交替时规模相当的美国大学相比,德国大学的非学术职员人数要少得多,尤其能说明这一点。[167]

当然,在探究美国大学官僚化更深的原因时,研究一下所谓的美国文化特点或是范围更大但是更不明确的"西方价值观"是很诱人的。人们会谈到美国或欧洲特有的对组织的偏爱,或谈到美国人对于宏伟的形式的渴望。在没有文件证明的模糊方面[168],这些力量确实影响了最后的结果。19世纪90年代出现了讲究礼仪的强烈倾向,造成了1895年关于学术服装的校际委员会的成立。人们用恰当的词汇、仪式和强调语气强化了大学学位的尊严。[169] 形式主义在美国人的思想中失去了魅力,似乎在美国的组织中找到了新的基础。但是官僚化运动和随之而来的讲究礼仪的行为并非真的要动用如

---

[167] 见 R. H. Shryock, "The Academic Profession in the United States," *American Association of University Professors*, *Bulletin*, XXXVIII (1952), 44—45。

[168] 正如下一章所见,大概只有芝加哥大学例外。

[169] 这一时期仪式兴起的明显证据,可见 Johns Hopkins, *Annual Report*, 1892, pp. 20—21; French, *Johns Hopkins*, pp. 363—367, 370; Goodspeech, *Chicago*, p. 251; Hill, *Harvard College, by an Oxnian*, pp. 154—155; James Bryce, *The American Commonwealth* (New York, 1910), II, 755—756; Slosson, *Great American Universities*, pp. 392—393, 411, 429—430; D. S. Jordan, *The Care and Culture of Men* (San Francisco, 1896), p. 51,关于学术学位;及 G. H. Howison to the Academic Council of the University of California, Apr. 22, 1897 (GHH)。

此影响深远的解释。相反,人们会说这些趋势更多地源自美国学术状况某些具体的也并不神秘的要求。新美国大学的人员的多样性令人惊叹,这使它不同于德国的大学。当然,美国大学对有效管理的特殊需要,至少在学生行为方面,也对长期以来没有官僚体系的旧式大学施加了压力。但是现在这种需要的数量级不同了,教师本身也在内部变得多样化了(其方式是德国教师绝对不会出现的),变化的价值观也要求新的手段。危险不再是某种骚乱或是其他形式的公开反抗,而是随波逐流、懒散和不正当地追求个人或小集团的利益。管理技巧也从说教和直接的惩罚转变成谈话、便笺和档案系统等更合适的手段。即使不是完全相同,也必须将这些技巧同时应用于特定校园内部的每个人,包括校长自己。在只存在一种内部紧张关系——即师生关系——的小学院,唯一的正式规定是约束学生行为的。在大型学院,可以说"教师行为"也是一个问题。或者,更婉转一点,如果不希望学院出现完全无序的状态,复杂的分化状态要求从上到下都普遍服从管理规定。官僚模式是一种低级但是还过得去的共同标准,它把个人、派系和小集团联合起来,这些小集团具有不同的想法,但是不同于19世纪60年代的学生,他们通常彬彬有礼,无法对其采用威胁手段。

  这种观点暗示着,学术官僚主义可以与工业管理相类比。如果把大学和大型的生产公司看作机构,它们在内部人员构成的多样性方面是类似的。大学和工厂甚至不像大型城市的教会那样具有同质性,它们都不得不利用不同团体的能力。雄辩也许有帮助,尤其是在对抗外来威胁的时候(欧洲钢铁或是耶鲁的橄榄球队)。但是说教和仪式作为管理手段是无效的,就像赤裸裸的高压政策会起到相反作用一样。官僚准则为这种内部多样化的半强制机构提供了适当的缓冲:几乎每个人都认为这是最公平的手段,能够确保合理有效的行为。在美国环境下,除了官僚主义就只有另外三种选择:非正式小团队的热情奉献(就如 1892 年之后的克拉克大学);个人独裁(就如较老的学院和斯坦福大学);或是胡乱和放任自流(相对来说,就如后期的耶鲁和约翰·霍普金斯)。第一种选择不会大批量地培养人——虽然有些观点认为这个事实无关紧要。第二和第三种迟早会造成不稳定或是失去动力。一旦人们承认,美国的大学应该是大规模的,就不难得出结论:繁琐的程序对于成就的连续性是必需的。没有这种程序,美国学术团体不是变成怪异的独裁者就是分崩离析。

当然,很少有人喜欢官僚主义,即使在美国,学术生活也表现出与工厂生活的重大差异。差异的一个主要原因是所有的学术参与者的社会出身更接近。极少数学生、教授或管理者来自手工劳动者家庭。这意味着人们通常默许学者的行为模式自由发展——与工厂相比,很多行为方式都被简单地归纳为"基本的体面"。因此,工业官僚主义所具有的令人厌恶和无情无义在学术官僚主义的发展中都没有出现。学术的时钟仅仅在考试和教师会议时才发挥作用。但是正因为这种情况不够明确,它才造成了自己的紧张状态。正因为学生、教师和管理者都被看作是"绅士",对于确实存在的所谓官僚习气的"不自然性"才有更多的摩擦和抗议。官僚主义不断与人们喜爱的个人尊严观点发生摩擦,尤其是教学人员。在某种程度上绝对必不可少的东西也造成了永恒的紧张。因为不被官僚主义要求困扰的结果就是心甘情愿地接受作为"雇员"的命运。

正如很多机制在开始时被看作必要的罪恶,学术官僚主义很快证明,从教师的观点看,它也是有用的。就如我们不久之后就能见到的,规则能够保护教授不受独裁的上司的干扰。官僚体制也开始以不太明显的方式为教授服务。它成为一种缓冲物,保护了每个校园中个人和小集团的孤立性。因此,如果官员和委员的构成变得足够复杂,整个机制就会将教职员与管理层隔离开。大学校长的身边都是客套而支持他的院长和委员,逐渐疏远了"他的"教室里真实发生的一切。这也意味着只要教授不哗众取宠,实际上他相对是不受任何干扰的。有人认为,大规模的学术自由就是这样无意之间出现的。

职业、管辖领域和学术帝国:荣誉之争

人们会说学院就像磁铁一样,吸引着人们的野心。世纪交替时的学术世界的野心有三种主要的焦点,各有既得利益的三个核心:个人,与自己的职业有关;系部,希望提高自己相对于其他系部的地位;整体上的地方学院,与其他同类院校相竞争。三种不同层次的野心表现出相似的症状,而同时,每个层次的要求又很容易与其他两个产生冲突。于是,如果有任何事情比这更重要,涉及不同的教育目的,却涉及处于另一存在阶段的同样一批人,场面立刻显得错综复杂。

从职业角度来看,学术职业是在 19 世纪 70 和 80 年代后期才形成的。[170] 然而,在此之前,希望已经迎合了世俗的期望。1871 年,詹姆斯·B.安吉尔在考虑是否接受密歇根大学的校长职务时,就不是交由上帝的意志来决定(他的有些朋友如此建议),而是根据他将得到的薪水来决定。[171] 耶鲁一位教授的精明的来信表明了对于野心的早期看法,他就是否接受这个重要职位给安吉尔提出建议:"道德规

---

[170] 见《简介》部分对这一问题的评论。
[171] Angell, *From Vermont to Michigan*, pp. 116—117, 199.

则是明显的：一方面，要防止个人对于职位、名誉等欲望的影响，另一方面，要防止同样甚至更大的危险——过分怀疑一个人会屈服于这些冲动，并由此拒绝做伟大的好事的机会——换言之，错误的谦虚和误解的自我牺牲。"[172]

1869年之后的几十年里，个人发展合法性的概念基本保持不变，只是措辞变得极为认真。然而，尤其在19世纪90年代之前，对这些回报的欲望很可能被遮掩起来了。在文雅的学术圈，人们在这个问题上起先并不坦白。于是乔西亚·P.库克1871年给查尔斯·W.艾略特写信时，使用了很谨慎的措辞："我想我要对您说的话是我在公开场合不能坦然表达的，我好像感觉到一种行政能力，我很乐意履行这种能力。"[173]在试图以诚实的名义克服传统的缄默时，人们会想起G.斯坦利·霍尔在性经历问题上的痛苦的勇敢。在教养良好的19世纪后圈内，对权力和影响力的渴望就像性一样，潜藏在表面之下，很少公开表露出来。但是它也很少完全不出现。1880年，一位内部人士把虔诚的普林斯顿描述成"一百种野心和几百种偏见作品的产地和中心"。[174]约翰·霍普金斯最早的研究员之一很高兴地写信回家："对于一名年轻的学者，任何职位的宣传作用都比不上我的职位的一半。"[175]

随着出生于19世纪50年代、有幸在德国接受教育、在19世纪90年代引起人们注意的新一代人的出现，人们开始更大胆也更频繁地公开表达想成名的愿望。1890年，埃德蒙·J.詹姆斯（Edmund J. James）在向哈佛求职时，写信给艾略特："我的志向是，在我的能力

---

[172] *Ibid*., pp.114—115.
[173] J. P. Cooke to C. W. Eliot, Jan. 27, 1871 (CWE).
[174] W. M. Sloane to W. B. Scott, Apr. 27, 1880 (Princeton MSS).
[175] Hendrick, *The Training of an American*, p.77.

第五章 新大学的模式

之内,尽可能广泛而持久地影响这个国家的经济思想和政策课程。"[176] 在 19 世纪 90 年代,很多人相当明显地"大肆宣扬自己",竞争大学校长职位。[177] 在规模较大的大学,一些教师(及他们的妻子)开始重视结交"正确的"人。[178] 新的学科被看作提供了"早点获得技术和名气的机会"。一个人的观点被认为是独占性的,结果这个领域开始提到"偷窃"。个人职业的前途战胜了对特定学术机构的忠诚,处于上升阶段的学者不会将自己束缚在任何一个校园。[179] 事实上,早在 19 世纪 70 年代,年轻人就参加了学术团体的集会,以便引起重要人物的关注,从而获得职位。加利福尼亚大学的马丁·凯洛格(Martin Kellogg)意识到了这种新的倾向,他在 1893 年的就职演讲中宣称:"我承认大多数教师渴望成功——在他们从属的院校里获得成功……缺乏这种精选的崇高志向……的人是不可能成为一流的。"[180]

19 世纪 90 年代刚刚复杂起来的学院结构使一个人的个人地位能够更多变、更微妙地与其同辈相比。在这个年代,大多数学院都严格制定了学术等级,虽然少数地方暂时出现了"附属教授"这种尴尬的头衔,哈佛有段时间略过了"副教授"。新学院成立的最初五年左右,它们的全体教职员中也许充满着平等的先驱感,但是这种最多只能是脆弱的情感很容易就消散了。头衔得到了精准的调整,以

---

[176] E. J. James to C. W. Eliot, May 6, 1890 (CWE). 档案在 UCP 中名为《早期的任命》,包括 1891—1892 年间芝加哥大学打算任命的人的信件,提供了丰富的此类数据。另见本章开头所引用的爱德华·A. 罗斯的话。

[177] 例如,见 F. W. Blackmar to H. B. Adams, Feb. 17, 1899 (HBA),关于本杰明·爱德·惠勒,W. G. Hale to W. R. Harper, Aug. 20, 1893 (UCP) & G. H. Palmer to C. W. Eliot, Aug. 18, Aug. 31, 1897 (CWE)。

[178] 见 Herrick, *Chimes*, pp. 51—52, 190。

[179] 见 C. M. Bakewell to G. H. Howison, Apr. 9, 1897 (GHH),拒绝了豪威逊的此类要求。

[180] *Addresses at the Inauguration of Martin Kellogg, LL. D., as President of the University of California, Berkeley, March 23, 1893* (Berkeley, 1893), p.49.

显示其重要性。如果不小心排错了教师在名单上的顺序，他们会抱怨说这是公开的"羞辱"。⑱ 教职员写信给校长说他们会辞职——或者不接受任命——如果他们认为"与自己相当的人"获得了比他们更高的级别。比起薪水，头衔似乎吸引了更多的专注，但是薪水也是声望的重要象征，在吸引学者担任某些职务时，金钱的诱惑力越来越明显。⑱

对地位和声望的关注导致教授之间的对立越来越多。选修制助长了这种对立，因为它就像政治程序一样，要求学生投票。这种"投票"更为明显，因为每天都能通过教室里的学生数量和演讲厅本身的规模看到结果。因此需要对课程进行宣传。乔治·W.皮尔逊（George W. Pierson）在描述世纪交替时的耶鲁时评论说："通常来说，教师想上大课就像学生想选大课一样急切。教师们已经形成了一个概念：他们的课程的受欢迎程度与他们能够提升有很大关系。"1902年有报道说，内布拉斯加大学的几位教授实际上夸大了上报给管理部门的报名人数。⑱ 在默认的范围之内，这种对立因为具有双向激励作用而受到称赞。于是，生存竞争在绅士圈内也不再是不为人知的了。

系部位于个人和大学之间，在学术野心的三个重要焦点中居于中间位置。选修制从最初就根据精确的研究科目孕育了组织机构。

---

⑱ W. P. Montague to G. H. Howison, May 10, 1900（GHH）."伤感情的不是位于底部，而是'被推到'底部。我所有的学生都会注意到这种耻辱，更不用说其他人了。"

⑱ 约翰·杜威从密歇根跳到芝加哥就是为了钱，见391页。拉丁语学者威廉·G.海尔告诉哈珀校长，他不会为了最初给他的六千美元就从康奈尔跳到芝加哥，但是现在为了七千美元，他会很乐意这么做。"你想象不出最后这一千美元会有多大的作用。"W. G. Hale to W. R. Harper, ca. Jan, 1892（UCP）. 第七章将会更详细地讨论薪水和地位问题与学术自由的联系。

⑱ J. W. Burgess to Frederic Bancroft, Mar. 23, 1892（FB）; Pierson, *Yale*, p.244; G. M. Stratton to G. H. Howison, July 26, 1902（GHH）.

第五章 新大学的模式

对研究的追求似乎更需要固定的系部。早在 1880 年,系部就在康奈尔和约翰·霍普金斯获得了自治权。但是对大多数美国重点大学来说,系部沿着清晰的路线形成的时期,还是 90 年代,尤其是最初几年。哈佛在 1891 和 1892 年前后坚定地朝这一方向发展;就系部而言,1892 年的新芝加哥大学组织得很好;到 90 年代末,哥伦比亚彻底完成了系部的组建。(耶鲁和普林斯顿紧跟其后,但是速度慢得多。)[184] 这一过程毫不留情,以至于 1902 年的哥伦比亚和 1904 年的芝加哥暂停了新系部的形成。[185]

自从新系部开始形成,调查者就在寻找其背后的原因。两位社会学家最近强调,寻找成功职业新途径的有创意的年青一代学者发挥了作用,他们主要想到了德国大学。"每当对某个领域的教授的需求达到饱和,进取心更为强烈的学生中就会出现进入尚被看作是确立学科的从属专业的新领域,发展起新学科的专业性的趋势。"[186] 无可否认,在 19 世纪 90 年代期间,这种趋势在美国大学是显而易见的,例如,心理学家和社会学家中可以看到这种趋势的作用,后者的最初职业通常是经济学家。但是对系部迅速发展的这种解释至少对于美国来说是不够的,它指出有些人是如何利用现存状况的。更根本的是,当整个学术结构尚在建设中时,这样的系部在管理者和领军教授眼中必然是一种必要而具有前瞻性的手段。这样看待系部的原因显而易见,却无损其重要性:对自然知识的科学假定,组织控制的功能性要求(极少数大型组织没有内部的分化),以及从更正

---

[184] 例如,密苏里大学系部的形成是在 1891 年到 1895 年间。关于耶鲁和普林斯顿的情况,见 Myers (ed.), *Wilson*, p. 63, 及 Pierson, *Yale*, pp. 144, 248。尤其在耶鲁,系部很久都没有得到它几乎其他所有地方都拥有的权力。

[185] 见 Randall, *A History of the Faculty of Philosophy*, p. 21; Goodspeech, *Chicago*, p. 322。

[186] Ben-David and Zloczower, "Universities and Academic Systems," *European Journal of Sociology*, III (1962), 54.

规的德国环境随意引入的期望。

　　此外,1900年之后,全新的分科领域明显开始减少,这说明普遍的宽容在这个范围内只持续了大约二十年。这种情况部分是因为,一旦19世纪的"储备"在学术结构中各得其所,事实上没有人能够设想知识的深层区域;部分是因为,正如我们将见到的,现有的系部已经足够强大,能够在系部的基础上保持大量附属于自己的"从属专业"。虽然1910年之后美国大学里偶尔会出现新的系部和现有系部的分裂,但是19世纪90年代那样的迅速增长再也没有出现过。重大革新取决于学术结构和知识之间明显的文化差距(欧洲学术标准和变化的职业概念都这样认为)。到1910年,人们在评估创造新职位的努力时就冷静多了,当这种努力接受了既定结构中的从属地位,它们就很容易获得发言机会。

　　同时,系主任在大多数大型大学中迅速成为重要人物。世纪交替是明显的系部独裁时期,也许是因为最初在某个学院创立了新领域的教授在挑选伙伴方面拥有非同寻常的影响力。在康奈尔,E. B. 铁钦纳(E. B. Tichener)用铁腕统治着心理学,在伯克利,哲学家乔治·福尔摩斯·豪威逊(George Holmes Howison)要求他的职员对他个人效忠,不能在教室里表达不同的观点。⑱ 很多主任追求有关任命和提升的特权,认为这是他们的角色理所应当的结果——毕竟,难道不是他们"建立"了这个或那个领域吗?⑱ 作为回应,大学校长

---

⑱ Murchison, *A History of Psychology in Autobiography*, I, 253; W. P. Montague to G. H. Howison, July 20, 1902 (GHH). 在威斯康星,系主任"实际上全权负责"。E. B. McGilvary to G. H. Howison, Mar. 3, 1906 (GHH).

⑱ 例如可见 A. W. Small to W. R. Harper, Feb. 26, 1892 (UCP)。

第五章 新大学的模式

有时候开始变得害怕部门领地所造成的分裂性。[189] 为了提高年轻教师的士气,芝加哥大学在 1911 年削减了系主任的权力,并允许选举系主任而不是由管理层任命。

在新的学术团体,有组织的系部同时履行若干功能。首先,它为野心勃勃的教授提供了作为个人可以向上爬的可用途径。第二,大学管理层可以在超过对手的运动中把它当作工具使用。为了第二个原因,应该加强系部的力量,除非其主任从根本上损害了教师的士气。但同时,校长可支配的资金有限,不得不在众多系部互相矛盾的要求之间进行协调。对管理战略的考虑也阻止学术领域里的力量分配过于失衡。最后,在其领导者看来,系部本身就是目的。在这里,斗争的目的是获得相当数量的学生的忠诚以及获得更多"有能力的"职员:芝加哥的化学家与芝加哥的动物学家之间的竞争,而不是(像管理层所希望的那样)芝加哥的化学家与约翰·霍普金斯的化学家之间的竞争。[190] 同一所学院的两个系部可能为了模棱两可的学科问题(统计学和古代历史学就是两个实际的例子)激烈竞争。[191] 同样,任何拆分现有系部的提议,例如将心理学从哲学中分离,都会导致强烈的反对。[192]

---

[189] 见 E. B. Andrews, "Current Critism of Universities," N. A. S. U., Trans., 1905, p. 23; N. M. Butler's "Memorandum for Professor Robinson," Nov. 13, 1909 (CUA), 列举了他对理想的系主任的看法。在哈佛,艾略特赞成独立系部的多样性,但是不同意对系主任多加约束;见 C. W. Eliot to J. B. Angell, Apr. 22, 1890 (CWE), and Eliot, "Academic Freedom," Science, XXVI (1907), 3—4。

[190] 见 R. W. Brown, Briggs, p. 53; G. H. Palmer to Hugo Münsterberg, Dec. 1, 1902 (HM); Royce, "Present Ideals of American University Life," Scribner's Magazine, X (1891), 381; Pierson, Yale, p. 244。

[191] 19 世纪 90 年代中期在哈佛,历史和古典文学为了古典历史学的控制权相互竞争;在芝加哥大学,经济学和社会学也为了统计学陷入了类似的斗争。

[192] 例如可见 N. M. Butler to Seth Low, Apr. 4, 1899 (CUA), 抗议哥伦比亚大学把哲学和教育学分开。

这些完全不同的压力互相均衡的结果就是,系部不论性质如何,都在不断地扩张。只有在校长将新的资金分配到其他地方以填补更紧急的缺口时,各个系的扩张过程才会放慢,但是几年来,它逐渐确定了自己的地位。既然招生人数在1890年之后稳定增加,这种趋势似乎很自然,也很少引起人们的质疑。但是这意味着删减变得非常困难。如果一位校长大胆地提议要撤销某个系,受到影响的人就会非常激烈地抗议。学术自由的原则和既得利益的要求都处于很大的危险中。[193]

职业模式和部门领地有可能成为目的,但是校长把这两者都看作工具,可以在为整个学院赢得名声的大型战斗中使用。四分之一世纪的大学实验令人惊讶地颠覆了学术机构的权势等级。巨大的希望与巨大的恐惧相碰撞。除非形势不许可或是有意识地决定(如在达特茅斯)要成为一所乡村学院,高涨的学院野心导致了激烈的院校之间的竞争。内战之前似乎是不可想象的手段现在也被使用了。本科生和研究生的招生都得以系统化,有时候是故意地损害了其他学院的利益。[194] 相互竞争的院校之间,尤其是处于困境的院校,对教师的"抢夺"在19世纪90年代成为学术风景中意料之中的部分。[195] 现有大学的校长对成立新大学——无论是伍斯特的克拉克还

---

[193] 见 C. O. Whitman to W. R. Harper, Jan. 18, 1894 (TCC),关于撤销芝加哥的古生物系的提议;H. T. Ardley to B. I. Wheeler, Oct. 12, 1899 (BIW),抗议撤销伯克利的装潢和工业美术系。

[194] 见 J. W. Burgess to Mr. Agnew, Feb. 22[1880] (Columbia MSS); J. W. Burgess to Seth Low, Oct. 24, 1894 (CUA); C. N. J., "Pre. Report," Nov. 11, 1886, p. 1; Remsen, "The Migration of Graduate Students," A. A. U., *Journal*, 1900, p. 26; Josiah Royce to Hugo Münsterberg, Sept. 14, 1892 (HM)。

[195] 这些事件中最富戏剧性的就是威廉·R.哈珀在1892年屈尊到了党派林立的克拉克大学,但是戴维·斯塔·乔丹在1891年的类似求职却让他进入了康奈尔,在查尔斯·坎德尔·亚当斯的统治时期,康奈尔存在强烈的不满情绪。早在1869年,哈佛就打算"抢夺"耶鲁的教授了。

第五章 新大学的模式

是华盛顿的全国性大学——的提议冷漠以待。⑯ 一个学院出版的学术刊物引起其他地方管理层的嫉妒。⑰ 校长们对更有名气的教师表现出独占欲,努力把他们的学术成果归功于付给他们薪水的学院。查尔斯·W. 艾略特在 1904 年劝说威廉·詹姆斯不要退休时,甚至公开说道:"我们需要您的名望。"(当詹姆斯考虑退休后到斯坦福任教一年时,艾略特甚至反对说这看起来就像是他抛弃了哈佛一样。)⑱ 教授对于学院的忠诚应该是不容分割的——19 世纪 90 年代中期的伊利诺伊大学专横地降低了一个人的工资,作为他夏天在芝加哥大学授课的惩罚。⑲ 当赫伯特·巴克斯特在 1889 年当选为阿姆赫斯特学院的理事时,约翰·霍普金斯大学的负责人很不高兴。⑳ 对于其他院校吸引他们教师的努力,校长和院长们通常既害怕又很恼火。㉑ 教师的近亲繁殖和研究生的迁移也是这些年的"棘手"问题。

　　这些竞争状况,加上对资金更普遍的需要,使得管理者越来越重视后来所谓的公共关系。艾略特在就职演讲中为这种关注奠定

---

⑯ 例如可见 C. W. Eliot to D. C. Gilman, Oct. 31, 1887 (DCG); C. W. Eliot to B. I. Wheeler, Jan. 31, 1900 (CWE); A, D, White to G. S. Hall, June 18, 1888, quoted in Tanner, "Clark," pp. 95—96 (C); Gilman, *University Problems*, pp. 313—319。

⑰ 见 C. W. Eliot to D. C. Gilman, Apr. 22 and May 7, 1886 (DCG)。

⑱ C. W. Eliot to William James, Jan. 20, 1904, Jan. 13, 1905, in R. B. Perry, *James*, I, 440—41。参考,威廉·R. 哈珀坚持说詹姆斯·H. 布雷斯特德 (James H. Breasted) 在埃及进行的挖掘工作必须"显然是专属于芝加哥大学的探险", in Harper to Breasted, Oct. 20, 1905 (UCP)。

⑲ 那个夏天他在伊利诺伊没有教学任务。E. C. Elliott and M. M. Chambers, *The Colleges and the Courts: Judicial Decisions Refarding Institutions of Higher Education in the United States* (New York, 1936), p. 90. 布林茅尔学院的同样观点可见 Finch, *Carey Thomas*, p. 227。

⑳ "我怀疑你同时为两所大学服务是否方便。"D. C. Gilman to H. B. Adams, July 8, 1889 (HBA)。

㉑ 这方面的例子可见 D. C. Gilman to C. W. Eliot, Jan. 14, 1887 (CWE); J. G. Schurman to H. M. MacCracken, Apr. 6, 1898 (JGS); Martin Kellogg to G. H. Howison, Nov. 28, 1894 (GHH); J. W. Burgess to Seth Low, May 20, 1890 (CUA); J. W. Burgess to E. A. Seligman, May 19[1890] (ERAS)。

了理论基础,当时他评论了警惕"公众观点"的重要性。同年,康奈尔大学开始在纽约的报纸上刊登了短小而有品位的广告。到 19 世纪 80 年代后期,艾略特明显担心,与霍普金斯相比,后一代人所谓的哈佛"形象"是什么。⑳ 公共关系问题从一开始就是州立大学的特色,因为教派学院是不容易应付的对手。公立学院的主管们不仅不辞辛苦地使自己的学院获得广泛而有利的名声,他们还沉溺于(如果他们有任何技巧的话)直接游说立法机构。⑳ 得克萨斯大学甚至向伍德罗·威尔逊这样的陌生人索取称赞性的证明信。⑳ 不论是公立大学还是私立大学都越来越要求教师出现在公众面前(要表现得大方得体)。从公共关系的角度来看,这个时期夸张的竞技热很容易得到谅解,毕业典礼的很多仪式也有类似的味道。1889 年,艾略特收集了有接近大学入学年龄的儿子的家庭的邮寄地址,以便给他们邮寄哈佛的宣传单。1895 年,艾略特特意发起一场宣传运动,以改变具体的"消费者"观点:哈佛是"富人的儿子就读的学院"的观念。⑳

芝加哥大学自从 1892 年成立时起,就老练地使用了广告手段。1896 年哈里·普拉特·贾德森(Harry Pratt Judson)发行的小册子空口允诺了学术理念(训练、知识和文化),但是其本质只是经过简单伪装、用以吸引大量学生的宣传。它尤其是为商人及其儿子们设计

---

⑳ Eliot's inaugural address in Morison, Haovard 1869—1929, p. lxxvi; A. B. Hart to C. W. Eliot, Jan. 3, 1888 (CWE). 哈特劝告艾略特为课程寻觅更多引人注目的、"有吸引力"的名人,提高其学术知名度,更多地宣传哈佛的活动,以便与公众认为约翰·霍普金斯具有的创造风格相匹敌。

⑳ 杰出的游说可见 C. R. Hise to W. Uihlein, May 3, 1905 (UWP-CRVanH)。

⑳ J. E. Rosser to Woodrow Wilson, Oct. 26, 1909 (WWLC)。

⑳ C. W Eliot, draft of form letter to all Harvard alumni, Nov. 1, 1889; Eliot to B. S. Hurlburt, Aug. 13, 1895 (CWE)。

第五章 新大学的模式

的。⑳ 根据阿尔比恩·W.斯莫尔院长的指示,芝加哥带头采用了比迄今为止大学通常使用的更为坦白的广告形式。1901年,斯莫尔在西海岸招生时向哈珀校长建议说:"我们必须遵循广告的唯一法则——永远保持下去。"1904年,斯莫尔采取了大胆的行动:他设计了一份发送给所有美国重点大学四年级学生的传单,邀请他们报考芝加哥大学的研究生院。在这个问题上,艾略特很厌恶地退缩了,对其风格很反感。⑳ 但是事实上,芝加哥只是极其明显地揭示了世纪交替时宣传变得更大胆的普遍趋势。到1910年,宾夕法尼亚大学已经建立了完善的宣传部,配有一名主管,几个打字员,还有一套房间。甚至耶鲁也被迫做出了迎合这种趋势的姿态,因为在1903年,她明显流失了一些老主顾。1909年哥伦比亚的官员们在地方媒体上聪明地刊登了以新闻故事形式写作的广告。⑳

这个时期一直没有说明高品位对学术广告应有什么样的限制。例如,艾略特在这个问题上就发表过相互矛盾的看法。1880年,他坚决地对吉尔曼说:"国家缺乏经验迫使我们用老套的方式宣扬我们所提供的好处。"但是六年之后,他又在给安吉尔的信中很傲慢地说:"无论广告给我们带来什么好处,我都不满意。"他明显反对世纪交替后宣传的新趋势。但是,正是艾略特在1909年将学院的名字借给了被称为"哈佛古典文学"的系列丛书,从而引起了约翰·杰伊·查普曼的强烈控诉。⑳

---

⑳ H. P. Judson, *The Higher Education as a Training for Business* (Chicago, 1911); originally published in 1896.

⑳ A. W. Small to W. R. Harper, Jan. 20, 1901 (UCP); Small to J. B. Angell, Dec. 10, 1904, 及内附的印刷传单 (JBA); C. W. Eliot to Small, Dec. 14, 1904 (CWE).

⑳ "《邮报》完全轻信了我的宣传文章,甚至还打算为此付钱给我。" F. P. Keppel to N. M. Butler, Aug. 9, 1909 (CUA).

⑳ C. W. Eliot to D. C. Gilman, Apr. 6, 1880 (DCG); Eliot to J. B. Angell, Apr. 22, 1886 (JBA) and May 22, 1903 (CWE); *New York Times*, Aug. 19, 1909, p.6.

能干的学术管理者发现,宣传对于学院的扩大是一种越来越必要的工具,但是这个问题也有另一面:保密也是有必要的。如果有利的信息会被挖掘,得以公开,那么就必须尽可能地减少和隐瞒不利的消息。正如哥伦比亚的塞斯·洛(Seth Low)对这个问题的精心论述:"所有事情都是合法的讨论话题——当然,是在大学内部,但是总是把各种问题都拿来讨论毕竟不方便。"人们自觉地努力隐瞒不体面的学术政治活动、内部的矛盾和经济上的挫折。[210] "在难题达到顶点和反对意见出现等情况之前对其进行保密管理是最好的方法。"布林茅尔的贵格教理事之一发出这样的警告。[211] 没有什么比出现有损其学院声誉的宣传更令一位大学校长生气了。后文将要讨论的罗斯在斯坦福的学术自由事件,其事实是,罗斯将学院的秘密泄露给了报纸,这才使得乔丹校长和他的其他老朋友突然极度怨恨地与他作对。[212]

　　查尔斯·W.艾略特的一封信中有段话是关于这个问题的,有时候被人引用却造成误解。1876年,他写信给吉尔曼(谈论耶鲁的不利形势)说:"毕竟直率和坦白是学院校长最必需的品质。"不论是作为艾略特自己的行为指南还是作为他对管理者必要美德的结论,这种言论都不准确。二十五年后,老年的艾略特写信给同一个人,谈

---

[210] Seth Low to J. W. Burgess, May 6, 1898 (CUA). 另见 D. S. Jordan to J. H. Comstock, Sept. 12, 1893, Apr. 21, 1894 (JHC); A. D. White to Hiram Corson, May 9, 1881 (HC); A. D. White, *Address Delivered before the Students of Cornell University Friday, 4 May 1883, in Reply to Certain Attacks uopn the Institution* ([Ithaca, 1883]), p. 8; D. S. Jordan to C. W. Eliot, Nov. 14, 1894 (CWE); Tanner, "Clark," pp. 93—94 (C); V. C. Gildersleeve, *Many a Good Crusade* (New York, 1954), p. 64. 芝加哥的管理层公开要求威廉·G.海尔"不要发表"他请求提高教师工资的演讲文章;见 W. G. Hale to H. P. Judson, Mar. 2, 1907(UCP)。

[211] James Whitall, Quoted in Finch, *Carey Thomas*, p. 168.

[212] 注意尼古拉斯·默里·巴特勒在伍德贝利和麦克道尔辞职时的行为,见 Randall, *A History of the Faculty of Philosophy*, p. 78。

第五章 新大学的模式

论同一个问题时说:"[大学领导的]主要品质是:良好的判断力、良好的鉴赏力和行政人员。"㉑³在这些问题上,艾略特自己的"人员"迫使他早在1872年就强调要保密,当时他注意到,督学会批评现存状况的报告习惯性地打印出来,并被报纸杂志使用。他说:"不要让我们的朋友制造的武器落入我们敌人的手中。公开[这种报告]……的危害,至少在没有大量删减的情况下,是肯定的——我看不到有什么好处。"然后在1894年,某些人被迫辞职引起了争论,艾略特对有关这些事件的信息泄露深表遗憾。1906年,他故意向有关系部的领军教授隐瞒了一次重要的任命。㉑⁴虽然这些事件没有连续性,它们仍表明,比起他在1876年所说的话留给人们的印象,他作为管理者实际上要精明得多。

保密距干涉已知事实仅一步之遥。如果要保护一所大学的名誉,就会跨出这一步。于是哥伦比亚和芝加哥的院长都主张惩罚向报纸泄露不利于大学的信息的学生,因为他们不忠诚,即使学生所说的确实是真的。㉑⁵在处境艰难的时候,大学校长就像所有其他机构的领导一样,毫不犹豫地"美化"事实——耶鲁的蒂莫西·德怀特这样称呼。㉑⁶弗朗西斯·L.派顿辞去普林斯顿领导职务的真实情况在当时显然不能公开——必须编写一篇报道,说明派顿的离职"仅

㉑³ C. W. Eliot to D. C. Gilman, Feb. 29, 1876, quoted in Franklin, Gilman, p.357, and elsewhere; Eliot to Gilman, Mar. 26, 1901 (DCG).

㉑⁴ C. W. Eliot to T. W. Higginson, Apr. 20, 1872 (H); Eliot to C. F. Adams, Jan. 24, 1873 (CWE); Eliot to J. P. Cooke, Jan. 12, 1894 (CWE); Barrett Wendell to Bliss Perry, Apr. 2, 1906 (H).

㉑⁵ 芝加哥的问题是校园里流行小赌博,哥伦比亚则存在捉弄新生的情况。见 Marion Talbot to G. E. Vincent, May 3, 1904 (UCP), and F. R. Hutton to J. W. Burgess, Mar. 13, 1905 (CUA)。塔尔波特小姐说:"不论报告是真是假,我认为应该公开报告的学生立刻驱逐出大学。"赫顿说:"如果故事是真的,我认为作者也应该受到惩罚,因为他在会损害大学名誉的事情上没有保守秘密。"

㉑⁶ Timothy Dwight to T. R. Lounsburry, Aug. 30, 1893 (TRL).

仅是一件意外,他与同事的关系很好,没有出任何问题"。查尔斯·R.范·海斯也不愿意承认威斯康星的学生在接受特别的军训,以便在政治环境恰当的时候给州议会留下深刻印象。[217] 控制这些管理行为的准则就像需要诚实一样,是深深地根植于人际关系中的。学术主管与学院融为一体,他们会做任何他们认为必要的事,以维护他们机构的正面形象,行动时尽可能显得巧妙而毫不痛苦。

美国新大学参与的竞争激烈的名誉之战对它们的发展风格有重大影响。首先,它以古典的放任主义方式刺激了扩张。约翰·霍普金斯大学激励了哈佛;1891年斯坦福的成立对加利福尼亚大学是一次促进;伊利诺伊大学、威斯康星大学和密歇根大学对芝加哥大学的强大都被迫做出回应。[218] 但是竞争性扩张的另一个重要结果就是模仿性。正如我们所见的,在19世纪90年代,地方院校的发展越来越倾向于模仿其邻居,只有耶鲁、普林斯顿、克拉克和一些小学院尽了最大努力以远离标准模式。于是,虽然对立带来了空前的成果,它同时也造成了胆怯。例如,博士项目的革新还会被拒绝,因为害怕这样做会损害大学的竞争优势。[219]

这一点很重要,因为人们有时候称赞美国学术发展的竞争风格,认为与欧洲大学体系相比,它孕育了革新和流动性。[220] 这一点间接说来是正确的,因为美国学术的很多革新都与吸引更广泛的公众的欲望有关,反过来,有些竞争性推动力也成为19世纪60年代后期

---

[217] *Princeton University Bulletin*, XIV (1902), 34; C. R. Van Hise to C. A. Curtis, Apr. 18 and 25, 1905 (UWP-CRVanH), 先是否认,后来很不情愿地承认了这一动机。

[218] 见 F. J. Turner to H. B. Adams, Oct. 19, 1891 (HBA); C. W. Eliot to Mr. McConkey, July 23, 1903 (CWE); Slosson, *Great American Universities*, pp.163—164, 283。

[219] 例如可见 C. O. Whiman to W. R. Harper, May 31, 1894 (UCP)。

[220] 这次辩论的详细阐述,见 Ben-David and Zloczower, "Universities and Academic Systems," *European Journal of Sociology*, III (1962), 73—75, 82。

第五章 新大学的模式

和70年代考虑招生数量的人的思想基础。但是这些基本革新没能持续下去,它们基本上是19世纪后期一代人的产物。与认为竞争是学术创造力的根本原因的论点相反,人们只能在记录中看到,随着美国大学的竞争越来越激烈——在19世纪90年代及以后——它们也变得越来越标准化,原创性和流动性越来越少。于是,现在一所大学几乎总是想提供尽可能多的领域的"全部"研究课程,以便不会落伍。[21] 最极端的例子是,盲目的模仿使威廉·R哈珀宣称,由于哈佛有单独的传单宣传其研究生院,芝加哥必须如法炮制,否则就要落后了。[22] 这种不顾一切要保持领先地位的结果就是,很多学生有时候惊叹于学术标准的代价,雇佣的教职员太多(以便营造出"完整"的幻象)导致教职员的薪水相对一直较低。[23]

另一方面,少数领军教授发现,这些竞争状况为他们的才能创造了买方市场,对他们的职业有极大的帮助。头十年,约翰·霍普金斯可以在一定程度上剥削其教职员,因为当时没有真正的研究生院竞价。[24] 至少到1869年才能看到竞价和用出价来提高一个人的现有地位,但是这些在19世纪90年代才成为主流现象,当时斯坦福和芝加哥成立了,哥伦比亚开始了引人注目的发展。所以竞争对于单个学者是有好处的,即使它导致了整体的单调的标准化。

当时管理者对院校竞争的态度就像对广告的态度一样犹豫不

---

[21] 这种压力的证明,见 W. G. Hale to W. R. Harper, Mar. 25, 1905(UCP); C. W. Slack to G. H. Howison, Apr. 26, 1893(GHH); J. R. Angell to W. R. Harper, Nov. 26, 1898(UCP)。

[22] W. R. Harper to H. P. Judson, Apr. 2, 1902(UCP)。

[23] 见 R. K. Risk, *America at College: As Seen by a Scots Graduate* (Glasgow, 1908), p. 16; H. S. Pritchett, "The Support of Higher Education," *The Independent*, XLV (1908), 1547。1906年,为了对抗这种趋势,耶鲁减少了教职员人数以抑制薪水的增长;Yale, *Annual Report*, 1906, p. 8。

[24] 见 Hawkins, "Pioneer"(打字稿版),II, 636, 638。

决。据说自尊需要大学与其合理的对手之间存在一定的"敌意"。[225] 同时,这方面的极端状况又引起人们的哀叹,尤其是像丹尼尔·科伊特·吉尔曼这样小心谨慎的人。然而,即使吉尔曼也欢迎潜在的竞争精神。1904 年,伍德罗·威尔逊甚至宣称:"任何有个性、有野心的学校都比不上在热爱科学和文学的环境中引起大量竞争的学校。"[226]在重点院校的校长中,学术竞争精神很少逾越绅士俱乐部牌戏的界限。[227]然而,虽然模仿性竞争通常很随意,但是它对于兴起的美国大学模式的影响永远打消了更富创造性的希望。不断与其邻居争名夺利,人们很快就发现,这限制了平静实现与众不同或实验性理念的自由。

❧ 凝聚力的来源 ❧

那么,更根本地来说,美国的整个学术结构是如何成功地结合在一起的?学术团体包括忠诚和价值观相差甚大的集团,它也在想法类似的人中孕育了明显的名誉竞赛。各个层次都出现了竞争、多样性和差异。还在玩弹子的男孩,躲在图书馆的人,以及世俗的行政人员都属于同一个学术组织。实验室、橄榄球场和威严的校长办公室都要求承认其作为活动中心的一定合法性。牧师、默默寻找丈夫的女生、农学教授——所有这些人进一步加剧了观点的悬殊。在两种主要情况下,学生和对管理层持有敌意的教师"理想主义者"表现出了相当严重的疏远。院校的行政领导没有为其管理赢得绝对

---

[225] F. J. Turner to R. T. Ely, Feb. 28, 1892 (RTE).
[226] Princeton, *Annual Report*, 1904, p.11.
[227] 见 J. G. Schurman to Seth Low, May 23, 1892 (CUA), and W. R. Harper to A. W. Small, Feb. 8, 1892 (UCP)。

第五章 新大学的模式

的合法性。从不同的观点看来,本科生和很多教师只喜欢插手最少的政府。除了接近等级顶端的人之外,几乎每个人都想走自己的路,他们最重视的就是做自己愿意做的事的权力,即使他喜欢做的事必须符合其同辈的强大的行为准则。

但是1890年之后,大学毫无疑问是成功的——没有人相信它会失败,即使它所有的不一致都广泛呈现出来了。虽然内部存在极严重的紧张状况,大学仍然取得了明显的成功,这种自相矛盾使大学在注重平衡的社会学家看来似乎是"令人困惑的问题"。[29] 具有公认目标的领域里找不到这个问题的解决方案。当人们回想起学生的暴动、作弊、躲避教授的倾向,当人们考虑到学术自由危机时出现的教职员派系,他们也不能轻易断言说,更深的价值观在根本上是统一的。

出现的答案复杂却不全面。首先,几乎所有的参与者都来自美国人口中的非劳动家庭,从种族角度看,大学在很大程度上是团结的。哈佛与人口众多的波士顿之间的鸿沟、哥伦比亚与人口众多的纽约之间的鸿沟比学生和导师之间的距离要大得多。在这个意义上,学术争论仍然是家庭争论。在大学形成时期,它并未受到无产阶级行动或多种族融合等问题的困扰。这个时期的大学平静地接受了性别的多样化,也许仅仅说明美国争取妇女权利的斗争所引发的情感相对不太强烈。(在强烈感受到性别问题的地方——东海岸——必须注意到,耶鲁和普林斯顿这些院校确实没有尝试。)毕竟,在更广阔的背景下,"同质"和"异质"的大学比较而言都是同质的。根据基本的人口统计学,学术人口仅仅在一个主要方面——学

---

[29] Ben-David and Zloczower, "Universities and Academic Systems," *European Journal of Sociology*, III (1962), 47.

生和职员之间很大的年龄差别——才得分不高。

学生仅仅是学校的短期游客这一事实缓和了紧张状态。如果学生认为,要求他们必须参加考试的制度期限不是四年,而是一辈子,那么他们的反抗也许真的会呈现出被压迫者的规模。毫无疑问,当教职员意识到每个非常麻烦的本科生都会如预期一样地消失,他们也同样感到安慰。同样,随着越来越多的大学成立或是扩张,教师也发现他们的前途不完全取决于他们与当地上级的关系。事实上,下一个学院的结构也许与某人自己的学院完全相同,但是它似乎具有潜在的不同之处,足够打消进行"最后"战斗的愿望。在这些重要方面,只有暴躁的教条主义者——以及管理者——才觉得他们必须"来真格的"。于是,在某地任职的短暂性和平调的极大自由在很大程度上确保了稳定性。

但是虽然存在这些有利的事实,紧张和不和谐还是在显著的高层次上显现出来。虽然冲突很少达到真正革命性的情绪顶点,制造紧张的强制因素还是真实存在的。只有当人们忽视很多美国父母坚持孩子一定要成功的事实,只有当人们忘记未来的教授们长期为美国高等教育付出的热心努力,才能将美国大学定义为真正"自愿的"社团。无论是作为教师还是学生,人们对待大学生活的态度都不同于"培养"业余爱好或是公民兴趣。确切地说,辞职的结果绝对不像在民族国家的极端情况下那么悲惨,但是学术行为的记录更类似于"高级"意义上的政府问题,而不是自愿利益群体的困难。大学——在很多方面都类似于医院或是工厂——属于半强制性的机构,一种托克维尔(Tocqueville)没能预见并越来越成为大多数美国人生活核心的机构。

对于那些确实觉得必须依附大学的人,不管是四年还是一辈子,感觉到个人的灵活性有其重大局限性。当期望受挫时,这些限

第五章 新大学的模式

制就会出现,表现为本科生的享乐主义和教职员盛气凌人地要求特权。相对同质的社会团体出现重大的紧张局势,虽然有些内部约束力要求人们不要太当真,紧张局势仍然出现了。因为学院性质的强迫性足够使其内部的冲突可能有造成严重后果。

那么,我们更需要讨论一下大学为何"有效"。大学的凝聚力主要取决于学院能够为其组成团队提供的特有激励。大学为每个不同成员提供了足够的诱惑,使其留在原地,并且逐年吸引新的因素来取而代之。对于三种成分中的两种,激励是显而易见的。只要学术标准的要求不高,学生的动机就是父母的压力、学位的荣誉和对"愉悦"而相对不受干扰的生活的向往。反过来,管理者可以获得威严和权力上的满足感,和公共知名度通常给予的所有回报。这些满足感很容易理解,无须赘述。

然而,用于教职员的刺激就不那么明显了。首先,当然,教授就像学术管理者一样,获得了他们所需的声望,虽然没有管理人员那么显赫。毫无疑问,对一些教职员来说,能够以体面的方式维持生计这一事实足够使他们满意。但是有人猜测,如果这是主要动机,教授的位置上就会坐满了次要的人。为了吸引那些确实经常在著名大学就职的人——同时在学院的发展方向上给予其相对较小的权力——还需要某些不太具体的满足感。无疑,对于有些教职员,这些主要是缺乏安全感的个性需要的满足感。对于少数有天赋的人,大学提供了隐居场所。它可能是害羞的人、性情暴躁的人以及过于敏感的人的避难所。无可争辩的例子说明,有些教授在其他任何机构环境中都不可能获得稳定的收入,对他们来说,学术结构的无序性正是其无可比拟的优点。它使他们在相对宽容的环境中有机会稳定下来。㉙但是还要说,大多数杰出的教授并不是这类人。普通的教授需要更平凡的动机,虽然需要极不平凡的动机来解释为什么作为一个非常聪明的人,他不追求其他领域更多的金钱报酬。这种动机在于他的信仰:他相信,他是在用授课、出版的研究论文,或两者的结合,影响其他人的思想。

我们现在知道了,这个时期只有少数美国教授如他们自己所想的那样有影响力。半个世纪之后,大部分教师的研究都在大学图书馆的书架上,无人问津,因为在过渡时期,几乎每个领域的注意力都转向了更新的研究问题。㉚就课堂教学而言,人们只需要考虑学生习惯的不可渗透性,和当时的本科生所过的叛逆性的非抽象生活。正如拉道夫·伯恩在1911年所悲叹的:"这些年轻人中大多数人的……家庭信奉传统宗教,喜欢低俗文学,缺乏学术氛围,他们来到[大学]时,几乎没有知识技能,而且,既然他们中的大多数都将从商……他们也设法带走最少的东西。"㉛

这些事实令人不快。有无数的论据可以粉饰这些事实或是否认其存在,这样一来,世纪交替时的大部分教授不介意看到这种学术场景也就不令人惊讶了。更讨人喜欢的做法是假定高等教育相当有效地打动了受教育者的思想。这种假设导致了另一个乐观的结论:正式教育补救了社会所面临的重大问题。当时只有少数人质疑这些信念。威廉·詹姆斯清楚地意识到,当他否认年轻人的思想可以被教室里不断灌输的美德所感化时,他是提出了异端邪说,反

㉙ 然而,见第七章中对天才和怪癖的讨论。
㉚ 这些评论不包括应用自然科学家。技术是一项经久耐用的可见而累积性的成就——只要人们还相信技术进步的好处。这种成就的确切性也许解释了这一事实:相对较少的应用科学家费神讨论大学的目的,他们中极少数人沉溺于任何形式的自我反省。
㉛ Bourne, "The college," *Atlantic Monthly*, CVIII (1911), 669.

第五章　新大学的模式

对了艾略特校长和大多数其他教育家的根本信仰。詹姆斯指出："每个公共问题的每个方面都能看到大学毕业生。坦慕尼派一些最忠实的支持者就是哈佛人。哈佛人捍卫我们对待菲律宾盟友的态度,认为这是政策和道德的杰作。作为记者的哈佛人会为接纳他的任何一方写文章,并以此自豪。每种社会弊端都有其哈佛的支持者。"[222]J. 富兰克林·詹姆逊在 1884 年的日记中就这一问题更直接地说道:"你也许会认为你对相当多的年轻人施加了很大的影响,唤醒了他们的激情,极大地推进了他们的政治教育。但是事实是,你对他们毫无影响,[而且]他们也没有任何激情。"[223]在人们想当然地认为理想能够通过教育逐渐实现的年代,詹姆斯和詹姆逊的话被认为是亵渎性的。这样的怀疑深深地击中了整个学术业的根基,只能被人忽视。

但是当人们扫视已经发展起来的整个学术结构,注意到将其从上到下黏合起来的不同动机,就不难得出结论:如果不是这种乐观的神话占据了其中间阶层的思想,大学也许就分崩离析了。确切地说,在上层和下层,以及学生父母中也存在同样的神话。但是对于位于学术结构两端的人来说,他们有充分的更明确的动机。只有中间阶层才绝对需要相信这个神话,以便达到所需的结果。

尽管其内部结构松散,对美国大学成功的最佳解释是,这是利益有效结合的产物,其中只有一项利益(教职工的利益)不可避免地

---

[222] William James, *Memories and Studies*, p.352. 这个问题本身就另有讽刺性,因为就艾略特重视通识教育的影响力来说,他相信年轻人的性格是可以训练的,但是作为选修制的倡导者,他被迫争辩说,实际上学生的思想已经成型,足以在选择新生课程时做出成熟的判断。

[223] Quoted in Hawkins, "Pioneer"(打字稿版), II, 656.

与唯有大学能够保证实现的价值观相联系。[234] 我们还可以更大胆一点,利益的结合能起作用,是因为各种参与者完全不了解他们所处的全局的逻辑性。本科生的浪漫群居生活粉饰了学生通常只是实现父母志向的工具这一事实。理性的教授们相信,学术信念具有直接或最终的影响力,这掩盖了别人并不像他们自己一样重视他们的事实,坦诚的对话变成了一种礼貌,阻止其进行的所有障碍进一步掩盖了这一事实。而对于位于上层的人,他们被下一章将要论述的催眠式的仪式理想主义所蒙蔽。每个学术团体都默默地遵循着不交流的需要,通常不会太粗鲁或野蛮地揭露其他团体。人们就这样在一个多样但基本稳定的机构里共同努力,没有重大经济刺激也没有真正的思想交流。[235]

大学的繁荣,如果有的话,是建立在无知的基础上的。如果这样说显得过于自相矛盾,或者可以说大学繁荣的原因是其成员之间模式化的相互隔离,这种隔离要求人们说话不必顾忌别人,不必在意别人说什么。这种相互理解的欠缺保护了人们的隐私和幻象,在很多团体中存在,但是他也许具有重要意义,能够解释社会中最聪明的成员高深莫测的行为。

具体化的迹象

1910 年,美国大学的结构已经具有 20 世纪的稳定形式。(我们

---

[234] 学生可以在其他环境下获得象征性的荣誉——他们能在没有大学的情况下观看橄榄球赛。类似的,1890 年后的大学校长能从担任非学术企业领导职务中获得很大的满足感。如果有法令在一夜之间撤销了大学,只有教师们(以及研究生)会在适应另一种生存模式时遭遇极大的困难。

[235] 即使在社会层次上,如何通过具体利益的有效结合而非真正的价值集成来达到平衡,对这一问题的认识,见 Robin M. Williams, Jr. *American Society: A Sociological Interpretation* (2d ed.; New York, 1960), pp.547—548, 550—552, 558。

第五章 新大学的模式

只能想到一个例外的情况:半自治的研究院是晚些时候出现的。)1900年之后,就很少出现关于高等教育目标的新观点了[236],而其基本的组织模式也很少出现差异。[237]

与其他不太理性的创造性行为不同,当它创建的机构发展到一定的极限,创造性管理就必须停止。此后,主要任务就是维持,或最多是进行重复性建设。那么就不再需要建筑师了,只需要承包商。到1910年,美国学术组织在所有方面——除了数量的扩大之外——都达到了这种停滞状态。除了稳定的结构,至少还有两个重要指标可以证明这一点。第一个就是美国新建的新学院和大学数量急剧下降。19世纪的创建热在80年代达到顶峰,90年代稍微下降,1900年后的十年间骤然下降。[238] 第二个重要事实涉及较大的院校在1910年已经达到的规模。六所美国大学在1909年的注册学生数超过了五千。[239] 在很多极其重要的方面,拥有五千人的大学更接近五万人的大学,而不是五百人的大学。任何人都不可能装作认识其他每个人。"小镇会议的规模"不复存在。在1910年规模较大的大学里,

---

[236] 有一种可以看作是文科课程的改版,抛弃了文雅的传统,更倾向于关键的智力和创造性。如我们在第四章所见的,1900至1910年间明显出现了这种趋势,虽然规模较小。20世纪特有的学术论文模式的典型例子,可见 S. H. Rudolph, "Th Ivory Dorm Revisited: The Reality of the Unreal," *Harvard Review*, III (1965), 35—38。1965年《哈佛评论》的冬季刊全书表明,我们这个时代对教育的讨论绝对不缺少新鲜和冒险精神。

[237] 在表面上,"二战"之后专科学院和社区学院的普及发展似乎与这种关于组织的观点相矛盾。但是这些学院与公立学校体系关系密切,以至于人们质疑它们实质上是否属于"高等教育"。1900年之前,也是戴维·斯塔·乔丹和威廉·R.哈珀倡导了专科学院。

[238] W. A. Lunden, *The Dynamic of Higher Education* (Pittsburgh, 1939), p.174, Chart 7; U. S. Com. Ed., *Report*, 1910—1911, I, 11. 再次说明,"二战"之后学院的数量剧增,但是其原因是专科学院成立运动和以前的师范学校转变成文科学院。

[239] 数据如下:哥伦比亚,6232;哈佛,5558;芝加哥,5487;密歇根,5259;宾夕法尼亚,5033;康奈尔,5028;威斯康星,4947。注意,前六所中只有一所是州立大学。虽然普林斯顿仍然只有1400名学生,甚至耶鲁也有3297名。哥伦比亚已经拥有797名研究生,芝加哥、哈佛、加利福尼亚、宾夕法尼亚和耶鲁各有约400名。Slosson, *Great American Universities*, p.475.

讲座课程听众的人数即使根据20世纪中叶的标准也是很多的。[240] 尤其在州立大学,已经有人抱怨说,本科生处于茫然无助的状态,最多只能发现自己处于一个极度冷漠的环境。[241]

回顾过去,我们可以看到,19世纪90年代见证了美国学术模型在几乎所有重要方面的稳定发展。特定的学术行为都是在19世纪70或80年代由某一两所院校进行初步尝试,然后在这个时期首次普遍发展起来。事实证明,在19世纪90年代得以广泛采用的先例几乎都是不可撤销的。

人们完全可以停下来考虑一下学院关系的迅速同化。1890年之前,还有可能果断地选择行为方式,还有彼此明显不同的学术项目。哈佛、约翰·霍普金斯、康奈尔,还有自成风格的耶鲁和普林斯顿,曾代表着不同的教育可能性。在19世纪90年代,确切地说,美国学术机构丧失了自由。为了成功地建设一所重点大学,大学现在必须在所有基本方面符合标准的结构模式——不论大学会怎样吹嘘其特有的少数装饰。对金钱、学生、教师和名誉的竞争要求大学不能过于特立独行。从此以后,创新性不能逾越既定体制规定的路线。考虑一下,如果没有理事会,或者理事会的成员是一群不相信社团可敬因素的人,美国大学将是多么不可思议。如果没有详细的教师等级体制的诱惑,美国大学又是多么不可思议。想象一下如果没有校长、系主任、运动场、学生成绩单、正式的注册手续,或地质学系,美国大学将是什么样子。院校的发展极少是任意的。只有在预期的边缘,标准还没有确立的地方,才可能进行尝试。所有争夺高

---

[240] 1903年在哈佛,经济学(一)招收了529名学生;政府学1376名;地质学4489名;历史学1408名。这些都是讲座课程,虽然有些每周举办一次单元会议。Harvard, *Annual Report*, 1903—1904, pp. 87—88.

[241] 例如可见 Slosson, *Great American Univerisities*, p. 208。

第五章 新大学的模式

等院校荣誉的人都必须按照规定的方式。1892 年威廉·R.哈珀创建芝加哥大学时,他相信他的模式是真正"焕然一新"的——因为实际上,它非常严格精致,而且,它要求所有课程在夏天上课!即使在那时,关于学术结构的真正离经叛道的观点也是几乎不可能获得成功的。四所天真地敢于在 19 世纪 90 年代显得与众不同的重点大学的命运就证明了这一点:约翰·霍普金斯、克拉克、耶鲁和普林斯顿。所有这些院校迟早都会做出重大调整,以努力证明自己的竞争能力。[242]

当然,新美国大学的结构并不会完全规定院校成员的日常工作。然而,这种结构的影响与美国学术生活的要旨有着清楚的关系。这些影响可能是直接的,就像在所有明显的指挥关系上,或者,在预期的作用和做事的方式上是间接的。一致的思想和行动会受到奖励,危险的行动会遭到暗地或公开的惩罚。对奖励或惩罚的预计导致了无意识的习惯模式。学者们在争论中没有说出的话——也没有想到要说——变得越来越重要,成为结构具体化的指数。

写一部科学史,甚至科学社会学,都是很困难的。只有与 19 世纪 60 和 70 年代公开表述的过高的希望相比较,人们才会分析 90 年代隐藏在累积的空话中的沉默(及不被人承认的混乱)。也许某一天,在很多情况下,即使这种比较也显得无关紧要。结构为学院的成功及其内部求职者的成功限定了标准,它向外部评估的所有潜在标准发出了质疑:我们能否"把它做成"另一种样子?

---

[242] 然而,它们中的每一个都是不愿意接受标准化的执著证据。

第六章　融合协调的趋势

随着美国大学结构迅速形成,学术目标的几种观点逐渐失去了明显的差别。它们变得含糊不清,演讲者会在发言中从其中一种滑向另一种,而自己甚至感觉不到任何矛盾。时间流逝,并没有出现任何明确的、能挑战旧观点权威性的新观点,相反,1910年即将来临时出现的"新颖性"来自以前哲学的杂交。无论在时间或空间上,观点之间的协调都并非均衡进行的——不应该将其与彻底消除学术差异的高压手段联系起来。但是它所具有的力量在事后看来是不可避免的。

理念的逐渐融合

学术理念的融合最明显地发生在学术结构顶端的管理者阶层。那些更认同外界世界所关心的问题而不赞成把学院看作隐居场所的观念的教授们也推动了这个过程。要支持和谐政策就要努力让提供资金的各类外界团体接受大学。这种外向型的态度是由公关意识形成的,从一开始就在美国大学运动中显而易见,特别是丹尼

第六章 融合协调的趋势

尔·科伊特·吉尔曼和詹姆斯·B.安吉尔等人表现出了精打细算的折中主义,以赢得朋友。但是学术观点的融合趋势是在90年代才在更大范围引起了人们的注意。

这种逐渐增长的"合理性"不仅仅与学术社团内部的发展有关。学术温和化趋势在整个美国取得重大进展。在这些年里,有关无神论和宗教的尖锐的老问题逐渐失去了普遍的吸引力。① 正如哈佛的弗朗西斯·皮博蒂在1903年评论的:"在20世纪之初进入成熟期的认真的年轻人的主要特权就在于,他不可能陷入……精神理念与学术目标相冲突这种令人心碎的问题。哲学、科学和神学都受到统一的制约。"② 人们不再寻求过去所说的"最终答案"。③ 从前的争论中的所有派系成员(除了新出现的原教旨主义者)都觉得自己获得了胜利。那么,在很大程度上,调和教育观点的要求仅仅是反映了周围世界的新风格。

然而,与此同时,大学中出现了积极进取的管理层。尤其在较大的院校中,学院局势的直接影响通常呈现在其领导者身上。1888年,当时还在印第安纳大学的戴维·斯塔·乔丹在内地做巡回演讲时,列举了六种支持大学教育的论据:1)接触过去的伟大思想家;2)研究自然;3)学生和教师带来的有利社会影响;4)勤奋工作的美德;5)大学学位的经济价值(虽然他很谨慎地强烈反对将其作为

---

① 在阿姆赫斯特,查尔斯·E.伽曼(Charles E. Garman)不得不改变了哲学课程的内容以迎合学生的需要,就此而论,他这样做的时间很重要;见第四章《才华横溢的语言》一节。威廉姆斯的学生的兴趣也发生了类似的转变,见 Peterson, *The New England College in the Age of the University*, p.175。1900年前后,人们普遍注意到,科学和宗教之间存在着"停战"状态。见 U. N. Y. *Report*, 1900, p.32; R, S, Woodward, "The Progress of Science," A. A. A. S., *Proc.*, 1901, p.230; C. D. Wright, "Science and Economics," *ibid.*, pp.335—336。

② F. G. Peabody, *The Religion of an Educated Man* (New York, 1903), pp.4—5。

③ 见 R. M. Wenley, "The Changing Temper of Modern Thought," *Educational Review*, XXXIV (1907), 12, 21—22; Slosson, *Great American Universities*, p.321。

动机);6)校园里普遍存在的"理想主义"。④ 乔丹在演讲的时候首先关注到了听众的多样性。操控大学教育所有这些优势的既不是乔丹自己的学问,也不是他的气质,而是向不同的人做出保证以尽可能多地吸引学生的愿望。管理者自然要扮演政治家的角色,这必然会影响他的思维。很少能不考虑他的某部分选民非常想听到的东西。加利福尼亚大学的本杰明·爱德·惠勒于1900年写道:"现代大学……是将所有学院、所有课程、所有生活目标以及达成目标的所有方法融为一体的集合。"⑤伊利诺伊大学的埃德蒙·J.詹姆斯(Edmund J. James)试图用一句包容性的话宣布职业培训、研究和文化的合法性。⑥ 这种趋势绝不仅限于州立院校。芝加哥大学的校长哈里·普拉特·贾德森在1907年写道:"我认为大学的目标不应该是生产任何单一的产品。结果应该是多样的,因为天性是多样的。任何学院都不应该致力于在所有人身上打上检验标志,期望所有人都会大致相似。"他接着赞扬了智力训练、民主和宽容,说它们是学术的目标。⑦ 耶鲁的阿瑟·T.哈德利回顾了1899年前的一个世纪,认为其所有活动都是为一种"综合体","某种大型的和谐的完全体系"做准备。应该消除明显的差异。⑧

托马斯·C.张伯伦注意到了新的调和倾向,他评论说,学术理念现在处于"不断变动"中,而"美国大学正在试着找到自己"。他意识到,没有一种理念能够取得预计的"胜利":

---

④ D. S. Jordan, *The Value of Higher Education*: *An Address to Young People* (Richmond, Ind., 1888).

⑤ B. I. Wheeler, "University Democracy," *University Chronicle* (Berkeley), IV (1901), 2.

⑥ E. J. James, "The Function of the State University," *Science*, XXII (1905), 612.

⑦ H. P. Judson to W. B. Parker, Apr. 24, 1907 (UCP).

⑧ A. T. Hadley, "Modern Changes in Educational Ideals," in T. B. Reed (ed.), *Modern Eloquence*, VIII, 594—595.

第六章 融合协调的趋势

我们伸手想得到的那个隐约可见的东西,就是理念的美国替代品。在美国人看来,志向比理念更为重要。典型的态度是热切地寻求更好的东西,他们都觉得,随着知识和经历的发展,必须不断形成新的概念和新的理念。美国教育家绝不会接受确定的理念……他的理念就是要不断地修订他的理念。⑨

结果证明,在进步年代,宽容在教授层次上同样越来越普遍。1907年,哥伦比亚的一位希腊语教授列举了文化、实用和研究,说这是大学的三个主要目标,然后断言:"有时候我们也许……试图把这些概念区分开来,但是它们实际上交织在大学的整个思想中,无法在它们之间划出明确的分界线。我们尤其不应该认为它们是相互对立的。"⑩爱德文·E. 斯洛森在完成了对美国学术院校的认真调查之后,于 1910 年赞扬大学教职员中"相互包容和理解的新精神——他说,派系在相互融合,忘记了它们曾有的相互嫉妒。⑪ 在此,斯洛森注意到了一种变化的潮流,比 1909 年前后激动人心的争论所揭示的表面现象更为深入,影响也更深远。

当然,也不是所有人都对友善的趋势感到高兴。在心怀不满者(通常是自由文化的信奉者)看来,新式的言论也许会引起愤怒或是冷漠的讽刺。亨利·塞德耳·坎比在回忆这个时期时,还能相当冷静:"尤其在新世纪的头十年,他们试着在我们学院将各种矛盾的东西融合起来……1905 年左右,教职员中的一位年轻讲师,在看到以前闻所未闻的运动场、啤酒园、政治集会、实验室和研究工厂的结合

---

⑨ T. C. Chamberlin's "The American University and Its Ideals," n. d., p. 3 (TCC).

⑩ J. R. Wheeler, "The Idea of a College and of a University," *Columbia University Quaterly*, X (1907), 12; 参见 C. F. Thwing, *A History of Higher Education in America* (New York, 1906), pp. 448—449。

⑪ Slosson, *Great American Universities*, p. 509.

体时,头脑混乱得就像西班牙蛋卷一样。"⑫人们仍然怀疑,混合的大学是否还具有独特的学会功能,能吸引新一代人中的领军人物——提出这种质疑的是比坎比更不能忍受宽容的批评家。

教育机构的商业模式

一所学院的角色是否清楚不仅仅是社会学的抽象概念,它一直在美国大学的校长和教授的心中萦绕不去。如果清楚地定义目标的概念有任何外在功能,那就在于它有助于使一个人的职业有别于其邻居。至少在社会顶层,相对的闲暇有时候使思想变得很重要,坚定表述的思想防止所有人都反复从事同样的工作。换句话说,思想使不同的团体相互隔绝,因而它们的存在对于少数人的生存尤为重要。如果没有明确的目的性,世纪交替时的美国大学代言人就冒着很大的风险,他们可能会漫不经心,甚至无意识地接受人数更多也更有影响力的同辈、商业和工业领袖人物的主导行为模式。

这个时期,没有哪一种学术趋势像这种趋势一样激发了如此多的热烈评论。约翰·杰伊·查普曼有点夸张地抱怨说:"代表教育和学问的人具有企业家的理念。他们实际上就是企业家。今天掌管哈佛的人也和商人差不多,他们经营着一家向上百万人兜售教育的商店。他们的工作就是使其成为美国同类机构中最大的。"⑬约翰·杜威在1902年更清醒地断言:"[学术]机构是根据其显而易见的物质财富来排名的,直到赚钱和花钱的氛围掩盖了只有金钱才能获得的利益。"⑭这样的控诉以极端的形式指责大学领导人或多或少

---

⑫ Canby, *Alma Mater*, pp. 81—82.
⑬ J. J. Chapman, "The Harvard Classics and Harvard," *Science*, XXX (1909), 440.
⑭ John Dewey, "Academic Freedom," *Educational Review*, XXIII (1902), 11.

第六章 融合协调的趋势

直接地听命于工业巨头。"就像老板是企业家的政治工具一样,学院的校长就是他们在教育界的代理人。"查普曼说。⑮

　　类似指控中涵盖范围最广的是索尔斯坦·凡勃伦在《美国高等教育》一书中提出来的,该书的大部分写于 1910 年前。凡勃伦看到,商业控制几乎参与了现代大学的各个方面:花钱建造高楼的趋势;官僚机构的扩大;兄弟会和体育运动的知名度;他(作为研究的倡导者)所相信的研究生院对本科学院的附属地位;职业课程;所有的名誉之争。⑯ 纯学问并非处于绝对的无防备状态(凡勃伦在有时候对最终结果很乐观,这一点太容易被人忘记)⑰,但是美国大学发展的中期似乎潜藏着一股格格不入的力量。教授们用能迎合有商业头脑的外行人的语言证明自己课程的合理性,不管其性质如何,而不是说:"支持我吧!"教职员成了被雇用的人。凡勃伦老于世故,他不会认为这些趋势是有计划的结果;他认识到其中有放任自流的因素,而他并没有指责理事们和校长们故意犯错,而是指责他们虚荣、热衷权力。⑱ 他的话仍然让人感到发自道德的义愤。他最反对管理者对公众意见的敏感性,这是走向商业控制的致命的第一步。⑲ 取悦直接经济资助者的愿望必然会接踵而至。虽然凡勃伦暗示应该完全撤销理事会,但是也并没有提出很多补救措施。⑳

---

　　⑮ J. J. Chapman, "Professorial Ethics," *Science*, XXXII (1910), 6. 参见 E. A. Ross, *Seventy Years of It* (New York, 1936), pp. 51—52。

　　⑯ Veblen, *The Higher Learning in America* (1957 ed.), esp. pp. 18, 59, 72, 87, 93, 124, 126, 141。

　　⑰ 例如乐观的文章可见同书 111—112, 125 页,悲观的文章可见 69—70, 127 页。在 139 页,凡勃伦最深思熟虑的判断如下:"实际上,事实的趋向是,学者的理念与商业理念之间出现妥协,结果,迫于商业性严酷环境的压力,学术理念在不同程度上退缩了。"

　　⑱ *Ibid.*, pp. 10, 174—75。

　　⑲ *Ibid.*, pp. 87—88, 134, 180, 188—190。

　　⑳ *Ibid.*, pp. 48。

凡勃伦的情绪也是学术阶层中极少数幻想破灭者的情绪,虽然很可能有相当多的美国教授对商业化生活也抱着较为温和的怀疑态度。㉑ 必须将指控的愤怒语气与对引起指控的形势的思考区别开来。商业思维的态度和方法渗透进大学是确定无疑的。这是令人担心的事实或仅仅是学术发展中自然而意料之中的方面,取决于观察者的立场。无论是批评者还是维护者都不能否认,学术领导人和面向商业的美国人之间出现了频繁的友好交往。

大学结构的不同层次都可以看到这种交往。首先,19世纪90年代出现了一批由大学校长和教授撰写的文章,试图按照自己的意图招收面向商业的学生。采用《大学教育的实际价值》、《大学教育有回报吗?》、《成功市民中大学生排名第一》等标题,这些文章有助于营造欢迎渴望世俗成功的男生的氛围。㉒ 显然,就学生而言,学术社团的大门已经敞开了。父辈已经获取成功的富有的本科生会在进步时代承受别人对他的批评,但是他,以及那些渴望进步、出身不太显赫但是更富同情心的男生,是招生人数增长的主要动力。于是,确保大学体系大规模扩张的前提(民主前提),不存在超脱于世俗动机之上的官方态度。实际上,大多数相信实用性是高等教育目标的人刻意试图迎合这些学生的志向。

在底层,具有商业思维的学生渗透进大学,与此相应,慈善家在顶层施加了影响。经济支持一直是每个学术机构最迫切需要的。它们不得不追求金钱,而当有人提供金钱时,它们也不得不接受。因为有附加条件而拒绝大笔资金的学院极少——如1908年的斯沃斯莫尔。安德鲁·D. 怀特说,必须忍受校友们经常令人恼火的缺

㉑ W. P. Metzger, "College Professors and Big Business Men: A Study of American Ideologies, 1880—1915"(Ph. D. diss., State University of Iowa, 1950), pp.408—410.

㉒ 这些文章的部分目录可见作者未出版的论文, p.1030, n.415。

第六章　融合协调的趋势

点,因为这个团体能带来资金。㉓ 在芝加哥,人们要求聘用某某经济学家,因为他的作品"会吸引城市里的企业家"。㉔ 甚至在哈佛,艾略特校长在募集资金时也真诚地保证,用这些资金修建的科学实验室将会直接有益于捐款的公司。㉕ 斯坦利·霍尔面对所有这些证据时正直地断言:"大学不是商业,而是像所有教育机构一样,是慈善事业。"㉖ 显然,他没有解决任何问题。相反,他无意中强调,高等教育要依赖非学术的重要人物来维持生命。

知道了自己的权力,这些重要人物喜欢提条件。康奈尔和加利福尼亚出现了捐资的哲学教授职位,这些职位对意识形态有一定的限制。在这两所院校,捐赠者都直接面试未来的教授,在伯克利,捐赠者会询问此人的政治观点,及其宗教信仰。㉗ 有段时间,木材大王亨利·W. 塞奇在康奈尔有权任命或解雇校长,对教职员也一样。㉘ 这些慈善家相信,他们有权以他们认为合适的方式使用他们的金钱。他们想引导舆论走上"合理的"路线,就把大学看作自然而合适的工具。世纪交替之后,这种立场明显软化了,双方都更明确地认识到,学术需要一定的独立性,但是捐赠者仍保留了基本的权力。㉙

这个时期,那些不是捐赠了一个职位或一座实验室,而是整所大学的人毫无疑问在学术界享有最有影响力、最有威望的地位。作为一个团体(约翰·D. 洛克菲勒不在此类),这些大捐赠者最明显的

㉓ A. D. White to D. C. Gilman, Aug. 10, 1885 (DCG).
㉔ W. G. Hale to W. R. Harper, Dec. 14, 1891 (UCP).
㉕ C. W. Eliot to A. H. Forbes, Apr. 21 [1881] (CWE).
㉖ *Clark University* (Worcester, 1901), p. 1.
㉗ C. K. Adams to G. H. Howison, Oct. 22. 1886; D. O. Mills to G. H. Howison, Oct. 3, 1883; Howison's "Nationalism—the True Versus the New" (GHH).
㉘ 见 Bishop, *Cornell*, esp. pp.181—183, 216—217, 266—267。
㉙ 进步时代一位重要捐赠者的坦白评论,见 J. C. Colgate's remarks in U. N. Y., *Report*, 1902, pp.70—71。

特点就是对他们的善举表现出的非常私人的态度。早期的捐赠者和向小学院捐款的人通常是出于宗教动机,但是给19世纪80年代后期和90年代新成立的重点大学捐款的著名人物是具有某种不同寻常的表现欲的成功的权贵。[30] 据说乔纳斯·G.克拉克认为,他的教职员"在很大程度上就是雇员,他们应该接受以设备形式给予他们的东西,就像企业家可以雇佣和解雇职员一样,他们也可以被雇用和解雇"。甚至和善的伊兹拉·康奈尔在活着的时候也喜欢在"他的"校园漫步,摆出业主的架势。"如果看到一个学生抽烟,他就会走过去,问学生是否只需用一半智力。"康奈尔的一位学生抗议说:"如果康奈尔先生仅仅是作为'尊贵的创建者'高高在上,让我们为他欢呼,我们会非常乐意的。但是,当他走进实验室,粗声大气地问我们:'你们在浪费时间干什么呢?'我们就不那么喜欢他了。"[31] 利兰·斯坦福和简·斯坦福创建了整所大学,作为他们死去的儿子的个人纪念碑,他们竟然拒绝陌生人的补充投资,认为这是一种玷污。虽然他们虔诚地宣布不会干涉教职员的任命,但是最初的20名教授中有两位实际上是"由斯坦福先生主动"挑选的,其中一个是他私人医生的儿子。像克拉克一样,斯坦福夫妇没有拟定正式的预算,他们的理事会甚至更没有独立性。[32] 从哈佛的安全出发,艾略特评论说:"那时候我们都明白,一位活着的捐助人的个人存在往往会给一所学术机构的管理带来麻烦,我有理由认为,把家族的名字与学院

---

[30] 关于早期虔诚的捐赠者的简介,见 E. F. Williams, *The Life of Dr. D. K. Pearsons* (New York, 1911)。

[31] Tanner, "Clark," p. 66 (C),见本书第三章对克拉克大学的讨论;Goldwin Smith, *The Early Days of Cornell* (Ithaca, 1904), p. 9; White, *My Reminiscences of Ezra Cornell*, p. 40.

[32] Elliott, *Stanford*, pp. 60, 252, 271—272, 326—327. 另见第七章对斯坦福大学的讨论。

第六章 融合协调的趋势

联系在一起给它造成的巨大妨碍也许会延续好几代。"㉝

在大多数大学,理事会比捐赠者在实际处理事务方面更为重要。学术理事们曾经是牧师,但是在这个时期,理事会的组成改变了。现在,它们通常是由企业家和其他非学术职业的人通过校友推选组成的。实际上,艾略特相信,理想的理事正应该是这样的"商业或职业人士","在自己的职业上取得成功",而又"受过良好教育"、"热心公益事业"。㉞ 推选这些理事的校友并非都是全然的门外汉,但是一位普林斯顿人揭示了他们的思想倾向,他极力主张,他的学院应该"垄断学术市场"。耶鲁的校友们抨击哈德利的优等班计划,因为它似乎对中等学生持有太深的偏见。㉟ 几乎所有的校友都非常同意,体育比赛在大学生活中居于核心地位,虽然尚未达到1889年一位作家那样狂热的程度,他热切地提议要举办学院与专业球队之间的比赛。㊱ 就理事们而言,他们可能很威严、很有责任感(就像在哈佛),也可能是小暴君(就像在俄亥俄和西弗吉尼亚),但是他们在每件事务上的表现都提醒大学,"真实"世界对它有怎样的预期。19世纪90年代末,对全国的理事们进行的非正式民意调查显示,不仅他们中的大多数在政治上是保守分子,他们也期望教授们具有类似的观点。㊲

学生、捐助人、校友和理事实际上都对大学造成了商业思维的

㉝ C. W. Eliot to B. I. Wheeler, Dec. 26, 1892 (CWE).

㉞ Eliot, *University Administration*, p. 2. 另见 Thwing, "College Organization and Government," *Educational Review*, XI (1896), 16—33; L. P. Wood, "Alumni Representation in College Government," *Technology Review*, VIII (1906), 302。关于理事的组成,见 McGrath, "The Control of Higher Education in America," *Educational Record*, XVII (1936), 259—272。

㉟ Myers (ed.), *Wilson*, p. 58; Pierson, *Yale*, p. 330.

㊱ R. A. Bigelow, "College Athletics," U. N. Y., *Report*, 1889, p. 157.

㊲ G. H. Shibley, "The University and Social Questions," *Arena*, XXIII (1900), 294—296.

影响。学术机构的内部结构在其安排上表现出"商业式"风格,这也同样重要。正如沃尔特·P.梅茨格(Walter P. Metzger)所说的,新大学建立的管理模式中有很多都是一般大型机构的常见模式,不论是企业、学院或是政治机构。㊳ 就这一点来说,人们完全希望学术管理者就像实际的"企业首脑"一样受人钦慕。无可否认,挑选大学校长就类似于选择一位企业主管。㊴ 而且,任何组织都需要内部纪律,大学校长经常把"他们的"教授看作"雇员",这在企业时代是可以理解的。戴维·斯塔·乔丹在 1907 年写道:"大学惯例总是要求系部主管对其同事负责,效仿商业公司的模式。"管理者也将自己的角色与组织军队的将军,或是赛艇的舵手相比。更惊人的是,安德鲁·D.怀特宣称:"(在挑选教职员时)我既强调身体健康,也强调学术实力。如果能避免,我绝对不要多病的年轻教授。"这些话使人想起内战之前南方迫切要雇佣一流种田好手的种植园主。艾略特一本正经地断言,婚姻提高了"大学教授的效率和一般效用"(使他更可靠、更知足),其含意也与此类似。㊵ 纪律可以用来显示威严,就像吉尔曼因为赫伯特·巴克斯特·亚当斯未经允许就在学期结束前几天离开而责骂他,后来又因为他同样未经许可从校外请人来做讲座而再次责骂他。㊶ 就像精明的商人一样,大学校长和理事们企图付给教职员"市场价格"所要求的微薄薪水。在这方面,艾略特和吉尔曼

㊳ Hofstadter and Metzger, *The Development of Academic Freedom*, pp. 53—54.

㊴ 例如可见 T. W. Goodspeed, *William Rainey Harper, First President of the University of Chicago* (Chicago, 1928), p. 148; C. W. Eliot to F. W. Taussig, Mar. 29, 1900 (CWE).

㊵ A. A. U., *Journal*, 1907, p. 101; Burnett, *Hyde*, p. 213; D. C. Gilman to B. L. Gildersleeve, Jan. 31, [1902?] (BLG); A. D. White to C. K. Adams, May 17, 1878 (ADW); Eliot, *University Administration*, pp. 102—103。

㊶ D. C. Gilman to H. B. Adams, May 25, 1885, Dec. 2 [1899?] (HBA).

第六章 融合协调的趋势

都比他们学院的实际经济情况所需要的更为吝啬。㊷ 同样,大多数校长都赞成(并实施)了付给教授不同薪水的政策,以便"市场价格"在每个人身上体现出来。㊸

当信笺头从旧式的"校长室"变成"校长办公室",或是当教授的"书房"在称谓上发生了类似的变化时,这并不特别意味着对金钱的狂热。然而,有时候确实有迹象表明,观念发生了更深刻的变化。1900年,一位学院的校长在《大西洋月刊》上发表了匿名文章,热切地要求获得任何"其他"商业主管所拥有的自由。校长不能开除教职员中的不满分子而不受到质疑,这使他大为恼火。这个人争辩说,不幸的浪费还会继续,"直到用商业眼光来看待,用商业方法来经营教育事业"。㊹

学术机构在很多方面类似企业的原因是显而易见的,也许更有趣的是观察它们在哪些方面不像企业。在所有重点大学,都形成了非正式的限制,根据从未明确规定的标准,"上层"行使权力如果超越了这些限制就会被看作是不正当的。这些限制使大学不会真的变成商店。讽刺的是,理事们自己也缺乏经商才能,不能用捐款进行明智的投资。㊺ 教授们也不遵守每周48小时的"办公时间"。他们确实喜欢为了更多的薪水而讨价还价,但是一旦超出某一底线,就无法用这种方法收买他们了。利兰·斯坦福和威廉·R.哈珀都发现了这一点,他们向未来的雇员提供越来越高的报酬,却在很多

㊷ 见 Henry James, *Eliot*, II, 80—81; Hawkins, "Pioneer"(打字稿), II, 482—483。如果校长们自己更大方一点,理事也许就会严格限制这种"浪费";见 Andrew Climie to J. B. Angell, June 28, 1876 (JBA)。

㊸ 见 J. B. 安吉尔在1892年七月初关于此问题的信件。

㊹ "The Perplexities of a College President," *Atlantic Monthly*, LXXXV (1900), 483—493。这篇文章不太可能是一篇模仿之作。

㊺ 例如可见 N. M. Butler to Edward Mitchell, Dec. 28, 1906 (CUA)。

情况下被坚决地拒绝了。这最具体地说明,教育企业家不能什么都按自己的想法来。当1910年之后不久,泰勒式的"效率"狂热开始在学术界寻找目标时,涌现了很多反对意见,既有学术原因,也含有自我保护意识。大多数教职员,不论他们对狭义的学术自由持何种立场,都捍卫某些象征着自尊的东西。当一位作家在1900年抗议说大学"不能模仿制造商使用的明白精确的方法……因为事实显而易见:并非所有人都是完全一样的,而且,他们也不仅仅是被动的原材料"⑯,他们毫无疑问赞成这种说法。甚至伊利诺伊的安德鲁·S.德拉普,大学主管中最世俗化的代表,也被迫承认:"大学当然不能变成通常意义上的企业公司……美国大学与众不同的特点就在于其道德目标、科学目的、无私的公共服务,它能激励所有人从事所有崇高的事业而且不会被商业主义所腐蚀。"德拉普随即就断言,虽然存在这些限制,"在管理它的(大学的)商业事务时还是应该……使用明智而必要的商业手段。它(大学)是企业,同样也是道德和学术的工具,如果在管理中不使用商业手段,它就会垮掉"。⑰

德拉普所强调的区别也得到其他很多大学校长的附和:商业是手段,而不是目的。⑱ 大学确实有其"商业的一面",比起处理学院造成的更为抽象的问题,1900年更年轻的校长也许在这方面更得心应手。⑲ 但是除了在一些次要的院校,这个"方面"代表整体的情况并没有到达不可挽回的地步。大学的领导层比低级别的教职员更愿

---

⑯ "Despotism in College Administration," *The Nation*, LXX (1900), 318.

⑰ Draper, "The University Presidency," *Atlantic Monthly*, XCVII (1906), 36.

⑱ 见 Eliot, *University Administration*, p.29; H. S. Pritchett, "The Service of Science to the University, and the Response of the University to That Service," *University Record* (Chicago), VII (1902), 31—39。

⑲ 例如可见 W. R. Harper, "The Business Side of a University," *The Trend in Higher Education*, pp. 161—185。

第六章 融合协调的趋势

意认同商业方面,这一点并不像表面上那么糟糕,因为随后对学术重心的错误表述给予公众重要而必要的放心感。不切实际的索尔斯坦·凡勃伦只想要金蛋,却不想要下金蛋的鹅。

从清楚表述的学术作用角度看,这并不意味着这种状况不存在危险。误传的重心非常有可能变成真的重心。但是让大学摆脱商业影响的合理方案过于激烈,以至于任何人,甚至最强烈抨击这种影响的教授们,都不会公然地提倡。教师们也许不得不亲自向学生收取费用作为唯一的收入来源。这些收费不仅仅是教职员的收入,也要支付场地、设备和所需要的管理的费用。根据这种安排,理事们和捐助者可以不复存在,校友们也不能坚持要获得权力。既然德国曾有过这种安排的部分先例,也许可以假定,这种方案被拒绝,是因为它似乎太不确定,而几乎所有的美国教授都不喜欢。[50] 美国的教师们既不愿意也不能采纳这种替代方案,就只能甘心接受其结果:勉强而不断地压制自己的欲望,去迎合学术结构中位于自己上级或下级以及学院之外围绕在他们身边的那些更世俗化、更"实际的"人的希望。

在这种找不到任何安慰的困境中,珍视自己独立性的学者很快就发现,他并不是完全无能为力的。首先,因为他是一位有学问的专家,相对来说,那些威胁着要干涉他的人并不了解他。无可否认,即使不是作为个体,至少就整体来说,他也是大学不可或缺的。人们不完全了解他,却知道他是必需的,他就有望获得某种尊敬——甚至有点害怕——就像某些原始社会对待魔术师一样。在书本和试管的保护下,他实际上能够对陌生人——不论其官职如何——

---

[50] 然而,见第七章(《学术自由》)所描述的与此相关的偶发争论。韦兰的布朗大学曾短暂地尝试了类似的体系,结果很不令人满意;见 Peterson, *The New England College in the Age of the University*, p. 16。

说:"别逼得我太紧。"通常他不用开口就能到达这种效果。当然,这种含糊的反抗态度不能保证安全。但是这种方法有时确实有效——在弗雷德里克·杰克逊·特纳的例子中极其有效,而在其他情况下效用不等。如果它有效的情况太少,那也部分是因为那些人意识到科学结果的暂时性而在内心感到羞怯(或谦虚)。缺乏自信的魔术师,不论原因如何,都会导致旁观者的藐视。

20世纪最初十五年里,很多美国教授逐渐发现了等同于魔术师的地位,这种地位在他们的特殊社会中具有虽不完全可靠却越来越大的吸引力。这就是要求免于干扰,因为他们是"职业专家"。职业化与其说是特定学术角色的定义,倒不如说是一种口号,这个词不能把职业护士和职业学者区别开来。("商业"这个词的含意,不论是否正确,都要明确得多。)但是职业化这一概念的含糊性对它是有好处的,因为它意味着一种既具有模糊的科学性同时又有点神秘的力量。在美国,专家远没有其他时代其他地方的巫师那样得到人们的一贯信赖,但是魅力虽少总比没有强。美国大学教授协会成立于1915年,这标志着要求对学术目标进行"职业化"定义,以回应商业化定义的呼声达到了顶峰。

新时代的学术标准

学术界越来越强调人数问题,实际上出于商业而非职业考虑。1902年,哥伦比亚大学的发言人宣称:"数字不是一切,但是如果数字的膨胀不是因为标准维持在较低的水平上,那么它们就很重要。"诺亚·伯特曾表示不在乎耶鲁的规模,但是即使在那个年代,艾略特校长就对伯特在这方面的漠不关心表现出蔑视和怀疑。众所周知,艾略特非常看重数量。他在1897年写道:"我发现,不管哈佛已经达到了什么规模,除非它每年都扩大,否则我是不会满足的。”当然,艾略特也试着使这种愿望与其他价值相协调,但是他说:“只要质量有保证,人数越多越好。”(51)艾略特对数量的敏感性几乎是所有学术管理者所共有的(52),虽然很少有人像内布拉斯加的詹姆斯·H.坎菲尔德校长(James H. Canfield)一样坦白,人们听见他宣布:“我的全部政治纲领,我的全部政治活动,都可以用一句话来概括:州立大学在1895年有一千名学生,在1900年有两千。”(53)伯特自己的耶鲁继任者也不再满足于学院的规模,威廉·里昂·费尔普斯说:“即使是小学院……也努力确保尽可能多的学生……如果它们的广告活动成功了,它们就……立刻不再是小学院了。”(54)有时候似乎大学的各个方面都被量化了,就像康奈尔人吹嘘说他们的景色在价值上等同于“五个正教授”,芝加哥大学则非常骄傲地在一本182页的书中以双栏形式列举了迄今为止其教职员的所有发表作品。量化的趋势非常明显,抨击它的不仅有可靠的索尔斯坦·凡勃伦,还有理查德·T.伊利和丹尼尔·科伊特·吉尔曼。(55)

管理者愿意相信,对数量成功的关注不会干扰质量目标的达成。然而,实际上,数量往往确实对质量有所损害。校园里有大量

---

(51) Munroe Smith, “The Columbia University of To-Day,” *Columbia University Quarterly*, IV (1902), 247; C. W. Eliot to D. C. Gilman, Nov. 2, 1882, and Oct. 20, 1897 (DGC); C. W. Eliot to Barrett Wendell, Apr. 15, 1893。

(52) 看到他的学院到达特定的最大规模(2000人)并保持这一水平,詹姆斯·B.安吉尔似乎真的很满意;见 Angell to G. H. Howison, May 25. 1889 (GHH) and to C. K. Adams, Oct. 9, 1889 (JBA)。伍德罗·威尔逊对规模也不在乎。但是在重点大学的领导者当中,只有他们俩持这种态度。

(53) 引自 H. W. Caldwell, “Education in Nebraska,” U. S. Bureau of Education, *Circular of Information* No.3 (Washington, 1902), p.35。

(54) Phelps, *Teaching in School and College*, p.69.

(55) Veblen, *The Higher Learning in America*, p.93; R. T. Ely to W. R. Harper, Mar. 6, 1891 (UCP); Gilman, *The Benefits Which Society Derives from Universities*, p.15.

的学生,其中大多数缺乏做学问的动力,很容易就会影响学术水准。正如艾略特在稍有不同的情况下所评论的,对美国的大学生既不能强迫也不能约束,他们是否真的愿意学习不可避免地成为完成规定功课的重要决定因素。教授们也许会试着抵制这种趋势,但是他们自己的人数也在增加,这使他们无法坚决地控制学生的数量。私立学院需要学费收入以维持生存,它们总是受到诱惑要扩大招生规模或是在教学成本上厉行节约。即使在像芝加哥这样很"富有的"大学,哈珀校长也特意在1903年试图增加班级的人数而不增加教师的工资。⑤⑥ 在俄亥俄,当学院的人数达到一定数量时,一位热心的捐赠者就给学院捐钱,如果像这样,就提高了对学术水平的压力。在所有学院,招生规模都与录取标准密切相关。为了保证自己能招收足够的学生以便引起"轰动",新学院在成立时通常都欢迎几乎所有的申请人,不管他们准备得多么不充分——康奈尔、斯坦福和芝加哥(程度较弱)都出现了这种情况。⑤⑦ 正如戴维·斯塔·乔丹评论的:"数量的竞争……通常导致实际的要求偏离了招生目录中规定的要求。"⑤⑧然而,降低标准如果超出一定界限,就会使一所学院名誉扫地。

当人们问到对学习成绩的期望究竟有多高,尤其是在将近1910年的重点大学里,就会看到大量相互矛盾的证据。按照19世纪中叶的标准,教学负担是很重的(最好的大学是每周10至15个小时,小

---

⑤⑥ W. R. Harper to H. P. Judson, Dec. 11, 1903 (UCP).

⑤⑦ Roger, *White*, p. 92; W. W. Folwell, *William Watts Folwell: The Autobiography and Letters of a Pioneer of Culture*, ed. S. J. Buck (Minneapolis, 1933), p. 177; Eliot, *Stanford*, pp. 93—98. 关于芝加哥,见 Goodspeed, *Chicago*, pp. 189—193 (实际上否认了这种情况的发生) and the frank letter of W. R. Harper to F. T. Gates, Sept. 27, 1892, 部分引用于 A. K. Parker, "The First Year: October 1, 1892, to October 1, 1893," *University Record* (Chicago), N. S., III (191), 49—50, 53。

⑤⑧ Jordan, *The Care and Culture of Men*, p. 48.

第六章　融合协调的趋势

学院则高达 22 小时)。⁵⁹ 大型讲座课程大量涌现。考试课确实存在,但是往往人数也很多。在 1902 年的哈佛,每个教学人员预计要应付 80 多个学生。⁶⁰

毫无疑问,要求本科生完成的一般功课在 1865 至 1910 年期间变得难度更大了,虽然某些"新"课程比希腊语要容易掌握得多。19 世纪中叶从大学毕业的人几乎一致认为,他们确实过得很轻松。1910 年的观察者在回顾过去的半个世纪时,在很多方面都有理由觉得乐观。定期还会出现一些具体的例子,证明质量提高了,例如 1875 年的哈佛,有 223 名学生被告知要重修,还有 9 名因为学业不佳被剥夺了学位。入校要求逐渐变得更严格,虽然可以用于备考的科目的范围大大拓宽,数量也大大增加了。世纪交替之后,人们明显开始关注提高学业水平,尤其在东部沿海。1905 年左右,耶鲁学生的学业成绩达到暂时的"最低点",从此之后就开始改进。在这个时期,哈佛和一些其他大学创办了优等班课程,普林斯顿也在伍德罗·威尔逊的领导下认真地努力提高教育质量。

但是没有理由沾沾自喜。一方面,不同的学院和大学之间存在巨大的差异。1903 年美国高等教育的 500 所院校中,大多数甚至都配不上"学院"的称号。据估计,只有一百所学院符合标准,能让其学生在获得学士学位之后立刻攻读博士,只有十来所明确属于"一流的"大学。⁶¹ 更重要的是,领军大学的学业标准虽然在 1905 年之

---

⁵⁹ David Kinley to R. T. Ely, Apr. 23, 1897 (RTE); Murchison, *A History of Psychology in Autobiography*, I, 107; J. W. Linn, "President Harper of the University of Chicago," *World's Work*, XI (1905), 7011; Bishop, *Cornell*, pp. 237—238.

⁶⁰ 1902 年塞利格曼在哥伦比亚大学开设的经济学初级课程包括每周一次的讲座和考试课程,各有约 40 到 50 名学生;Alvin Johnson, *Pioneer's Progress*, p. 151. 另见 Harvard, *Annual Report*, 1902—1903, p. 95, and 1903—1904, pp. 13—14。

⁶¹ A. F. West to J. Hoops, July 18, 1903 (AFW).

后的几年中有了提高,但是与 20 世纪中叶的标准相比仍然极其低下。在普林斯顿,即使是在威尔逊时代,任何研究生只要提交了 15—20 页长度的"论文",都可以授予硕士学位。在 1903 年的耶鲁,大四的学生每天只需要花一个小时甚至更少的时间就能为所有课业做准备,哈佛的情况也没什么不同。[62] 哈佛的真实故事说到,学生从来不上课,仅仅是在私人教师的指导下花三个小时死记硬背,就能在课程上拿到 A。[63] 虽然再不可能像在 19 世纪 80 年代那样,四分之三的课程得 D 还能在哈佛获得学位,但是即使在 1902 年教职员揭露实际情况的惊人报告之后,也没有发生很大的改变。一位熟知哈佛情况的观察者在 1908 年评论说:"哈佛的学士在学术科目和发展上意味着什么呢?有时候是在好老师的领导下认真学习了四年,有时候是学了三年无系统的课程(有些很简单),在寡妇(私人雇佣的指导教师)的帮助下通过了考试。也许学士学位的价值在任何院校都不会像这样无法确定。"[64] 批判 1910 年美国杰出大学的学生学业标准无疑是合理的。[65] 实际上,1909 年和 1910 年左右出现的很多抗议都是针对这种学术松弛的。

在长时间内都难以提高美国学术工作的质量,原因有二。首先,在"认真"的这个意义上,本科生应该达到什么程度,教育者们绝对不会意见一致。(学院院长和校长们在自己的学生时代很少是

---

[62] Pierson, *Yale*, p.246; Henry James, *Eliot*, II, 144—146. 描述 1900—1910 年间全美国学术低水准的文章,见 Nevins, *The State Universities and Democracy*, pp.75—77。

[63] D. W. Kittredge, "Seminars and Printed Notes," *Harvard Graduates' Magazine*, XI (1903), 373.

[64] H. S. Pritchett to Hugo Münsterberg, May 26, 1908 (HM). 参见 Risk, *America at College*, p.37; Reed, "Almost Thirty," *New Republic*, LXXXVI (1936), 332。

[65] 见 Slosson, *Great American Universities*, pp.353—354, 496—498; Bowden-Smith, *An English Student's Wander-Year in America*, pp.11—16; "The Barbarian Invasion," *Unpopular Review*, I (1914), 389—390。

"用功的"学生。)第二，教育者们仍然对认真的真实含义争论不休。这个概念对于注重科学的教授有这种含义，他们要求学生在学习中要注意到大量的准确的注释；它对于人文主义者又有另一种含义，他们更可能看重语言天赋和道德上的奉献精神。持这两种信念的人在实际中也许会互相挑剔弱点，但是要在近乎客观的基础上评估学术成绩仍然是不可能的。在这个根本方面，所谓的学术职业终究没有提供明确的、可以替代数量的标准。

"新"管理者的多样化

19世纪90年代之间及其后，更年轻的主管们在美国很多重要的大学当权。这些人在不同程度上代表了用管理技巧取代忠于任何一种标准学术目标的新主张。他们是学术和解的先驱，有时候也是杰出的帝国缔造者。虽然他们都强调均衡的正确判断力和学院建设或重建，他们的个性却相差甚远。他们帮助大学迈向共同的模式，但是他们不同的偏好在不确定的程度上为学术机构保留了可能性，使它们能够保持个体特征而不明显依赖于单一的指导理念。

就1892年之后领导康奈尔的康德派哲学家雅各布·古尔德·舒尔曼(Jacob Gould Shurman)来说，关于目的的古老而抽象的问题仍然具有欺骗性，尽管他很时尚，没有给出明确的回答。舒尔曼的教育思维中唯一可以确定的一点就是他拒绝智力训练。虽然他接受康奈尔到目前为止都存在的对实用性的认同，但是他往往将这个目标变成一句口号,就像他不断地称康奈尔是"人民的大学"。⑥ 他对选修制犹豫不决——1902 年,他支持选修制,而在 1890 年和 1908 年,他抨击选修制。私底下他也许不热衷于男女同校。⑥⑦ 他害怕智力的"连锁爆炸",但是他也把大学比喻成"动物生活经济中的大脑",偶尔也会赞成破除偶像主义之类的东西。⑥⑧ 他太倾向于科学经验主义,所以不被更富献身精神的理想主义者所认可,他甚至希望人类学研究能够阐明人类道德的真正来源。⑥⑨ 舒尔曼把科学称为"现代世界的善良天使",但是他主张形而上学是一切专门科学的主宰,而且他经常坚决倡导人文科学。⑦⑩ 出生于加拿大的舒尔曼成为康奈尔的校长之后,就宣布放弃浸礼教,转而信奉唯一神论,他邀请犹太教信徒和所有天主教教派平等地在大学布道。舒尔曼在宗教上和在艺术及生活上一样,都明确地把他所谓的"模糊"提升到"肯

---

⑥⑥ J. G. Schurman, *Grounds of an Appeal to the State For Aid to Cornell University*, *Being the Address Delivered on Friday, the Eleventh of November, 1892, upon His Inauguration as President* (Ithaca, 1892); J. G. Schurman to A. Abraham, Nov. 1, 1893 (JCS); Schurman to A. D. White, Apr. 24, 1902 (JCS) ("我忠实信奉康奈尔的民主和综合性原则,相信体育运动就像相信教育一样。"); J. G. Schurman, *A People's University* (Ithaca, 1888), esp. pp. 20, 24—25. 另一方面,他坚决反对学生中反黑人的观点;见 Bishop, *Cornell*, p. 404。

⑥⑦ J. G. Schurman, "The Elective System and Its Limits," U. N. Y., *Report*, 1902, pp. 202—203; J. G. Schurman, "The Ideal College Education," C. A. M. S. M., *Proc.*, 1890, p. 73; *American Educational Review*, XXIX (1908), 256; J. W. Burgess' "On Coeducation at Columbia," p. 10 JWB).

⑥⑧ J. G. Schurman, "The Reaction of Graduate Work on the Other Work of the University," A. A. U., *Journal*, 1906, pp. 55, 59—61; J. G. Schurman, *A Generation of Cornell, 1868—1898* (New York, 1898), p. 40; Schurman, "The Ideal College Education," p. 65; U. N. Y., *Report*, 1891, p. 339; Bishop, Cornel, p. 258.

⑥⑨ 见 W. T. Harris to G. H. Howison, June 5, 1893, May 29, 1896(GHH), 抱怨舒尔曼放弃了信仰;J. G. Schurman, *The Ethical Import of Darwinism* (New York, 187), p. 206。

⑦⑩ J. G. Schurman, "Some Problems of Our Universities—State and Endowed," N. A. S. U., *Trans.*, 1909, pp. 50—54; *Proceedings and Addresses at the Inauguration of Jacob Gould Schurman, LL. D., to the Presidency of Cornell University, November 11, 1892* (Ithaca, 1892), p. 22.

第六章　融合协调的趋势

定"之上。他说,模糊通常更真实,"那些……努力要将它归纳到固定思想类别的人总有浪费其精华的危险"。⑦ 但是舒尔曼自己的思想并非像传说的那么模糊。他在特定文章中表达的意思不会像格言式的戴维·斯塔·乔丹那样被人误解,只不过把舒尔曼多篇文章放在一起看,就看不出其主旨何在。

一方面,舒尔曼是19世纪90年代年轻的领导人中的另类:他积极信奉学术自由。校长权力的集中随着新的学术折中主义而出现,这种情况更为常见,就如加利福尼亚的本杰明·爱德·惠勒(Benjamin Ide Wheeler)。惠勒是一位希腊语言学家兼考古学家,留下一份掩藏得并不高明的不断追求高等学术职务的记录之后,他于1899年从康奈尔来到了伯克利。惠勒是一位热情的进化论者,他为大学目标的讨论提供了全新的想法——身体健康被提升到这些目标中的显要地位。他曾经说:"一切精巧的教育机制的目的,不可能是给我们提供秘诀或是提供神秘的公式,也不是给我们穿上长袍,或是使我们成为特殊的生物或某阶级的成员——毕竟其真正的目的必然是……创造健康的人,让血管里流动着鲜红的血液,让生活充满着知识、感受、生命和活动。"⑫惠勒引用了一个营养学类比,甚至说到要按照它们相对的"营养价值"来划分学术课程的等级。他还不仅于此。他也许还是1904年美国唯一一个在对新生班级公开讲话时,命令学生每天洗澡("清洗通常暴露在外的身体部分不叫洗澡"),列举了一系列卫生措施,然后抨击"不洁性生活"的大学校长。⑬ 虽然惠勒在1909年列举了更传统化的教育目标,但也仅仅是把一大堆

---

⑦ J. G. Schurman, *Agnosticism and Religion* (New York, 1896), p.125.
⑫ B. I. Wheeler, *The Abundant Life*, ed. M. E. Deutsch (Berkeley, 1926), p.96.
⑬ *Ibid.*, pp.99, 263; B. I. Wheeler's "Opening Address, Aug. 22, 1904" (BIW).

东西统统扔了进去：知识、职业教育论、专业化、道德、身体健康和合作。⑭ 另一次，他承认从个人而言他不赞成当时的民主趋势，但认为这是不可避免的，所以他会温和地支持。⑮ 总而言之，惠勒的观点过于保守，不能代表安德鲁·D. 怀特的康奈尔被移植到远西。（在这方面，戴维·斯塔·乔丹的斯坦福虽然是私人捐助的大学，却代表了比伯克利的州立大学更"激进"的教育观。）惠勒在1901年宣称："生活没有……轻松的选择体系，学院也不应该有。生活需要做事的人……因为做事是他们的责任，而不是他们选择了做这些事。"⑯ 因为他在与教职员相处时也持这种态度，惠勒最终不得不面对大规模的教授反抗。

也许因为他是在管理一所迅速扩张的学院，结果，世纪交替时年轻的学术管理者通常否定对个人主义的信仰，相反却强调他的思维更广泛，强调把人们联系在一起的关系的重要性。本杰明·爱德·惠勒和尼古拉斯·默里·巴特勒在这方面惊人地相似。他们俩都完全否定约翰·洛克(John Locke)。

> 我们首先是社会的动物[惠勒说]；我们是群居的动物。我们越是试着躲进理性个人主义的生活，我们所感觉到的把我们拉回真实而自然状态的反作用力就越大。我们与此分离太远而不冒重大风险。我们必须与其他人分享生活以便使其保持正常。极端个人主义意味着与世隔绝——作为补偿或是刺激它是不错的，但是作为经常的食物就不好了。⑰

---

⑭ B. I. Wheeler's "Address to Students at Opening of the Year, August 16, 1909" (BIW).

⑮ University of California, *The Inauguration of Benjamin Ide Wheeler as President of the University* (Berkeley, 1899), esp. pp. 28—29.

⑯ B. I. Wheeler's "Some Chief Things" (BIW); Wheeler to J. C. Tennant, Mar. 26, 1909 (BIW).

⑰ B. I. Wheeler, *The Abundant Life*, p. 59; 另见 pp. 97—98, 198, 209。

第六章　融合协调的趋势

　　毫不奇怪,惠勒赞成使用军训作为矫正随心所欲的手段;他要求学生为球队加油;他宣称教授们必须为"明智而正常的生活"做示范,"禁欲主义者、禁酒者、激进分子、改革者、(或)煽动者"都不适合这一职务。[78] 尼古拉斯·默里·巴特勒甚至更明确地将哲学集体主义与院校的保守性联系起来。巴特勒在 1906 年说,在看待社会丑恶现象的时候,人们不应该责备"需要长期建设的院校"。[79] 另一次,他断言:"以前那种认为社会是由上千或上百万独立个体组成的个人主义观点现在再也站不住脚了。我们已经知道,社会是一个有机体,而非一台机器。"[80] 这种情况下,人们不会注意到巴特勒也轻视了言论自由。他在 1902 年宣称:"自由不是许可证。在世界科学和哲学方面接受教育太少,完全违背了人类所说所想所做的人不配当大学老师。这种人不应该待在大学,而应该进疯人院。"巴特勒继续说,教授"受益于普通的理智水准和良好的教养,以及真理。实际上,如果总是作为整体看待,他们就是真理的一部分"。[81] 1917 年哥伦比亚愤怒的教授们完全可以研究一下这些早期的言论。

　　这种思维方式导致实际上就是 1900 年的"新"保守主义,这是对秩序和稳定性的维护,不同于二十年前旧式学院气势汹汹的思想保守主义。例如,本杰明·爱德·惠勒在当前的几乎每个问题上,

---

　　[78] B. I. Wheeler, "The American State University," *Educational Review*, LI (1916), 31; U. N. Y., *Report*, 1889, p. 164; B. I. Wheeler's "The Best Type of College Professor," 1904 (BIW); B. I. Wheeler to G. F. Bristol, Feb. 3, 1900 (BIW); B. I. Wheeler, "Things Human," in Northup, *Representative Phi Beta Kappa Orations*, p. 285.

　　[79] N. M. Butler, *Butler's Commencement Addresses*, ed., D. A. Weaver (Alton, Ill., 1951), pp. 11—13.

　　[80] N. M. Butler's address, "Historical Theories of Education," n. d., p. 1 (NMB).

　　[81] *Educational Review*, XXIII (1902), 107—108. 1910 年的类似言论,见 N. M. Butler, "The Academic Career," in *Scholarship and Service*: *The Policies and Ideals of a National University in a Modern Democracy* (New York, 1912), pp. 114—116。

不论是政治还是教育,都采取了温和、"通情达理"的立场。[于是,种族歧视是错误的,但是日本人应该被驱逐出这个国家;格罗弗·克利夫兰、西奥多·罗斯福和波菲里奥·迪亚斯(Porfirio Díaz)都应该得到赞赏。]唯一让惠勒产生极度敌意的就是制造出逻辑学家、怪人和"狂人"的个人知性主义。在一次关于西奥多·罗斯福的演讲中,惠勒说:"时代的趋势是从……教条主义理论转向正确而有效的行动能力。"[82]他认为:"正是我们的逻辑愚弄了我们。"逻辑学家的三段论永远不能"满足生活经历和生活问题的需要,最多只能保证部分前提的事情"。只有"狂人"是完全有逻辑性的,因此他们成为不受欢迎的悲观主义者。传统虽然是不合理的,却应该得到尊重。赋予南方的黑人选举权在理论上是正确的,但是考虑到"社会的事实",却是荒唐的。惠勒还断言,政党政治是正常的,而此刻对于进步时代尤为正常。[83] 尼古拉斯·默里·巴特勒也以几乎是同样的口气认为,"严格按照逻辑性"独立思考导致了不受欢迎的癖性。巴特勒说,有这种倾向的人"是令人讨厌的人,也是一种危险,社会立刻就会制止他"。巴特勒确实意识到,完全的一致是不可能产生进步的。但是,虽然因此大学应该训练人们"既能独立思考也能像别人一样思考",毕业生必须始终具有"杠杆的支点,这个支点就是对过去人类经验教训,尤其是成为文明一部分的经历,的共同看法和理解"。[84] 在惠勒和巴特勒等人身上,我们也许能看到半个世纪之后

---

  [82] B. I. Wheeler's "Theodore Roosevelt"(BIW).
  [83] B. I. Wheeler, *The Abundant Life*, p.185; B. I. Wheeler, "Things Human," in Northup, *Orations*, pp.279—282; B. I. Wheeler, "Address at Opening of Pacific Theological Seminary, August, 1904," printed copy in BIW; B. I. Wheeler's "The Place of Philology"(BIW).
  [84] Butler, *Commencement Addresses*, pp.9—10.

第六章 融合协调的趋势

"新"保守主义的先决条件,甚至连半实用主义的言外之意都是一样的。⑧

除了这个中心点之外,年轻的尼古拉斯·默里·巴特勒虽然写了大量文章,关于学术理念上的言论却少得令人吃惊。他有一些可以确认的偏见,基本上都是消极的。(他反对选修制,不喜欢德国的大学,可以被描述为"坚持文科路线"。)但是这些观点实际上无碍于他开始主管的大型大学的进步。无疑,他倾向于旧式风格,因为当他说"如何清晰地思考"是大学经历的目标时,他的言论就接近了智力训练的主张。⑯ 但是他对大学的积极解释完全是符合时代的,甚至在多样化的兼容性方面起到了示范作用。

大部分时候,巴特勒在言论上注重具体的策略,而非任何笼统的讨论。他在将近三十年里都是《教育评论》的编辑,这是美国在教育观方面最成熟的期刊,他使其主要讨论高等教育,并亲自撰写总论——但是关于学院或大学应该是什么样的,没有其他学术主管比他说得更无意义或更不确定。巴特勒绝对不是美国高等教育学术史中的重要人物。当然,他强烈赞成理念存在这一事实,但是他坚决认为已经满意地达成这些理念了。于是,他以坚定的乐观主义嘲笑"物质主义和商业主义的潮流"对国家的高等教育有影响的观念。⑰ 在1908年,就在很多教育家开始深切关注学术目标意义的时候,巴特勒宣称:"美国的学院系统不会因为缺乏足够的洞察力而失

---

⑧ 惠勒比巴特勒更强烈地持进化和实用主义观点,后者同样明确抨击实用主义,他疏远约翰·杜威和哥伦比亚更年轻的教育理论家。

⑯ 见 Butler to Seth Low, Oct. 11, 1890, Oct. 1, 1891 (CUA); Butler, "What Knowledge Is of Most Worth?" p. 115; *Educational Review*, XXII (1901), 104—107; *ibid.*, XXXVI (1908), 432; J. T. Shotwell, *The Autobiography of James T. Shotwell* (Indianapolis, 1961), p. 48; Erkine, *The Memory of Certain Persons*, p. 110; Butler, *Commencement Addresses*, pp. 1—3。

⑰ *Educational Review*, XXIV (1902), 539—540。

败,但是,如果它失败了,那也是因为缺乏足够的资金。"⑱准确说来,这种对资金而非广博的洞察力的强调,以及相当出色的管理才能,使巴特勒成为新学术帝国缔造者中最始终如一讲究实际的人。所以,人们可以看到他遵循学院发展的逻辑和战略上的自我保护,即使他反对个别思想家抽象、口头上的"逻辑"。毕竟,新的学术管理者只丢弃了理性的一种形式。秩序、训练和经济是巴特勒最真心的口号,复杂的组织表是他最精心开发的工具。在这些方面,在美国大学主管中,年轻的尼古拉斯·默里·巴特勒也许最接近美国工业企业刚刚明确的公司经理的角色。⑲

　　学院振兴的中西部风格比巴特勒的哥伦比亚庄严而有点谨慎的风格更为激昂,也更有活力。⑳ 于是,新芝加哥大学的第一任校长威廉·雷尼·哈珀作为帝国缔造者,拥有与巴特勒一样的能力,但是辅之以他特有的热情——以及一种磁铁般的天赋。有趣的是,巴特勒和哈珀差不多都是少年天才,但是巴特勒青年时代在新泽西的帕特森度过,他的思想是在中上阶层的主教制主义影响下形成的,

---

⑱ Butler's review of Abraham Flexner's *The American College*, ibid., XXXVI (1908), 513—514;参见 Butler to J. M. Cattell, Sept. 7, 1904 (CUA)。

⑲ 见 A. D. Chandler, Jr., *Strategy and Structure*: Chapters in the History of the Industrial Enterprise (Cambridge, Mass., 1962), p.24。

⑳ 这种风格在1902年巴特勒担任校长之前就已经确立了。搬迁到上西区校址期间,他的前任塞斯·洛(Seth Low)代表了另一种管理者:著名的非学术外行人士。毫无幽默感、很孤僻的洛没什么学问(因此他羞怯地不与教职员交往),但是他有相当强的管理技巧,也许因为他出身于商人家庭。他知道他作为中立的外行当选是因为在哥伦比亚重大的改革问题上出现了争论,所以在就职演讲中坦白地宣布:"你们不要指望我列出政策纲领。如果我有任何政策,在如今的情况下,这正好证明了我不适合我的职位。"*Proceedings at the Installation of Seth Low, LL. D., as President of Columbia College in the City of New York, February 3, 1890* (New York, 1890), pp.44—45。在另一个更具体的方面,抽象目标在19世纪90年代更新的学术环境中不仅是不恰当的,实际上还是有害的。关于洛的简介,见 Shotwell, *Autobiography*, p.46; F. P. Keppel, *Columbia* (New York, 1914), pp.29,34—35; Erkine, *The Memory of Certain Persons*, p.72。

第六章 融合协调的趋势

哈珀的父亲则是一个身份低微的苏格兰—爱尔兰零售店店主,他是在俄亥俄乡村无拘无束的环境里长大的。哈珀一直不知道,在公开场合过于直率的热情和尽到最大努力也许正是贫穷的表现。相反,他一直没有改变当他还是当地浸礼教学院一名 14 岁的大四学生时所形成的孩子气的愿望,不断地向所有人展示他是多么用功。他会在早晨五点向速记员口述,早饭之前就骑自行车上路了,一整天都遵循着以一刻钟为单位安排的约会日程,并且骄傲地告诉来访者:"我今天上午有四十个问题要讨论。"他很多年都是午夜睡觉黎明即起。在 19 世纪 90 年代的中西部,这种景象所打动的人要远远多于对此感到厌恶的人。他的一位朋友曾警告说,这种节奏也许会要他的命,后来他回忆说:"我想他的勤奋中有种表现欲……他喜欢把约会安排在别人不方便的时间。"⑨

当然,哈珀还有其他方面。虽然作为演讲者他并不雄辩,但是他具有卓著的能力,能用他自己的优越感感染他身边的人。在与哈珀面谈之后,人们感到"有一点眩晕,但那是因为新的项目而兴奋不已,感受到无限的可能性而振奋,感受到力量而颤抖,在短暂的时间里觉得自己无所畏惧"。⑫ 确实,这是领袖魅力而非思想意识。哈珀纯粹是在管理者的角色中才成功地创造了摩顶祝福的氛围。只有教职员的边缘人物,被迷住的核心圈子之外的人,才认为哈珀是独

---

⑨ Lovett, *All Our Years*, p.60.

⑫ Elizabeth Wallace, *The Unending Journey* (Minneapolis, 1952), pp.74, 82, 94. 在本节中,我非常感激 R. J. 史都(R. J. Storr),即将出版的芝加哥大学史的作者,为我提供了这条以及很多其他的参考文献。

裁者。㉝更多时候，人们相信自己既不是被诱骗了，也不是被压迫了，而是受到他的强迫。㉞对这样一个人，学术自由的所有问题，包括其主张平等的含义，都显得很奇怪，但是在开始时犯了几个错误之后，他令人惊讶地接受了这种观点。㉟在应付约翰·D.洛克菲勒这种人时，哈珀也学会了做一个超级外交家。（于是洛克菲勒对他的评论是："必要的时候，他知道如何不留下任何刺激或痛苦地做出让步，这个世上知道如何做到这一点的人不多。我告诉你他是个了不起的人。"）㊱但是哈珀能够洋溢着体贴又富有同情心的热情，而不仅将其作为手段，这正是尼古拉斯·默里·巴特勒在受过训练之后所缺少的。他喜欢在本科生获得学位之前把他们叫到自己的办公室聊天，他有时候会特意挑出一些教师专门赞扬和鼓励他们的工作。他会感到良心的责备。表面之下，他的性格里隐含着敏感和情绪危机。㊲哈珀对人类作为个体的持续兴趣有助于阻止芝加哥大学随波逐流成为纯粹的学术工厂。在这个意义上，哈珀很奇怪地能让

㉝ 然而，1902年不得不压制了一次大规模的教职员反抗。见 A. W. Small to Harper, Jan. 24, 1902 (UCP), 以及 J. L. Laughlin to H. E. von Holst, Mar. 22, 1902 (HEvonH) 的抱怨信。关于教职员不满意的更多证据，见 J. H. Finley to J. F. Jameson, n. d.〔也许是在1900年秋天〕，引自 Jameson, *An Historian's World*, p. 5, 以及 J. L. Laughlin to W. R. Harper, Nov. 25, 1892, and Jan. 8, 1894 (UCP) 的雄辩抗议。

㉞ G. E. Vincent, "Appreciations," *Biblical World*, XXVII (1906), 244.

㉟ 在1895年贝米斯的案例中，推广教育中心一位持反垄断观点的年轻经济学教授没有获得续约，这件事使公众的反大学情绪付诸行动。此后，人们怀疑大学与标准石油公司的关系，正是这一事实使哈珀尽可能地倾向于"自由"，以改善学院的公共形象。但是哈珀在神学范围之外的天性通常是很保守的——在1901年俄国镇压大学时，他甚至表达了对沙皇统治的同情 (Harper to T. C. Chamberlin, Apr. 25, 1901 [TCC])，而且他还对保留不胜任的教职员造成的"浪费"深感遗憾 (Harper, *The Trend in Higher Education*, p. 705)。另见下面的133条注释。

㊱ W. H. P. Faunce to Harper, Jan. 28, 1896 (UCP).

㊲ Harper to N. E. Fuller, Feb. 2, 1905 (WRH); Goodspeed, *Harper*, pp. 156—157; Wallace, *The Unending Journey*, p. 74; Harper to W. H. P. Faunce, Mar. 5, 1901 (UCP). 哈珀曾经从巴尔的摩写道："在大学做讲座，同时又要挖走它的一位教授绝对不是一件愉快的任务。" Goodspeed, *Chicago*, p. 203. 我很感激史都教授让我注意到哈珀个性中的这些方面。

第六章 融合协调的趋势

学院不受到他自己的影响。

威廉·R.哈珀的个性意味深长地,即使有时候滑稽地,夸张描述了新兴的一群学术主管的特征——实际上也许是一代院校主管的整体特征。形成这种思想的主要原因值得试着研究一下。通常人们都同意,哈珀是一位具有无与伦比的强大远见的人,但是和其他90年代的"新"管理者一样,他基本上对抽象观念无动于衷。在试图理解哈珀时,人们也许先要看看查尔斯·W.艾略特写给丹尼尔·科伊特·吉尔曼的信里提出的见解:建设一所伟大的大学本身就是"一份崭新的创造性工作"。⑱ "建设"在这里既不是指建筑上的,也不是指哲学上的,而是指第三种或许是介于两者之间的意义。它涉及观察行动,就像在一块巨大的帆布上一直向前延伸,线条构成的巨大网络,有序而精确地(同时极具多样性)组合成颇具审美性的形状,就像人们有时候在铁路时刻表上所看到的不对称的地图。这里的线条代表的是一个四下蔓延的组织中各单位之间看不见的关系。有些较深,有些较浅;有些是实线,有些是虚线。正确而睿智地画出这些线条需要艺术家的手。这位艺术家就是创造性的管理者。

年轻的时候,哈珀喜欢教学,他自己的希望就是人们记住他是因为他是一名教师而非一名主管。在"现代"大学校长中,哈珀几乎是唯一一个一直坚持课堂教学的,事实上,在他去世的当天,他在芝加哥还是这样。因为哈珀是位极其成功的教师,人们都假定他不愿意进入管理层。实际上,可以说作为教师的哈珀和作为大学建设者的哈珀是同一个人,把两者联系起来就是哈珀喜欢在思想的帆布上所绘制的组织结构图。哈珀是教语言的。他是那种对文学很少

---

⑱ C. W. Eliot to D. C. Gilman, Jan. 17, 1901 (DCG).

或没有感觉的语言学家,而且,有记录表明,他对口语方言完全"听不懂"。那么哈珀的课堂为什么会像观察者们肯定的那样"生动"呢?原因也许就在于,哈珀热情地献身语言,认为它是有序的——变化也是令人愉悦的——语法结构体系。事实上这正是上过他的课的学生的清晰记忆。⑨ 但是哈珀并不符合博学、冷漠的语言学学者的形象——他也关注把语法传授给其他人,通过纯粹的个性力量,用他对这门学科的热爱感染他的听众。哈珀在肖陶扩湖用希伯来语告诉他的学生:"你们不应该吃饭、喝水或睡觉。你们要每周六天,每天朗读三次。除了希伯来语其他什么也不要学。不要让无关紧要的兴趣分散精力。周一早上太阳升起时开始,周六晚钟响起时才停止。"⑩这则轶事经常被用来佐证哈珀旺盛的精力,事实也是如此。但是哈珀还希望他的学生能沉浸在语言的结构中,以便经过严格规划的一周的学习之后,他们能分享导师深刻的语法见解。在狭义上,哈珀如此认真地努力,就是要给学生一种思想的启迪。

哈珀的朋友兼传记作者托马斯·W. 古德斯皮德(Thomas W. Goodspeed)说,当哈珀决定接受芝加哥大学校长职位时,最吸引他的就是有机会制定新的计划,一个与现存的其他大学都不同的大学结构。就像很多创造行为一样,这种结构"在他心头闪现,忽然成型,并使他很满意"。⑪ 还有,乔治·E. 文森特(George E. Vincent)回忆哈珀,说作为主管:

> 在他头脑里形成清楚的图画、明确的计划之前,他绝不会满意。他会琢磨这种清晰的形象;有时候看起来他几乎是欢迎

---

⑨ Goodspeed, *Harper*, p. 117; E. B. Andrews, "The Granville Period," *Biblical World*, XXVII (1906), 168; E. B. Hulbert, "The Morgan Park Period," *ibid*., p. 171.

⑩ 引自 Goodspeed, *Harper*, p. 69。

⑪ Goodspeed, *Chicago*, pp. 131—133.

第六章　融合协调的趋势

难题的,仅仅是为了找到解决办法的纯粹乐趣。主导思想会逐渐从无条理的谈话或是有条理的讨论出浮现出来,困难一扫而空,最终的规划随之而来。然后,当他在头脑里反复考虑新计划时,他的热情高涨起来,他不屈的意志就会开动起来使事情成功。他能够生动地传达到其他人头脑中的就是这些鲜明的思想图像,以及化说为做的强迫感。[102]

如果把文森特的话与哈珀喜欢做教师的倾向联系起来,就可以发现哈珀的一生始终贯穿着一条单线,这条线可以解释他的整个职业生涯,也使很多原本毫不相干的事实有了意义。例如,它能为他丰富的幽默感做出解释。哈珀喜欢重新安排结构,这使他举行异想天开的宴会,按照相反的顺序上菜,或者所有菜都是同一种原料的不同做法。[103] 更重要的是,这条线也许能解释为什么芝加哥大学在早期显然是太有组织了。

哈珀不仅始终如一地为自己设计系统化的规则,乃至提前为一整天计划每刻钟的工作,而且对整个大学都倾注了类似的关心。在砌砖之前,他就已经把整所学院非常详细地写在纸上了。(正如我们所见的,这种行为在 19 世纪后期的大学发展中是非常不同寻常的——唯一可与之媲美的是巴特勒重新发展哥伦比亚的计划。)除了认真地安排大学每一个预期的成分之外,哈珀在 1896 年开始在整个结构上添加了另一个正式的组织。这就是所谓的大学职员大会,由教职员、管理层和校友代表组成,每季度聚集一次讨论大量非特定问题。事实上,"职员大会"发现自己没什么事可做,只是多余的

---

[102] G. E. Vincent, "Appreciations," *Biblical World*, XXVII (1906), 245.
[103] Ely, *Ground Under Our Feet*, p. 85; Goodspeed, *Harper*, p. 162.

"第五只轮胎"。⁽¹⁰⁴⁾同样没有意义,但是预兆性的还有名义上提供完全超出博士之上的学位,要求脱产学习三年,第二份打印的论文以及另一次考试。⁽¹⁰⁵⁾

哈珀改善结构的天赋是最重要的。值得注意的是,这种天赋甚至扩展到了实体的设备。哈珀绝不相信建筑和仪器无关紧要,他宣布:"工作方法和精神主要是由这些外部因素决定的。"⁽¹⁰⁶⁾他做出这样的声明时,就和尼古拉斯·默里·巴特勒在实利主义方面程度相近了。但是对哈珀来说,这些话也许源自这个人对形式的强烈几乎是孩子气的迷恋。哈珀永远的乐趣就在于想出新奇的方法来解决组织问题,不论大小。这些解决方法对包含着学院规划的看不见的蓝图进行了巧妙的修正。这一切导致的结果就是在掌控由理性联系起来的单位的过程中感到非理性的高兴。哈珀这样的管理精神是受到封闭哲学体系的创建者同样的潜在动力的鼓舞,这样说是否太牵强?至少就哈珀的情况而言,这种比较似乎是真的。

在另一个层面上,芝加哥大学也是19世纪90年代非常有趣的观察对象。没有其他机构需要应付完全相同的压力,没有哪个能在似乎互不相容的因素之间达到如此精确的平衡。芝加哥建立时具有明显的宗教联系——校长和三分之二的理事必须是浸礼教徒。大约24年前,康奈尔大学曾声称,学术机构附属于教派的时代已经结束了。引起洛克菲勒注意的浸礼教徒代表着教会中的一种新自由主义,他们对神学的关注比对推销技巧的关注要小得多。但是可以预计的是,在某些方面宗教联系会激发比康奈尔或约翰·霍普金

---

⑩ Goodspeed, *Chicago*, p.395.
⑩ 从来没有人申请这个学位。还要注意的是,它的要求是多么无趣、重复。A. K. Parker, "The First Year," *University Record* (Chicago), N. S., III (1917), 225.
⑩ Harper, *The Trend in Higher Education*, p.133.

第六章　融合协调的趋势

斯更为保守的氛围。例如,最初强迫的祷告是为所有本科生准备的(甚至"要求"研究生参加),取消这些安排仅仅是因为没有足够的座位,而不是因为相信自愿的原则。[107] 大学里还存在一些势力,要求根据宗教信仰严格筛选教职员。[108] 哈珀不得不恳求学生在表面上更多地参加自愿的宗教活动,而当学生决定组织不被认可的自由宗教协会时,哈珀就插手并实际上否定了他们的愿望。[109]

同时,哈珀及其学术助理意识到宗派主义已经成为高级学术圈的耻辱。他们不想强调他们私下所谓的学院"浸礼会方面"。[110] 他们欢迎广泛的经济来源——洛克菲勒也一样。犹太捐赠者在补充洛克菲勒对学院的投资方面有过突出的作用——一位犹太人进入了理事会,一位受欢迎的拉比很快就被任命为希伯来语文学和哲学教授。芝加哥大学管理层热忱地赢得了伴随宽容而来的声誉。

这些反压力有时候会导致紧张和不和谐。例如,哈珀吹嘘说,"就我所知,不论是在教职员中还是在学生中,都没有人特意计算过不同教派的代表人数"[111]而事实上大学成立后不久,这样的教职员宗教普查就送到了约翰·D. 洛克菲勒夫人手中,后来在哈珀的档案柜中找到了一份副本。[112] 哈珀尊敬认为大学生是有责任感的成年

---

[107] Goodspeed, *Chicago*, pp. 449—450; A. K. Parker, "The First Year," *University Record* (Chicago), N. S., III (1917), 226.

[108] E. D. Burton to [F. T. Gates], Dec. 18, 1892 (UCP).

[109] *University Record* (Chicago), I (1896), 382—383; *ibid.*, II (1897), 526; 未署名的手稿,"The Organization of Religious Work in the University in the Year of 1892—1893," and T. W. Goodspeed to F. T. Gates, Dec. 19, 1892 (UCP).

[110] W. R. Harper to Paul Monroe, Mar. 14, 1902 (UCP).

[111] University of Chicago, *The President's Report*: Administration, 1902, p. cxxxiv; Goodspeed, *Chicago*, p. 216.

[112] 其中有44名浸礼教徒,24名公理会教徒,10名长老会教徒,7名路德派教徒,7名唯一神论者,6名圣公会教徒,3名卫公理会教徒,3名犹太人,2名"日本人",和一名门徒会教徒;12人被微妙地列为"不确定"。注意这里没有罗马天主教徒。F. T. Gates to Mrs. J. D. Rockfeller, Dec. 22, 1892 (UCP)。

人,不需要教职员在道德上进行监视的观点。⑬ 同时,到课的规定变得越来越严格,学生的宿舍和出版物也受到"严密"的监视,塔尔博特(Talbot)院长甚至主张应该将道德监控扩展到研究生。哈珀自己主张在智能测试和经常谈话的基础上实行史无前例的个性化家长式统治。⑭ 在1902年,哈珀被说服了,在大学课程的前两年实行男女分开教学(芝加哥大学从一开始就是男女合校),他最终对此感到后悔。由此发生的强烈抗议表明,当出现将教育功利主义和道德保守主义分开的具体问题时,激情还是能被点燃的。⑮

  哈珀自己承担了这些关于道德和宗教矛盾的直接压力。有时候他会收到来自小镇浸礼教徒的来信,愤怒地反对名义上是他们的大学的"现代"方式并要求知道在棘手的神学问题上哈珀的立场如何。⑯ 哈珀给几乎所有的抗议者都回了信,他的措辞很小心,把基本的诚实和取悦别人的企图融合起来。这可能是件令人尴尬的任务,因为哈珀虽然认真,但是他的宗教信仰却符合日益世俗化的时代的宽容性。(他是《圣经》校勘学的主要支持者,但是不愿意承认神学自由主义和保守主义之间有明显的分界线。)⑰因此,在给他的对手回信时,他努力在《圣经》的权威性方面表现得小心翼翼,既不否认

---

  ⑬ Harper, *The Trend in Higher Education*, pp. 328—329, 331.

  ⑭ *University Record* (Chicago), II (1897), 47; Goodspeed, *Chicago*, pp. 255, 448—449; N. C. A., *Proc.*, 1904, pp. 90—91; I. C. E., *Proc.*, 1893, p. 168; Harper, *The Trend in Higher Education*, pp. 317—326.

  ⑮ E. S. A. Robson, *Report of a Visit to American Educational Institutions* (London, 1905), p. 149; Goodspeed, *Chicago*, pp. 405—408; A. S. Draper to J. B. Angell, Mar. 5, 1903 (JBA).

  ⑯ 例如,可见 F. R. Swartwout to T. W. Goodspeed, Mar. 19, 1897 (TWG); H. C. Woods to T. W. Goodspeed, Dec. 5, 1892 (UCP)。

  ⑰ 见 W. R. Harper, *Bible Study and Personal Experience* (Chicago, 1903), pp. 3—5, 29; W. R. Harper, *Religion and the Higher Life* (Chicago, 1904), esp. pp. 16—18, 34—35, 134—35, 146—147; Harper, *The Trend in Higher Education*, esp. pp. 10—11, 15, 32 (接近社会福音), 56—68, 70, 74—75 (强调宗教的伦理层面)。

第六章 融合协调的趋势

它的启示,也不完全接受。因此,哈珀的回信就为 19 世纪末学术融合协调的整个过程提供了一些最有趣的文献。在 1904 年一篇著名的文章中,哈珀宣称:

> 设想你和我都是基督徒。出现了某些信仰方面的困难——对我们两个都是一样的困难。如果可能的话,你也许会用一种方法解决你的困难,我用另一种方法解决我的困难;对你来说会有一种结果,对我来说则有完全不同的结果。但是,我们俩都很满意。就具体的这一点来说,我也许会认为你是错的,你也许会认为我是错的——但是我们的忠诚是一样的。于是,我们周围的所有基督徒都在以很多不同的方式解决他们的信仰问题,而且虽然有这些差别,忠诚并没有受到影响。[118]

哈珀说,《圣经》就其"独一无二性"来说是"神圣的",但是每个人必须保留解释其文本的权利。他承认,通过这种解释,《旧约》的很多内容都包含着"人的因素"。"有人问,你相信《圣经》是因为它所写的内容吗,或者因为这些内容是写在《圣经》里面的所以你才相信?……对这两个问题我的回答都是肯定的。"[119]这些模棱两可的回答对传统的浸礼教徒来说都令人极度不满,原因显而易见。[120]

除了"浸礼教方面"的问题,芝加哥大学也有在公共服务、研究和文化之间保持均衡的更常见的问题。在这些方面,芝加哥从未像康奈尔支持民主、约翰·霍普金斯支持研究那样明确"支持"任何东

---

[118] Harper, *Religion and the Higher Life*, p. 104.

[119] *Ibid.*, p. 109. 另见 Harper to Mrs. J. B. Stewart, Apr. 11, 103, to W. J. Fraser, Mar. 24, 1905, and to A. H. Nickell, Dec. 14, 1898 (all WRH)。

[120] 见 T. T. Eaton to W. R. Harper, Dec. 1, 1893 (WRH),指出,接受《旧约》的圣经释义学同样也中伤了《新约》,因为关于《旧约》的错误事实也在《新约》的文本中提到了。伊顿要求他就大卫是否写了《诗篇110》明确表达自己的观点。在哈珀的书信中没有找到给伊顿的回答。

西。尤其当向州立大学的听众发表讲话时,哈珀能以民主风气为荣。[121]但是哈珀对本科生课程的看法和巴特勒一样,实际上是很传统的——他不喜欢自由的选修制,相信应该规定所有人都学习某些课程。他也会在谈话中使用智力天赋方面的词汇。直到1905年,越来越大的压力迫使他改变观念时,哈珀还试图坚持把希腊语作为获得文学学士学位的必修科目,在整个古典文学问题上坚持"适度的"保守主义。[122]同时,从一开始芝加哥就把研究生工作放在突出的位置上,哈珀倡导研究的热情不容否认,他甚至提议说要用捐款设立"研究"教授职位,任职者无须承担日常的教学任务。[123]但是,虽然芝加哥大学很快成为全国研究生人数最多的院校之一,有很多证据表明哈珀对研究的支持是不稳定的。教职员不断向他抱怨说大学没有像样的图书馆设备,当学院创立十年之后这种抱怨仍然出现的时候,我们必然得出结论:哈珀更喜欢把资金花在建造一个更大的帝国上而不是购买必需的学术资料。[124]有时候,对于杰出的学者被其他院校抢走,哈珀还表现出奇怪的自鸣得意,甚至在他首先付出极大努力吸引他们到芝加哥之后仍然如此。他还公开反对专业过于

---

[121] 例如,见 Harper, *The Trend in Higher Education*, pp. 1—34, 72—73, 137, 141—48; W. R. Harper, "The University and Democracy," *Cosmopolitan*, XXVI (1899), 681—691。

[122] Harper to H. P. Judson, Feb. 9, 1904, and to W, G, Hale, Aug. 5, 1900 (UCP); W. C. Hale to Harper, Apr. 13, 1905 (UCP); A. W. Small to Harper, n. d. (UCP); Goodspeed, *Chicago*, p. 142; Harper, *Religion and the Higher Life*, p. 13; Harper, *The Trend in Higher Education*, pp. 285—293; W. R. Harper, "Address to the Associated Students of the University of California," *University Chronicle* (Berkeley), II (1899), 95.

[123] Goodspeed, *Chicago*, pp. 145, 201, 247, 255—256, 266; Goodspeed, *Harper*, pp. 157—158; University of Chicago, *The President's Report*; Administration, 1902, p. xxv; U. N. Y., *Report*, 1899, p. 402.

[124] 见"Observations in Regard to the Proposed Plan of Official Reports and Publications," n. d. (HEvonH); A. W. Small to W. R. Harper, Dec. 11, 1900, 内附一张便条,支持 H. P. 贾德森的呼吁;J. L. Laughlin to W. R. Harper, Dec. 12, 1900; J. F. Jameson to W. R. Harper, Sept. 27, 1900; A. B. Hart to W. R. Harper, Aug. 4, 1902 (all UCP)。

第六章　融合协调的趋势

狭隘的博士学位课程。然而，哈珀对人文学科的态度也不稳定，虽然他在管理的最后几年强调要把学院建成四方形，毕竟还是容许了英式(也许是普林斯顿)的影响。[125]

三心二意地接纳每种常见的学术理念就造成了一所很难在抽象方面界定其性质的伟大学院。像很多幽默的绰号一样，"哈珀的集市"反映了事实也反映了不近人情的一面。虽然哈珀坚持说芝加哥代表了美国"新型的"大学，但是他自己也很难说清楚(除了它开设暑期班这个事实以外)它有什么特色。[126] 当他不谈论结构问题而谈论目标时，就转向宽容的兼容并收。他在1899年发表讲话时概括了新的学术倾向，他说：

> 今天的思维……没有过去那么教条，更具有包容性，这并不是说人们的信念没有以前强烈，或目标没有以前真诚……我们的祖先没有意识到，而我们意识到，真理是多方面的，可能有差别很大的定义，每一代人都应该形成自己的对根本性真理的表述。现代最伟大最崇高的特点就是处处可见的包容精神。[127]

然而，在比这些更具体的方面，还是可以研究一下芝加哥大学的，哈珀及其伙伴因为太接近而不谈论这些方面。基本上可以说，芝加哥大学代表着发展中的中西部的小镇推广精神和大城市成熟水平之间的混合。在这方面，比起洛克菲勒夫人对芝加哥职员宗教归属的调查，调查他们的乡村背景也许很容易就能得出更有意义的

---

[125] *University Record* (Chicago), I (1897), 525; Harper, *The Trend in Higher Education*, pp. 19, 25—26, 273—275; Slosson, *Great American Universities*, p. 421; Shailer Mathews to Woodrow Wilson, Oct. 23, 1907 (WWLC).

[126] 他的报告把芝加哥和约翰·霍普金斯区别开来，但是忽视了康奈尔和教派学院之间的差异。见 Goodspeed, *Chicago*, p. 130.

[127] Harper, "Address to the Associated Students," *University Chronicle* (Berkeley), II (1899), 98—99.

结论。像哈珀一样,这样的人在东部沿海或是欧洲逗留一段时间,开阔了视野之后,被送到了仍然离家不远的城市环境。他们得到许可要在几乎一夜之间开创一个大型的、受人尊敬的企业,从而激动不已。简单说,这是一种学院福音主义的氛围。老式的热情被引入新的渠道。但是有一个重大差别。新福音主义不同于传统的浸礼教,它允许对仪式行为的强调,因此有意思的是,仪式在芝加哥是与热情相联系的。正如人们会想到的,哈珀非常热爱盛大的场景能造成的戏剧效果。⑱ 毕业训练(称为"评议会")是每个季度一次而非每年一次,使这种仪式增加了三倍。不仅在每个可能的场合都要求穿礼服戴帽子,而且还制定了详细的规则来规范这些服装的穿着。⑲ 穿着特别制服的学生组成一支华丽的军事"护卫队","参加诸如评议会和启用典礼等大学的盛大集会"。⑳ 在所有这些安排中不仅可以看到哈珀本人的个性,那不仅仅是福音式的狂热,还有中西部小镇联谊会的精神,只是转移到了城市背景下被放大了。

这所新大学很乐意拥有最后一种共同压力。约翰·D.洛克菲勒是一位"健在"的捐赠者,他的地位相当于乔纳斯·克拉克或简·莱斯罗普·斯坦福(Jane Lathrop Stanford),也许与新机构的氛围有着极其重要的关系。但是在这些关系的记录中,洛克菲勒的实际作用是很独特的。说他(以及他的家庭和关系密切的顾问们)从来不插手大学的事务是不正确的,因为他有时候确实表现出对学生的宗

---

⑱ Wallace, *The Unending Journey*, p. 97. 他甚至为他小儿子的玩具船举行了一个精致的命名仪式,在清晨六点举行,有演讲和诗歌朗诵。*Ibid.*, pp. 95—96. 1892 年没有举行命名仪式毫无疑问是向约翰·D.洛克菲勒更平实的品位做出让步,洛克菲勒曾提出反对意见;Goodspeed, *Chicago*, p. 243; A. K. Parker, "The First Year," *University Record* (Chicago), N. S., III (1917), 46, 156—157.

⑲ H. P. Judson to W. R. Harper, June 18, 1896; W. R. Harper to G. E. Vincent, Jan. 7, 1902; H. P. Judson's secretary to A. L. Comstock, June 28, 1911 (all UCP).

⑳ *University Record* (Chicago), II (1898), 320.

第六章 融合协调的趋势

教信仰和教职员的道德水平的关注,偶尔,洛克菲勒的随从之一就会对一项教职员的任命发表意见。然后,芝加哥的教授们对标准石油公司的所谓抨击也引起了与洛克菲勒关系密切的人的不满,虽然没有证据表明洛克菲勒自己对这些抨击的反应如何。[131] 然而就整体而言,洛克菲勒对大学真正采用了不同寻常的"撒手不管"的政策。实际上,这种态度一开始让哈珀很惊讶,而且人们会怀疑,也让他很烦恼,因为他诚挚地请求洛克菲勒提建议却总是没有回应。洛克菲勒再三坚持要远远地待在幕后。他在大学建校的头十年只去过学校两次(在五周年和十周年校庆上发表了简短的训话)。也许最重要的是,他不希望大学以他的名字命名。

芝加哥大学经常被指控为"受百万富翁支配"的学院。它严肃的建筑物也许真的暗示着工业,而威廉·R.哈珀的性情也许很接近企业主管。(威廉·詹姆斯表达了对哈珀的企业的共识,他在1896年写道:"我也逐渐迷上了芝加哥精神,因为我生平第一次向速记员口述我的信件。")[132] 但是要对这种半真半假的暗示负责的不是捐赠者。相反,这主要归咎于威廉·R.哈珀,毫无疑问,有时候他是试着揣摩洛克菲勒缄默的含意,但是随着时间过去,他更多的是根据自己的本能做出决定。因为芝加哥大学是在19世纪90年代在美国中西部成立的,也由于哈珀在效率方面的天才,所以它确实在很多方面都很像工厂。但是在教授层面上,它也是当时最活跃、最有创造性的学术机构之一,在进步时代的一段时间内,芝加哥甚至成为学

---

[131] 见 Harper to J. D. Rockefeller, Dec. 18, 1892; F. T. Gates to Mrs. J. D. Rockefeller, Dec. 22, 1892; J. Woolley to Harper, July 17, 1894; telegram from Rockefeller to Harper, Mar. 31, 1898; F. T. Gates to W. R. Harper, June 6, 1903; J. D. Rockefeller, Jr., to Harper, Dec. 26, 1903, and Harper's reply of Dec. 31 (all UCP); Lovett, *All Our Years*, p.57.

[132] William James to Hugo Münsterberg, Sept. 2, 1896 (HM).

术自由的著名堡垒。⑬ 到1900年,美国大学才能够成功地融合这些似乎非常对立的特点。准确地说,分层的、部门化的结构使这种结果得以实现,在这个结构中,上层给予整体政策以强硬指令,但是在学术问题上却允许孤立和自治。就如不久之后哈利·普拉特·贾德森在芝加哥的统治所表明的,这个结构也许很脆弱,但它至少在一段时期惊人地有效。

1906年1月10日,威廉·R.哈珀死于癌症。他在1905年2月就知道了自己可能的命运,但是他不愿意在接下来的几个月里放慢步伐。甚至在临终之时,他还继续向速记员口述信件。他关心的是他还没有完成他的"工作"(他才49岁)。即使在垂死的时候,他还认为这份工作就是进一步扩大大学的结构。⑭ 哈珀对典礼的喜爱一直保持到最后,他在最后的几个小时里为自己的葬礼制定了详细的计划,非常认真地进行修改和完善。⑮ 当大学实现了他的希望,以庞大的队伍按照仔细规划和预订的路线运送他的棺木时,它表现了对他最忠诚的纪念。

---

⑬ 虽然学术自由在芝加哥启动源自贝米斯事件之后对公共关系的关注(见上文注释95),随着时间流逝,它成为不可否认的真实信念。在经济学系的低级职位也包容了像索尔斯坦·凡勃伦和艾萨克·豪威琪这样的激进分子。见[H. P. Judson?] to J. P. Dolliver, Oct. 25, 1905 (UCP)和T. W. Goodspeed to Blake, Oct. 7, 1909 (UCP)的私人信件。

⑭ 他尤其想增加技术学院、医学院和音乐学院。Harper to J. D. Rockefeller, Feb. 22, 1905 (UCP)。

⑮ Harper to T. W. Goodspeed, Oct. 16, 1905, Nov. 25, 1905, Dec. 26, 1905 (TWG);参见 Wallace, *The Unending Journey*, pp. 97, 99。

第七章　不协调的问题

　　新美国大学的管理领导层试图建立能受到公众尊重的机构。养育它的慈善家和支配它的人都希望被看作这一新事物的创造者。他们把大学看作工具,能形成公正的社会影响,能激发"信任"这种品质。要实现这一功能,学术机构首先要表现出值得尊敬的姿态。因此,其领导者在建筑和仪式两方面都使其显得威严。他们每次在结构上增加新的内容,都是想使它"健全"的声望更完美。在整个学术扩张过程中,这些领导人认为,如果大学的处事之道能够与美国人口中的高尚人群志趣相投,那它就会更有效地促进整体利益。捐赠者通常将他们的名字与大学联系起来,因为他们把它看作时尚的慈善事业,比城市的教堂更为重要,但是和教堂一样,它是令人尊敬的做善事的途径。管理者虽然更清楚地意识到他们学院的特别任务,但是也同样关注大学面对世界时所具有的尊贵外表。

　　威严是一名嫉妒的大师。它首先要求外貌上要显得相当庄重,它反对与此不相干的幽默感。它可能认为对大学的不严肃态度是"不负责任"的。威严要求根据挑衅者的情况来应付外界的挑战:对不重要者或暴怒者保持沉默;对不受欢迎者不屑一顾;对值得尊敬者彬彬有礼；对大权在握者尊重顺从。绝对不能让人经常见到大学把小人物当作对手一样与之争论。更重要的是，威严要求，学院不管在内部由于意见分歧是多么四分五裂，在外界人士眼中都要表现得团结一致。因此威严就要求把学术政策作为负责的深思熟虑的结果展现给公众（实际上这种深思熟虑是必需的，这样当其责任发生令人尴尬的变化时，学院的地位才不会受到损害）。如果舆论对其不利，妨碍了这种地位，那么威严就坚持要领导层采取明显的严厉措施消除对其权威的威胁。

因此大学内部极少允许麻烦制造者的存在。它不会轻易纵容脱离了中间阶层的古怪的人在地方报纸上滑稽地宣扬他们的观点。威严断定，唯一"无害"的怪癖就是不会被人觉察的那种怪癖。大学的运作应该平稳而有威信，符合其地位。担任它提供的职位的人作为绅士，应该永远表现出这种地位所要求的冷静的态度。

就学术主管来说，他必须比一般职员更为正直——这是他为了显赫的地位很乐意付出的代价。他也许，实际上是应该，表现得精力充沛、热情洋溢——虽然威廉·R.哈珀把这些品质发挥到了能许可的极限——但是他绝对不能表现出脾气难以控制、令人不安地攻击传统、破坏性的逻辑（除了针对规定的目标）或是古怪的悲观主义的征兆。大学校长就像一个高瞻远瞩的基督教派的牧师一样，应该把人们聚集在激发灵感的环境中——他不应该无缘无故地与他们作对。他只能在邪恶通常出现的地方发现邪恶，即使在这种情况下，他也应该把大部分时间用来颂扬善良。越来越多的美国人认为，正是这些特性激发了"信任"的品质。这个单词的意思显然偏离了几十年前曾有过的坚决捍卫虔诚的绝对真理的含意。

到1900年，具有舆论意识的管理者发现自己普遍掌管着新的美国大学。他毫不费力地融合了关于学术目的曾经分歧很大的概念，试图在愉悦而激动人心的典礼上用花言巧语使成员团结起来。同时,他控制着结构网络,这个网络虽然错综复杂很麻烦,却给了他极大的实力地位。在这种情况下,他的实际命令和笔端就有可能流露出凌驾于大学的威严之上的真正权力。捐助者的意图、组织的构成、数目庞大的下属的忠诚似乎都意味着大学在"有价值的"机构的既定秩序中享有稳固的名望。这些强大的影响力似乎让人们相信,高等教育的几种抽象概念,即使是最具破坏力的德国式的观点,都确实已经失去了锋芒,并将继续如此。

1900年11月13日,几乎所有的美国报纸都报道说学术威严的梦想遭受了重大挫折。当天,众多媒体纷纷报道戴维·斯塔·乔丹根据简·莱斯罗普·斯坦福的命令解雇了爱德华·A.罗斯,这一事实展示了累积起来的对美国大学特点的全部问题的广泛兴趣。不久之后被称为"罗斯案例"的这起事件所揭示出的强烈感情表明,大学的威严仍然是一个悬而未决的问题——也许可以说威严具有不止一种相对立的含义。如果所有在1900年下半年的那一天看过报纸的人都了解大学校长们试图在演讲中掩盖的美国学术结构中极度紧张的关系,罗斯案例的出现就不会特别令人惊讶了。在大学内部,就在管理者们引人注目地根据公认的风格建设学院的同时,一群教职员形成了自己的观点,令人心烦地宣布与大部分结果无关。持这种异议的人数量极少,但是随着进步时代的到来,它变得声势浩大而异常坚定,开始吸引了广泛的关注。

就在更古老的政策分裂似乎失去影响力的时候,教职员中的"理想主义者"受伤的呼喊在学术界中造成了新的分裂。这时的大学校长已经能够熟练地把实用、研究和文化组合成正式声明的连续段落,他发现自己面临着对这种平衡状态的新威胁:称为"学术自由"的战斗口号。迟早有一天校长会学会殷勤地把这个因素纳入一系列"观点"中,以便使其演讲具有完整性,但是在1900年前后,这个概念仍然太新鲜,不能使人保持审慎和冷静的态度。"学术自由"声称要在危及学术可敬性的基础上对高等教育做出评判。它威胁说要将严重违背礼仪的行为合法化。它提出的要求质疑了和谐的基本愿望和权力的有序流程。学术自由的呼声表明,虽然官方领导层尽了最大努力,长期的紧张因素仍然困扰着美国学术体系。

学术自由:希望和僵局

学术自由的理念是由曾在德国大学留学的教授们引入美国的。在德国这个概念有两个主要方面:学习自由,或者说学生在选修制下选择自己学习科目的自由,以及教研自由,教授可以自由地研究和传授他的研究成果而不受政府干涉。在借用这一名词的美国人的思想中,学术自由得以扩展,还包括为教室之外的全体民众中进行的党派活动提供保护——这是对德国理论不知不觉而又很重要的衍生。无论是好战的教授还是以服务为主的管理者在思考中通常都不会把教室与外界的世界严格区别开来,他们假设研究与"真实世界"有密切联系,这就在大西洋西岸给学术自由赋予了更广泛也相当独特的含义。①

对这种完全意义上的学术自由的自觉强调直到19世纪90年代

---

① 对这一问题的标准研究,可参见 Hofstadter and Metzger, *The Development of Academic Freedom*, 在 S. R. Rolnick, "The Development of the Idea of Academic Freedom in American Higher Education, 1870—1920" (Ph. D. diss. , University of Wisconsin, 1951) 。从中可发现大量有用信息。另见 W. P. Metzger, "The German Contribution to the American Theory of Academic Freedom," *American Association of University Professors, Bulletin*, XLI (1955), 214—230。崇拜德国的美国教授对德国存在的学术自由有一种曲解的印象,相信这种印象比实际情况更为真实。见 Ben-David and Zlocz ower, "Universities and Academic Systems," *European Journal of Sociology*, III (1962), 58—61。

第七章　不协调的问题

才伴随着其假设所反对的大学的成熟结构出现。90 年代之前,"学术自由"这个词偶尔被用来指选修制——因此它指的是课程的性质而非教授的特权。② 即使是在 19 世纪中叶传统学院的环境中,教学和研究的自由也早已作为问题被提出,但是仅仅是偶然的,也没有确定的术语。19 世纪 70、80 年代期间这些问题得到的间歇性关注不同于世纪交替之前不久所发展起来的持续的关注。在较早的几十年里,人们把自由表达信仰与宗教和科学之间的论战联系起来。正如我们前面所见,虔诚的教育者基于抽象神学的理由否认教授有随意发表演讲的自由。到 19 世纪 90 年代,这种宗教动机已经过时,仅在学术界的乡村地区还有保留。现在论战的内容转向经济学和社会理论,同时,反对自由表述的态度很快就与学院的公共关系更紧密地联系在一起了。

伴随 19 世纪 90 年代中期金融萧条而来的社会紧张状态使人们注意到这些新的重点。当时大学主管们通常都在领导学院经历快速发展的最关键阶段,他们极度谨慎地对待社会动荡。1894 年理查德·T. 伊利在威斯康星大学和 1895 年爱德华·W. 贝米斯在芝加哥大学的例子使人们注意到在这种情况下可能发生的新冲突。其后又发生了 1897 年布朗大学的安德鲁斯事件(涉及校长而非教授)和爱荷华学院的赫论事件,随后爆发了爱德华·A. 罗斯被斯坦福解聘的事件。同时,1898 年前后杂志上出现了一种新的态度强硬的文章,提醒人们从教职员的角度看待这一问题。③ 虽然激烈的抗议情绪在

---

② 见 L. L. Rockwell, "Academic Freedom—German Origin and American Development," A. A. U. P., *Bulletin*, XXXVI (1950), 232—234。

③ 见匿名文章,"The Status of the American Professor," *Educational Review*, XVI (1898), esp. p.433; Joseph Jastrow, *The Life of a College Professor* (Madison, 1898), esp. pp.4—8; T. E. Will, "A Menace to Freedom: The College Trust," *Arena*, XXVI (1901), 244—257。

平静的时期会不时消退,但是争论的基调此后基本上没有变化。

虽然学术自由理念在提出时具有一定的战斗性,但是它经常因为含糊不清而引起人们注意。最激烈的支持者之一约瑟夫·贾斯特罗(Joseph Jastrow)被迫承认:"作为学术自由而标注在智力地图上的精神状态是很难找到的。"④虽然经常与高等教育的实用理念相联系,它在本质上绝对不是民主的目标。因此克拉克大学的埃德蒙·C. 桑福德(Edmund C. Sanford)这样的研究者在为教研自由辩护时会把"让外行来调查科学家的荒谬性"作为有利论据。⑤ 人们怀疑,尤其在州立大学,学术自由经常被默认为一种对抗偏执民主的缓冲。人们也没有特别把学术自由与观念上大方的相对主义的来临联系起来。重要的是,代表了含糊地包容(几乎)所有理念的新浪潮的人正是管理者们,支持教职员享有特权的人更可能因为过于坚定地坚持推广不受欢迎的思想的权力而表现出绝对主义。明确的邪恶观总是缺乏相对主义的标志,比起愿意妥协的主管们,它很可能在批判社会的好战的教授中长时间地存在。捍卫学术自由通常就是要接受大学"非黑即白"的观点,这反过来又暗示了在整体存在观上"我们 vs. 他们"的类似倾向。1910 年之前美国大学中支持教研自由的大部分人都坚信他们有解释真理的自由。⑥ 纯粹因为观点的多样性而感到骄傲要到晚些时候才出现,也许是为了在他们自己的领域向大学校长提出挑战。当然,这种情况相当有讽刺性:管理者夸耀温和的包容,说这是一种美德,却被迫反对某些观点的传播;而好战的教授固执地为自己最不容混淆的信念保留一块平台,却不得

---

④ Joseph Jastrow, "Academic Aspects of Administration," *Popular Science Monthly*, LXXIII (1908), 327.

⑤ E. C. Sanford to R. T. Ely, Aug. 14, 1894 (RTE).

⑥ 见第三章《科学信仰的类别》中的讨论。

第七章 不协调的问题

不承担了倡导和平共存的不可能任务。

如果人们认为学术自由争论的中心不在抽象推理的领域而在学院权威和等级制度的领域,这些不协调也许就不太重要了。毕竟,这个问题的要旨在于它代表了生活在同一个校园的人们内部的争斗。学术自由蓬勃发展的原因在于强烈地感觉到某人"受到了不公正对待",它是抗议似乎不公正的待遇的呼声。其实质与任何其他劳工纠纷并无不同。正如沃尔特·P. 梅茨格所说,世纪交替之前,美国的学术自由主要涉及学院的关系,而非教育理论。[7] 自由,即使在学术环境中,也摆脱不了与安全、地位、薪水和权力等问题的联系。

教授任期的需求大半是为了获得安全感。就像亨利·塞德尔·坎比回忆的:"我们的最大愿望就是感到安全,拿着一份能维持生计的薪水待在现在所处的地方,在工作时感到安心……节俭和外快都不能给我们提供保障。我们依赖学院,而它本身的资金也很紧张,既不能指望它明智,也不能指望它公正。"[8]1906 年,卡内基基金会意识到了这种教职员担心的现实,当时它实施了一项全国性计划,在教授从现任职务退休时给他们提供养老金。虽然卡内基计划最初的形式仅维持了几年,它对保障教授安全的推动也许是学术自由在 1910 年之前最重要的收获。

保障收入和地位的愿望与对 19 世纪 90 年代正在形成的新学术官僚主义的态度密切相关。官僚主义在支持教职员自由的人中造成

---

[7] Hofstadter and Metzger, *The Development of Academic Freedom*, p. 396;参见 W. P. Metzger, "Some Perspectives on the History of Academic Freedom," *Antioch Review*, XIII (1951), 278。

[8] Canby, *Alma Mater*, p. 153. "我认为安全感比薪水问题更为重要。" H. B. Adams to D. C. Gilman, May 11, 1881 (DCG).

的反应比他们愿意承认的更为矛盾。大部分时候他们对管理控制所暗示的自上而下的影响表现出强烈的反对。詹姆斯·麦基恩·卡特尔(James McKeen Cattell)强烈抗议"根据一种公务员程序对人们进行培训和提升"。⑨ 1909年,卡特尔所在的哥伦比亚有一种打印的表格,要求系部的主任根据类似于学生成绩单的评分体制给他们的所有下属排名。⑩ 这种学术官僚主义显然侮辱了所有被迫服从的人的自尊。在不太繁重的情况下,仅仅是记录课堂的到课率,在无数委员会兼职,与有关的陌生人讨论自己的计划和进度等行为就要被认为似乎太多地妨碍了其个人的工作实质。⑪ 对学术自由好战的倡导者来说,因此就可能想象官僚主义象征着教授们的身份贬低(人们在这方面的记忆力很差——19世纪中叶学院的日常事务曾让教职员承担的苦工比五十年后多得多),甚至必需的教学任务也似乎成了上层强加的不受欢迎的负担。但是,虽然面临所有这些情况,没有人能对整个学术结构简单地说"不"。相反,寻求补救措施反而迫使学术自由的支持者增加了规章制度而非使其减少。⑫ 教授们尝试通过正式的程序,确保在自己的利益与学院的利益相冲突时不会被置之不理。就像同一时期反对工业信托的人一样,很多教授不约而同地希望"返回"小规模学院的时代,但出于自己的利益他们也要求强化客观的规定。因此教授对官僚主义的态度既有"人民党"的一

---

⑨ J. M. Cattell, "Concerning the American University," *Popular Science Monthly*, LXI (1902), 178.

⑩ CUA 存有一份这种表格。

⑪ 对这个问题产生无与伦比的道德公愤,可见 J. M. Cattell to N. M. Butler, May 15, 1909 (CUA)。另见 Showerman, "College Professors Exposed," *Educational Review*, XXXVI (1908), esp. pp. 280, 292; E. D. Perry, "The American University," in Butler, *Monographs on Education*, I, 308。

⑫ 例如,见 William Kent, "The Ideal University Administration," *Science*, XXVIII (1908), 8—10。

面,又有"进步党"的一面,虽然"进步党"对这种情况的反应激发了美国大学教授协会的成立,可以被看作是有利的一面。最后,重要的是官僚主义的运作符合了哪些人的利益,与此相比,它存在的事实似乎并不重要。

保障和官僚主义程序问题包含在教职员在新大学的地位这个范围更大的问题中。仅仅有保障并不能让热心倡导学术自由的人感到满意。小职员的生活也许是有保障的,但这并不是这些人需求的模式。他们要求威严和尊敬,但是按照他们自己的理解,并不一定与大学相同。就这些品质而言,过去不曾有过黄金岁月。弗雷德里克·杰克逊·特纳回忆说:"那时威斯康星大学理事会的成员手里拿着红铅笔坐在桌边,讨论教授们提交的书单,勾掉不符合他们心意的那些书,对'愚蠢的教授'做出无礼的评价。"[13] 到19世纪90年代,实际上已经没有理事会自找麻烦地进行这种干涉了,但是新的隐蔽的管辖方式引发了空前的抗议浪潮。1898年,约瑟夫·贾斯特罗把广义上的教授地位的问题提交公开讨论,要求给予更多的闲暇、减少教学时间、提高工资和更多地控制基本的学术政策。其后的十年间,关于这些问题的文章迅速增加。[14] 一位匿名者在1907年给斯克里布纳杂志写的文章生动地展现了这种思维模式:

> 大学里成立了我要向其负责的"管理层"。他们操纵这艘船,而我是一名水手。未经召唤我是不能登上驾驶台的,我参加的会议一律在政策已经决定之后才开始。我不属于"管理层",但

---

[13] F. J. Turner to Joseph Schafer, May 22, 1902 (FJT);参见 Francis Bowen to C. W. Eliot, Mar. 3, 1870 (CWE)。

[14] Jastrow, *The Life of a College Professor*. 作为例证,另见 W. K. Brooks(约翰·霍普金斯的动物学家),"Thoughts about Universities," *Popular Science Monthly*, LV (1899), 348—355; J. J. Stevenson(纽约大学), "The Status of American College Professors," *ibid*., LXVI (1904), 120—130, and *ibid*., LXVII (1905), 748—753。

是受"管理层"使唤,因为除了学术专业之外我还有其他品质。在权力、职位、工资等方面,"管理层"都凌驾于我之上,而我则低于他们。⑮

一位教授甚至把他的命运与"商场里最卑微的职员"的命运相比,后者仅仅是由于"一位专制君主"的宽容才获得允许留下来的。⑯这种不满正是芝加哥大学的英语教授罗伯特·赫里克(Robert Herrick)在1901年发表的一篇反响强烈的小说的主题。赫里克描绘了大学校长聪明地利用一位教授对保障和名誉的渴望把他紧紧地与学院绑在一起。双方都抛弃了理想。校长

> 的态度就像是见过大世面的人应付乡下人时表现出的宽容。他广泛结交见过大场面的人,这使他在教授面前具有这种优势——就像实业家在女性面前的优势一样。他很清楚地知道他们的弱点,而他们只是大概地知道他的弱点。而且,他知道自己辖区内的决定性力量,虽然那也许很小……他的主要职责之一就是安抚手下的不安情绪,让他们满足于自己非常微薄的薪水,让他们看到希望但同时又不替学院做出太多的承诺。这是一门微妙的艺术。⑰

与教授要求受到尊敬的对待强烈交织在一起的是他对于金钱

---

⑮ "The Point of View," *Scribner's Magazine*, XLII (1907), 123.

⑯ W. C. Lawton, "The Decay of Academic Courage," *Educational Review*, XXXII (1906), 400.

⑰ Robert Herrick, "The Professor's Chance," *Atlantic Monthly*, LXXXVII (1901), 727—728.

的渴望。⑱ 一百所院校的教职员 1893 年的平均薪水是 1470 美元。⑲ 这个数字比牧师高 75%,据说是中小学教师的五倍,比行政人员多 75%,几乎是当年金融恐慌时一般工厂工人收入的三倍。⑳ 教授和高度熟练的工人挣钱几乎一样多。整体说来,世纪交替时的教职员和五十年后一样(六十年后则不同)富有。讲师以上所有阶层 1904 年的真实工资与 1953 年实际上是一样的。㉑ 然而,1904 年顶层和底层的悬殊要大得多,这个事实毫无疑问造成了紧张局势。㉒ 就当时的情况而言,更重要的是,由于进步时代的通货膨胀,实际工资似乎是下降了。㉓

人们总是根据心理预期来衡量薪水的:作为与一个人对手相比较的标志或是作为体面生活的谋生手段。资金不足不是问题(也许 1905 年前后的斯坦福有这种问题),即使成员太多使缺乏经验的人觉得很难做到收支平衡。艾略特评论说:"在生长于贫穷环境的年

---

⑱ 倾向于这一方向的抱怨,见 Cattell, "Concerning the American University," *Popular Science Monthly*, LXI (1902), 176—177; Joseph Jastrow, "The Academic Career as Affected by Administration," *Science*, XXIII (1906), 566—567; 以及 Showerman, "College Professors Exposed," *Educational Review*, XXXVI (1908), 283—284 中的机敏论述。

⑲ 极少数教授,例如,芝加哥大学的一些系主任,在这个时期年薪为 7000 美元。但是在 1904 年哥伦比亚大学的最高年薪还是只有 5000 美元,三年后只有 8 位教职员的年薪是 7000 美元或更多。参见 N. M. Butler to D. S. Jordan, Sept. 7, 1904, and to B. I. Wheeler, May 27, 1907(CUA)。

⑳ C. C. Bowman, *The College Professor in America* (Philadelphia, 1938), p. 39.

㉑ 这个时期,校长和正教授的真实工资下降了 2%,副教授和助理教授的工资分别上升了 6% 和 3%,而讲师的真实工资上升了 38%。当然,人们必须记住 1953 年是 20 世纪中叶教师真实工资水平的低潮。参见 Beardsley Ruml and S. G. Tickton, *Teaching Salaries Then and Now: A 50-Year Comparison with Other Occupations and Industries* (New York, 1955), p. 32, Table A。

㉒ 艾略特在 1903 年得到 8987.10 美元和一套房子的使用权;1908 年威尔逊得到 10000 美元加上 1200 美元的行政助理费。哥伦比亚的讲师在刚开始拿到 1600 美元。各等级的平均工资(比上述数据低得多)可见同书的表格。

㉓ Marx, "Some Trends in Higher Education," *Science*, XXIX (1909), 775; C. W. Eliot to G. H. Marx, June 17, 1908 (CWE).

轻人看来,学院教授的大概收入显得很多,但是对于富裕家庭的儿子来说,它总是微薄的。"㉔即使不考虑他们的出身(他们大多属于中产阶级),教授的期望也受到年长的同事相对舒适的生活的影响。正如乔西亚·库克对这个问题的描述,教授们很自然地寻求"一种与环境相协调、符合高雅品位的风格"。㉕坦白说,教授的通常收入不能提供"其社会地位要求他所具有的生活标准"。他希望"不费力气就能分享上流社会——贵族——的生活,就字面意义而言"。㉖他希望能够四处漫游,建立一个私人图书馆,还希望结交有名望的人。当年轻的约翰·杜威拒绝为了4000美元的年薪进入芝加哥大学——他坚持要5000美元——的时候,他宣称,较少的金额"不足以让我们在芝加哥过上我们应该希望过上的生活(也是大学希望我们过上的生活)"。㉗

对保障、地位和收入的渴望有时候在范围更广的对权力的要求中得到进一步体现。早在1878年,亚历山大·温切尔就曾提出,教授应该是"唯一有权花费大学的收入的人",而不是校长或理事(虽然他没有说应该取消理事、校长或捐助者)。19世纪80年代期间不时可以听到这种呼吁。㉘但是,与所有这些相关问题一样,教职员控制的主要动力是在世纪交替时才出现的。1902年,哥伦比亚的詹姆

㉔ Eliot, *University Administration*, p. 99.
㉕ Cooke, *Scientific Culture*, p. 50.
㉖ Anon., "The Status of the American Professor," *Educational Review*, XVI (1898), 421.
㉗ John Dewey to W. R. Harper, Feb. 15, 1894 (UCP);补充的斜体字部分。
㉘ Alexander Winchell, "University Control," U. N. Y., *Report*, 1878, p. 388; Hewett, "University Administration," *Atlantic Monthly*, L (1882), esp. pp. 508—512; Clarke, "The Appointment of College Officers," *Popular Science Monthly*, XXI (1882), 177; *The Century*, XXVI (1883), 467—469. 1890年,康奈尔大学的教职员被给予不同寻常的权力参与大学的管理,但这仅仅是理事们和校长之间争斗的结果,在这场争斗中,教职员被当作了棋子。见 Bishop, *Cornell*, pp. 264—265。

第七章 不协调的问题

斯·麦基恩·卡特尔甚至主张校长和理事们"几乎不能被看作是必不可少的"。他意识到他们在保证大学的资金方面的重要性,但是他盼望不久之后的某一天大学可以不再需要新的捐赠以维持其发展。㉙ 当 1905 年大学理事的全国会议在乌巴纳召开时,威斯康星的约瑟夫·贾斯特罗大胆地向这群人发表了讲话,要求他们把权力移交给教职员。1907 年,当芝加哥大学必须寻找新校长时,教职员向理事们请愿,要求在人选问题上有发言权(最好是投票权)。㉚ 关于这个问题出版了措辞强硬的文章。哥伦比亚的一位教授在文章中提到教职员"在教育领域"拥有"当然的最高权力"。㉛ 1912 年 299 名教授参加的全国民意调查中,约 85% 说他们赞成更多地民主参与大学事务。㉜

人们也许会怀疑,是否曾经存在过哪怕是极小的完全让教职员管理美国大学的可能性。当教授接受不论是来自捐赠或是财政的金钱时,几乎所有人都表现出强烈欲望,要接受能到手的直接短期利益。如果回到 19 世纪 70、80 年代,也许会要求他们表现出超人的克制,在获得编制之前不承担任何学术职务。但是那个时期也许是完成这种权力转移的最好时机,因为就在那时,宗教派系放松了对高等教育的控制,而以世俗财富形式出现的明确替代品只是偶尔才

㉙ Cattell, "Concerning the American University," *Popular Science Monthly*, LXI (1902), 180—182.

㉚ Jastrow, "The Academic Career as Affected by Administration," *Science*, XXIII (10), 546—565, 568 et passim; "Petition of Faculty to Board of Trustees," *University of Chicago*, Feb. 12, 1907 (TWG).

㉛ J. B. Fletcher, "The Compensation of College Teachers," *Educational Review*, XXXIII (1907), 86. 类似的态度,还可见 G. M. Stratton (一位哲学家), "Externalism in American Universities," *Atlantic Monthly*, C (1907), esp. pp. 512—516。

㉜ J. M. Cattell, *University Control* (New York, 1913), p. 24. 当然这次抽样并不是随机的,但是包括了一些院长和校长。

开始出现。到19世纪90年代早期,当爱德华·A.罗斯这样的教授把斯坦福的善举看作是恩惠而非灾祸时㉝,时机已逝,无法挽回了。然后在世纪交替之际,开始出现了关于这个问题的迟到的、愤怒的呼声,实际上是要求彻底地改变整个新学术模式。那时已经太晚了。大多数教授满足于现状,大学的结构也已经牢固确立了,不可能在权力分配方面做出根本性改变。不同于争取学术自由的主要努力,要求教职员管理的运动成为进步时期一种过时的好奇心。它没有带来实质性的成果,仅仅是造成了一些笨拙的学术"评议会",促进了系部在任命方面更多的自治权。㉞ 考虑到美国大学的实际发展模式,与提倡学术自由有关的对保障、认可、收入和权力的这几项要求中,最后一项是最不现实的。但是正是缺乏权力才使确保实现其他目标的希望变得更为渺茫。

怀着这些希望的人的派别联系使自由表达——及确保它的公认地位——的梦想更没有实现的可能性。这一事业的积极倡导者仅是世纪交替时美国教职员中的少数人,虽然根据1912年的民意调查记录,很多人都希望有更多的学术民主,只是态度较为温和。这个少数派也无法召集其所有的潜在同盟者进行斗争。另一个著名的学术少数派,苦恼的自由文化的捍卫者,与教研自由的支持者有很多相同的观点。这些人同样总是认为大学充满着商业精神,他们也讨厌管理上的官僚主义,而且他们希望凭借更高尚的价值观获得

㉝ 见第五章开头部分。

㉞ 考虑到很多大学都存在不可否认的趋势,让教职员更多地参加决策,这个判断也许有点苛刻。但是我们来看看伯克利的加利福尼亚大学的情况。进步时代的斗争的结果就是在伯克利创建了学术评议会,但是对这种独立的大大小小的限制在几十年后清楚地显露出来。然后,对于直接影响其成员生活的问题,无论是效忠宣誓的论战还是强行要求教授缴纳高额年度停车费的问题,教职员都无法在决策过程中表达自己的意愿。不可否认,教职工政府就像学生政府一样,看起来很华丽,却没有真正的权力。(这条注解是在1964—1965年伯克利事件发生之前写的,而至今我也不觉得有改变这些判断的理由。)

第七章 不协调的问题

领导权。但是说到实际支持,除了少数人之外,所有信奉自由文化的人都生活在自己的世界,不可能与外界人士联合起来。在需要反抗时,他们绅士化的行为模式就使他们退缩了。虽然他们作品中的长篇大论,例如 R. M. 温勒的作品,可以与贾斯特罗和卡特尔的反驳文章中的类似段落相交换,他们想将大学用于文科教育的愿望也不可能与将大学用于其他目的的愿望有效合并。总的来说,学术自由仍然与社会和经济信念有关,至少在 1910 年之后很长一段时间内都是如此。

学术自由的倡导者不仅没有在所有不满的"理想主义"中建立同盟,他自己的个性缺陷也经常妨碍他的事业。他很可能是性情多变的。例如,约瑟夫·贾斯特罗就把他的好战与虚假的阿谀奉承结合起来,而有报告说他的学生对他的教学"一点都不热情"。[35] 詹姆斯·麦基恩·卡特尔是哥伦比亚教职员中的"独行侠",大多数同事都强烈讨厌他。他自己吹嘘说:"我离最近的邻居有一英里远,比他高出五百英尺(他在哈德逊河岸边有一处房产,可以俯瞰纽约市),在言论和思想上我也喜欢保持一定的超然态度。"[36] 卡特尔就校长独裁问题给尼古拉斯·默里·巴特勒的信件极为粗鲁,大多数文明的群体都会认为这些信很不礼貌。[37] 在 1910 年之前重大学术自由事件中成为牺牲品的首脑教授当中[38],只有极少数是具有广泛号召力的人物:经济学家亨利·卡特·亚当斯,社会学家乔治·E. 霍华德

---

[35] Joseph Jastrow to T. C. Chamberlin, July 29 [1892] (UMP-TCC); E. B. McGilvary to G. H. Howison, Mar. 3, 1906 (GHH).

[36] Cattell, *Cattell*, II 4, 349.

[37] "你说对大学管理的关心不应该干扰大学教授的'重任',这会使人联想到人们应该保持谦卑的态度,努力工作,把剩下的事交给国王和领主的告诫。"J. M. Cattell to N. M. Butler, Jan. 8, 1909 (CUA). 此前,卡特尔曾直接把巴特勒叫做独裁者;Mar. 2, 1907 (CUA)。

[38] 我在此没有考虑阿瑟·O. 洛夫乔伊(Arthur O. Lovejoy)这样偶然的辞职者。

(在斯坦福的罗斯案例中,他的立场比罗斯谨慎得多),忧郁而勤奋的约翰·R.康芒斯——虽然康芒斯经常喜欢与人争论——也许还有另外一两个人。1894年,理查德·T.伊利因为他所谓的"社会主义"问题在威斯康星受到威胁,他渴望个人权力,天真地坚持要随心所欲,涉及信念时,他也能巧妙地实行及时的战术撤退。㊲ 芝加哥的爱德华·W.贝米斯的书信表明,他是一个认真而乏味的人,有时候故意让自己扮演英雄的角色,他的所有熟人并不都认为他有天赋。㊵ 有时候对学术自由的激烈倡导可能是源自个人的职业挫折,耶鲁专横的乔治·特朗布尔·莱德的情况似乎就是如此。㊶ 另一方面,查尔斯·A.比尔德(Charles A. Beard)在1908—1910年左右非常满足于做一名讲师,享受着和尼古拉斯·默里·巴特勒之间几乎是惬意的相互信赖,洋洋自得地在文章中说美国教授的地位很高,生活舒适,他后来因为献身学术自由而从哥伦比亚辞职。㊷

个性因素虽然得到密切关注,却与一份事业的"正确性"没有密

㊴ 注意R.T.伊利的日期,"Fundamental Beliefs in My Social Philosophy," *Forum*, XVIII (1894), 173—183, 他在这篇文章中使自己的观点听起来尽可能显得无伤大雅地保守。伊利转到威斯康星主要是因为他在霍普金斯提升得没有赫伯特·巴克斯特·亚当斯快而感到生气;他在考虑这次调动时,坚决要求获得"权力"(用的就是这个词)以至于受到了即将离职的校长托马斯·C.张伯伦和弗雷德里克·杰克逊·特纳的严厉责备。Ely to Chamberlin, Feb. 23, 1892 (UMP-TCC); Turner to Ely, June 24, 1892, and Chamberlin to Ely, June 27, 1892 (RTE); Ely, *Ground under Our Feet*, pp.175—176. 另见 A. W. Small to R. T. Ely, Dec. 29, 1891, 以及RTE中本周的其他信件。

㊵ 见他写给伊利和赫伯特·巴克斯特·亚当斯的信件(RTE and HBA);另见 H. B. Adams to D. C. Gilman, May 19, 1880 (DCG)。

㊶ 莱德在19世纪90年代的学术自由中采取了相当保守的立场。几年的沉默之后,在1902年,就是他在耶鲁被对手赶下台的时候,他以这个问题的热情的倡导人的身份出现。参见 Ladd, *Essays*, esp. pp.8—9, 27—28; G. T. Ladd, "The Degradation of the Professorial Office," *Forum*, XXXIII (1902), 270—82。

㊷ N. M. Butler to C. A. Beard, Dec. 29, 1908, Apr. 14, 1909, Nov. 24, 1909 (CUA); C. A. Beard, "The Study and Teaching of Politics," *Columbia University Quarterly*, XII (1910), 269—270.

第七章 不协调的问题

切联系。就像废除奴隶制度一样，学术自由作为一项正式的提议只能根据其自身的条件得到正确的评判，正如权衡一项政策要考虑其他可能的政策。倡导者的动机和私生活与其提议的价值并没有逻辑联系。但是，要从历史角度解释这些思想的成功和失败，人们不能忽视个人因素在决定结果方面的战术重要性。实际上个性问题对于任何试图引发有争议的变化的少数派都是很重要的——当然，这些少数群体总是特别为这些问题所困扰。强大的反对者不愿意直接攻击少数派的提议，他们能用这件武器对它实行不相关却非常有效的攻击。于是，就可以说贝米斯是位没效率的教师，卡特尔是个专横的暴君，罗斯（我们很快就能见到）是个喜欢出风头的人，等等。学术自由的倡导者在好战的公共平台上活动，他就同样要服从于威风的大学校长一直在经历的不间断审查。在这种情况下，教研自由的热心信奉者只有一条窄路可走。如果他们过于自信地向前走，人们就会批评他们"追求私利"，而如果他们表现出谨慎小心，也许就会危害自己的事业，另一方面也会被指责为机会主义。在上述的某些方面，支持学术自由的人与一心一意捍卫神学传统主义的人，19世纪70、80年代的大学校长们，有着惊人的相似。两者都把自己看作正确政策忠实的推广者，努力与周围其他众多教育者的懒散态度作斗争。两者都把原则问题上的弹性看作道德沦丧的标志。在评论大学似乎正在前进的主要方向时，两者都变得很刻薄。当然，除了他们所坚持的理念的性质之外，他们还在一个重要方面不同。旧时学院的校长曾享受了直接权力，这使他们感到安慰。管理权在他的手里。倡导学术自由的人可得不到这种安慰。从这一点看，这些人通常具有激烈的个性也就不足为奇了。

很多动机造成了20世纪初发展起来的对学术自由的叛逆性追求。学术自由通常象征着独立于繁重的权威之外。只要把院长和

"忠诚的"教授当作目标,这场运动就可能代表着几代人之间的冲突,代表着激进派的斗争。它更经常地表现了没有组织意识但是希望以更个人化的方式获得权利和尊敬的人的沮丧情绪。这些情感中还混合着从上到下重新组建美国大学以便达到自由教学和学习的梦想。

在另一种意义上,罗斯事件发生的斯坦福大学就像威廉·R.哈珀一样是一幅漫画——突显出地方性学院问题的漫画。利兰·斯坦福年仅15岁的儿子在1884年环欧旅行时去世,表面上斯坦福是为了纪念他的儿子而捐资建立了这所大学,实际上他的主要希望似乎是为了分散他哀伤而有点精神错乱的妻子的注意力。[43] 此外,他也有教育理念。虽然他是铁路巨头,也是共和党人,但是他喜欢玩弄像社会"合作"这样模糊的自由思想。最重要的是,他希望他的大学能向学生灌输简单的道德美德,同时也让他们为生活的实际职业做好准备——最初,他曾打算建立一所工程学院。[44] 他选择戴维·斯塔·乔丹担任校长(在几个人拒绝他之后)是因为他赞赏意志坚定的执行能力,也想要一个能像"铁路总裁"那样管理事务的人。[45] 毋庸置疑,如果没有斯坦福夫妇,而让乔丹按照自己的方法做事,那

---

[43] G. T. Clark, *Leland Stanford* (Stanford, 1931), esp. pp. 397—398; Bertha Berner, *Mrs. Leland Stanford: An Intimate Account* (Stanford, 1935), pp. 29, 39—42, 58, 212; C. W. Eliot to D. S. Jordan, June 26, 1919, 引自 Elliot, *Stanford*, p. 16. 艾利奥特(Elliot)的书是研究斯坦福早期历史的重要资料。虽然其作者是一位注册处主任,对乔丹有一种私人的忠诚,但是它诚实地描绘了当时的情况,大量引用了别处看不到的信件。鲁道夫(Rudolph)根据艾利奥特的书对早期斯坦福做出了极好的评价,见 *The American College and University*, pp. 352—353. 要缓解悲观的一面,了解斯坦福为其早期参与者提供的其他特点,应该阅读 Duffus, *The Innocents at Cedro*。

[44] G. T. Clark, *Stanford*, pp. 384, 386—387; Leland Stanford, "Address," *Pacific Educational Journal*, VII (1891), 405; C. H. Hull to his family, Mar. 27, 1891 (CHH).

[45] C. W. Eliot to William Denman, Oct. 5, 1905 (CWE), 回忆斯坦福与他的谈话; Clark, *Stanford*, pp. 405—406.

么即使与19世纪90年代的其他大学校长相比,他也会非常独裁。他在公开场合坦率地主张赋予校长强大的权力。在私下他认真地劝告一位刚成为一所小学院校长的来访者永远不要召开教职员大会。当对方问到原因时,"他回答说召开教职员会议不可避免地导致教职员之间的观点差异,而避免在教职员中形成党派的最好方法就是除了年度会议之外不要让教职员集合在一起"。㊻重要的是,乔丹不同于哈珀或巴特勒,他不喜欢院长职位、自治的系部和新大学结构的其他标志。他对自己说:"绝对不要参谋团。"㊼他认为教职员绝对不应该参与任命问题,即使是名义上的证实,他还反对给予任何教授终身任期的想法。㊽在1900年之前,乔丹还有点天真地再三称赞学术自由的观点。㊾

利兰·斯坦福死于1893年,其后的十二年间,斯坦福大学的唯一理事就是简·莱斯罗普·斯坦福。㊿当斯坦福夫人健康状况良好时,她拥有长期习惯服从而又思想开明的遗孀所具有的美德和局限性。她任性,品格高尚,急于做好事。她和她丈夫一样讨厌狭隘的

㊻ D. S. Jordan, "The American University and the College President," *The Independent*, LXV (1908), 1035; S. B. L. Penrose, "The Organization of a Standard College," *Educational Review*, XLIV (1912), 119.

㊼ 见 E. M. Burns, *David Starr Jordan* (Stanford, 1953), pp. 12, 163; and Jordan's diary, vol. 3 (1891) (DSJ); 以及 E. R. Mirrielees, *Stanford* (New York, 1959), p. 38 的引文。

㊽ 对于最信赖的人,他会给予七年的任期。D. S. Jordan to H. W. Sage, May 9, 1892 (HWS); Jordan's diary, vol. 24 (1898) (DSJ)。

㊾ 乔丹以学术自由和思想包容名义提出的大声呼吁,见 Jordan, *The Duty of the Scholar towards the Community*, p. 14; I. C. E., Proc., 1893, p. 155; Jordan, *The Care and Culture of Men*, pp. 53, 87—88; Jordan, "Science and the Colleges," *Popular Science Monthly*, XLII (1893), 726—727; D. S. Jordan, "Ideals of the New American University," *Forum*, XII (1891), 13。所有这些称赞学术自由的不合格言论都是在罗斯案例之前做出的。这次事件之后,他在文章中说他不会把自由给予"没有生活经历的人,活在幻想的世界的人,用雄辩夺取代科学的人"。他说,拥有博士学位的人"并非总是为成年人必须有的自由做好了准备。通常只有当他们发现他们尚未准备好,他们才有权说话"。引自 Mirrielees, *Stanford*, p. 38。

㊿ 名义上存在理事会,但是他们很少开会,也没有合法权力。

派系宗教。虽然她欠缺这个职位必须具有的自我意识,她还是符合亨利·詹姆斯的小说所描绘的形象,坐在躺椅上,在前往欧洲的头等舱乘客中间。她确实是一位不知疲倦的旅游家——她对大学政策做出的最重要决策中,有很多都是从尼斯、亚历山大港或那不勒斯邮寄回来的。这一切都是斯坦福夫人在最佳状态时的情况。但是她也高度紧张,受到恐惧的困扰,而且经常生病。她的教育理念奇怪地与她丈夫的理念相呼应。整个19世纪90年代,她不断要求开设机械工艺的教学,如她所说,她想看见"车间和木工商店的工作……成为主要科目"。(51) 在其他场合,她宣称"灵魂的提高"是教育的核心目标,或者她主张要像法令一样,在每个学生的思想中树立节俭的习惯。(52) 也许她最为始终如一的思想就是认为大学仅仅是一系列整洁而维护良好的建筑物。她起初认为校园就是一系列小农舍,每间房子大约有20个人,包括一名住校教师以建立一种像家一样的氛围,并且监控"学生的个人习惯、行为和娱乐"。(53) 有人怀疑斯坦福夫人理想中的大学也许就类似内战之前新英格兰家长式的老板所建立的所谓模范棉纺厂。

早期的斯坦福大学经历了难以置信的连续灾难,包括成立之后不久就冻结了它大部分资金的官司和1906年摧毁了其很多新建筑的地震,程度不等。然而,罗斯案例及其后果造成了不同的、比其他事件更沉重的打击,因为它导致帕罗奥规模不大的学术界分裂成内

(51) J. L. Stanford, *The Leland Stanford University: Address to the Trustees ... February 11, 1897* (Stanford University, Calif., 1897), p. 10; J. L. Stanford, *Address to the Board of Trustees of the Leland Stanford Junior University, October 3rd, 1902* ([San Francisco, 1902]), p. 11; J. L. Stanford, *Address to Trustees, Leland Stanford Junior University, May 31, 1899* (San Francisco, [1899]), pp. 11—12.

(52) Eliot, *Stanford*, pp. 456—459; J. L. Stanford, *Address ... 1897*, pp. 7—8.

(53) Elliot, *Stanford*, pp. 453—454, 引用斯坦福夫人的话;参见 Berner, *Mrs. Stanford*, pp. 211—212。

斗激烈的党派。他们都在印第安纳大学的那一年,爱德华·A.罗斯吸引了乔丹的注意,他于1893年到了斯坦福。(54) 罗斯生长于爱荷华州,成年时已经形成了强烈的社会改革的信念。在斯坦福他怀着天真的欣喜发现自己具有即席演讲的天赋,作为教师也很受欢迎。(55) 教师中的一位加拿大人描述罗斯时说他"热心肠,活泼而有点孩子气,不在乎打扮和外表,思维敏捷,但是口无遮拦——因此他是一个可能吸引或激怒别人的人,这取决于他们是赞成还是反对有违传统的方式"。(56) 罗斯与斯坦福的当权者之间逐渐发展起来的冲突几乎全方位地揭示了慈善家、管理者和勇敢的宣传者之间极度复杂的关系。

在1896年激烈的政治运动中,罗斯公开积极地为民主党工作(即使当时全国无数其他教授都在为麦金利效力)。(57) 此后不久,斯坦福夫人根据校规禁止任何教职员参加任何类型的政治活动。(58) 同时,她私下请乔丹考虑把罗斯开除出教师队伍。乔丹请求罗斯在观点上表现低调一点,但是虽然乔丹在管理方面相信独裁论,他还是请求斯坦福夫人不要开除罗斯。他这样做至少有两个原因。乔丹知道,如果罗斯在这种情况下离开,就会在学术圈内产生丑闻,类似

(54) 见第五章开头部分。

(55) 见他给养母玛丽·D.碧琪的大量书信(EAR),这些信件按照时间顺序记录了他的整个知识发展过程和旺盛的精力。1896年在他早期关于白银问题的一次辩论中,他吹嘘说"我的观点是如何长篇累牍地出现在第二天的报纸上的"。Ross to Mrs. Beach, June 7, 1892, Oct. 19, 1892, Apr. 2, 1896 (EAR);参见C. H. Hull to R. T. Ely, Mar. 5, 1901 (CHH).

(56) H. R. Fairclough, *Warming Both Hands* (Stanford University, Calif., 1941), p.141;参见R. L. Wilbur, *The Memories of Ray Lyman Wilbur, 1875—1949* (Stanford, 1960), p.96 n.

(57) 罗斯案例的最好最详细描述仍见Elliot, *Stanford*, pp.326—378. E. A. Ross, *Seventy Years of it*, pp.64—86可作为补充。这些事件和动机极其复杂,即使在罗斯文集、伊利文集、艾略特文集和其他地方可查到的信件所揭示出来的也是如此。此后发生事件的更为完善的文献资料,可见作者未发表的论文,985—993页。

(58) J. L. Stanford, *Address on the Right of Free Speech to the Board of Trustees of the Leland Stanford Junior University, April 25, 1903* ([Stanford University, Calif.], 1903), pp.6, 8.

于1895年贝米斯事件给芝加哥大学造成的破坏。而且乔丹碰巧很喜欢罗斯。[1898年,当斯坦福夫人解聘H.H.鲍威斯(H. H. Powers),一位名气小得多的社会学家时,很明显乔丹没有做出抵触行为。]⑤然而,乔丹请罗斯写一封辞职信,如果将来有必要,他就可以使用了。罗斯拒绝了,但是他确实签署了一份协议,表明如果大学希望的话,他会在1899年辞职。1898—1899年间,罗斯得到年假,并受到鼓励去悄悄地寻找一份新工作。他没有找到,于1899年秋天回到斯坦福,并享有其他教师的全部权利。事实上,环境迫使他承担额外的教学工作,因为他的勤奋工作和令人愉悦的忠诚,他得到了乔丹更多的赏识。这时候,乔丹无疑希望斯坦福夫人已经不再坚持反对罗斯,罗斯自己也再次感觉到"安全",不再去别处找工作了。但是实际上斯坦福夫人在这段时间仍然心烦意乱,抱怨说罗斯还在奥克兰的社会党俱乐部的集会上充当特邀发言人。

1900年5月7日,罗斯发表了反对亚洲移民的演讲(他甚至说他是应乔丹的请求做演讲的);此前,罗斯在另一次演讲中没有坚决反对市政府对公共设施的所有权。⑥当时这两种立场都被认为是激进的。工会抵制廉价的外来工薪族移民。作为铁路主管的遗孀,斯坦福夫人欢迎廉价的劳动力。而且,她对于建造了她丈夫的铁轨的

---

⑤ 斯坦福夫人"听说鲍威尔教授在学生的一些晚间宗教集会上对'年轻的理想'泼冷水,感到大为震惊。他认为这些理想大部分都是空谈,他们最好还是从一开始就认清生活平淡的一面。她说她对此深为震惊,以至于之后直接去了乔丹校长家,大约是晚上十点,坚持要求他从床上爬起来……到楼下听她转述鲍威尔所说的话。她告诉乔丹校长这种人不能留在大学"。E. W. Bemis to H. B. Adams, Nov. 19, 1900 (HBA),报道了与斯坦福夫人的直接交谈。

⑥ 罗斯声称乔丹请他在五月做演讲,见Ross to R. T. Ely, June 10, 1900 (RTE), and Ross to Mrs. Beach, Sept. 9, 1900 (EAR)。乔丹使用了被动式,他说罗斯"在公共集会上应邀[原文如此]'发表学者在亚洲移民问题上的看法'。他答应了,强调了普遍为人们所接受的赞成限制的观点"。见D. S. Jordan to C. W. Eliot, Oct. 1, 1900 (CWE)。乔丹自己也反对不加限制地移民。

第七章 不协调的问题

中国人有一种慈母般的偏爱。此外，南太平洋公司在加利福尼亚拥有很多有轨电车系统，市政府所有权肯定威胁到这些系统。斯坦福夫人几乎是刚读到地方报纸上对罗斯的五月演讲可能有些夸张的报道，就叫乔丹立刻开除这个人。

在解释这个决定时斯坦福夫人对乔丹说的话与乔丹转述给罗斯的语气形成了有趣的对比。斯坦福夫人是以一位感情上深受伤害的女性的身份说话的。她说，

> 罗斯结交了旧金山的政客，鼓动他们邪恶的激情，在人和人——所有劳动者，上帝眼中平等的人——之间划分了界限，实际上是支持了社会主义最低劣、最可耻的因素……我必须承认我讨厌罗斯教授参与政治事务，我认为他不应该留在斯坦福……上帝不允许斯坦福大学支持任何种类的社会主义。⑥

一位富有洞察力的观察者评论说，斯坦福夫人的激动"不是因为一般的思想，而是出于个人的情感。对她来说，斯坦福大学不是根本上为社会谋福利的机构：它是为去世的儿子和去世的丈夫而建的纪念碑。她丈夫利用苦力建造了铁路，而在沙地暴乱中，她相信正是中国佣人保护了她的房子。"⑫也许乔丹和无心的罗斯一样，都没有真正了解激发了斯坦福夫人决定的这些感情。乔丹把她的话转变成管理者更常见的风格。在给罗斯写信时，他从学院而非个人角度解释了她的动机：

> 她觉得大学严肃的保守主义的名誉受到了损害［原文拼写错误］……［她认为］大学应该提供不偏不倚、明智而保守的观

---

⑥ Mrs. Stanford to Jordan, May 9, 1900, 引自 J. L. Stanford, *Address … 1903*, pp.9—10.
⑫ H. B. Lathrop to E. A. Ross, n.d. [*ca.* 1900] (EAR).

点……她把移民问题看得很重,但是与其说她支持任何特别的观点,倒不如说她唯恐大学的好名声受损。⑥

斯坦福夫人的情感爆发仅限于她自己的权力和当地范围之内,乔丹的转译赢得了美国全国学术管理者最深的关注:需要较为冷静的社会成员的信赖。

乔丹知道了斯坦福夫人的新决定,他极度不高兴。他仍然喜欢罗斯。如果他真的请罗斯发表了所谈论的演讲,毫无疑问他还会感觉到有些愧疚。而且,更实际地说,他知道如果罗斯现在离开斯坦福,这所大学就会成为主张自由的人群的攻击目标和笑柄,而这些人在近些年的势头正在增强。从这个方面来说,大学的名誉也有危险。乔丹犹豫了。5月18日给斯坦福夫人回信时,他请求宽限些时间,他的措辞暗示,如果到了摊牌的时候,他仍然必须在支持罗斯或是支持她本人之间做出最后决定。大约在5月18日和26日之间,乔丹决定与斯坦福夫人共命运。他这样做部分是因为在打官司的困难时期他已经保护了她。然而更重要的原因仍然是为了学院而不是出于个人好恶。像克拉克大学的G·斯坦利·霍尔一样,他永远不会忘记捐助问题。只要斯坦福夫人活着,她就能收回她所给予的东西,或是以怪异的方式改变学院的性质。这艘船平安度过了19世纪90年代中期的几次大风浪,在其安全受到内在威胁时,船长不能为了任何理由放弃自己的岗位——友谊、个人债务或抽象的原则。危急时刻,只有船才是重要的。⑥

1900年5月21日,乔丹作出了最后一次无效的请求,请斯坦福夫人改变主意。她只愿意宽限六个月,罗斯可以在这段时间悄悄地

---

⑥ Jordan to Ross, June 15, 1900 (EAR).
⑥ 所引用的信件见 Eliot, *Stanford*, pp. 344—347.

第七章 不协调的问题

另找一份工作。直到 10 月 1 日，乔丹虽然仍然希望可能说服她宽容一点，但是他也积极地关注可能会雇佣罗斯的其他大学。㉕ 乔丹在 10 月再次请求延长时间，斯坦福夫人（当时她在欧洲）对此深为恼怒。她从洛珈诺写信告诉乔丹，她在这个问题上的意见是不可更改的。乔丹收到这封信两天后，在 1900 年 11 月 12 日，他遗憾地请罗斯立即辞职。罗斯辞职了。

第二天，罗斯召开了记者招待会并发表了一份声明，公开他对这起"案件"的全部理解。直至当时，乔丹还一直与罗斯保持着良好的关系，但是他这样做之后，乔丹勃然大怒。他指责罗斯背信弃义，缺乏绅士风度，并且公开否认解聘涉及任何学术自由问题。随着这起事件开始引起全国性的轰动，乔丹在向斯坦福夫人谈到罗斯时说他"只是一个标新立异的低级恶棍"，他的唯一目的"就是打击你并把我拉下水"。乔丹在其他信件中写到，罗斯是一个"疯狂的、反复无常、古怪而危险的人"。㉖ 但是他也不得不承认，罗斯在公开自己被解聘这件事情时，并没有违背先前的约定。乔丹大发脾气并不是出于这一显而易见的原因，而是因为一个老朋友在全国面前做出了危害斯坦福地位的行为。

对罗斯来说，他的立场在 11 月 13 日也经历了转变，虽然他自己不愿意承认。虽然他在事后吹嘘说他早就预计到了所发生的事情，已经存了几年钱了㉗，但是他的实际行动却是出自对乔丹和斯坦福更大的忠诚，考虑到他的一贯原则，这也许是符合逻辑的。当斯坦

㉕ Jordan to C. W. Eliot, Oct. 1, 1900 (CWE).

㉖ Jordan to Mrs. Stanford, Nov. 21, Dec. 10, 1900, 引自 J. L. Stanford, Address ... 1903, p.19; Jordan to C. W. Eliot, Nov. 19, 1900 (CWE); Jordan's diary, vol. 31 (1901) (DSJ).

㉗ Ross to Mrs. Beach, Dec. 18, 1900 (EAR).

福夫人在 1897 年宣布教职员的政治活动为非法行为时,他没有公开抗议,相反,他愿意缓和自己说话的语气。[68] 他同意在 1899 年辞职,也真的去找另一份工作。1900 年 6 月,罗斯在私人信件中说,他认为乔丹的态度"从始至终都完全符合我的期望。他勇敢地支持我,做了他能做的一切,只差没有辞去校长的职位从而危害这笔教育捐款……因此对于我所受到的待遇,我没什么可特别抱怨的,也无意因为斯坦福夫人专横地插手校长职权范围的事务而追究这所大学的责任"。[69] 虽然他已经预计了要大肆宣扬他最后的离职,他还能在 10 月写信给朋友说:

> 请对此(他的困难)严守秘密,因为我不希望在[这次]选举之前泄露任何有关信息。将要投票通过一项长期的修正案,批准给斯坦福的拨款,并授权议会对大学的财产免于征税。如果我的事件泄露出去,就会扼杀这项修正案,继而间接动摇大学的法律基础。而且我的事件也会因为受到政治污染而遭到损害。[70]

显然,只要罗斯能控制自己行动的时机,他希望不伤害学院的利益。这种忠诚似乎是值得称赞的,但是它却偏离了对学术自由的专注追求。只有到 11 月 13 日之后,罗斯才能摆脱自我约束,乐于扮演殉教者的角色。在此前的几个月,他和乔丹的内心都充满矛盾。一旦这次事件尘埃落定公之于众,他们就能理直气壮地分道扬镳了。但是在这一刻之前他们俩都尽力过着双重生活。

罗斯事件的后果才刚开始显露。罗斯的声明在媒体上出现的

---

[68] Ross to Mrs. Beach, Oct. 17, 1896 (EAR).
[69] Ross to R. T. Ely, June 10, 190 (RTE).
[70] Ross to L. F. Ward, Oct. 14, 1900, 引自 Small, "The Letters of Small to Ward," *Social Forces*, XV (1936), 184—185.

第七章 不协调的问题

第二天早上,乔治·E.霍华德教授觉得自己有责任在历史课上公开指责斯坦福夫人。霍华德是学院创建时乔丹挑选的教职员之一,也"被认为是大学中最强大的六个人之一,'大学里最好的老师',乔丹博士曾这么说"。⑪ 斯坦福夫人在 12 月 14 日从罗马写信要求霍华德低声下气地道歉。乔丹原本想对霍华德事件不做追究,现在证明是不可能的。1901 年 1 月 12 日,霍华德得到通知,要么道歉要么辞职。他辞职了。比起最初的罗斯 11 月事件,这件事引起了斯坦福校园内更大的骚动。解聘霍华德远不像解聘罗斯那样有正当的理由。教职员、学生及校友分裂成愤怒的派系,虽然每个团体中的大多数人在发生了这一切之后仍然保持着对乔丹的忠诚。斯坦福夫人在尼罗河旅游期间,又有两位教授辞职以示抗议(第三位在霍华德事件之前就辞职了)。然后,美国经济协会(American Economic Association,AEA),一个全国性的教授团体,采取了创造先例的行动,决定从教学自由角度对这一情况进行调查。乔丹拒绝这个团体查阅斯坦福的任何官方记录。AEA 只能根据其他证据在几个月后发布一份报告,指责斯坦福管理层违背了学术自由。这份报告公布后,又有三名教师与斯坦福断绝了关系。这样一来,加上霍华德,共有七个人主动辞职。⑫

这次等级瓦解之后,斯坦福大学与以前大不相同了。正如一位忠实于乔丹的参与者回忆的,"魔咒中的某样东西被打破了"。⑬ 斯坦福夫人对于自己受到的抨击深感不安又大惑不解。虽然乔丹为她做出了牺牲,她还是开始对他的意图表现出了含糊却引人注目的

---

⑪ Elliott, *Stanford*, p. 362 and n. 12.

⑫ 罗斯猜测,第一波辞职是出于对他的政治观点的同情,但是在 AEA 报告之后的第二波辞职则是出于更抽象的对学术自由的关注。E. A. Ross, *Seventy Years of It*, p. 85.

⑬ Elliott, *Stanford*, pp. 369, 378.

怀疑。⑭ 她从未停止为自己的做法进行辩护。然后在 1903 年,她很突兀地决定放弃对大学的控制权。理事会组建起来并获得了管理权。但是即使是这种变化也在很长时间内无法消除她所造成的影响。庞大而不必要的基建项目使教职员的工资仍然处于低水平,在 1904 年前后,斯坦福的士气降低到美国重点大学所见过的最低点——也许除了最黑暗时期的克拉克大学之外。有些教职员家庭也许真的吃不饱。⑮ 即使在斯坦福夫人于次年去世后,显现出来的大学在任何人看来都是不均衡的。斯坦福夫人没有得到她所设想的农舍或工厂,她的纪念教堂也将很快成为废墟。信奉实用主义和研究的乔丹不得不应付不安分的享乐主义的学生生活,他要考虑整个学院而不是教职员的具体事务,这使他很不高兴。⑯ 设备欠缺使研究几乎无法进行。另一方面,对倡导自由文化的人来说,教职员似乎总是不公平地偏向科学。⑰ 在乔丹于 1913 年退休时,斯坦福大学里充斥着各种各样相互冲突的愿望,每个愿望都受到其他愿望的制约。捐款是保住了——这是过去二十年最明显的成就——但是却使这么多职业人士屈服于讨厌的压力而逐渐灰心失望,这样做是否值得?时过境迁之后,回答这个问题比当时要容易。

罗斯事件并非在每个方面都具有代表性,但是它的要点在其他很多校园已经为人熟知,顺序是这样的:首先尽力让肇事的教授低调一点,然后是一段秘密操作时期,管理层试图在不公开的情况下解决问题,最后突然公开,双方愤怒地相互谴责。这些事件在多种

---

⑭ *Ibid.*, pp.370—375; Berner, *Mrs. Stanford*, p.137.

⑮ Elliott, *Stanford*, pp.298—300, 304.

⑯ 第二章(《宗教差异的扩大》)中提到了 1908 年的禁酒反叛,一次重大的学生骚乱,其中讨论了乔丹的教育思想。

⑰ Slosson, *Great American Universities*, pp.111—117; Elliott, *Stanford*, pp.293, 476—479; Payne (ed.), *English in American Universities*, p.58.

第七章 不协调的问题

多样的学术环境下爆发得如此明显,其本身就说明它们最重要的意义在于普遍的学院态度和功能领域,而不在于堂吉诃德式的、不可重复的行为。

这些插曲,最著名的就是罗斯事件,迫使学术领袖思考他们在学术自由问题上的立场。世纪交替的几年中,教育观点的刊物用了大量篇幅讨论这一问题。争论引发了约翰·杜威和查尔斯·W.艾略特这类人士对这个问题非常透彻的思考,但是最常见的反应基本有三种:1)一切都很好,没有问题;2)学术自由是一种不受欢迎的、无政府主义的概念;3)学术自由在理论上是有益的,但是它必须服从院校对受人尊敬的名誉的关注。芝加哥的阿尔比恩·斯莫尔院长持第一种观点,他宣称"违背学术自由的这种强烈抗议是盲目产生的恐慌"。他在1899年写下这些文字——罗斯事件之后,这种乐观的态度几乎不可能维持下去。[73] 第二种彻底拒绝的态度是由耶鲁的阿瑟·T.哈德利校长详细阐述的。哈德利认为,共同体的道德共识支持大学理事不授权给教授,反过来,这些教授仅仅拥有"有些抽象的自由理论,而且,正如通常所说的,这个理论也不太正确"。关于这个问题的核心,哈德利主张美国大学应该避免煽动性的感情主义——例如《新约》中所描述的。他写道:"当耶稣成为先知,不论他的主张多么不切实际都愿意热情地追随他的人和牧师一起给他定了罪。要在教学上取得真正的进步,必须找到安静而明智宣传真理的合法基础,完全不同于不负责任和革命性的放纵。"哈德利继而虚

---

[73] A. W. Small, "Academic Freedom: Limits Imposed by Responsibilities," *Arena*, XXII (1899), esp. pp.463—464, 471. 罗斯事件之后这种坚决的乐观主义例子,可见 E. J. James, *Some Features of American Higher Education* ([Evanston, Ill., 1902]), pp. 10—11; C. F. Thwing, "The Functions of a University in a Prosperous Democracy," N. E. A., *Proc.*, 1901, pp. 167—168; N. A. S. U., *Trans.*, 1909, pp. 177—186。

构了一个冗长的渐进式的例子来说明任何社会都有权力保护自己不受煽动者影响。由于部分煽动者是教授，所以学者无权寻求人为的保护。他继续说道："教学不仅仅是理论，它是一种行为。它不是主观或独立的事务，而是创造了重要的社会关系和社会责任的一种行为。"如果他对耶稣的评论含意不明的话，哈德利继续断言："毋庸置疑，指控苏格拉底的人至少有一件可以论证的案子。"[79]反对学术自由的大学校长很少有人能像哈德利这样进行认真的论证。伊利诺伊的安德鲁·S. 德瑞伯仅仅说大学里绝对不允许存在"傻话"，表达思想应该"神智清楚"，其出发点应该是崇高的道德目的，"异想天开或放荡不羁"没有任何权利。[80]

然而，管理层对学术自由的呼声所做出的最常见反应在表述上所使用的措辞要温和得多。人们称赞这一理念是有价值的，但同时又尖锐地用"责任"对它进行制约。于是，布朗大学的 W. H. P. 方斯（W. H. P. Faunce）于 1901 年宣称："如果我们在言论自由的原则上增加同样重要的对言论负责、对我们代表的学院负责、对我们重视的公众信任负责的原则，我们的学术未来就有了牢固而合理的基础。"[81]俄亥俄州立大学的校长 W. O. 汤普森（W. O. Thompson）断言，正是因为学院，教授才能始终保持绅士风度。"如果我们把学院看作社会最大利益的保护者，同时也是追求真理的领导者，那么理

---

[79] A. T. Hadley, "Academic Freedom in Theory and Practice," *Atlantic Monthly*, XCI (1903), esp. pp. 152, 155, 157—158.

[80] Draper, "The American Type of University," *Science*, XXVI (1907), 41; A. S. Draper, "University Questions concerning the Common Schools," *Educational Review*, XXVII (1904), 120; Draper, "Government in American Universities," *ibid.*, XXVIII (1904), 236.

[81] U. N. Y., *Report*, 1901, p. 412. 这方面还可见 W. D. Hyde, "Academic Freedom in America," *International Monthly*, IV (1901), 14—15; West, "The Changing Conception of 'The Faculty' in American Universities," *Educational Review*, XXXII (1906), 3; J. M. Coulter, "The Contribution of Germany to Higher Education," *University Record* (Chicago), VIII (1904), 350。

性的人会立刻同意,研究和学问的有序进步不需要不必要的干扰。"㉜当教授的发言能够激发公众情绪的时候——换而言之,当他们的意见真的很重要时——他们应该克制一点。管理者对学术自由的常见反应可以用三段论的形式表述:(a)如果教授可以随心所欲地说话,他们的一些言论会引起有害于大学名誉的对立情绪;(b)一个人首先必须忠诚于这种名誉;(c)因此,一旦言论自由的理念与学院的利益发生冲突,首先必须维护后者。至于有些教授提出要在根本决策中获得实质性的权力,他们通常保持沉默以强调这个问题根本不予考虑。㉝

　　19世纪90年代的"新"学院管理者与其前任不同,他们无意反对人们表达某些理论性的观念,或者兴趣不大。㉞他们关注的原因不在于可疑的观点本身的内容,而在于它们对大学这个脆弱组织的影响。1897年E.本杰明·安德鲁校长因为提倡自由铸造银币而被布朗大学的理事免职,就说明了这一点。理事们认为自己的立场是正当的,不是因为这种经济理论本质上有害,而是基于实际的原因:安德鲁校长会导致商人不愿意向大学捐款。㉟也就是说,对学术自由的抵触与其说是原则问题,不如说是公共关系的一个方面。非学术人群,尤其是其中有影响力的成员和可能的捐赠者的热情在人们的默许下支配着大学在各个时期的态度。在明显的社会动荡时期,教授应该在他们原本会发表意见的问题上保持沉默。因此在1886

　　㉜ W. O. Thompson, "In What Sense and to What Extent Is Freedom of Teaching in State Colleges and Universities Expedient and Permissible?" N. A. S. U., *Trans.*, 110, pp. 66, 75, 87.

　　㉝ 甚至在这类问题上非常温和的艾略特也否认教授应该"被看作企业中……的合伙人",例如通过参加选举新校长。C. W. Eliot to D. C. Gilman, Jan. 27, 1901 (DCG). 另见 U. N. Y., *Report*, 1903, pp. 51—83。

　　㉞ 在这方面哈德利也许是个例外。

　　㉟ C. A. Towne, "The New Ostracism," *Arena*, XVIII (1897), 442—443; *Educational Review*, XIV (1897), 200.

年草场爆炸事件期间,亨利·W.塞奇(Henry W. Sage)拒绝在康奈尔给予亨利·卡特·亚当斯一份经济学的永久职位,但是四年之后(公众的感情平静了),康奈尔还是恳求亚当斯回去。⑧⑥

于是,美国的学术自由历史就很精确地反映了美国人民中较重要的成员在每个指定时期所感受到的社会惊慌的程度。(确切地说,像简·莱斯罗普·斯坦福这类人的不可预测行为才使这份编年史显得生动有趣。)恐慌时代和关于教授行为的争论爆发之间的关系——这也要到第一次世界大战期间和其后以及20世纪50年代早期才显现出来——首次得到全国性的关注是在1894年,这一年爆发了普尔曼铁路工人罢工事件和克利夫兰与阿尔特吉尔德的论战。这一年对于学术言论自由事业来说似乎很不妙。在1894年,哈佛园禁止了所有的派系政治集会。⑧⑦ 同年,印第安纳州立大学要求约翰·R.康芒斯离开,尤其重要的是,那里的管理层一直到他在地方报纸上受到抨击才采取行动革除了他的职务。⑧⑧ 理查德·T.伊利在威斯康星的麻烦也是在1894年出现的,爱德华·W.贝米斯在芝加哥也一样。同年在巴尔的摩,约翰·霍普金斯大学的理事们通过了下列决策以回应全国的状态:

> (我们)认为在本大学的学生面前讨论当前的政治、经济、金融和社会问题非常重要,因此只能由大学聘请的最有能力也最明智的人来讲授这些课……理事们的意见是:除非由经验丰富、非常熟悉政治和社会进步的历史和原则的人进行教学,否则就不应该教授这些科目……理事们建议在挑选和任命讲师

---

⑧⑥ J. B. Angell to C. K. Adams, Ar. 23, 1890 (JBA).
⑧⑦ Harvard, *Annual Report*, 1893—1894, p.43.
⑧⑧ Joseph Dorfman, *The Economic Mind in American Civilization*(New York, 1949), III, 285.

第七章　不协调的问题

和其他教师时要极其谨慎。[89]

显然,所有这些发生在 12 个月之内的独立事件都不仅仅是巧合,它们的起因都在大学之外。实际上,罗斯事件在 1900 年引起轰动的很大原因在于它发生于经济逐渐繁荣和政治相对平静的时期。因此斯坦福夫人采取行动的时机就似乎显得有点专横任性,如果她是在五年或六年前采取行动的,支持她的人就会多得多。

新大学对不断变动的舆论更为敏感,这再次说明其主管偏离了内心的信念而接近了促销员的角色。诺亚·伯特和弗朗西斯·L. 派顿所代表的旧时学院的校长,曾乐于让自己的学院参与辩论,使其成为神学主张对抗无神论唯物主义的堡垒。新的管理者避免争论,明智地屈从于深刻感受到的舆论。这种敏感甚至会发挥作用,约束那些反对校际球赛的教授。[90] 这也是反对教授在教室里"有所偏袒"、不赞成教授在私人时间参加政治或社会"骚动"的根本原因。在公众因多种观点而明显分裂的时期,中立的姿态就是最安全的避难所。

然而,在 20 世纪刚开始的时候,中立只不过是一种姿态。那个时期美国的政坛没有"极右派"可以与"极左派"相抗衡,从而为确认中立提供依据。结果就是存在着很明显的双重标准。很多校长和教授不受限制地公开支持麦克金利、罗斯福和塔夫脱,相信他们只是在尽到公民的责任,而支持布赖恩和德布斯的人却被指责为参

---

[89] 引自 H. B. Adams, *History Scholarship in the United States, 1876—1901: As Revealed in the Correspondence of Herbert B. Adams*, ed. W. S. Holt (Baltimore, 1938), p.227; 原件附于 D. C. Gilman to H. B. Adams, June 5, 1894 (HBA)。

[90] 见 Slosson, *Great American Universities*, p.504。

加有争议的——因此也是非法的——活动。㉛ 这种双重标准源自大学被默认为是社会中较为冷静的因素。鲍多因的海德主张应该通过州立法禁止致力于"炼金术、占星术、相手术、通神学或基督教科学派"的学院,却不主张对倡导主教会或卫理公会信仰的学院采取同样的禁制令㉜,这说明在宗教领域也存在相同的趋势。如果大学真的放弃所有的派系立场——既退出共和党也退出人民党——它就会表现出怪异的冷漠态度,以至于丧失它渴望的信任。因此,对于参加任何社会事业的行为是不可能存在真正一致的判断标准的。

"公正"和名义上的中立都成为学术管理者所处的形势的要求。他的首要任务是保持学院的兴旺、发展和繁荣。这些问题就是他平时情感生活的核心。在不确定的公共气候中,必须在学术自由和最重要的学院健康之间进行权衡。危急时刻,最大的动机是忠诚地寻求企业的支持,使其顺利通过考验,因为战胜了困扰它的环境而欣喜。管理者献身于学院,就像学术自由的支持者献身于其崇高的理想一样坚决而热情,实际上每个传道士也曾同样坚决、热情地献身于基督教信仰。大学校长在此表现出了无所畏惧的连贯性,事实上这是他唯一的标准。他也许会在幕后鼓励一位陷入困境的教授,就像查尔斯·坎德尔·亚当斯对理查德·T. 伊利那样,在某种程度上乔丹对罗斯也是如此,但是他对学院进步事业的根本责任通常不允许他公开采取这种危险的立场。他的原则也不会允许他为了抗议

㉛ 教职员积极支持麦克金利却没有被指责的证据,见 W. L. Phelps to R. H. Catterall, Sept. 2, 1898 (YCAL); Seth Low to H. C. Hedges, Aug. 25, 1900 (SL); James DuBois to William McKinley, Oct. 16, 1900 (JGS); N. M. Butler to Seth Low, July 29, Aug. 7, 1896 (SL)。1904 年,巴特勒利用哥伦比亚的办公室职员投递共和党的宣传邮件,但是只是偷偷地做;见两页纸的无标题备忘录,June 17, 1904 (CUA sub Butler)。另见 H. P. Judson to the Editors of *The World*, Aug. 12, 1908 (UCP)。关于这个时期"中立"的思想,见 Hofstadter and Metzger, *The Development of Academic Freedom*, pp. 400—402。

㉜ Hyde, "Academic Freedom in America," *International Monthly*, IV (1901), 5—7.

自己遇到的冲突而辞职,因为那是逃避。而且,当他看见其他学校同等职务的人遭遇到同样的不愉快时,他就会很自然地同情他们。因此在罗斯事件中,很多大学校长积极地支持戴维·斯塔·乔丹,并且写信安慰斯坦福夫人。㉓ 甚至哈佛大学的艾略特,在这些事情上一直保持他特有的超然态度,也写道:"斯坦福的乔丹一直在经历不愉快的事件!我想该让他一个人静静了。"㉔有势力的学术圈内反对罗斯的情绪非常高涨,以至于几年之后伊利才能为他在威斯康星谋到一个职位。㉕

　　管理者成为学院忠实的仆人,他的职责就是保护它。对他来说,教职员中的"理想主义者"试图专注地坚持学术界的逻辑概念。当这两者相遇,这两种学者都显得自以为是。并不是只有一方认为自己才是孤独的殉道者。鲍多因的海德质问,仿佛他才是"受压迫的人":"当公众不断做出各种不公正的批评时,我们(校长们)哪一个不是被迫保持沉默?仅仅是因为说出全部事实对学院和其他人造成的伤害比批评对我们的伤害更大!"㉖主管和教职员中的"激进分子"都认为自己是被环境所迫才做出不礼貌的行为。他们夸大了自己的处境,寻求朋友和同事的同情。每一方在对方看来似乎都很懦弱、不守信义。当发生的事件迫使他们担当规定的角色时,紧张情绪就高涨起来。尊重学院就要背叛言论自由的原则,奉行这一原则就要颠覆学院。在危机之际,这些互不相容的矛盾清楚地显现出来。然后困难时期过去了。随着学院回到熟悉的日常工作,人们的

㉓　Berner, *Mrs. Stanford*, p. 137;另见 A. D. White to D. S. Jordan, June 11, 1901 (DSJ)。

㉔　C. W. Eliot to D. C. Gilman, Mar. 8, 1901 (DCG)。

㉕　R. T. Ely to E. A. Ross, Mar. 19, 1901, Sept. 30, 1905 (EAR)。

㉖　Hyde, "Academic Freedom in America," *International Monthly*, IV (1901), 1.

情绪也平静下来,也许教职员大会上的一两个新面孔还能提醒人们曾有过的对抗,但也越来越模糊。和平时期,双方都相信他们之间的差异并不是至关重要的,教授的原则是与学院整体的状况相一致的。可能会在几年之后,新的人员引发新的小插曲,再次激发几乎被人们所遗忘的激情。

这将是 20 世纪美国对于学术自由的论战模式。毋庸置疑,这首先是在罗斯事件之后表现出来的。此时的情况变得很极端,甚至可以将这一时刻用做对教职员中的"理想主义者"希望激发的力量的最大考验。七个人辞去了斯坦福的教学职务。相反,斯坦福的 34 名教授签署了公开声明,支持戴维·斯塔·乔丹,其他职务较低的人也留在原位。诚然,一些胁迫行为给这一结果蒙上了阴影——某些要养家糊口的教职员明显受到威胁,如果不在声明上署名就会被开除。⑨ 但是斯坦福领导者也获得出自自愿的忠诚,这尤为令人惊讶。几周之后,在 1901 年初,有报告说管理层的"拥护者和同情者在稳步增加"。传出这一信息的乔治·E. 霍华德解释说:"显然,很多'可靠而保守'的人现在强烈感觉到乔丹做了傻事,但是仍然说他们必须'支持大学'。"⑱ H. B. 莱斯罗普(H. B. Lanthrop)在乔丹的劝说下没有辞职,他歉疚地写信给罗斯说:"(乔丹)选择了忠于学院,而不是忠于大学教学的理念。(大多数人都会这样做!)"⑲ 事实是,无论出于什么样的原因(教授们总有要吃饭的孩子),斯坦福的绝大多数教职员都认可了管理层的立场。

---

⑨ Metzger,"College Professors and Big Business Men"(Ph. D. diss.),p. 213 and n. 27;另见 E. M. Pease to E. A. Ross, Jan. 18, 1902(EAR)。

⑱ C. N. Little to E. A. Ross, Feb. 23, 1901;G. E. Howard to E. A. Ross, Mar. 9, 1901 (EAR);另见 Wilbur, *Memoirs*, p. 100。

⑲ H. B. Lathrop to E. A. Ross, n. d. (EAR);补充的斜体字部分。这个莱斯罗普显然与斯坦利夫人的亲戚莱斯罗普一家无关。

第七章 不协调的问题

更能说明问题的是斯坦福的反叛者未能有效地团结其他大学的教授。确实,美国经济协会调查了斯坦福的情况,但是它的权力最终仅限于道德上的劝告。这起事件刚爆发时,有人谈到要在全国范围内抵制这所学院。[100] 但是这个可能很强大的计划很快就失去了动力。其他地方的教授,甚至那些自认为是学术自由的坚定的倡导者的人,也不愿意表现出报复性的态度。辞职的教授的替代者很快就到了帕罗奥,他们为自己辩解说接受这样的职务"不涉及任何原则问题"。[101] 在全国,态度始终坚决的教授人数很少。重要的是,甚至连 AEA 调查者的激情似乎也很快冷却下来。亨利·卡特·亚当斯不久就高傲地解释说:"我在罗斯事件的(AEA)报告上签名不是因为我想抵制斯坦福大学,或是想给乔丹校长一个教训。我这样做仅仅是为了向美国劳动人民声明,这个国家的经济学家没有被收买。"[102](也就是说,他认为这是一种象征性的而非实际的姿态。)孤立犯规者的激进行为在美国的教职员界并未获得广泛认同。[103] 斯坦福的管理层提出的理由证明是有效的:为什么要因为一次事件而拆除大有前途的基础呢,不管这次事件多么严重?[104] 凭借这一观点的力量,斯坦福的当权者赢得了实质性的胜利,虽然他们寻求支持的代

---

[100] 见 *The Nation*, LXXII (1901), 89—90, 131—323, 153—154, 学术界对整个罗斯事件看法的典型;以及 Elliott, *Stanford*, p.368。

[101] Max Farrand to F. J. Turner, July 19, 1901 (FJT);同样的态度可见 C. H. Hull to E. R. A. Seligman, Apr. 16, 1902, and to H. C. Adams, Apr. 24, 1902 (CHH)。

[102] H. C. Adams to E. R. A. Seligman, Apr. 14, 1902, in "The Seligman Correspondence," *Political Science Quarterly*, LVI (1941), 275.

[103] 也许可以代表大部分教职员对罗斯事件看法的比较温和的声明,见 E. E. Brown, "Educational Progress of the Year," *Educational Review*, XXII (1901), 116。

[104] 这一防线出自 O. L. Elliott to C. H. Hull, ca. Mar. 20, 1901 (CHH)。

美国现代大学的崛起
The Emergence of the American University

言人中有些很无能。[105]

20世纪的头十年，学术自由的思想似乎在美国越来越得到认可。罗斯事件之后是很长的平静时期，期间几乎没有发生新的事件。然而，这种缓和状态更多是由于美国社会气候的暂时转变，而不是因为学术机构内部的势力平衡真正发生了变化。在进步时代，合法讨论的内容有些放宽了。"自由"舆论成为更有效的反击力。少数学术机构，著名的有内布拉斯加、威斯康星和康奈尔，发展成为公认的不同意见的避风港。[106] 分散各地的激进分子在美国高等教育中找到了其他不太可靠的立足之处。如果在19世纪90年代后期真的存在所谓的针对教职员中极端分子的黑名单，那么它不再完全有效了。[107] 在这种较为友善的气氛中，越来越多的教授开始公开要求对思想更加包容，并为自己争取更广泛的权利。学术自由事件的下一次浪潮会激发美国大学教授协会的成立。但是它也将表现出19世纪90年代的罗斯事件和无数其他冲突早就表露无遗的局域性和反复性的特点。

正如约翰·R.康芒斯对威斯康星大学的评论，绝大多数美国大学仍然是小心谨慎的机构，它们首先关注的是保持值得尊敬的冷静

---

[105] 约翰·C.布兰那是斯坦福的副校长，他在美国大学协会前为乔丹辩护。哈佛的院长布里格斯报道说："他的演讲有些部分很聪明，通篇都很勇敢，但是不够体面，也没有足够的说服力……布兰那先生愤怒地否认斯坦福夫人解聘了罗斯博士，并且补充说，'斯坦福夫人实际上是说罗斯教授不适宜待在斯坦福大学'，当时听众都不听他的，当场笑了起来。"见 L. B. R. Briggs to C. W. Eliot, Mar. 5, 1901 (CWE)。

[106] 内布拉斯加大学在罗斯和霍华德离开斯坦福之后立刻聘请了他们俩，它的校长 E.本杰明·安德鲁自己几年前也在布朗大学遭受了迫害。几年后罗斯转去的威斯康星大学在进步时代反抗爆发的高峰期接受了学术自由，但是直到1910年，那里的官员仍为罗斯陪同艾玛·戈德曼（Emma Goldman）参观校园而斥责他，同年，他们又将送给大学的学术自由的"匾额"藏在地下室，害怕公开悬挂这块匾额会引起太多争论。康奈尔的情况似乎是由于其教职员异乎寻常的战斗精神和雅各布·古尔德·舒尔曼在这个问题上的异教徒式的献身精神。

[107] 见 Commons, *Myself*, p. 58。

的姿态。学术机构不能牺牲它们好不容易才得到的"信赖"。无论人们如何挑剔其逻辑,无罪推定仍然有心理作用。某些极端主义几乎总是不为人们所容忍。一位激进分子富有洞察力地描述了这种情况:

> 当局声称存在完全的自由,这种声明是符合逻辑的,因为他们认真地区分了自由和放纵。只要思想是健全的,它就是自由的,而对于什么是健全的思想,当局有自己的看法。虽然我们所有高等教育机构里的思想自由度无疑都在提高……但是在这个国家,现在也许没有一所学院或大学会长期容忍一个倡导对现存社会秩序进行重大变革的积极强大的人。他会被要求离开,人们不会承认他的免职是出于反对学术自由,而是因为他无能,正如他超越常规的观点所证明的。[108]

1900 年之后的十年中,实际上每个美国大学校长在提到学术自由时都会在评论中引入一些这样的限制性暗示。因而这些主管仍然属于 19 世纪美国政治传统的主流,这实际上是在道德法律的框架中宣布支持自由。想在 20 世纪把这个标语换成"自由,无论它将通向何处"将会很困难,也许根本就不可能。

只有少部分美国教授希望在大学中得到"纯粹"的学术自由——对这部分人进行一次调查,询问他们认为敬业的占星家和信仰治疗家在美国学术体系应该处于什么位置,肯定会很有趣。即使在政治和经济的分歧上(这种分歧比较简单,因为它们没有质疑知识的本质属性),要求学术自由的呼声也不能完全赢得学院的支持。这种概念拥有的影响力仍然太不确定。在 1910 年的美国,它很难成

---

[108] Howerth, "An Ethnic View of Higher Education," *Educational Review*, XX (1900), 352.

为一种"破坏力"。一个人甚至不能得到其大多数同事的纯粹的同情,就会觉得在学术的高墙内履行这样的职责不容易。

重要的是,既不能夸大,也不能过分贬低争取学术自由的早期斗争对整个美国大学的影响。这个问题成为内部紧张状态的流动指标——它强调了一些教职员与那些轻易或勉强、自觉或秘密地支持管理层以及管理层所象征的对越轨行为的根本限制的多数人之间的分歧。结果,向学院效忠的态度大为盛行,但是还保留了恰到好处的另一种不忠的传统,以便"冻结"学术界的争论。对学院的忠诚——在美国通常意味着建立在感情上的"支持主义"激情——能够在危机中使斯坦福这样的大学免于崩溃,但是它仍然是派系中大多数人的反应而不是一种得到一致认可的准则。即使选举结果是34∶7,也不能宣布说意见完全一致。学术自由问题通常会使人们分裂——相互对立同时内心也出现矛盾——而不是使人们团结。

对天才和创造性怪癖行为的反应

学术自由的理念并未包括所有违背美国大学当局控制的意见。学术自由的呼声很容易退化成教授在政治和社会观点领域的"权力"这一很狭隘的概念。这些自我表述的形式仅仅使美国大学教职员中一小部分人的生活有了意义。其他具有不同倾向的教授则在更微妙的情况下面临着冒犯大学尊严的危险。敏感而经常"难办"的有天赋的人也许不关心通常所理解的学术自由——他可能沉浸于自己的事业,科学、文学甚至艺术。他只想有机会做回自己,在相当舒适的环境中随心所欲。这样的人能否在世纪交替时的美国大学找到合适的栖身之所,与那些年里学术生活的质量有着最深切的

第七章 不协调的问题

关系。

首先要强调的是,绝大多数大学教授对当时学术生活的现状感到满意。"我知道有些人乐意改变职业,"1897 年布利斯·佩里说,"但是仅有几个,这些主要是精力充沛、讲究实际的人,他们现在意识到,换个职业也许能使他们的收入增加三倍……除了在懒散的仲夏设想一下自己可能从事的职业之外——谁没有偶尔这么试一下呢?——我发现大学老师们非常满足"。威廉·里昂·费尔普斯坦白地承认他热爱学术职业。蒂莫西·德怀特说得较为犹豫,但是的确是普遍看法——他谈到学术生活时说"我认为它是——从心里说,对于爱好它的人来说——所有生活中最理想的"。⑩ 人们认识到它有繁重的一面,但是很多教授也许都接受了爱德华·李·桑代克讲究实际的态度,既考虑到薪水,也考虑到官僚式的干涉:"我早就决定了要少花多挣以免除经济烦恼。为了消除引起烦恼的原因,我习惯于在做任何事之前先履行合同规定的作为教授的责任。"⑩

这就是普遍的情况。但是重要的是不满意的少数人中包括这个时期一些最著名的教授。这个群体可以被称为非学术自由者,对他们最准确的评价就是一群越来越深刻地感觉到与环境格格不入的人。可以说这样一个群体上至查尔斯·艾略特·诺顿,下至乔治·桑塔亚那。诺顿抱怨说哥伦比亚的教职员单调乏味,他喜欢把自己看作某个"局外人"。但是他并不真的是局外人,他承认他觉得自己的教授职责是一种有利的"外来的压力",迫使他从事他认为是扎实的工作。⑪ 巴雷特·温德尔比诺顿更不抱有幻想。在选择学术

---

⑩ Bliss Perry, "The Life of a College Professor," *Scribner's Magazine*, XXIII (1897), 513; Phelps, *Autobiography*, p.331; Timothy Dwight to G. D. Kellogg, Nov. 25, 1908 (Yale MSS).

⑩ Murchison, *A History of Psychology in Autobiography*, III, 270.

⑪ C. E. Norton to William James, Mar. 14, 1900 (H); Norton, *Letters*, II, 21, 29, 34.

职业方面,他只愿意承认"从天性出发,也许我做不了其他工作"。他有时候对自己的角色感到困惑和厌恶,也提到要放弃。⑫但是他最终还是勉强表示了对艾略特校长的钦佩,而反过来,他自己的怪癖也愉快地得到了包容。

虽然威廉·詹姆斯比温德尔更自由地支持艾略特在哈佛的政策,他却在内心感到更深刻的不满。他憎恶大学的官僚体制,不仅认为它干扰了应该用于思考的时间,而且因为它似乎使学生的个性变得僵化。1900年,当获得了足够的名望时,他请求不再承担博士考试方面更多的工作,说他根本就不相信这些考试。他认为艾略特是一个"冷酷的人",并且嘲笑自己选择了学术职业,说这是一个"更温顺的决定"。⑬他在很多方面都不了解他应该承担的学院角色。他在1892年宣称:"我恐怕教授是艺术家的压迫者……教授从事的是多么可怕的工作啊——收了钱就要不停地说、说、说!……如果任何东西都能转化成语言、语言、语言,这所大学就太可怕了。"⑭虽然詹姆斯通常工作很认真,但是在哈佛从教三十年后,他还是把自己看作"局外人"。⑮因此毫不奇怪,约瑟夫·贾斯特罗,学术自由的坚定的倡导者,会敬佩地说:"威廉·詹姆斯的非学术品质使他成为我们的杰出学者。"⑯拉尔夫·巴顿·佩里显然想淡化詹姆斯思想中

---

⑫ Barrett Wendell to G. E. Woodberry, Sept. 22, 1904 (H); Howe, *Wendell*, p. 172.

⑬ William James, *Letters*, II, 45; William James to the President and Fellows of Harvard, Dec. 8, 1900 (CWE); R. B. Perry, *James*, I, 344, 378, 430, 439, 442, 443 n. 23; II, 679. 反过来,詹姆斯有时候被当作一个需要迁就的人;注意那种居高临下的语气,见 G. H. Palmer to Hugo Münsterberg, Jan. 26, 1896 (HM)。

⑭ William James, *Letters*, I, 235—236, 337—338; J. W. Buckham and G. M. Stratton, *George Holms Howison* (Berkeley, 1934), p. 110.

⑮ William James, *Memories and Studies*, pp. 348—355.

⑯ Joseph Jastrow, "An American Academician," *Educational Review*, XLI (1911), 29.

第七章　不协调的问题

的这一方面,他指出,大部分时候詹姆斯确实喜欢教学。[117] 但是詹姆斯对其学术责任的真正反叛性是与他全部个性中的天性和价值分不开的。

其他教授以不同的、不太明显的方式表现出了詹姆斯式的烦躁不安。例如阿尔文·约翰逊,他频繁地从一所院校转到另一所院校,似乎对任何一所院校的情况都不满意。[118] 甚至表面上看来在耶鲁过得很好的威廉·格雷厄姆·萨姆纳也会突然向密友说他想辞职。有一次,当一个弟子怀疑他是否真的这样想时,他的答复是把怀表取出来。"'现在是十点一刻,'他说,'如果我[在经济上]承担得起,我的辞职报告会在中午前递交上去。'"[119] 像萨姆纳一样,亨利·亚当斯在开始的时候似乎很喜欢自己的教授工作,但他在六年后真的辞职了,也是因为与一成不变的学术体制不相容的不安情绪。[120]

在相当长的时期担任教授的人中,最深刻地体现了这种格格不入的人可能是哈佛的另一位人物,乔治·桑塔亚那。在桑塔亚那看来,威廉·詹姆斯几乎是知足的世俗人士的典范。[121] 桑塔亚那对艾略特和"官方"哈佛的敌意比其他人要深刻得多。"我一直讨厌当教授。"回顾过去时他这样说。他很谨慎地把钱积攒起来,48 岁就退休了,此后他一直住在欧洲,成了一名自由学者。他指责学术界人士虚伪而怯懦,几乎到了女性化的程度。桑塔亚那对哈佛的评价也正

---

[117] R. B. Perry, *James*, I, 326.
[118] 见 Alvin Johnson, *Pioneer's Progress*, passim。在整个职业生涯中,约翰逊连续地从布尔茅尔调到哥伦比亚、内布拉斯加、得克萨斯、芝加哥、斯坦福、康奈尔,最后到了社会研究新学院。
[119] Keller, *Reminiscences . . . of Sumner*, pp. 12, 26.
[120] Henry Adams, *Education*, p. 65.
[121] Santayana, *Persons and Places*, II, 166—167, 169; Santayana, *Letters*, p. 60.

是哈佛人经常给芝加哥的评价：它具有彩票和世贸会的氛围。⑫ 桑塔亚那宣称，他辞职的"主要动机"是希望"不受人打扰"。这个决定含有一点以自我为中心的浪漫主义，他在其他地方钦佩地提到"能独立的知识英雄的力量"。⑬ 仅仅在生命的最后，桑塔亚那才流露出类似于悔恨的情绪，他在1952年承认"回想起来，我在19世纪90年代的生活……似乎是整个生命中最重要的时期"。⑭

桑塔亚那（如果他愿意，可以成为一名"成功的"学者）的态度与很多仅仅与大学生活保持着边缘性联系的有趣人物的态度相差并不太远。在某些情况下，产生这样的结果是因为学院不支持这样的人——换言之，因为他们自发地讨厌学院。这些人中有一些异常聪明的人物。可以认为他们从属于两个阵营：他们的主要兴趣是科学方面的，而同时他们也可以被称为文学理想主义者。

重视科学而不适应环境的人（不管他们是实践性的研究者还是哲学家）比文人更认可大学的理念。所以对他们来说，几乎总是学院拒绝了他们。实证主义哲学家弗朗西斯·艾伯特（Francis Abbot）是自由宗教协会的创建人之一，他曾经直接问艾略特校长有没有胆量聘请他，显然是希望能真的在哈佛得到一个职位。艾伯特热情地支持思想自由，他与乔西亚·罗伊斯展开了热烈的辩论，并且确实在罗伊斯休年假期间给罗伊斯的学生上了一年的课。哈佛的大多数哲学家都高度尊敬艾伯特的学术能力，但是一提到正式的学术职

---

⑫ 见 Santayana, *Persons and Places*, I, 97, 189; Santayana, *Character and Opinion in the United States*, pp. 37—39。

⑬ Phelps, *Autobiography*, pp. 342, 349.

⑭ George Santayana to Mrs. M. T. Richards, Feb. 7, 1952 (H), in Santayana, *Letters*, p. 428.

第七章 不协调的问题

位,他就被排除在外,他在 1903 年自杀了。㉕ 哈洛·戈尔(Harlow Gale)是明尼苏达大学的心理学家,他在自己的孩子身上进行科学实验,受到该校管理者的公然反对。他的非道德论太令人震惊了,以至于被迫辞职。此后,他住在学校附近的单身公寓中,招待学生中零散的学术流浪者,播放音乐,长时间地讨论社会革命。㉖

学术边缘人群中两个最著名的科学家的例子是查尔斯·S. 皮尔斯(Charles S. Peirce)和索尔斯坦·凡勃伦。皮尔斯和威拉德·吉布斯㉗很可能是他们那个时代美国最聪明的两个人。与吉布斯不同,皮尔斯的个性是极其难以相处,正因如此,他的学术职业包括 1877 年在哈佛的天文实验室做一些次要的研究,1879 至 1884 年间在约翰·霍普金斯做了五年的逻辑学讲师。人们私下说皮尔斯性格"放荡不羁",后来几年,甚至不允许他在哈佛校内举办公开的讲座。㉘ 事实上,皮尔斯在离婚之后很快就再婚了,快到令保守的人觉得不光彩;除此之外,他仅有的缺点就是个性不圆滑,飘忽不定,有时候喜欢怨天尤人。㉙ 他在学术上也总是很坦率——在某些圈子里

㉕ F. E. Abbot to C. W. Eliot, Nov. 13, 1886 (CWE); 另见 Abbot's file in HUA, "Biographical Materials." 重要的是,在艾伯特与罗伊斯的争论中,詹姆斯维护罗伊斯,而查尔斯·S. 皮尔斯支持艾伯特;学术界的被排斥者聚集到一起了。见 J. H. Cotton, *Royce on the Human Self* (Cambridge, Mass., 1954), pp. 295—300; Persons, *Free Religion*, p. 32。

㉖ James Gray, *The University of Minnesota*, 1851—1951 (Minneapolis, 1951), pp. 110—111;另见 H. P. Judson to J. B. Angell, Mar. 13, 1895 (JBA),几乎是在明确警告安吉尔不要聘用戈尔。

㉗ 吉布斯自己的学术立场并不是边缘性的。就是他拒绝了到约翰·霍普金斯教书的提议,而皮尔斯在巴尔的摩的遭遇只是暂时性的。耶鲁在 1880 年开始付给吉布斯薪水,恰好是科学研究开始在美国大学赢得广泛尊重的时期(见第六章)。

㉘ G. H. Palmer to W. R. Harper, June 4, 1892 (UCP); William James to C. W. Eliot, Mar. 3, 1895, Feb. 28, 1903 (CWE)。

㉙ 见他在 1883—1884 年间写给吉尔曼的信(DCG)。很能代表皮尔斯书信风格的是他在 1876 年 10 月 18 日写给 C. W. 艾略特的信(CWE):"我承认我以前认为你们管理者相对而言过于关注外部因素。我不知道您是否知道我对这方面微不足道的不满。"

这也被看作是一项缺点。皮尔斯在研究经费的激烈争执中离开了哈佛，1884年他被逐出巴尔的摩，双方都愤怒地相互指责。[130] 很明显，皮尔斯无法在美国大学获得立足之处是因为他的个性与学院威严的要求之间长期存在冲突。开始的时候，皮尔斯自己感觉到这一点，说他也许在任何地方都得不到教授职务。这种认识并不能阻止他满怀渴望地回顾他的学术生涯，带有一种"痛苦而甜蜜的怀旧情绪"。[131] 1884年之后，他过着隐士般的贫穷生活，举办讲座、写书评以维持生计，同时他也写笔记，这些笔记是19世纪后期美国为数不多的学术差异的主张之一。

多年中，索尔斯坦·凡勃伦成功地在几所大学的外围维持着一份职业。但是，又是个性和个人道德问题使凡勃伦不能获得传统意义上的成功。和皮尔斯的情况一样，激进的社会观点也许对结果有一些影响，但是并不是决定性的。[132] 凡勃伦与女性的关系比19世纪后期学术界的准则所允许的要放荡得多。根据所有记录，他都是一个极其糟糕的教师。而且，有充分证据显示，凡勃伦让人听不见的声音和松散的课堂风格都是刻意造就的特点，在某种意义上，忽视教学任务的一般的研究人员是不会这样做的。在凡勃伦身上，骄傲与自卑的羞涩感混合在一起(这也许源自他的移民出身)，为了掩盖

---

[130] 见第三章对约翰·霍普金斯的讨论。然而严格说来，皮尔斯被免职与他不能在那里担任专业教授是不同的。

[131] R. B. Perry, *James*, I, 292; Fisch and Cope, "Peirce at the Johns Hopkins," in Weiner and Young, *Studies in the Philosophy of Peirce*, p.278.

[132] 见 Dorfman, *The Economic Mind*, III, 437—438, 这可以看作是较早的《凡勃伦传》一书的作者更为深思熟虑的判断。

这些情感,他故意表现出漠不关心的样子。⑬ 凡勃伦内心的真正冲突也许就是这种姿态的要求和他想赢得学术名誉的真正愿望之间的冲突。⑭ 在对待凡勃伦的问题上,学院——虽然没有放弃对雇员的道德进行评判的执著——向这个道德败坏者做出了让步。戴维·斯塔·乔丹甚至在知道他以前的婚姻麻烦的情况下还是聘请他到斯坦福,直到他开始公开他的通奸生活才开除他。

不适应环境的文学家比科学家更容易质疑学术职业的全部概念。传统上,文学家一直存在于学术环境之外,享受着独立的名誉,而科学家则需要与学院的某种联系才能获得认可,甚至维持生计。因为在文学家中,自由的生活方式作为一种选择似乎更为真实,所以有些人干脆在较短的时期之后带着(轻微或强烈的)厌恶离开了大学。敏感的诗人爱德华·R. 希尔(Edward R. Sill)从 1872 年至 1882 年在加利福尼亚大学担任文学教师,他也许符合这一描述。在进入大学之前,他曾经焦虑不安、不满现状,当他激进的宗教观使他成为社区持续的抨击目标时,他宁可辞职也不做出回应。他确实盼望做一个自由文学家。⑮ 威拉德·费斯克(Willard Fiske)是个文学怪人,他于 1868 年至 1883 年在康奈尔授课,他辞职部分是因为牵涉进了学院里激烈的派系斗争,但是也像希尔一样,他宁可离开也不

---

⑬ 在阅读了凡勃伦的《美国的高等教育》和很多传记中的事件之后,得出了这些结论。尤其参见 J. B. Clark to E. R. A. Seligman, June 28, 1904, in "The Seligman Correspondence," *Political Science Quarterly*, LVI (1941), 116; Duffus, *The Innocents at Cedro*, pp. 19, 22, 58, 60, 85; David Riesman, *Thorstein Veblen* (New York, 1953), pp. 10—13, 18, 23, 28; Dorfman, *Veblen*, esp. p. 119。

⑭ 这种愿望的表现可见 Dorfman, *Veblen*, p. 174, and Veblen to E. A. Ross, Dec. 7, 1899 (EAR)。

⑮ Ferguson, *Sill*; E. R. Sill to D. C. Gilman, Dec. 20, 1880 (DCG); E. W. Hilgard to J. B. Angell, Jan. 13, 1884 (JBA)。

愿进行战斗,而且他声称在争论之前他已经决定了要去意大利定居。⑯ 威廉·C.劳顿(William C. Lawton)被描述为"一个少有的人,直到指尖的每个细胞都充满着文学性",同时也拥有一种"孩子般的"自负㊷,他在哈佛任教八年后于1891年辞职。他愤愤不平,认为他的所有观点都没有得到支持,他本人完全没有得到认可。⑱ 此后他在查尔斯·莱夫莫尔(Charles Levermore)(下文会详细介绍此人)管理的学院教希腊语,最终连这种束缚也摆脱了,成为一名自由作家和讲师。

查尔斯·莱夫莫尔的兴趣集中在历史和哲学(他的书信显示他也是一位文学风格的大师),人们总是把他与伍德罗·威尔逊相提并论,称之为霍普金斯曾见过的最聪明、最令人兴奋的研究生之一。⑲ 他自己承认说他有过"尖酸的时候",他机敏风趣的挖苦话并不总能控制得很好。1886年他写了篇文章从整体上抨击选修制,特别抨击了艾略特,这篇文章的语气也许比詹姆斯·麦考士就这一问题所写的任何文章都要严厉。⑳ 莱夫莫尔没有得到与其才能相称的职位在很大程度上是因为他自己的性格。莱夫莫尔不仅是近乎愤世嫉俗的理想主义者,他还极有野心。像很多野心勃勃的理想主义者一样(伍德罗·威尔逊是例外),他不会选择时机。1893年,莱夫莫尔顺利地从加利福尼亚大学的教学岗位晋升到麻省理工学院的同类岗位,但是他却受到(年薪六千美元的)诱惑,到布鲁克林一所

---

⑯ 见 H. S. White, *Willard Fiske*: *Life and Correspondence*(New York, 1925), esp. pp. 57—66, 94—96, 105; A. D. White to E. P. Evans, May 30, 1870, Nov. 12, 1884 (EPE)。

⑰ C. H. Levermore to G. H. Howison, Oct. 18, 1895 (GHH)。

⑱ W. C. Lawton to C. W. Eliot, May 24, 1891 (CWE)。

⑲ Jameson, *An Historian's World*, p. 38。

⑳ C. H. Levermore, "The 'New Education' Run Mad," *Education*, VI (1886), 290—298. 他对现代大学里研究的名气和广告的作用的讥讽评论,还可见 C. H. Levermore to G. H. Howison, July 4 and Aug. 31, 1891 (GHH)。

第七章 不协调的问题

挣扎求生的学院——阿德菲学院——当校长。[141] 他希望把阿德菲变成某种不同寻常的实验性院校，但是结果证明它只是一个包袱。他的全部精力都被用来仅仅是维持学院的完整。莱夫莫尔迷失在布鲁克林，慢慢被人遗忘了，他无数次想重返学术"主线"，却徒劳无功。结果就是，从他的书信看，原本能成为美国 19 世纪后期伟大的天才之一的人物被浪费了。

另一组人文主义的"案例"都发生在哥伦比亚，其重点不在于个人而在于学术院校。哈利·瑟斯顿·派克（Harry Thurston Peck）的悲剧，乔治·E. 伍德贝利的沉沦，爱德华·麦克道尔（Edward MacDowell）的辞职，都发生在尼古拉斯·默里·巴特勒管理的早期。派克是一位贵族文学家。与凡勃伦一样，个人道德问题导致他处境艰难，他在一起色情事件中被人抓住，这引起了丑闻，使他被社会排斥，并最后在 1914 年致使他自杀。据说派克在这次事件之前就表现出精神失常的迹象，如果确实如此，这起悲剧就不能归咎于学院。但是管理层在 1910 年处理派克时蛮横粗暴的态度——他们只关心哥伦比亚的好名声——毫无疑问是诱发最终致派克于死地的疾病的重要原因。[142] 在这个意义上，派克是尊严祭坛上的牺牲品。诗人乔治·E. 伍德贝利与其对手布兰德·马修斯进行了长期争斗之后辞职。伍德贝利的传记作者揭露了他早先曾因为宗教观点被内布拉斯加开除的事实，并怀疑他自己性格上的缺陷是他学术职业生涯相对较短的原因。[143] 这种追根究底，虽然在这些情况下通常是合理

---

[141] 莱夫莫尔的野心和薪水在影响他决定方面的作用明显可见于 C. H, Levermore to G. H. Howison, Aug. 31, 1891, July 11 [1893], July 28 and Aug. 24, 1893 (GHH); C. H. Levermore to H. B. Adams, Dec. 27, 1893 (HBA)。

[142] 除了 D. A. B.，关于这个小插曲的简单描述还可见 [D. C. Miner, ed.], *A History of Columbia College on Morningside* (New York, 1954), p.27。

[143] Doyle, "Woodberry" (Ph. D. diss.), pp. v, 11, 222.

的,在此却没有必要。他在内布拉斯加受苦是因为大学出于政治原因进行了宗教上的"清除异己"行动。他在哥伦比亚受到排挤是因为巴特勒不能容忍长期的争斗,而且因为在他和马修斯之间,巴特勒偏向马修斯。伍德贝利和马修斯的书信显示,他们谁也不比谁更尖刻。伍德贝利对学术生活的幻想很快就破灭了,虽然他收到邀请,却再也没有接受正式的职位。但是他明确疏远学术界是在哥伦比亚不愉快的插曲之后,而非之前。

最后是作曲家爱德华·麦克道尔事件。在坚持有放手管理系部的权力并得到保证之后,麦克道尔于1896年得到了哥伦比亚的音乐教授职位。在罗(Low)管理时期,麦克道尔与管理层的关系时好时坏,但是他的书信表明,他对于学术生活绝对不是完全没有准备的。1897年,罗确实不允许麦克道尔离开校园,无疑是受到管理者常见的关注对学院的忠诚的影响。⑭ 但是在1901年,在获得任命五年之后,麦克道尔很愉快地创作了一组校歌(包括《哥伦比亚!噢,母校!》和《噢,充满智慧的亲爱的母校!》)。⑮ 巴特勒在1902年成为校长,他明白麦克道尔的存在给学院带来的巨大声誉,根据现存的通信内容,他似乎没有在任何地方激怒麦克道尔。然而过了不到两年,麦克道尔愤怒地辞职了,声称有人干扰他的系部事务。他离开时——在伍德贝利离开后不久,因而令人很尴尬——巴特勒试图粉饰这一事件,他向媒体编故事说麦克道尔离开仅仅是因为他想全身心地投入作曲。麦克道尔对这种歪曲的事实非常生气,在同情伍德贝利的同一批学生的鼓励下,他向媒体公开了他对这一事件的说

---

⑭ Edward MacDowell to Seth Low, Aug. 5, 1897 (CUA). 但是在1898年,他和蔼地准许麦克道尔离开很长时间举办巡回音乐会,Low to MacDowell, Aug. 1, 1898 (CUA). 更多的信件显示,这两个人显然是最好的朋友。

⑮ Low to MacDowell, Mar. 26, 1901, and MacDowell to Low, Apr. 4, 1901 (CUA).

第七章 不协调的问题

法。这反过来又使巴特勒勃然大怒。此后,麦克道尔在孤独中沉思,再也不能创作了,并于两年后去世。⑭ 派克的毁灭主要是由于个人性格,伍德贝利的毁灭是巴特勒从管理上进行干涉导致的直接结果,而麦克道尔的毁灭更多是两者结合所造成的。

在回顾这些案例的时候,我们有时候可以很有把握地猜测它们的起因。在所有这些情况下,不论是文学的还是科学的,都不能完全把个人性格问题与管理者不愿包容问题割裂开。几乎每种情况都存在这两种因素。这个事实并不令人惊讶,因为性格与众不同的人总是会自然而然地受到管理者的怀疑。仅仅是有一个不可预测、容易兴奋的个人,就对学术机构的稳定性造成了微妙的威胁。有时候,就像麦克道尔一样,有才能的人享有太高声望,管理者不得不在表面上钦佩他、奉承他,但是他与学术主管的思维格格不入,甚至这种尊敬也是刻意做出来的。

实际上,19世纪末的大多数大学校长和很多教授对行为怪异的天才是非常敌视的。伊利诺伊大学的德瑞伯以他惯有的直率告诫学生说:"不要远离人群……最重要的是,不要当怪人。与队伍保持一致。这是一个很好的群体,而且通常都是沿着正确的方向前进。"肯塔基大学的校长在1910年断言:"我的结论是,一个聪明却不可靠的人在任何地方都是危险分子,尤其在大学……我不愿意让他们在任何大学担任任何职务。"正如我们已经见到的,加利福尼亚的本杰明·爱德·惠勒相信教授应该体现"理智、正常的生活方式",他不应该是"隐士、怪人,或是坏脾气的人"。威廉·R.哈珀抨击学生

---

⑭ 见 Erskine, *The Memory of Certain Persons*, p.78; MacDowell to the Trustees of Columbia, Mar. 11, 1904; J. W. Burgess to MacDowell, Apr. 8, 1904; MacDowell to Burgess, Apr. 10, 1904; MacDowell to E. B. Fine Mar. 15, 1904, 威胁说要起诉理事们。巴特勒对麦克道尔辞职显然虚假的报导复印自 1904 年 2 月 8 日的《纽约时报》,也在 CUA。

和教师中玩世不恭的思想,支持官僚式"繁文缛节"的"必要的传统主义"。⑭⑦ 甚至丹尼尔·科伊特·吉尔曼也断言:"我们不是为天才或蠢材创建大学的,而是为了智力平常的广大中等阶级。"他还暗示说科学方法也许能提供天才的替代品。⑭⑧ 约翰·W. 伯吉斯回应说,历史研究的价值"不应该由其光彩,而应该由其赢利性"来衡量。⑭⑨ 明尼苏达大学的校长弗威尔(Folwell)自鸣得意地说:

> 说伟大的思想、伟大的发明、伟大的体制或作品都是在学术的高墙之内完成的也许并不正确。大学却真的是所有这一切的保存者。天才不愿意受到学院的束缚,他们更喜欢阁楼、作坊和工作室的自由。大学光荣而实用的作用就是把哥白尼、培根、拉普拉斯、瓦特、莫尔斯或爱迪生等人的成就收集起来,对其进行协调和解释,并将其以科学的形式传递给后代。⑮⓪

少数人提出的主张只是对这种观点进行了修改。查尔斯·W. 艾略特宣称:"间歇性而且方向错误的天才在美国社会是不可能与能力稍弱的人所从事的有条理的认真教学相竞争的。整体看来,这一美国直觉似乎是富有洞察力的。然而,只有当天才激发、鼓舞了明智而管理良好的体系时,才能创造最好的环境。"⑮① 虽然艾略特做出了这样的告诫,世纪末学术界对天才的"官方"态度仍然是明显的

---

⑭⑦ Draper, "The American Type of University," *Science*, XXVI (1907), 42; J. K. Patterson in N. A. S. U., *Trans.*, 1910, p. 80; B. I. Wheeler's "The Best Type of College Professor," 1904 (BIW); Harper, *Religion and the Higher Life*, pp. 122—123.

⑭⑧ Gilman, *The Launching of a University*, p. 262; D. C. Gilman's "The Advancement of Knowledge," 1901, p. 34 (DCG). 但是吉尔曼在早年聘请 J. J. 西尔维斯特(J. J. Sylvester)为霍普金斯大学的教师,这一任命却与之背道而驰。

⑭⑨ In A. D. White *et al.*, *Methods of Teaching History*, p. 220.

⑮⓪ W. W. Folwell, "The Civic Education," N. E. A., *Proc.*, 1884, Part II, p. 267.

⑮① Eliot, "The New Education," *Atlantic Monthly*, XXIII (1869), 205.

第七章　不协调的问题

怀疑态度。

从这一点并不能完全得出结论说对学院的忠诚,包括学术忠诚,限制了这个时期不同寻常而有创造力的人的自由。只要管理者对这样的人听之任之,不论是出于尊敬(无论真假)或是因为过度关注于自己的官僚机制,学院就不会有这种影响。但是,在这个时期人们经常说学术生活确实造成了这样的结果。"从理性上说,学术氛围毫无疑问不利于创造性的活力。"布利斯·佩里在1897年说。"出自大学的重要书籍很少。"⑫在科学方面也做出了同样的评价。⑬人们相信,学院和研究生院强调组织这一简单的事实遏制了杰出的个人成就必需的自发性。[詹姆斯·拉塞尔·洛威尔从自己的经历出发,竭力劝阻威廉·迪安·豪威尔斯(William Dean Howells)接受约翰·霍普金斯和哈佛提供的教授职位。]⑭

随着美国学生的年龄越来越大,人们说他们越来越被这一体系"宠坏了"。如果这个过程不是早在中学就开始的话,那也是开始于本科时期的群居生活,在这里,学术上的志向被看作是一种背叛行为。但是反过来说,与成熟的研究生相比,有才能的大四学生也许看起来单纯得"幼稚"。世纪交替时,哈佛的一位动物学家同时给这两个群体授课,他回忆说:"虽然研究生成熟而且通常经历丰富,但似乎已经失去了他在刚开始学习时拥有的热情,也没有正在成长的学者所应该具有的自发的兴趣……似乎他们原来所拥有的热情已经被教育消磨殆尽了。"⑮即使在获得博士学位之前还有兴奋感,这

---

⑫ Bliss Perry, "The Life of a College Professor," *Scribner's Magazine*, XXII (1897), 515.

⑬ 例如,可见 O. P. Jenkins, *The Passing of Plato* ([Palo Alto], 1897), pp.19—20。

⑭ Hawkins, "Pioneer"(打印稿), II 548—549; J. R. Lowell to C. W. Eliot, Dec. 7 and 24, 1886 (CWE)。

⑮ G. H. Parker, *The World Expands*, p.195.

种兴奋感也很可能在作为年轻讲师忙乱的生活要求中彻底消失。1912年人们观察到,刚开始教学生涯的人"几乎没有空余时间,也没有剩余的精力。他不能像一个人必需的那样连续几个小时地考虑自己的研究以使其丰富。他几乎没有成果。他不能成熟……他被固定在很低的水平上"。⑯ 据说极少数学者在三十岁之后有真正的"新"成果。⑰ 即使是自信的丹尼尔·科伊特·吉尔曼也在1906年悲哀地宣称:

> 全国到处都是类似的案例,相似到可以用数学公式的形式表现出来。有才能的年轻人,尤其是在意志坚强的人的鼓舞下,迅速成长起来,希望使他们情绪高昂,称赞使他们得意洋洋。他得到自己的头衔;他赢得了妻子;他建立了自己的房子;人们希望他热情好客;孩子们也来了……几乎没有人能抗拒这个时期的平均趋势,超越他们正在行走的高原,到达山顶。⑱

戴维·斯塔·乔丹问自己,达尔文主义者是否应该在现在的美国大学出现,他给出了基本否定的回答。"现在的环境适用于鼓励驯服的学生,而不是具有原创力的人。"⑲ 不知为什么,在新兴的学院机构中,19世纪70年代的梦想通常显得陈旧过时。学术环境中的

---

⑯ W. L. Bryan (印第安纳大学校长), "The Life of the Preofessor," N. A. S. U,. Trans., 1912, pp. 32—33.

⑰ Murchison, *A History of Psychology in Autobiography*, II, 321.

⑱ Gilman, *The Launching of a University*, p. 60. 吉尔曼显然相信,加薪能对这种情况做出补救。

⑲ Jordan, "the Making of a Darwin," *Nature*, LXXXV (1911), 357.

第七章 不协调的问题

创造能力似乎在逐渐消亡而非补充发展。[160]

评价这些抱怨中的要点不太容易。重要的是,天才的整个概念有着浪漫的情调,从它的角度对大学进行判断的人通常揭示了19世纪中叶的期望。那个时代效仿的典范是敏感而有天赋的孤独的英雄人物。虽然百年之后,这样的典范无可否认仍然拥有强大的感染力,尤其在艺术界,但是人们想知道它是否尚未被精明的"操纵者"——"利用"思想而非沉迷于思想的人——所取代。不再以英雄主义为标准使特立独行的天才在早期大学所处地位的整个问题都蒙上了阴影,甚至在那时,天才和管理层之间的冲突也许已经与这种品位的变化有关。

然而,期盼大学制造天才的人们显然注定是要失望的。首先,具有杰出才能的人只占社会全部人口中很小的比例。建立大学就能魔术般地造就大量杰出人物的这种希望本身就不合理。对学院的这种信任有时候非常激昂[161],但是它却所托非人。学术热情要在更广泛的范围内兴旺发展,也许必须彻底改变抚养孩子的方式,而且,虽然无数婴儿口齿不清地背诵书目的景象有点诱人,但是这种梦想不大可能在不久之后的美国实现。

但是大学对美国特定人群有什么影响呢?具有卓越潜力的人仅仅是一些尽管非常有趣却很特别的例子。实际上,美国大学能招收到的更多人可以说是激励性的重要的思考者,即使不是一流的。

---

[160] 关于这一问题,见 Cattell, *Cattell*, I, 445—447(说这是1910年前后的国际性现象); N. M. Butler, "The Academic Career," 1935, pp. 16—17 (NMB); Ladd, "The True Functions of a Great University," *Forum*, XXXIII (1902), 39—40; Hugo Münsterberg, "Productive Scholarship in America," *Atlantic Monthly*, LXXXVII (1901), 628; F. N. Scott(密歇根大学)in *Educational Review*, XLII (1911), 198—199; Canby, *Alma Mater*, pp. 78—80; E, D. Starbuck, "G. Stanley Hall as a Psychologist," *Psychological Review*, XXXII (1925), 103—104。

[161] 例如可见 Clarke, "American Colleges versus American Science," *Popular Science Monthly*, IX (1876), esp. pp. 468, 470。

与皮尔斯不同,这类人中的大多数能够进行自我调节,很好地适应大学所要求的日常关系。但是,美国的学术机构的氛围这些年来是趋向于鼓励这种较为平凡的人才的志向还是打击他们,仍然是一个重要的问题。在这个问题上,19世纪后期给出了相互矛盾的证据。人们也许看到,有些情况下一所院校显然把一群个人聚集起来,互相促进对方的潜力。[102] 在履行其作为知识分子聚集地的功能时,大学提供了大部分领域的几乎所有"原创性"工作都必需的与同事交谈的基本机会。但是人们也会发现,在有些情况下,就像伍德贝利和麦克道尔的情况,学术限制几乎必然造成创造力的丧失。大学此时起到了不同的作用,作为一种控制手段,它强调对例行程序的服从。

　　学术机构的这两种功能——作为极其重要的"职业用语"的使用场所和作为培养毕业生的组织——具有重大差异:前者是一种间接的影响,而后者在所有官方人士看来是居于核心地位的。因此可以说学术的丰富化是在谈话和争论的过程中偶然发生的,而这些谈话和争论的激昂语调部分是因为他们无须承担本职责任。相反,才能的萎缩可能源自学术机器的直接运作。从这方面来说,有创造潜力的人的最佳位置就是处于被看作正式机构的学院的边缘,不要进入其核心。处在边缘位置,他也许有望享受学院的激发性而不会受到太多烦人的组织要求的控制。(不缺少爱好管理的有才能的人来做实际的维持工作。)只要大学允许明显不同类的人互不干涉,同时

---

[102] 例如可见 P. T. 霍曼(P. T. Homan)对凡勃伦的评论,见 H. W. Odum (ed.), *American Masters of Social Science* (New York, 1927), p.236;巴兹尔·L. 吉尔德利夫断言,如果不是在霍普金斯的学院"推动"下,他不会有任何创造(Hawkins, "Pioneer," I, 271—272);害羞的乔治·S. 莫里斯在安阿伯友好的氛围中受到鼓励,迅速成长(M. E. Jones, *Morris*, pp. 183—184)。另见 R. B. Perry, *James*, I, 446。

如他们自己选择的那样把他们聚集起来,却不承担任何责任,那么就存在一种准则,根据这一准则,学院就无须以常识的名义排斥其最富有才智的人。实际上,对大学来说,包容天才比允许彻底的学术自由更为容易,因为与通过社会说教发泄出的异常行为相比,通过创造性工作发泄的异常行为对学院的公共形象的损害要小得多。在20世纪的最初几年,这些应该考虑的因素已经被提出来了,那时,美国大学似乎决心要优先考虑给大量的普通人授予学位的任务。对于更有个性的教职员的要求,它仅仅是偶尔心不在焉地敷衍一下。

理想主义者的哀叹

美国大学并不是为那些极其认真地对待理想目标的人创立的。1890后形成的学术结构对一心一意追求完美的各种渴望都很冷淡。如果一个人过于认真地看待任何一种被人经常谈论的学术目标,他的处境就岌岌可危了。当社会效用变成要求无限的学术自由时,它获得了颠覆的性质。当自由文化转变成怪异的悲观主义时,它就有可能造成自愿或被迫离开学术环境的人。科学研究的精神更有可能得到和平的表达,但是当它与顽固或反传统的性质联系起来,它也同样成为官方怀疑的目标。

大学的官方领导层对公众的品位非常敏感,它认同19世纪后期美国远离尖锐思想的趋势。随着都市社会进一步摆脱神学问题,摆脱对神学的兴趣所要求的思维模式,它的目标越来越接近管理层的目标,不论是商业行为或是社会机构项目的目标。大学的最高领导层和其他人一样都被清除了。事实上,从最宽广的角度看,高等教育屈从于这种趋势的过程已经很缓慢了,因为如果回顾过去,人们就能发现,早在17、18世纪海港的商人贵族中就已经出现了对管理威严的重视。从这一更长久的观点看,世俗的志向只是又赢得了一座重要的堡垒。

如果管理主义轻易地不经竞争就取代了正统学院的静态的苏格兰常识观,那么在这种转变中也就不会感到失去了机会。但是1830年之后的几十年——从学术角度说是1870年之后——的特点就是来自欧洲的其他新观念空前的传播,这些观念的影响力我们已经看到了。如果环境不同,不论是高等文科或是"纯"科学和学术都有可能真的控制美国大学。正是这些未实现的可能性引发了人们对院校形成年代的历史的兴趣。大学不断保证说它是至少两种截然不同的精神生活的港湾,很多人走进大学,希望在某种程度上思想会是它关注的焦点。相反,这些空想家发现,在他们曾梦想是自己的学院的内部,他们被当成陌生人,正如在更大的社会中他们也是陌生人一样。不合群的学术"知识分子"(威廉·詹姆斯于1908年公开引入了这个词)[163]的时代正在形成。

除了他可能会支持的学术自由或自由文化等相对具体的愿望之外,还可以从其他方面辨别世纪交替时的学术理想主义者。在什么是应然的问题上,他毫不让步地坚持自己的观点,在实际情况下,他做出绝不妥协的行为,最后,大学真的在他周围形成时,他对其抱有悲观的态度。克拉克大学数学系主任在言语中表达了理想主义者的华丽梦想,他吹嘘说他的团队:

> 没有模仿任何学院的系部,而是根据如何在这样的系部做

---

[163] William James,"The Social Value of the College-Bred," *McClure's Magazine*, XXX (1908), 421. 詹姆斯在十年前第一次使用这个词语,见 Hofstadter, *Anti-intellectualism in American Life*, p.39。

第七章　不协调的问题

到完美的理念来决定的。无论做任何事情,我们总是按照我们的理想办事,而不考虑任何物质利益。我们在这里不是要做别处所做的事情……我们建议不要采取将来某个时候我们会抛弃的暂时性政策,我们坚信,将来的理想大学将会从根部都是完美的,而不是生长在低劣的砧木上的嫁接。[164]

理想主义者采取行动证实了这种梦想的大胆:在罗斯事件中从斯坦福辞职;就像巴雷特·温德尔在 1893 年做的那样,当委员会致力于促进诸如学院广告之类的无价值目标时,就退出该委员会;像威廉·詹姆斯那样拒绝出席他怀疑的博士口试。[165] 与为了参加而参加一项活动相比,理想主义者更喜欢与其保持合理的距离;比起与其他人意见一致,他更关心坚定地坚持个人信仰。

但是最全面展示学术理想主义者的,还是他对大学的悲观看法。他对自己周围漠不关心的混乱状况深感失望,成为极度的悲观主义者。威廉·詹姆斯在私下比较礼貌地表达了这种忧虑:"我觉得,在我们以高度的认真态度和责任心组建[学术]机器时,我们有可能会破坏那些对学问而非对管理感兴趣的人的生活。"[166] 到了约瑟夫·贾斯特罗,就是一种刺耳的、公开抗议的语气了:

> 大学内部倾向于赢得管理者最重视的成功的标志……忍受这多方面的压力需要坚定的决心、优秀的品格,做出大量的真正牺牲。对其抗拒力最弱的人……可能发现自己处于最重

---

[164] W. E. Story, "The Department of Mathematics," in *Clark University, 1889—1899*, p. 68.

[165] 讽刺的是,在这个意义上,实用主义的主要倡导者有时候在性格上很像理想主义者,见 William James, "The Ph. D. Octopus," *Educational Review*, LV (1918), esp. p. 156 (最初出版于 1903 年), and William James, *Memories and Studies*, pp. 354—355。

[166] William James to C. W. Eliot, July 3, 1891 (CWE).

要的位置,于是,这种错误的重点在自身的前进过程中积聚了力量。学术交流的精神,个人品格的影响,优势职业的印记,微妙却不可避免地丧失了它们的品质中较好的部分。⑯

当 R. M. 温勒亲眼目睹了在各个方面都在发生的学术理念的包容性融合时,他几乎采用了早期新英格兰神学家的语气:

> 问题不仅仅是我们只见树木,不见森林,我们似乎已经迷失了道路,甚至不知道自己的位置,如果我们敢移动的话,也不知道该朝哪个方向前进……现在,(与十年前相比)学生的人数几乎增加了一倍,教职员也是;原先是谷仓的地方盖起了宫殿,美元欢快地涌入并且积累起来……人们轻松地微笑着,确信这些现象都保证我们可以模糊地期待……一个美好的未来,神秘的进化引导,保护这种预期,并使其顺利实现……我们不可遏止的物质主义,……我们同样不可遏止的浪漫主义……使我们对自己的命运满怀信心或是漠不关心。至于[学术目标的]重要讨论,它变成了喜歌剧,在剧中,乞丐们相互乞讨,或者人们靠相互洗涤家庭织品谋生,顺便说一下,这些织品总是肮脏的、破破烂烂的,或是打着补丁的。⑱

这些是认为成功就是忠实于一贯立场的人们中孕育的情感。在一切成功的物质和数量标志中看到失败的少数人是不可能感觉到安慰的。对他们而言,学术发展的每个新迹象,无论是招生人数、体育运动的成功,还是系部的增加,只不过是预示着连贯的意义的

---

⑯ Jastrow, "The Academic Career as Affected by Administration," *Science*, XXIII (1906), 568.

⑱ Wenley, "Transition or What?" *Educational Review*, XXXIII (1907), 433—434. 更多关于这种悲观主义忧郁情绪的例子,见 Showerman, "Mud and Nails," *ibid.*, XXXV (1908), 440; Herrick, "The Professor's Chance," *Atlantic Monthly*, LXXXVII (1901), 728。

第七章 不协调的问题

进一步丧失。大学成功地赢得公众信任的原因恰恰是这些人绝望的根源。

为了消除这种悲哀,美国的学术领袖提出了他们自己对理想主义的乐观看法。1902年,丹尼尔·科伊特·吉尔曼在约翰·霍普金斯发表演讲时说明了这种看法与悲观版本之间的差异:"我敢说我们都是理想主义者……我们也是实际的人。就这一点来说,我们投身于有用的目标,并将对常识的检验付诸行动。"吉尔曼继续说,目标也许"太高了",同时也许又不够高。[169] 学术管理者绝对不排斥理想,相反,像尼古拉斯·默里·巴特勒一样,他认为这些理想会在现有的学院环境中逐渐实现。他每个星期、每个月、每年都会礼节性地提到理想,就像圣公会教徒而非再洗礼派教徒。礼节绝不意味着虚伪,但是它是一种安慰性的肯定。它强调要维持秩序,因而主张对于令人不快的现实要谨慎地保持沉默——就像大学对橄榄球表现出的荒唐的变态兴趣一样。[170] 很自然,在学术主管看来,礼节性的理想主义是恰如其分的,因为管理者的角色要求此人总是表现出对自己学院的信心。谈论疑虑或失败就会违背他的职位的最基本要求,这样做就会立刻使他失去担任这一职务的资格。因此,他能够对其价值进行评估的仅有问题,就是那些边缘性的、无足轻重的问题。另一方面,只有不承担对学院的责任才能使教职员中的少数人夸耀他们的悲观主义。悲观的理想主义就像无用的真理一样,是一

---

[169] D. C. Gilman, "Address," in *Johns Hopkins University: Celebration of the Twenty-fifth Anniversary*, p. 17.

[170] "近年来我一直很奇怪,为什么我们学院的负责人没有足够的权力将体育运动、联谊会和社交集会置于学业的从属地位……我不是……(出于)鲁莽……才问这个问题……但是我一直奇怪,为什么我们伟大的学院的校长们在体育运动和联谊活动方面没有更多的发言权,以便他们可以按照自己的理想真正塑造学院。"C. M. Sheldon to Woodrow Wilson, June 14, 1909 (WWLC).

种奢侈品,对于执行权力是不合适的。从这些方面看,使管理层与其批评者分离的并不是理想的"真实性",而是发布命令这一功能的需要。

同时,大多数大学的校长的工作比单纯行使权力更为复杂。因此,他们也许希望——几乎是渴望——人们尊重他们对信念的热情,同时也尊重他们的外部成就。在查尔斯·W.艾略特身上——不论詹姆斯和桑塔亚那怎么评价他——这两种品质最接近真正的和谐。艾略特在1891年毫不敷衍地宣称:"大学代表着学术和精神上的控制——也代表着抵御现代世界具有的物质财产、利益和活动重负的思想和精神力量……大学使哲学、诗歌和科学生机勃勃,并且保持了理想的水准。在一个奢侈的习惯越来越多、范围越来越大的社会,它代表着反对奢侈的简朴生活。"[171]但是即使是艾略特在私下沉思自己的所作所为时也被迫为自己做出了一定的辩护。三年后,他在回复威廉·詹姆斯的赞美时说:

> 感谢您在我的有用品质中列入了"献身理想"。我私下认为自己是一直在追求某些教育理想,但是这么多优秀的人物把过去二十五年的成果描述为土地、建筑、捐款、金钱和成千上万的学生,我有时候担心在下一代人看来我只不过是个门外汉。[172]

艾略特第二次更个人化的宣言试图表现出克制的讽刺,这并不能掩盖他对现实深感遗憾的认识。这种认识表明,将美国大学的外部成功与其最热心的支持者所要求的热切投入相调和,有其固有的困难。

---

[171] Eliot, *Educational Reform*, p.246.

[172] Henry James, *Eliot*, II, 87. 乐观的管理理想主义的最终声明提出了一个沉着的信念,即,美国的学术史体现出了明显的持续进步,见 C. W. Eliot, "American Education Since the Civil War," *Rice Institute Pamphlet*, IX (1922), 1—25。

结语:作为美国机构的大学

　　大学的理念最初是外来的思想,它经历的过程与19世纪到达美国海岸的移民所经历的过程并无不同:那是一个被新大陆的环境同化,同时伴有深刻的内心紧张感和得失交织的感觉的过程。大学的本土化是一种主要趋势,影响了它在美国的发展过程。它刚创建时的梦想目标是被外国所激发——尤其以德国为其核心,早期的领导者施展了近乎天才的技巧,使新生的院校走上了更为人们所熟知的发展之路。在那二十或三十年间,当美国的公众在利用新的高等教育方面显得迟钝的时候,革新的外来趋势得以蓬勃发展,同时也出现了顺应国内讲求实效的社会希望的要求。但是,正如1890年之后的历史所揭示的,大学的基本模式是以成功为导向的企业模式,而其主要代言人的言行刻意模糊化的那种模式就可能不太受欢迎了。随着更多的美国人开始接受新的院校,对标准化和同化趋势的慎重评估越来越少。高层不会真的忽视或取消其对学生数量、影响力和威望的承诺。对民主的要求再次强调了对爱国主义和学院自豪感的要求。到1910年时,实际上已经没有人会考虑拒绝越来越多的追求学位的普通年轻人。也很少有人会要求大学局限于招收热衷于

美国现代大学的崛起
The Emergence of the American University

科学或文学的少数人,他们不同于那些只能够达到不严格的形式上的要求的年轻人。

到这时为止,大学在社会意义上已经成为其环境的典型代表。人们要求它向所有人开放(很多州的法律这样规定),在这个时期,它尤其欢迎祖辈来自北欧的不从事体力劳动的家庭的后裔。相对容易入学的大学也激励起雄心壮志,虽然大学试图奖赏所有类型的雄心壮志,这个词也具有更特别的含义:它暗示着按照城市中产阶级规定的方式积极向上爬的愿望。所谓雄心是指与具有相似目标的对手相互竞争,这些目标集中在公开的外在生活方式上,不论是从事法律、医学、商业方面的职业,还是直接担任政府职务。大学迎合那些试图与自己的同类人相竞争的人,也迎合那些像棒球运动员一样有着个人主义野心的人。在美国,至少在这个时候,不管是文学上还是经济上的成功,都很少与超脱现有体制的愿望混淆起来。另一方面,大多数已经开始改善自己环境的城市家庭,对正在提供的、奖励的或以前就有的各类机会非常感兴趣。对学生来说,大学代表其父母,甚至代表很多教职员,提供了相当简单的"晋升"方法。这一事实既是招生人数增加的原因,也是非常具有活力的教授们情绪通常很平和的原因。公认的社会抱负,不仅仅是追求学术上的卓越,成为新美国大学的关注焦点,实际上,几乎没有人确切地知道如何实现或界定卓越的探索或想象力这种特性。只能稍加夸张地认为,美国大学教授最重要的作用就是设立难度足够大的要求,以便让学生产生自豪感,但是又不能太苛刻,不至于让学生在学术机构生活了四年,耗费了父母的财力和自己的时间之后不能得到学位。

美国大学基本上成了"社会控制的代理机构"。(有趣的是,爱德华·A.罗斯发明的这个词特别适合用来描绘最让人期待的学术功能。)美国大学的基本职责就是充当大众价值观的管理者。它应

结语：作为美国机构的大学

该教会学生建设性地思考，而不是鲁莽地独立思考以至于造成（社会）分裂。它应该将学位变成社会和经济成就的综合性象征；它应该再三谨慎地保证，其博学人士的研究致力于实际促进人民的共同福利；它应该以高效的方式组织其事务，以便让任何碰巧走进校园的实业家或议员感到放心；它应该成为主要不是获取抽象乐趣的地方，而应用于唱歌和喝彩、用于俱乐部生活的仪式和"恰当的"演讲；它应该是一个铜管乐队奏起轻松而有感染力的乐曲时，几乎所有人都会轻轻地合着节拍跺脚的地方。

当然，这并不是全部的景象。在较好的学院中，高级教授发现，他们多少能有效地与本科生生活的节奏相隔绝。美国大学在履行其公共职能的同时，也开始进行多种具有一定质量的科学和学术研究，这些研究经过后来欧洲移民的充实之后，最终使美国大学在世界上具有了卓越地位。秋日周末来大学的游行者几乎在不知不觉的情况下碰到了那些零零散散埋头于实验室和书架中的人。这些人的行为并不是典型的"美国式的"，但是自从霍普金斯初期以来，他们一直受到一定的尊敬，只是程度有所变化。实际上，他们在美国的学术生活中感觉到一定的安全感，这种安全感在将来某天会因为各种原因超过他们的德国、俄国和英国同事的感觉。对于全世界的学术界而言，正是他们，而非周末的游行者，才构成了美国大学，有些非学术界的美国人有时候也隐约觉得也许确实如此。就大学的管理者来说（在内心深处，他们更经常地支持游行的队伍），他们也为教职员的成就而感到自豪，即使他们的做法就像附近戏院的老板一样：他从来不看自己订购的影片，但却敏锐地了解演员的吸引力。在这种环境下，实际上在不止一所受到上层严密监控和引导的学院中，科学家、学者都能够蓬勃发展，既不会控制学院，也不会在学院的管理下感觉太不舒服。

大学还包容了那些不断用言语表达不满的少数人,除非他们真的有可能损害它的名誉。教职员中不满意的"理想主义者"留了下来。在给 1910 年之前发展起来的美国大学下定义时,这一事实也值得关注。他们发出的哀叹并不代表死亡的呼喊,而是整个学术综合体中另一个永远"冰封的"固定部件。因此,大学没有完全融入美国的主流。少数群体执著地追求太荒谬而不能广泛被人接受的目标(例如,坚持不可能由美国人民广泛分享的民主),他们还是在学院的角落里长期存在。学术结构缺乏内聚力,这一点也就保护了不合群的批评者、橄榄球员以及其他所有人。几乎从未清除过任何类型的派系。运动员和知识分子都同样可以当作学院积极履行功能的证明。于是,已经在很多方面都呈现出多样性的大学在发展壮大的过程中,也包容了它自己最严厉的批评者。

在更广泛的意义上,也可以说大学尚未被彻底驯化。很多教授虽然没有表示彻底的反对,却也没有欣然接受全部的官方价值观。这些人希望把对学术与社会的乐观主义、文化、足球、学术水准、对数量的狂热等调和起来。也许在倾听开学演讲时他们会感到一点激动,而且他们对联谊会态度随和,但是他们至少坚持在教室内要努力表现出令人信服的态度。他们以实事求是的态度认为自己是专家,却不在律师、医生或牧师面前摆架子,但是他们也为自己具有特别能力的领域感到自豪,这赋予他们对一种目标的满足感。布利斯·佩里是教职员中这部分核心人物的代言人,他一方面简单赞扬了"道德上超脱"的品质,另一方面又宣称:"首先,任何美国人,任何受过教育的美国人,都不应该认为自己可以只为自己生活……任何职业的成员要想脱离……世界同情的趋势,都是断绝了该职业的能源。"①

正如佩里自己所注意到的,世纪交替时期的教授们努力在品位和情感上显得相当传统,这种努力通常表现出心神不宁,暗示着有点自我欺骗的性质。

> 习惯了在对学生说话时没有人提出反驳,这使他在与人进行尖锐的谈话交流时通常感到无能为力,很多在教室里滔滔不绝的教授在大街上或在俱乐部里或在餐桌上都感到孤立无助。有时候他觉察到这一点,也努力想变得世俗,却毫无成功的可能。众所周知,教职员中奇怪地风靡过娱乐活动,他们疯狂地沉迷于舞蹈课或是复式惠斯特纸牌。②

亨利·塞德尔·坎比在回顾耶鲁时,发觉在大学的教职员和其他美国人之间长期存在着甚至更尖锐的差别:"两种水域是不会混淆的。"他宣称:"商界或法律界家庭的孩子一旦成为教师,就脱离了家族,他的心理与留在家族事务中的兄弟完全不同,即使不注意也能觉察到。而教授的儿子进入商界,似乎在一夜之间就丢掉了对教学技巧和学问的所有感觉,通常也失去了所有的尊敬。"③在普通的教职员中,虽然所有人都有意识地努力营造恰当的统一态度,但是还是有可能存在对学术职责的不同期望。

这样一来,20 世纪初的美国大学就表现出两个极端,其中任何一个都不具有真正的代表性。一方面,它包括了各种类型的美国企业的管理者。这些领导人,以及理事、本科生和校友,支持广大美国民众会乐于赞成的目标:可靠的道德品质,对地方团体的忠诚,以及

---

① Bliss Perry, *The Amateur Spirit* (Boston, 1904), pp. 99—101, 114—115.
② Bliss Perry, "The Life of a College Professor," *Scribner's Magazine*, XXII (1897), 516.
③ Canby, *Alma Mater*, pp. 18—19;参见 Herrick, *Chimes*, p. 104。

提高社会地位的明确保证。美国校园拥有装饰华丽的建筑物、高效而迅速增加的从业人员、运动场馆、更新的学生管理设施（通常也包括宿舍）及每年一次的开学盛典，在外观上也反映了这些熟悉的价值观。大多数美国人在参观学院或大学时，这些就是他们所看到的，这些多半也是学者们在随口吹嘘时提到的事物。在另一个极端，可以发现散布各地的少数人主张要对整个事业重新定位。大多数终生从事学术职业的人介于这两种截然不同的选择之间，他们处在大部分已经美国化但并未全部美国化的静止状态。对于大多数教职员来说，大学的美德恰恰在于它提供了这样模棱两可的可能性。大学提供了一种介于商业职业和流亡者之间的便利的行为模式。它容纳了那些缺乏冒险精神，既不愿意待在小阁楼或修道院，同时又不喜欢待在会计室的人。对这样的人来说，只要不频繁发生罗斯事件，迫使校园里的每个人做出困难的公开抉择，这里就是能找到的最好的环境。这些人渴望平静，这使他们不必明确说明他们依据传统表现出的对自己和对别人的忠诚到底达到什么样的程度。毕竟，正是这种私人空间——没有人会深入研究一个人的信念到底有多"美国化"的环境——使学术生活能够表现出相当程度的自由。不必被统计在内是一种宝贵的权利。

　　这些完全出自个人的考虑并不妨碍他们同时相信美国大学肩负着社会使命，这种信念存在于大多数教授思想中更自觉的层面，世纪交替之后任何假装支持教育政策的人（只有主张"纯"研究的最苛刻的倡导者例外）也都以这种或那种形式赞成这种信念。用社会服务来衡量一个人的作用是将所有无法宣之于口的妥协合法化的方法，通过这种方法，大多数人，包括大多数教授们，学会了在相互矛盾的要求之间随机应变。对于毫不妥协地信仰大学目标的少数教授来说，如果他们要适应周围不太严肃的学术生活，也必须肯定这种作用。

美国的教授不断接受进步时代的利他主义言论,真正相信时代做出的承诺,他们获得许可去探索外来的思想,使用最初由国外传来的技术。如果这是一种交易,那么它也是1910年90%的美国教职员都没有意识到的交易。只有在回顾过去的时候,人们才能明白,新的一致的学术言论如何使学术动力始终保持了灵活性。

好书分享

大学之道丛书

大学之用
教师的道与德
高等教育何以为高
哈佛大学通识教育红皮书
哈佛，谁说了算
营利性大学的崛起
学术部落与学术领地
高等教育的未来
知识社会中的大学
教育的终结
美国高等教育通史
后现代大学来临？
学术资本主义
德国古典大学观及其对中国的影响
美国大学之魂（第二版）
大学理念重审
大学的理念
现代大学及其图新
美国文理学院的兴衰
大学的逻辑（第三版）
废墟中的大学
美国如何培养硕士研究生
美国高等教育史（第二版）
麻省理工学院如何追求卓越
美国高等教育质量认证与评估
高等教育理念
印度理工学院的精英们
21世纪的大学
美国公立大学的未来
美国现代大学的崛起
公司文化中的大学
大学与市场的悖论
高等教育市场化的底线
美国大学时代的学术自由
理性捍卫大学
美国的大学治理
世界一流大学的管理之道（增订本）

21世纪高校教师职业发展读本

如何成为卓越的大学教师（第二版）
如何提高学生学习质量
学术界的生存智慧（第二版）
给研究生导师的建议（第二版）
给大学新教员的建议（第二版）
教授是怎样炼成的

学术规范与研究方法丛书

如何进行跨学科研究
如何查找文献（第二版）
如何撰写与发表社会科学论文：国际刊物指南
如何利用互联网做研究
社会科学研究方法100问
社会科学研究的基本规则（第四版）
参加国际学术会议必须要做的那些事
——给华人作者的特别忠告
如何成为学术论文写作高手
——针对华人作者的18周技能强化训练
给研究生的学术建议（第一版）
生命科学论文写作指南
如何撰写和发表科技论文（第六版）
法律实证研究方法（第二版）
传播学定性研究方法（第二版）
学位论文写作与学术规范
如何写好科研项目申请书
如何为学术刊物撰稿（影印第二版）
如何成为优秀的研究生（影印版）
教育研究方法：实用指南（第六版）
高等教育研究：进展与方法
做好社会研究的10个关键

科学元典丛书

天体运行论 〔波兰〕哥白尼
关于托勒密和哥白尼两大世界体系的对话 〔意〕伽利略
心血运动论 〔英〕威廉·哈维
薛定谔讲演录 〔奥地利〕薛定谔
自然哲学之数学原理 〔英〕牛顿
牛顿光学 〔英〕牛顿
惠更斯光论（附《惠更斯评传》） 〔荷兰〕惠更斯
怀疑的化学家 〔英〕波义耳
化学哲学新体系 〔英〕道尔顿
控制论 〔美〕维纳
海陆的起源 〔德〕魏格纳
物种起源（增订版） 〔英〕达尔文
热的解析理论 〔法〕傅立叶
化学基础论 〔法〕拉瓦锡
笛卡儿几何 〔法〕笛卡儿
狭义与广义相对论浅说 〔美〕爱因斯坦
人类在自然界的位置（全译本） 〔英〕赫胥黎
基因论 〔美〕摩尔根
进化论与伦理学（全译本）（附《天演论》） 〔英〕赫胥黎
从存在到演化 〔比利时〕普里戈金
地质学原理 〔英〕莱伊尔
人类的由来及性选择 〔英〕达尔文
希尔伯特几何基础 〔俄〕希尔伯特
人类和动物的表情 〔英〕达尔文
条件反射：动物高级神经活动 〔俄〕巴甫洛夫
电磁通论 〔英〕麦克斯韦
居里夫人文选 〔法〕玛丽·居里
计算机与人脑 〔美〕冯·诺伊曼
人有人的用处：控制论与社会 〔美〕维纳
李比希文选 〔德〕李比希
世界的和谐 〔德〕开普勒
遗传学经典文选 〔奥地利〕孟德尔 等

德布罗意文选 〔法〕德布罗意
行为主义 〔美〕华生
人类与动物心理学讲义 〔德〕冯特
心理学原理 〔美〕詹姆斯
大脑两半球机能讲义 〔俄〕巴甫洛夫
相对论的意义 〔美〕爱因斯坦
关于两门新科学的对谈 〔意大利〕伽利略
玻尔讲演录 〔丹麦〕玻尔
动物和植物在家养下的变异 〔英〕达尔文
攀援植物的运动和习性 〔英〕达尔文
食虫植物 〔英〕达尔文
宇宙发展史概论 〔德〕康德
兰科植物的受精 〔英〕达尔文
星云世界 〔美〕哈勃
费米讲演录 〔美〕费米
宇宙体系 〔英〕牛顿
对称 〔德〕外尔
植物的运动本领 〔英〕达尔文
博弈论与经济行为（60周年纪念版） 〔美〕冯·诺伊曼
生命是什么（附《我的世界观》） 〔奥地利〕薛定谔

跟着名家读经典丛书

先秦文学名作欣赏 吴小如等著
两汉文学名作欣赏 王运熙等著
魏晋南北朝文学名作欣赏 施蛰存等著
隋唐五代文学名作欣赏 叶嘉莹等著
宋元文学名作欣赏 袁行霈等著
明清文学名作欣赏 梁归智等著
中国现当代诗歌名作欣赏 谢冕等著
中国现当代小说名作欣赏 陈思和等著
中国现当代散文戏剧名作欣赏 余光中等著
外国诗歌名作欣赏 飞白等著
外国小说名作欣赏 萧乾等著
外国散文戏剧名作欣赏 方平等著

博物文库

无痕山林
大地的窗口
探险途上的情书
风吹草木动
亚马逊河上的非凡之旅
大卫·爱登堡的天堂鸟故事
蘑菇博物馆
贝壳博物馆
甲虫博物馆
蛙类博物馆
兰花博物馆
飞鸟记
奥杜邦手绘鸟类高清大图
日益寂静的大自然
垃圾魔法书
世界上最老最老的生命
村童野径
大自然小侦探
与大自然捉迷藏
鳞甲有灵
天堂飞鸟
寻芳天堂鸟
休伊森手绘蝶类图谱
布洛赫手绘鱼类图谱
自然界的艺术形态
雷杜德手绘花卉图谱
果色花香：圣伊莱尔手绘花果图志
玛蒂尔达手绘木本植物
手绘喜马拉雅植物

西方心理学名著译丛

记忆 〔德〕艾宾浩斯
格式塔心理学原理 〔美〕考夫卡
实验心理学（上、下册） 〔美〕伍德沃斯 等
思维与语言 〔俄〕维果茨基
儿童的人格形成及其培养 〔奥地利〕阿德勒
社会心理学导论 〔英〕麦独孤
系统心理学：绪论 〔美〕铁钦纳
幼儿的感觉与意志 〔德〕蒲莱尔
人类的学习 〔美〕桑代克
基础与应用心理学 〔德〕闵斯特伯格
荣格心理学七讲 〔美〕霍尔 等

其他图书

如何成为卓越的大学生 〔美〕贝恩
世界上最美最美的图书馆 〔法〕博塞 等
中国社会科学离科学有多远 乔晓春
国际政治学学科地图 陈岳 等
战略管理学科地图 金占明
文学理论学科地图 王先霈
大学章程（1—5卷） 张国有
道德机器：如何让机器人明辨是非 〔美〕瓦拉赫 等
科学的旅程（珍藏版） 〔美〕斯潘根贝格 等
科学与中国（套装） 白春礼 等
彩绘唐诗画谱 （明）黄凤池
彩绘宋词画谱 （明）汪氏
如何临摹历代名家山水画 刘松岩
芥子园画谱临摹技法 刘松岩
南画十六家技法详解 刘松岩
明清文人山水画小品临习步骤详解 刘松岩
我读天下无字书 丁学良
教育究竟是什么？ 〔英〕帕尔默 等
教育，让人成为人 杨自伍
透视澳大利亚教育 耿华
游戏的人——文化的游戏要素研究 〔荷兰〕赫伊津哈
中世纪的衰落 〔荷兰〕赫伊津哈
苏格拉底之道 〔美〕格罗斯
全球化时代的大学通识教育 黄俊杰
美国大学的通识教育 黄坤锦
大学与学术 韩水法
国立西南联合大学校史（修订版） 西南联合大学北京校友会
发展中国家的高等教育 〔美〕查普曼 等